汉字学教程

HANZIXUE JIAOCHENG

主　编　唐生周

副主编　王焕林　刘精盛　瞿继勇

语文出版社

· 北京 ·

本教材的编写和出版得到下列项目经费的支持：
湖南省古代汉语精品课程
湖南省训诂学（研究生）精品课程
湖南省“汉语言文字学系列课程教学团队”
吉首大学2007年教材建设项目《汉字学教程》
吉首大学汉字学精品课程

图书在版编目（CIP）数据

汉字学教程 / 唐生周主编. -- 北京 : 语文出版社，2013.1（2021.9重印）
ISBN 978-7-80241-708-3

Ⅰ. ①汉… Ⅱ. ①唐… Ⅲ. ①汉字—文字学—教材 Ⅳ. ①H12

中国版本图书馆CIP数据核字（2013）第030401号

责任编辑 章承董
装帧设计 李建章
出　　版 语文出版社
地　　址 北京市东城区朝阳门内南小街51号 100010
电子信箱 ywcbsywp@163.com
排　　版 河北新华第一印刷有限责任公司
印刷装订 北京市科星印刷有限责任公司
发　　行 语文出版社 新华书店经销
规　　格 787mm×1092mm
开　　本 1/16
印　　张 27.5
字　　数 504千字
版　　次 2013年10月第1版
印　　次 2021年9月第3次印刷
印　　数 4,001-5,500
定　　价 68.00元

010-65253954（咨询） 010-65251033（购书） 010-65250075（印装质量）

目 录

第三章　汉字新构形理论

第四章　六书详解（上）

第五章　六书详解（下）

第六章　汉字的字际关系

第九章 汉字的部首

第十章 汉字的规范

第十一章　汉字信息处理

参考文献

附录一　文字学要籍选介

附录二

《说文解字》部首及字例选析

后 记

绪　论

第1节　汉文字和汉文字学

一、汉以前关于文字的称谓

春秋战国时期，文字或叫作“文”，或叫作“书”，或叫作“名”。叫作“文”的，如《左传·宣公十五年》：“夫文，止戈为武。”《左传·昭公元年》：“于文，皿虫（蟲）为蛊（蠱）。”叫作“书”的，如《易·系辞下》：“上古结绳而治，后世圣人易之以书契。”《荀子·解蔽》：“故好书者众矣，而仓颉独传者一也。”叫作“名”的，如《管子·君臣》：“衡石一称，斗斛一量，丈尺一綧制，戈兵一度，书同名，车同轨，此至正也。”《周礼·春官·外史》：“掌达书名于四方。”郑玄注：“或曰：古曰名，今曰字。”《仪礼·聘礼》：“百名以上书于策，不及百名书于方。”郑玄注：“名，书文也，今谓之字。”称书、名、文为字者，始于秦吕不韦。江永《群经补义》：“吕不韦著《吕氏春秋》，悬之咸阳市，曰：‘有能增损一字者，予千金。’此称字之始，前此未有以文为字者也。”秦时始见“文字”并提，《琅邪台刻石文》有“同书文字”①的说法。

二、汉时“文”“字”始别

到了汉朝“文”与“字”才有了区别。许慎《说文解字叙》说：“盖依类象形，故谓之文，其后形声相益，即谓之字。”按照事物不同的类别描绘形状，所以叫文。后来，用表形的文或表声的文来增益它，即“以形益形”（益，以皿益水），或“以声益形”（冬，以𠔁益仌；昱，以羽益日），或“以形益声”（罔，以网益亡），或“以声益声”（翌，以羽益立），就叫作字。这是说，文和字是两个不同的发展阶段。

① 司马迁《史记·秦始皇本纪》，中华书局，1982，245页。

许慎之后，宋人郑樵在《通志·六书略》中明确提出："独体为文，合体为字。"

清代段玉裁给《说文解字叙》作注说（大字为《说文解字叙》，小字为段玉裁注文）：

> 仓颉之初作书，盖依类象形，故谓之文。"依类象形"，谓指事、象形二者也。指事亦所以象形也。"文"者，逪画也，这逪其画而物像在是，如见远而知其为兔，见速而知为鹿也。其后形声相益，即谓之字。"形声相益"，谓形声、会意二者也。有形则必有声，声与形相軵为形声，形与形相軵为会意。"其后"，为仓颉以后也。仓颉有指事、象形二者而已，其后文与文相合而为形声，为会意，谓之字。文者，物象之本；字者，言孳乳而寖多也。"孳"者，汲汲生也。人及鸟生子曰乳。寖犹渐也。"字"者，乳也。《周礼·外史》《礼经·聘礼》《论语·子路》篇皆言名。《左传》"反正为乏""止戈为武""皿虫为蛊"皆言文。六经未有言字者，秦刻石"同书文字"，此言字之始也。郑玄注二《礼》、《论语》皆云"古曰名，今曰字"，按名者，自其有音言之；文者，自其有形言之；字者，自其滋生言之。……析言之，独体曰文，合体曰字；统言之则文字可互称。《左传》"止戈""皿虫"皆曰文，是合体为文也。许君某部言"文若干"，谓篆文；言"凡若干字"，谓说解语，是则古篆通谓之文，已语则谦言字也。

段玉裁认为许慎对"文"和"字"的分工有两种理解：一是用"文"指独体，包括象形、指事，用"字"指合体，包括会意、形声；二是用"文"指古篆，用"字"指许慎《说文解字》的说解语。另外，在许慎看来，文是源，字是流。文，是事物的本来面貌，画出物象即是文；字则是在文的基础上孳乳派生而愈来愈多的符号。从段玉裁注文看来，始曰"名"，次曰"文"，次曰"文字"，是语言文字发展的三个阶段。"名"自其有音言之，无文字之时的语词即谓之"名"，有文字之后书写下来的语词亦谓之"名"；而"文"则是就其有形言之，即能够书写下来的语词就谓之"文"。六经中书写下来的语词都叫作"文"，没有叫作"字"的，故《左传》将合体字"武""蛊"都称作"文"。到了秦代才"文字"并称。许慎《说文解字叙》赋予了"文""字"各自特殊的含义。

这里我们要知道，所谓"独体为文，合体为字"是强为分别；说"仓颉之初作书，盖依类象形，故谓之文"，即仓颉时只有指事、象形二者，也就是说造字之初只有象形、指事两类，亦未必然。

三、关于汉文字学

1. 名称的演变

今天的文字学汉朝人叫"小学"。

《大戴礼·保傅》说："古者，年八岁而出就外舍，学小艺焉，履小节焉。束发而就大学，学大艺焉，履大节焉。”清王聘珍《大戴礼记解诂》引北周卢辩注：“小学，谓虎闱，师保之学也。大学，王宫之东者。束发谓成童。《白虎通》云‘八岁入小学，十五入大学’是也。此太子之礼。《尚书大传》曰：‘公卿之太子，大夫元士嫡子，年十三始入小学，见小节而履小义；二十而入大学，见大节而践大义。’此世子入学之期也。又曰‘十五年入小学，十八入大学’者，谓诸子姓既成者，至十五入小学，其早成者，十八入大学。《内则》曰‘十年出就外傅，居宿于外，学书计’者，谓公卿以下教子于家也。”其中就将“小艺”与“大艺”、“小学”与“大学”对举着说。《大戴礼·保傅》：“及太子少长，知妃色，则入于小学。小者，所学之宫也。”所学之宫小，故谓之“小学”，因此小学本指学宫，犹小的学校。外舍也就是小学，是相对家塾而言的。家塾是古代在闾巷所设教授居民子弟的，条件简陋。小学则是贵族子弟读书的地方，条件比较好一些。小艺是指课业，即六艺“礼乐射御书数”中的“书”“数”，即文字和算术。因小学自识字始，汉人遂以小学指文字书或字学，西汉刘歆的《七略·六艺略》中用以指称小学课业和今天的文字学的内容，班固《汉书·艺文志》叙《史籀篇》到杜林《仓颉故》，称为“凡小学十家四十五篇”，《汉书·杜邺传》：“初，邺从张吉学，吉子竦又幼孤，从邺学问，亦著于世，尤长小学。邺子林，清静好古，亦有雅材，建武中历位列卿，至大司空。其正文字过于邺、竦，故世言小学者由杜公。”颜师古注云：“小学谓文字之学也。”《说文解字叙》也有“小学不修”的话。

《隋书·经籍志》于小学中加入了音韵学的内容，《旧唐书·经籍志》又加入了《尔雅》等训诂书，这样“小学”的范围扩大到文字、音韵、训诂。宋代王应麟《玉海》：“文字之学有三：其一，体制，谓点画有衡纵曲折之殊，《说文》之类；其二，训诂，谓称谓有古今雅俗之异，《尔雅》《方言》之类；其三，音韵，谓呼吸有清浊高下之不同，沈约《四声谱》及西域反切之学。”将传统的小学称为“文字之学”，分为体制（相当于文字的形体结构）、音韵、训诂三门。

清代的《四库全书总目提要》即明确将小学著作分为文字、音韵、训诂三门，“惟以《尔雅》以下编为训诂，《说文》以下编为字书，《广韵》以下编为韵书，庶体例谨严，不失古义”，视小学为以文字形音义为研究对象的科学。章太炎根据西方现代学术分类，始倡改小学为“语言文字之学”，说：“今欲知国学，则不得不先知语言文字。此语言文字之学，古称小学。”① 其后以文字形体为主要研究对象的，叫文字学；以音韵为主要研究对象的，叫音韵学；以意义为主要研究对象的，叫训诂学。文字学、音韵学、训诂学各自成为独立学科。

---

① 1906年《国粹学报》2卷第12、13期《论语言文字之学》。

2. 学科的性质

文字学有广义狭义之分，广义的文字学又叫普通文字学，是研究文字的共同规律的科学，包括文字的起源、发展、类型、性质、作用等，狭义的文字学又可以叫特指文字学，是研究某一特定文字的起源、发展、类型、性质、作用和结构特点的文字学。与音韵学、训诂学相对立的文字学是狭义的文字学，即特指的文字学，即汉文字学。世界文字处于两极状态，即表意体系和表音体系。索绪尔《普通语言学教程》说：

> 只有两种文字的体系：
>
> (1) 表意体系。一个词只用一个符号表示，而这个符号却与词赖以构成的声音无关。这个符号和整个词发生关系，因此也就间接地和它所表达的观念发生关系。这种体系的典范例子就是汉字。
>
> (2) 通常所说的"表音"体系。它的目的是要把词中一连串连续的声音模写出来。表音文字有时是音节的，有时是字母的，即以言语中不能再缩减的要素为基础的。
>
> 此外，表意文字很容易变成混合的：某些表意字失去了它们原有的价值，终于变成了表示孤立的声音的符号。①

正如索绪尔所说汉字是典型的表意体系文字，甚至是唯一的表意体系文字，但是，长期以来，由于中国自己的弱小和封闭，国外的学者对汉字的认识很有限，国外的语言学著作谈及文字的时候很少提到汉字，或只是一笔带过。索绪尔就承认：

> 我们的研究将只限于表音体系，特别是只限于今天使用的以希腊字母为原始型的体系。②

又由于表意和表音两种文字体系从起源、演变、与语言的关系、文字内部的结构系统等方面而论都很少有共同点，因而很难用一本普通文字学介绍两种文字体系。从理论上讲，应该有两种普通文字学著作，一种是关于表音文字的，一种是关于表意文字的。而表意体系文字全世界独汉字一脉，因此表意文字的普通文字学著作实际就是汉字学。从这个意义上讲，讨论汉字的起源、发展和结构规律的著作便有了普通文字学和特指文字学的双重意义。

---

① 〔瑞士〕费尔迪南·德·索绪尔《普通语言学教程》，商务印书馆，1999，50—51页。

② 〔瑞士〕费尔迪南·德·索绪尔《普通语言学教程》，商务印书馆，1999，50—51页。

第2节 汉字学的门类

一、汉字学的门类

汉字学是研究汉字形体演变及其结构理论的一门科学。汉字学内部还可以从不同的角度继续分类。王宁从研究内容的角度将汉字学分为四个分支：1. 汉字构形学；2. 汉字字源学；3. 汉字字体学；4. 汉字文化学。① 我们还可以从研究对象的角度将汉字学分为四个门类：1. 古文字学；2.《说文》学；3. 典籍文献汉字学；4. 现代汉字学。

古文字学的研究对象是甲骨文、殷周金文和战国文字，内容涉及殷墟甲骨文以及更早期的原始文字、殷周金文、战国文字以及秦汉间保存着古文字特点的简帛文字的研究概况、释读方法、结构规律等②。

《说文》类的研究对象是《说文解字》以及研究《说文解字》的相关著述，内容涉及《说文》的作者介绍、编纂意图、编排体例、说解体例、小篆的文字结构、本义的考证、小篆的书写与价值及其局限、研究概况等。

典籍文献汉字学的研究对象大致是与"铭钟鼎文字"相对的传世的"书六艺文字"，指从汉代开始一直到现代汉字之前两千年间，用隶书和楷书书写的传世的和出土的典籍文献③的用字状况的共时和历时的研究。

---

① 王宁主编《汉字学概要》，北京师范大学出版社，2001，9—11页。

② 关于古文字学的研究对象，有的认为包括小篆以前的所有文字，有的认为只包括先秦的文字，如裘锡圭《推动古文字学发展的当务之急》（见《学术史与方法学的省思》，乐学书局，2000，433页）说，"以先秦文字为研究对象的古文字学发展尤为迅速"。前者可以说是广义的古文字学，后者可以说是狭义的古文字学。我们将"《说文》学"独立成一个门类，于古文字学便取狭义的理解。

③ 这些典籍文献包括三种：第一种，权威规范汉字。历代官方运用政治权力、通过教育与考试制度规定在某些场合必须使用的汉字，或者经书法家写于碑匾、权威字书予以收录以为示范的汉字。第二种，社会通行文本中的汉字。这些文本或是官方的正式文告，或是流传于社会的典籍抄本，或是名人书写的诗文、碑志。雕版与活字印刷发展起来后，刻印文本所用的汉字也属此类。《说文解字》的说解文字亦可归入此类。第三种，民间书写文本中的汉字。这些文本的书写者是一般的民众，文本的内容社会意义较小，流传范围不大。例如个人书信、账目、便笺、日记、契约，以及不拟流传社会只为个人保存的典籍抄本等。参王宁《〈汉字构形史丛书〉总序》，王立军《宋代雕版楷书构形系统研究》，上海教育出版社，2003。

现代汉字学的研究对象是现代汉字，要研究汉字简化的历史、简化的规律、简化的得失和现代汉字的结构、规范问题，以及汉字的改革发展趋势，等等。

二、汉字学研究的重点

汉字学的四个门类都非常重要，比较起来，《说文》学是其津要和管钥，这可以从以下几个方面来认识：

1.《说文解字》比较完整地收录了汉字的小篆形体，而小篆是古文字的最后阶段，它比隶书、楷书离甲骨文、金文近，又比甲骨文、金文离隶书、楷书近。王宁在《〈说文解字〉与汉字学》一书中指出："小篆……正处在古文字和今文字分野的地位上。小篆既具有古文字的特点，又已见今文字的端倪。所以有人说它总结了汉字发展的全部趋向、全部规律，也体现了汉字结构的全部精神。对小篆的研究，可以相当多地接触到汉字古今阶段同时具有或分别具有的诸多现象，也就是说，由小篆中归纳总结出的汉字理论，比之其他历史层面的总结，相对说来，普遍意义更强一些。"① 通过小篆，可以将甲骨文和金文同隶书和楷书联系起来，使释读甲骨文金文成为可能，也使考察从甲骨文到隶书、楷书形体演变的轨迹成为可能。这就是小篆"上承甲金，下启隶楷"的功效。

2.《说文解字》从东汉成书直到今天，近两千年的时间里，每个朝代都有学者研究，汇集了千百学者的智慧，延续的时间最长，成果最丰，积蕴深厚，理论成熟。

3.《说文解字》由于有许慎的解释，虽有谬误，但应该说大部分还是比较客观地反映了上古文化。

正因为《说文解字》在文字学史上具有举足轻重的地位，所以在十九世纪、二十世纪成为一门显学。它的内容博大精深，详尽介绍不是这本《汉字学教程》所能担当的。本教材虽没有为《说文解字》单独设立章节，但很多章节的内容都有《说文解字》的影子，附录一还有专节对《说文解字》一书作专门介绍，附录二的部首及例字选录提供了大量的《说文》释字材料，希望能通过阅读这些材料使读者掌握《说文解字》的精髓以及汉字的精髓。

---

① 王宁《〈说文解字〉与汉字学》，河南人民出版社，1994，7—8页。

第 3 节　汉字学研究的方法

汉字学各个门类的研究对象不一样，研究方法也会稍有区别。

一、《说文》学的研究方法

由于《说文》学是汉字学的主体，我们谈汉字学的研究方法还是先从《说文》学谈起。

1.《说文》学最大的特点是重联系，《说文解字》本身就是注重字际联系的产物。《说文》收字 9353 字，这些字怎样排列，是许慎首先碰到的难题。在《说文解字》之前，有过很多童蒙入学课本，如《史籀篇》《仓颉篇》《博学篇》《爰历篇》《滂熹篇》《凡将篇》《急就篇》等，都只是四言、六言的韵句，有助记诵而已，有的可能按意义做简单分类，总的来讲，规律性不强。偶有释义，但绝无形义关系的阐释。许慎要有突破，首先得解决文字的分类排列的问题。许慎从大家所熟悉的字形里面找出了规律。他发现汉字虽然众多，形体各异，但很多汉字都有相同的部分。要认识这个问题，思维必须有两个转换：一是由个体认识到群体认识的转换，一般人是孤立地看某个字，而许慎能把很多字联系起来看；二是由整体到部分的转换，一般人看一个字是把这个字作为一个音义结合的整体来看待的，而许慎却把字分解成一个一个部件来看待。两次思维转换的结果就是 540 个部首的建立。诚如段玉裁在《说文解字注》中所说："凡字必有所属之首，五百四十字可以统摄天下古今之字，此千古未有之书，许君之所独创，若网在纲，如裘挈领，讨源以纳流，执要以说详，与《史籀篇》《仓颉篇》《凡将篇》乱杂无章之体不可以道里计。"五百四十部首的建立与许慎对六书的诠释和发明是分不开的，不仅为编纂字典找到了好的归字方法，更主要的是找到了文字规律。"一种科学，应当有原理、方法和规则。没有系统的理论，是无从定出标准来的，没有标准，所用的方法就难免错误。根据若干原则来建立一个系统，创出许多方法和规则，应用时没有矛盾，这才是科学，这才是学者们应肩的责任。”① 而许慎两种思维的转换之功正在于重联系、善于联系，只有重联系，才能发现规律。而许慎之后研治《说文》者亦始终运用联系的观点，故代有建树。清人段玉裁看到了文字的本义和引申义之间的联系，成就了巨著《说文解字注》。清人朱骏声著《说文通训定声》，则看出了文字的声音上的联系，以声音为线索对文字进行分类和编排，为文字的研究另辟蹊径。后世很多《说文解字》的研究者特别提到，研读《说文解字》和利用《说文解字》材料的时候一定要注意综合利用《说文解字》的说解，也是许慎重联系的进一步发扬。如陆宗达说：“《说文解字》解释字义、字形，不仅在本篆的说解里加以说明，有时在另一个篆文的说解里也涉及到该篆文，往往对该篆文的形体或字义作出不同的说解。我们称这种解释为‘旁见的说解’。这是研究《说文》的重要材料，曾为前人所重视。”② 王宁用联系的观点通过对小篆进行层级划分得出了小篆构形的基本形位。

2. 重早期文字材料、重训诂。《说文解字》是汉代朴学的重要成果，而朴学的重要标志就是重材料、重名物训诂，用古训、古音、古本等作为根据来求得经典的原意，“实事求是”③ 是其宣言。《说文解字》与郑玄的《毛诗笺》、三礼注同为汉学的奠基之作，因而许慎与郑玄合称为“许郑”。许慎在《说文解字叙》中说：“诸生竞逐说字解经，諠称秦之隶书为仓颉时书，云‘父子相传，何得改易！’乃猥曰：‘马头人为长’，‘人持十为斗’，‘虫者屈中也’。廷尉说律，至以字断法。‘苛人受钱’，‘苛’之字‘止句’也。若此者甚众，皆不合孔氏古文，谬于史籀。俗儒鄙夫玩其所习，蔽所希闻，不见通学，未尝睹字例之条，怪旧艺而善野言，以其所知为秘妙，究洞圣人之微恉。又见《仓颉》篇中‘幼子承诏’，因曰：‘古帝之所作也，其辞有神仙之术焉。’其迷误不谕，岂不悖哉！”对汉代的读书人不识古字、不明古形、不谙古义而乱解经书的情况给予了批判。郑玄则提出了“就其原文字之声类考训诂”④ 的口号。因此，研究《说文》学必须遵循《说文解字》所恪守的原则，“博采通人，至于小大，信而有证，稽譔其说。……其于所不知，盖阙如也。”就是要求其本形，即最早之字形；求其本音，即原文字之声类，也即上古之字音；求其本训，即与最早的字形密合的字义。而材料则应以“去古未远”为原则。清代的朴学以汉代的朴学为宗，清卢文弨《〈九经古义〉序》云：“凡文之义多生于形与声，汉人去古未远，其所见多古字，其习谈多古音。故其所训诂，要于本旨为近，虽有失焉者寡矣。”⑤ 钱大昕《臧玉林〈经

① 唐兰《古文字学导论》，齐鲁书社，1981 年增订本，26 页。
② 陆宗达《说文解字通论》，北京出版社，1981，138 页。
③ 班固《汉书·河间献王刘德传》：“修学好古，实事求是。”中华书局，1983，2410 页。
④ 唐贾公彦《周礼正义序·序周礼废兴》引郑玄《周礼序》，《十三经注疏》，中华书局，1980，636 页。
⑤ 卢文弨《抱经堂文集·〈九经古义〉序》，中华书局，2006，25 页。

义杂识〉序》："诂训必依汉儒，以其去古未远，家法相承，七十子之大义犹有存者，异于后人之不知而作也。"① 孙星衍《岱南阁集·咨请会奏置立伏郑博士议》："汉代诸儒，承秦绝学之后，传授经文经义，去古不远，皆亲得七十子之传，若伏生、郑康成，其功在经学绝续之际，较七十子为难，又迥在唐宋诸儒之上。"② 说"诂训必依汉儒"倒未必，因为汉人的诂训也有不少非为的诂，但因"去古未远"，毕竟比较多地保留了原始面貌，是应该承认的。而研治小篆亦应依靠去夏殷未远之材料，故许慎著《说文解字》时"今序篆文，合以古籀"，于山川鼎彝之文字皆采纳之。今日研治《说文》更当重视"去古未远"之材料，如"古籀"之前的甲骨文、金文等。

3. 注重《说文》的整体系统，联系作者的时代特征，还原作者的思维轨迹。《说文解字》是汉代写下的，虽然许慎努力探求文字的原始形态，但由于许慎所见到的材料的限制（虽然许慎去古未远，却因夏殷的甲骨文字数千年沉埋于地下，许慎无缘得见，或有零星散见，但未能引起重视），对部分文字的说解难免带上时代的烙印，即不是原始形义联系，而是当代形义联系。而这些当代形义联系也同样被许慎纳入到了《说文解字》的形义系统之中。因此我们在研治《说文解字》的时候，要充分认识《说文解字》的整体系统，联系作者的时代特征，方能准确还原许慎的思维轨迹，并从中发现有价值的东西。我们既要注重历时的研究，也要注重共时的研究。

二、古文字学的研究方法

宋代钟鼎彝器的出土以及对铭文的研究，导致了古文字的研究发端，但成熟的古文字研究，是在1898年甲骨文出土之后。一百多年来出现了孙诒让、罗振玉、王国维、杨树达、郭沫若、容庚、董作宾、于省吾、唐兰、商承祚、陈梦家、胡厚宣、饶宗颐、李学勤、裘锡圭、曾宪通等大家，不少学者都曾对自己的研究方法进行过总结，这里略作介绍。

1. 王国维的古文字研究方法

王国维在给清华大学国学研究院所发的讲义《古史新证》中提出了著名的"二重证据法"："吾辈生于今日，幸于纸上之材料外更得地下之新材料。由此种材料，吾辈固得据以补正纸上之材料，亦得证明古书之某部分全为实录，即百家不雅驯之言亦不无表示一面之事实。此二重证据法惟在今日始得为之。虽古书之未得证明者，不能加

① 钱大昕《潜研堂文集》卷24《臧玉林经义杂识》，见《四部丛刊》，上海商务印书馆。

② 孙星衍《岱南阁集·咨请会奏置立伏郑博士议》，《丛书集成初编》，商务印书馆，1937，3页。

以否定，而其已得证明者不能不加以肯定可断言也。”① “《史记》所述商一代世系，以卜辞证之，虽不免小有舛驳而大致不误。可知《史记》所据之《世本》全是实录。而由殷周世系之确实，因之推想夏后氏之世系之确实，此又当然之事也。又虽谬悠缘饰之书如《山海经》《楚辞·天问》，成于后世之书如《晏子春秋》《墨子》《吕氏春秋》，晚出之书如《竹书纪年》，其所言古事亦有一部分之确实性。”② 出土文献既可证传世文献之实，亦可证传世文献之伪；传世文献于出土文献亦有辨识和坐实之功，王国维将二者相互参证，澄清了殷周史的许多问题，取得了卓越的学术成就，带领中国学者走出了“疑古”的阴影，使中国学术走上了健康的轨道。

但是严格说来，“二重证据法”只是研治古代文献的一个大的原则和方法，是王国维治古史时认为应将纸上材料与地下材料并重的一种宣言，还不是具体研究和考释古文字的方法。研究古文字的方法，王国维在《毛公鼎考释序》中讲到彝器文字的释读时说：“三代重器，行于今日，……文以毛公鼎为最多，……一时学者竞相考订，……于是此器文字可读者十且八九。顾自周初讫今垂三千年，其讫秦汉亦且千年。此千年中，文字之变化脉络不尽可寻，故古器文字有不可尽识者势也。古代文字假借至多，自周至汉，音亦屡变。假借之字，不能一一求其本字，故古器文义有不可强通者亦势也。自来释古器者，欲求无一字之不识，无一义之不通，而穿凿附会之说以生。穿凿附会者非也，谓其字之不可识，义之不可通而遂置之者亦非也。文无古今，未有不文从字顺者，今日通行文字，人人能读之，能解之。《诗》《书》彝器亦古之通行文字，今日所以难读者，由今人之知古代不如知现代之深故也。苟考之史事与制度文物，以知其时代之情状；本之《诗》《书》，以求其文之义例；考之古音，以通其义之假借；参之彝器，以验其文字之变化。由此而之彼，即甲以推乙，则于字之不可释，义之不可通者，必间有获焉。然后阙其不可知者，以俟后之君子，则庶乎其近之矣。孙、吴诸家之释此器，亦大都本此方法，惟用之有疏密，得失亦准之。”③ 这里讲到了四种方法，一是考史事与制度文物；二是重《诗》《书》本事以考义例；三是考音韵以通假借；四是与其他彝器文字相比较。已基本涉及文字的形音义方面，以及后来学者提到的对照法、推勘法和历史考证法。

2. 杨树达的古文字研究方法

杨树达总结自己研治古文字的方法为十四条：“一曰据《说文》识字，二曰据甲文识字，三曰据甲文定偏旁识字，四曰据铭文识字，五曰据形体识字，六曰据文义识

① 王国维《古史新证——王国维最后的讲义》，清华大学出版社，2000，2—3页。

② 王国维《古史新证——王国维最后的讲义》，清华大学出版社，2000，52—53页。

③ 王国维《观堂集林·毛公鼎考释序》，中华书局，1959，293—294页。

字，七曰据古礼俗识字，八曰义近形旁任作，九曰音近声旁任作，十曰古文形繁，十一曰古文形简，十二曰古文象形会意字加声旁，十三曰古文位置与篆书不同，十四曰二字形近混用云。”① 杨树达的方法条目较多、较细，和唐兰的方法加以比较，大致内容是差不多的，如将唐兰于“历史的考证”条下的分目算起来，其数亦不少。

3. 于省吾的古文字研究方法

甲骨文的研究是多方面的，但文字考释是一项基础工作。要使文字考释有较快的进展，方法问题很重要。……古文字是客观存在的，有形可识，有音可读，有义可寻。其形、音、义之间是相互联系的，而且都不是孤立存在的。我们研究古文字，既应注意每一字本身的形、音、义三方面的相互关系，又应注意每一个字和同时代其他字的横的关系，以及它们在不同时代的发生、发展和变化的纵的关系。只要深入具体地全面分析这几种关系，是可以得出符合客观的认识的。②

4. 徐中舒的古文字研究方法

古人造字，绝不是孤立地一个一个造，也不是一个人或少数人闭门创造。字与字之间，有相互的联系。每个字的形音义，都有它自己的发展历史。因此，考释古文字，一个字讲清楚了，还要联系一系列相关的字，考察其相互关系。同时，还要深入了解古人的生产、生活情况，根据考古资料、民俗学、社会学和历史记载的原始民族的情况，以及现在一些文化落后的民族的生活情况，来探索古代文字发生时期的社会生产力和生产关系。根据这些东西，探索每个字的字源和语源，这样考释古文字，才有根据，也才比较正确，而不应凭空悬想、望文生义。如“穴、复、良、丘、京、亯”等字都与古人穴居的生活习惯有关，“言、舌、告、音”诸字都是同义的异形字。因此我们应该联系许多相关的字和这些字的辞例进行综合研究。还要按其完成时代的先后次第，指出其堆积的层次，求出其本义，再从本义探求其字源和语源，这样考释古文字，就更有规律可循了。我们研究古文字学，就要走这一条科学的道路，用科学的方法整理古文字。③

5. 唐兰的古文字研究方法④

（1）对照法——或比较法

简单的是用《说文解字》所记载的小篆或古文形体同更古老的古文字相比较。因

① 杨树达《积微居金文说·新识字之由来》，中华书局，1997，1页。

② 于省吾《甲骨文字释林·序》，中华书局，1979。

③ 徐中舒《徐中舒历史论文选辑·怎样考释古文字》，中华书局，1998，1433—1442页。

④ 唐兰《古文字学导论》，齐鲁书社，1981，163—201页。各方法的解释尽量用唐兰的原话，有些表述略有调整，使其更符合白话规范；因是撮要，为使其连贯，中间添加了一些连接词，次序也略有调整；有些字改成了今天的规范写法，如牠改作它，狠改作很，椿改作桩等。

此遇见一个新发现的古文字，第一步就得查《说文》，这差不多是必需的步骤。对照的范围进一步扩大，则各种古文字都可以互相比较，甚至还可以拿隶书同古文字比较。应用这种方法时得知道古文字里有很多变例，像反写、倒写、左右易置、上下易置等，否则本是同一个字的几种不同写法，有可能被误以为是几个不同的字。

（2）推勘法

有许多文字是不认识的，但寻绎文义的结果，就可以认识了。虽然由这种方法识得的文字不一定可信，但至少这种方法可以帮助我们去找出认识的途径。如金文里地支的“子”字是一千年来的一个哑谜，由于甲骨上干支表的发现，我们可以推勘出来。又如甲骨文的㞢，罗振玉释为“之”，郭沫若根据文义推勘释为“有”。

（3）偏旁的分析

这种方法是把已经认识的古文字分析成若干单体——就是偏旁，再把每一个单体的各种不同的形式集合起来，看它们的变化，等到遇到大众所不认识的字，也只要把它们分析作若干单体，假使各个单体都认识了，再合起来认识那一个字。这种方法虽未必便能认识难字，但由此认识的字，大抵总是颠扑不破的。这种方法虽是许慎在《说文解字》所常用，但在古文字里，只有孙诒让曾充分地应用过。这是孙诒让留给我们的精密的方法。这种方法最大的效验是我们只要认识一个偏旁，就可以认识很多的字。有了这种方法，我们才能把难认的字，由神话的解释里救出来，还归到文字学里。运用这种方法时，第一，得把偏旁认准确；第二，若干偏旁所组合成的单字，我们得注意它的史料，假使这字的史料亡缺，就得从同类文字的惯例、铭文中的用法等方面推测，假如无从推测，只可阙疑。如其能精密地运用这种方法，其结果，一定会确实可靠。

偏旁分析法可以补对照法和推断法的不足，即使有些文字找不出对照的材料，而且推测不出它们的意义，只要字形清晰，我们依旧可以认识。这种方法是科学的，因为这是根据全部以往确然认识的文字归纳出来的，和化学方程式一样，任何人都可以去试验，只要能精密地试验，其结果总会是一致的。

这种方法固然是科学的，但还有两个缺点：第一，这种方法很难应用到原始的单体文字，因为有些原始文字，和后代文字的连锁是遗失了的。第二，愈是分析得精密，窒碍愈多，因为文字不是一个时期产生的，而且不是一成不变的，假使严格地认定一个型式，那么在别的型式下面所组成的字，就无法认识了。

（4）历史的考证

我们需要严格的分析，不过，同时须注意到文字的历史。我们所见的古文字材料，有千余年的历史，不独早期的型式和晚期的型式中间的差异是很大的，就是同一时期的文字，也因发生迟早的不同，有许多的差异。文字是活的，不断地在演变着，所以我们要研究文字，务必要研究它的发生和演变。我们精密地分析文字的偏旁，在分析后还不能认识或者有疑问的时候，就得去追求它的历史。在这里我们须切戒杜撰，我们得搜集材料，找求证据，归纳出许多公例。这种研究的方法我称它作“历史的考证”。偏旁分析法研究横的部分，历史考证法研究纵的部分，这两种方法是古文字研究里最重要的部分，而历史考证法尤其重要。文字的型式有时是长时期固定的，有时是不断地在流动的，偏旁分析利于研究固定的型式，而流动型式非考证历史不可。我们要把古文字学建设为一种科学，这两种方法是不能缺一的。

历史考证法是很复杂而繁难的，每一个字有它自己的历史，每一小组文字或相近的文字，在演变时有共同的规律。这种历史和规律，现在虽还没有完全找出，但已够形成一个系统，即可以分为图形文字的简化、繁体字的省减、字体增繁以及偏旁通转等目讨论。

6. 曾宪通考释古文奇字的方法

曾宪通总结自己考释古文奇字的方法时说：“其中涉及甲骨文、金文、简帛文、陶玺文和传抄古文等。考释古文字奇字是古文字研究者的基本功，我的做法大体如下：(1) 根据早期文字的构形，追溯其初形与朔义；(2) 按照该形体在具体语言环境中的意义和用法，探索其音义互动和演变的轨迹；(3) 从形的分化、义的引申和音的转移考察文字孳乳、繁衍与同源的关系，为字族的研究提供可靠的线索；(4) 联系古籍记载与出土文献挖掘汉字所蕴藏的文化内涵，阐明作为中华文明载体的汉字体系，具有更深层次的文化含义。”①

7. 高明总结的古文字研究方法

一、因袭比较法；二、辞例推勘法；三、偏旁推勘法；四，据礼俗制度识字。②

8. 裘锡圭谈学习和研究古文字所需要的知识体系

唐兰曾说“古文字学的功夫不在古文字”，这就是说，如果想学好古文字，必须掌握古文字学之外的很多知识。在必须掌握的那些知识里，最重要的是古汉语方面的知识。熟悉古汉语的主要方法就是读古书。对学古文字的人来说，最适合精读的古书也许可以说是《左传》。读《左传》不但能熟悉先秦语言，而且还能得到很多先秦历史、社会、典制、风俗、思想等方面有血有肉的知识。在学古文字时读古书，最好能以古文字材料与同时代的文献对照阅读。例如学西周金文，同时读《尚书》《逸周书》及《诗经》中西周作品，必能收左右逢源之效。如果对战国文字感兴趣，就应该读读

① 曾宪通《康乐集——曾宪通教授七十寿庆论文集》代序《我和古文字研究》，中山大学出版社，2006。
② 高明《中国古文字学通论》，北京大学出版社，1996，168—172 页。

《战国策》《史记》和诸子等书。

与读古书同时，最好看一点讲上古汉语的语法和词汇的著作，初学者可以看王力主编的《古代汉语》中的通论和王力《汉语史稿》中、下二册里的有关部分。训诂学方面的著作最好也读一本。初学者可以看洪诚的《训诂学》。

要有一定的古音学知识。

要有传统文字学的基础，要精读和勤查《说文解字》。

要有一定的上古史和考古学（包括古器物学）等方面的知识。

要认识古文字发展的全过程。

学习的重点不要放在读文编上而要放在读原始资料上。

对古文字资料的性质、时代等方面的问题都要有比较深入的了解。

要及时吸收本学科的新知识。①

9. 王世征总结的古文字研究方法

一、分析法，包括：1. 字形分析法；2. 字音分析法；3. 语境分析法。二、比较法，包括：1. 系联比较法；2. 比较互证法。三、综合法，包括：1. 借助古代史实；2. 参照礼俗文化；3. 吸取考古成果；4. 结合文物资料。②

10. 何琳仪的战国文字研究方法

战国文字的释读方法可分八种：一、历史比较；二、异域比较；三、同域比较；四、古文比较；五、谐声分析；六、音义相谐；七、辞例推勘；八、语法分析。前四种方法侧重于字形考释，后四种方法侧重于字音、字义及其关系的探讨。前四种方法基本上是唐兰“比较法”和“偏旁分析法”的演绎。之所以没有把二者截然分开，主要是考虑到“偏旁分析”实际上也是“比较法”外延的扩大。所谓“偏旁分析”即将一未知的合体字拆成若干偏旁，然后再与已知的独体比较。这当然与所谓“比较法”有内在的联系。另外也考虑到，关于战国文字的考释方法，立足于纵横的分类似乎比立足于独体、合体的分类，更为符合战国文字的特殊情况。至于后四种方法，一般说来，只有在确定字形之后才能考虑使用。

八种方法彼此之间均有密切联系，或互为制约，或互为补充。实际上每一个字被释出往往并非采用一种方法，而要借助多种方法的综合运用。③

11. 黄德宽总结的古文字考释方法

黄德宽将古文字考释方法总结为“字形比较法”“偏旁分析法”“辞例归纳法”

---

① 裘锡圭《古文字论集·谈谈学习古文字的方法》，中华书局，1992，652—660页。

② 王世征《古文字学指要》，中国旅游出版社，1997，92—102页。

③ 何琳仪《战国文字通论》，江苏教育出版社，2003，247—282页。

“综合论证法”。四种方法皆来自于古文字考释经验的总结，都是建立在唯物辩证法的基础之上的。作为四种方法，它们各有侧重，涉及对象的层次不尽相同。“字形比较法”，侧重字体形态的纵横比较和联系，从文字的表层入手；“偏旁分析法”，分解字形结构部件，则进入到汉字的内部层次；“辞例归纳法”，却从文字符号代表的语言层面寻求解决问题的线索；“综合论证法”，在前三者的基础上，从人类文化的角度去考察，是一种更深层的研究。它们又是相互联系，互为补充的。字形是考释的根本依据，“辞例归纳法”和“综合论证法”脱离了字形，就会成为空中楼阁，无所傍依。背弃字形的任何考释，都失去了客观依据，自然得不出正确结论，因此“辞例归纳法”的终结点是解决字形问题，“综合论证法”的出发点亦是正确的字形分析。而运用“字形比较法”和“偏旁分析法”得到的结果，往往需要以具体的辞例验证，如于省吾先生每释一字，除详考字形结构的来龙去脉，还要逐一验之辞例，必使畅通无碍，才下最后的结论。在考释过程中，这四种方法并不是孤立运用的，它们互相渗透和补充，从不同的角度揭示问题的真相①。

12. 刘钊从从事古文字考释需要具备的正确认识的角度讨论古文字考释方法

（1）科学的文字符号观

文字来源于图画，但不等同于图画。汉字的大部分基本形体都来源于图画，但是一旦这些图画变成记录语言的文字形体，它就再也不是图画，而是变成了“符号”。考释古文字的时候，对于“文字”的概念必须限定为只有逐词记录语言的符号系统才能称之为“文字”。因此，下列说法和做法都会偏离古文字训释的正确轨道：

①误认为古文字相当于或类似于图画，从古文字的形体上可以看出其所记录的词义。

②误以为古文字都来源于图画，每个基本形体都是有形可象的。

③误以为汉字的产生非常早，以图画意味浓厚与否作为判断一个形体是否是文字的标准。

文字学理论上的认识正确与否，能否持有科学的文字符号观，是直接关系到考释古文字成败的关键。只有把文字当成一种纯粹的“符号”看待，研究这种“符号”的构成和演变，才能把考释古文字的基础打好。

（2）对待《说文解字》和“六书”的态度

《说文解字》是考释古文字的钥匙和门径。在保存下来的所有字书中，只有《说文解字》保留着最多的古形古义。但是《说文》产生于汉代，它所记录的文字和词汇，大体上体现的是汉代的语言文字状况。虽然许慎的宗旨是为了探求“本形本义”，

① 黄德宽《汉字阐释与文化传统·附录一 古文字考释方法综论》，中国科学技术出版社，1995，188页。

但是由于时代的局限，文字到了小篆不可能再呈现最初或较早的面貌，许慎也无条件看到古文字资料，所以《说文》对许多字的分析说解，今天看来都是错误的。从今天对古文字的掌握程度看，毫不夸张地说，凡是古文字中有的而《说文》对其形体进行过解说的字，十之八九是有问题的。

《说文》分析文字的方法，即“六书”的分类，是考释古文字的基本法则和手段。然而“六书”产生于汉代，而汉代去古已远，不能充分占有文字材料，尤其对早期的文字构形了解得不够，所以这种分类不可能臻于完美。“六书”存在着以下问题：

①“六书”乃经众人演绎而成，理论不严密，包括汉代人对“六书”的一些问题也解释不清楚。

②“六书”的分类不甚科学，许慎所举例字也不够恰当。

③“六书”不足以概括所有汉字的构成方式。

（3）以“形”为主的考释原则

考释文字的一条根本原则，就是以形为主，从字形出发。文字都具有形、音、义三部分，但辨识一个字的过程，只能是由形至音，由音到义的过程。形是第一位，是先决条件，只有先解决了形，才能谈到音义。形的解释对了，问题就算解决了一大半，而形的解释错了，音、义的解释便不可能对。古文字考释是指将未识的古文字与已识的后世文字相比较，找出两者间的联系。考释古文字的过程，也就是字形比较的过程，而不是靠对某一个古文字字形的“图像”或“图像”所蕴含的“意义”的推测，来与后世的某个已识字的字义相比附得出的结论。靠“看图识字”的方法考释古文字，将因为古文字构形方式中的下面一些原因而行不通：

①古文字中的一些形体来自“硬性约定符号”，本无形可象。

②古文字不是图画，即使是象形意味较为浓厚的甲骨文，也已是高度符号化的“符号”。

③古文字中一些字的字义与其形体所象之形并不相等，有些形体并不象形，而是象“事”，即所谓“形拘而义通，体实而指虚”者，如“大”字一类，这些“事”通过形体是不易看出来的。

④古文字中的一些象形字和会意字，其所象之形与字义有“广”“狭”的区别，字义只等于字形所象的一部分。

⑤古文字中许多字如果从其形象所表示的动作着眼去推论相当于后世的什么字，会有许多同义和义近的字可供选择而产生多种可能性。

⑥古文字中有许多饰笔、连线、区别符号等，是无形可象的“符号”，与字音字义皆无关系。

⑦古文字中一些形体是借助表示另一个概念的字的形体来作为自己的符号的，就是说，一些字的形体只有“表音”的作用而与字义无关。试图猜测某个形体所象之形或所会之意与字义相比附，就只能是牵强附会。

⑧古文字中有一些字本身并无独立起源的形，而是截取某一个字的一部分来作为自己的记音符号。

(4) 古文字发展演变的动态眼光

文字是记录语言的符号，既随着语言的变化而变化，同时自身也随着各方面的影响在发生变动。语言的变化促使了文字的分化和合并，社会的需求使文字越来越趋于简省，符号化和类化的作用使文字易发生各种讹变，书写工具的更易，不断改变着文字的体势，又反过来影响着文字的结构。考释古文字，就应以动态的眼光来看待文字，分析文字，只有这样才能掌握文字发展的轨迹和脉络，了解每个字演变的全过程。①

以上各家的说法能基本代表古文字研究领域的主流，还有很多学者在进行古文字释读的过程中都有自己的心得和体会，都会创造性地运用前人有效的方法，或者提出一些新的方法，这里不作更详尽的搜求和讨论。

三、典籍文献汉字学的研究方法

典籍文献汉字学的历史跨度最长、材料最多、内容最杂，因而工作量也至为艰巨，且起步较晚，目前的成果并不是很多，关于研究方法的讨论也比较少。我们根据王宁的相关意见、相关实践与成果②，对传统汉字学的研究方法作以下简单讨论。

1. 对两千年间的典籍文献用字进行断代的共时的描写研究，如用字数量，创造新字的数量，字的形态特点，构形特点，不同的文字使用群体之间的差异，不同的文字使用群体对文字形体变化的影响，不同的材质和书写工具对文字形体变化的影响，正字的手段、方法、政策、效果，等等。

共时的描写研究主要是共时构形系统的研究，这个构形系统的建立可以用以下一些方法：

(1) 字样的归纳。这是将重复出现的汉字字样归纳到一起并进行统计的工作，是

① 刘钊《古文字构形学》，福建人民出版社，2006，223—235页。

② 参王宁《〈汉字构形史丛书〉总序》，见王立军《宋代雕版楷书构形系统研究》，上海教育出版社，2003。其实王宁的构形系统和构形史的建立并不只限于典籍文献中的汉字，还包括古文字，这里则将其方法用于典籍文献汉字学的研究。

将一切文本形式的汉字改变为字库形式第一步要做的工作。

（2）字组的归纳，也就是对结构、功能相同书写略有变化的异写字的归纳。这些字属于同字异写，或称同构异写的关系。

（3）字种的归纳，也就是对功能相同结构不同的异构字的归纳。这些字或因构件的选择不同、或因构件的增减不同而异形，因而有着不同的构意，但记词的功能是相同的。它们的关系属于同职异字，或称同词异字。

从以上情况可以看出，书写与使用汉字纷乱的文本，对以上三种字认同的标准，首先是记词功能的相同，其次是结构的相同，再次是书写字样的相同。进而采用优化的原则，在诸多异写字中挑选出一个通行的字样作为这一组字样的信息代码，其他字样则作为它的变体。而在诸多异构字中，也宜优选出一个通行的字作为主形，其余的根据它产生的原因作为通用字、变体字或转写字对待。字样与字形优选的原则，应当是减少和统一汉字的基础构形元素，适应汉字的构形模式，使字形的造字意图尽量明确，从而建立与相邻同类字形的正常关系，找到自己在整个构形系统中的位置。这就是经过人为整理使汉字构形系统显现的过程。

2. 在断代的共时的描写研究的基础上，对两千年间的典籍文献用字进行历时的比较研究，找出不同时代的差异，并揭示导致这些差异的原因。

四、现代汉字学的研究方法

现代汉字学是研究和解决现实的文字应用问题的，甚至还要对汉字今后的健康发展给予引导，对汉字的发展趋势进行预测。《说文》学是传统文字学，古文字学则是二十世纪初兴起的，典籍文献汉字学虽然历代的政府的正字运动和学者的正字努力都是这种研究的体现，但对典籍文献用字进行系统的考察和比较的工作，则起步比较晚。这三种文字学都是对以往文字的研究，研究的重点在于文字的起源、演变、结构、体态等，不涉及文字的现时使用问题，更不涉及对文字发展趋势的预测。研究的对象不一样，任务不一样，目的不一样，其研究方法自然也不一样。由于现代汉字学是二十世纪八十年代才兴起的一门科学，研究的时间短，研究的队伍小，研究的成果也还比较少，理论上还不是很成熟，到目前为止，还没有学者系统谈到其研究方法。根据其学科的特点、任务和目的，研究现代汉字学要注意传承性、特殊性、实用性、前瞻性。

1. 现代汉字是从古代汉字过来的，不少现代汉字同古代汉字在形、义上没有多大变化，仍然保留着表意性质，我们仍然可以用传统的文字学理论去解释它。有些简化字同古代汉字的形体相去甚远，但是在结构形式上仍不脱六书，或会意、或形声，也仍然可以借助传统的文字学理论去分析它。因此，在研究现代汉字的时候，我们必须注意与传统汉字学结合起来，充分利用传统汉字学的研究成果。现代汉字在简化、规范的过程中也要注意与过往汉字之间的传承关系，如汉字的结构形式、汉字的构成元素等，继承的成分越多，文字就越稳定，人们就越容易接受。

2. 现代汉字毕竟是一个长期积淀的文字体系，隶变已经使成批的汉字失去了表意性，新中国成立后的汉字简化再次使一批汉字失去了表意性，对偏旁的系统性造成了一定的破坏，使汉字的表意性和系统性减弱了。因此，现代汉字有其特殊性，建立一套怎样的理论和方法去分析那些不能用传统汉字学理论分析的现代汉字，这是现代汉字学的研究者们必须解决的问题。

3. 现代汉字是广大民众正在使用的文字，现代汉字学的理论和方法应该能够使广大民众尽快接受和掌握汉字，提高识字效率，要具有实用性。

4. 现代汉字是一个动态的文字体系，它现在还没有完全固定下来，从发展的角度来讲，它永远是动态的，现代汉字学的理论和方法应该能够有效地指导现代汉字的规范、计算机的汉字输入以及今后的汉字改革。因此，现代汉字学的研究还应该具有前瞻性。汉字是当今世界上唯一的表意文字，是中国人民对世界文明的巨大贡献，我们应该珍惜它、完善它，这需要很多人，甚至几代人的共同努力。

第4节　汉字学知识的应用

文字是记录语言的符号，只要我们有将语言记录下来的需求，就离不开文字。文字的作用，一是可以使语言传播广远，二是可以使语言留存长久。我们的古人利用汉字将他们那个时代的思想、文化、制度、风俗、人事记录下来，流传到今天，使我们可以凭借文字与古人沟通、对话。但是汉字在数千年的历史里，是在不断发展变化的，古人用的汉字同我们今天用的汉字在形音义方面都会有一些距离，在我们阅读古人的作品时会产生隔膜。因此，要读懂典籍，我们要掌握汉字学知识；要自在地在人群中生活，我们也要掌握汉字学知识。这里我们简单谈一谈汉字学知识在研究典籍和社会生活方面的应用。

一、汉字学知识在研究典籍方面的应用

1. 汉字与音韵

通过谐声偏旁可以归纳上古韵部、考证上古声母。形声字的声符是标志形声字读音的。在造字之初，形声字与声符的读音应该是相同或者十分相近的。如从“者”得声的“绪、暑、渚、書、都、闍”等在《诗经》中都能押韵，说明它们的韵腹和韵尾都相同，韵母如果有差别，也只是介音的差别了。还有从“予”得声的“野、纾”在同一韵部，从“且”得声的“徂、祖、组、助、苴”也都在同一韵部，于是段玉裁得出结论：“同谐声者必同部。”① 而从“者”“予”“且”得声的字在《诗经》中都能押韵，因此，根据谐声系统和《诗经》押韵，我们可以大胆地说，从“鼠、黍、女、户、土、巨、者、武、予、吴、叚、旅、父、鱼、于、甫、马、去、牙、且、羽、下、瓜、壶、夫、家、吕、夏、与、图、古、华、余、鼓、雨、午、巴、乌、车、

① 段玉裁《说文解字注・六书音韵表二》，上海古籍出版社，1981年影印本，818页上。不过，“必”字用得过于绝对，同谐声者也有不少异部的，言“同谐声者多同部”比较准确。

疋、五、舞、宁（zhù）”等声符得声的字大抵是鱼部的字。

既然同一声符的字同韵部，那么声母也应该相同或相去不远，至少应该是发音部位相同的，因此我们也可以利用谐声系统研究上古的声母，如从“真”得声的“填、镇、滇”等字上古的读音应该是相同或相近的。

2. 汉字与校勘

文献在口授笔记或辗转传抄的过程中难免会误记误抄，欲读古书，必先正本清源，校勘错讹。判断字形是否错讹，一是要看意义是否晓畅，二是要看字形是否相近，是否有错讹的可能。要看字形是否相近，这就必须具备汉字学的基本知识。上古书籍中文字的错讹，是古文字形体的错讹，不能拿今文字形体去讨论。如《吕氏春秋·察传篇》：“子夏之晋，过卫，有读史记者曰‘晋师三豕涉河’。子夏曰：‘非也，是己亥也。夫己与三相近，豕与亥相似。’至于晋而问之，则曰‘晋师己亥涉河’也。”黄生《字诂》曰：“古己字作‘⼰’，亥字作‘丌’，故与三、豕字相近，因以致讹。若今之楷隶，则书法悬绝矣。苟不通古字，曷明其说乎？”[①]《说文》“己”下所出古文重文“ ”与“三”相似。《说文》“亥”下所出古文重文“ ”与“豕”之古文“ ”相似。子夏能断然指出诵者之非，就是因为子夏熟悉古文。

《尚书·大诰》中有“宁王”“宁武”之类的词，不好解释。清吴大澂《字说》、孙诒让《尚书骈枝》均指出“宁”为“文”字之讹。“文”在金文中作 （史喜鼎）、 （师酉簋）、 （君夫簋）。“心”字金文作 （师朢鼎）、 （克鼎）、 （郳伯受匿）。“宁”字古作“寍”，金文作 （寍鬻盘）、 （毛公㫃鼎）、 （国差𦉜）。金文“文”字中间的纹饰图形与“寍”字中间的“心”字图形有时几乎完全同形，“文”字下面笔画如果脱落，或变得不清晰便可能被后人补上“寍”字的尾巴而误作“寍”字。而《尚书》中的“宁王”“宁武”如换作“文王”“文武”则无不顺畅。

《诗·大雅·皇矣》“王此大邦，克顺克比”，于省吾《双剑誃群经新证·诗经新证》云：“按‘王此大邦，克顺克比’二句应有韵。江有诰改为‘克比克顺’，以韵上文之‘君’。王国维谓此处无韵。按‘克顺克比’，本应作‘克顺克从’，从与邦韵。金文比、从二字多浑而无别。《说文》每以字之反正为说，故曰二人为从，反从为比。金文只上下左右四字有别，馀则反正倒正均无别也。（金文左右在偏旁每亦无别，余所藏吴王夫差剑差作 可证）从從古通。甲骨文 、 同字。金文如旅字作 、 、 ，其从 、从 、从 ；均相浑也。《采菽》《閟宫》均以邦、从为韵，《易·顺象传》‘顺

① 黄生《字诂》“⼰丌”条，《字诂义府合按》，中华书局，1984，2页。

以从上也’、《革象传》‘顺以从君也’，顺从为文，古人固习用之。下句‘比于文王’读为‘从于文王’，于文义亦通。”①

3. 汉字与训诂

训诂最早与文字学建立起非常亲密的关系，由于汉字的表意性质，使文字学得天独厚地受到了训诂家的宠爱，训诂家的宠爱则进一步促进了文字学的深入研究。许慎《说文解字》的问世，使文字学具有了较为严谨的理论框架，其后以研究《说文》而名世者辈出。文字学研究的深入，为训诂提供了有力的理论武器和材料支撑。二十世纪初甲骨文研究的兴起，使文字学如虎添翼，更趋完善，也同样使训诂获得了更广阔的天地。对古文字的形义关系的诠释，本身就是训诂的内容之一。一个文字学家也必定是一位训诂学家。许慎是我国文字学的开山鼻祖，他撰写文字学巨著《说文解字》，本身就是为诠释经书服务的。王国维论及东汉古文学家和小学家不可分的原因时说：“原古（文）学家兼小学家者，当缘所传经本多用古文，其解经须得小学之助，其异字亦足供小学之资。故小学家多出其中。比而录之，亦学术沟通之林也。”②

《左传·僖公二十二年》：“虽及胡耇获则取之，何有于二毛？”杜预、孔颖达、杨伯峻于“取”下皆无注。有人释取为“俘虏”，但“获”是“猎获”，亦即“俘虏”义，则获取同义，而同义词之间不当用则字连接。沈玉成《左传译文》译作：“虽然是老头子，俘虏了就抓回来，管什么头发花白不花白。”将“获则取之”译作“俘虏了就抓回来”，仍有语义重复之嫌。俘虏了，当然就是被抓起来了。关键是对“取”字未得其义。《说文》：“取，捕取也。从又耳。《周礼》：‘获者取左耳。’司马法曰：‘载献聝。’聝者，耳也。”《说文》：“聝，军战断耳也。”段注：“《诗·大雅·皇矣》‘攸馘安安’，传曰：‘馘，获也，不服者杀而献其左耳曰馘。’”可见古代作战俘虏对方后，如对方不服，是要割下对方的左耳的，并且还要将左耳献给上级。《周礼·夏官·大司马》“获者取左耳”句下郑玄注：“获，得也。获禽兽者，取左耳，当以计功。”盖“取”原本指田猎之时割兽之左耳以计功，后推而指战争之时割俘虏之左耳以计功。《说文》释为“捕取也”，实为“捕而取之”之省，即捕获之并取下左耳，其释义、释形与例证互相发明。《左传》“获则取之”句岳麓书社《十三经今注今译》译作“俘虏了他们，就要取下他们的左耳”，得之。“取”字甲骨文作，小篆作，皆可见以手取耳之意。可见训诂离不开汉字学。

---

① 于省吾《双剑誃群经新证·诗经新证》，上海书店出版社，1999，169 页。

② 王国维《观堂集林·卷七·两汉古文学家多小学家说》，中华书局，1959，330—331 页。

二、汉字学知识在社会生活方面的应用

文字是记录语言的，汉字是记录汉语的，汉语是我们开口就要说的，汉字是我们提笔就要写的，汉字与社会生活的关系如同汉语与社会生活的关系一样无处不在。古人送孩子读书的目的就是识字，“文化人”的标志是能识字。一个人能识文断字，能写得文字清通的书信便很了不起了。当今对文化的定义已不再只限于识文断字，随着全民文化素质的提高，人们对文化赋予了更深刻的含义，对读书也寄予了更远大的目标，但识文断字，能写一手清通的文章，仍然是读书人最起码的要求。掌握了汉字学知识，可以使我们准确地使用汉字，流畅地交流思想，对于提高全社会的文化素质，促进精神文明，都有不可低估的作用。

文字的书写分为两个方面，一是写规范字，二是规范地写字。写规范字的含义有四：一是写出来的字确实代表那个意义，没有张冠李戴，不写“采摘”为“采摘”，不写“床第”为“床第”；二是不写已经淘汰的异体字（如不写“雕”为“琱”）和不规范简化字（如不写“展”为“尸”，不写“蛋”为“旦”，不写“餐”为“歺”）；三是写出来的字笔画不多不少，没画蛇添足，或缺胳膊少腿（如不写“纸”为“纸”，不写“练”为“练”）；四是写出来的字没有改变原来的笔画结构（如不写“专”为“专”，不写“冒”为“冒”）。规范地写字是指写字过程中笔画顺序问题，是指应该先写哪笔，后写哪笔。如“火”字是先写两点再写人，还是先写一点再写人，再写一点，还是先写人再写两点。规范地写字的能力对于一般人也许不必要求过于苛刻，但师范专业学生则必须具备。

从文字的规范化来讲，在一般场合不宜写繁体字和异体字，但如果在特殊场合作为一种装饰、一种文化也不必硬性禁止，有些场合可能还非写繁体字不可，这对人们的汉字学知识则提出了更高的要求。如有人不知“發”和“髪”的区别，把“理发店”写成“理發店”；不知“里”和“裏”的区别，把“從文（沈从文）故里”写作“從文故裏”，连锁酒店“湘里人家”也被写成了“湘裏人家”；“只争朝夕”写作“隻争朝夕”，“欲穷千里目”写作“慾窮千里目”[①]，等等。如果有一点汉字学知识，这些错误是能够避免的。

文字书写能力的训练是学校的一项重要教学工作，而在中小学则是重中之重。中小学是不规范语言文字现象的最大孳生地，是语言文字最大的污染源。小学的识字教育和说话教育如不落实，中学便如老牛拉车，到了大学便积重难返，雪球越滚越大，

① 作为能愿动词，古今皆用“欲”。慾，名词，欲望。

难有溶解之日。而且多年来由于应试教育作祟，中小学教师片面追求升学率，全副精力应付歪题、怪题、偏题，对于学生的技能训练抓得甚少，有些甚至作文已不改或很少改错别字，有些大学生的错别字据说从小学错起，从无老师指出过。这些学生若进入高一级学府，一是会因语言文字能力的缺乏而不具备竞争力，失去很多机遇，二是给高校的语言文字教学增加负担和难度。语言文字能力的基础教育任务由中小学推给了大学，而大学又认为提高语言文字的基本能力本属中学的任务，在大学里面抓语言文字的基本功训练是“小儿科”，是“额外负担”，结果语言文字能力竟是无人管了，成了死角。更令人担忧的是，高等师范院校的学生未能养成良好的语言文字习惯，便又匆匆走上了种桃育李的工作岗位，又在那里重复着他们的老师的故事，周而复始，恶性循环。实际上，高等师范院校也是污染源之一。结果是大学中学互相推诿，互相埋怨，互相污染，陷入了鸡生蛋、蛋生鸡的怪圈之中。说到底，中学和大学应该是互为本、互为源。因此，文字书写能力的训练，各级各类学校乃至全社会都要重视，因为文字的书写问题不仅仅是教育问题、学校问题，还是社会问题。

因此在大学里，尤其是在汉语言文学专业里，又尤其是在汉语言文学专业的师范类开设“汉字学”课程是很有必要的。

第一章

汉字的起源、形成及形体的演变

第1节　汉字的起源

一、关于触发汉字起源的媒介

（一）结绳

《易・系辞下》："上古结绳而治，后世圣人易之以书契。"《老子》："使民复结绳而用之。"《庄子・胠箧》记容成氏至神农氏之世"民结绳而用之"。许慎《说文解字叙》也说"神农结绳为治而统其事"。孔颖达《周易正义》引郑玄注还对结绳记事的细节进行了一些描述："结绳为约，事大，大结其绳；事小，小结其绳。"秘鲁印第安人的历史上确曾有过结绳记事的时代：将几条不同颜色的小绳，系在一条主绳上，小绳打结，单结表示10，双结表示100；结的位置、绳的颜色也可以代表不同的意义。例如红的表示战争，黄的表示金子，白的表示银子……至于人口统计、土地疆界、刑法、命令等皆可以用结绳表示。新中国成立前，我国西南地区的怒族、独龙族人也存在结绳记事的风习。例如，独龙族人远行，多借结绳计算日子，每行一天，便打一个结……民俗研究表明，非洲、澳洲土人也有结绳记事的孑遗。看来，典籍所记远古时代汉民族"结绳而治"的事实，应该可以相信。

但是，必须强调，结绳是运用符号辅助记忆的低级方式，它只是汉字产生以前，人们为突破语言的时空限制而尝试采用的多种手段之一。从整个结绳体系的本质看，它应该属于临时商定且含义笼统的实物助记符号，与作为语言的书写符号系统的文字根本不在同一层次上。其实，《易・系辞下》"上古结绳而治，后世圣人易之以书契"本来说的就是书契取代了结绳，而不是说结绳发展成了文字。近人王闿运、刘师培将结绳符号附会为有形有音的所谓"结绳文字"，实在是不可取的。梁东汉《汉字的结构及其流变》："主张文字起源于结绳，实际上就是主张记号可以表达概念，即思维可以不通过语言来表达，这种主张必然引导人们得出一个结论：人类社会曾经有过没有语言的历史阶段——这就是从根本上否定劳动创造一切这个马克思主义观点。"高明《中国古文字学通论》："结绳只能帮助记忆，或作表示某种简单事务的标记，不能用来表达感情或交流思想，只能作备忘的记号，不能成为记录语言的工具。所以说结绳和文字是两回事情，既不是相生关系，也不是因袭关系，二者不能同日而语。……因此结绳不等于文字，也不能发展成文字。"这才是正确认识。

当然，我们并不排除个别汉字取象于结绳符号的可能性。例如，唐兰《中国文字学》、杨五铭《文字学》均论及金文中的（十）、（廿）、（卅）等字即可能取象于结绳，这种看法是可以接受的。不过，必须说明，保留到造字时代的这些结绳符号，应该是造字时代普遍使用的记数标志，其含义已经单一化、固定化，与语言中的词建立了固定的联系，而与结绳时代那种笼统的、不固定的绳结有本质区别。这种个别记数标志为文字所吸收的现象实在不足为奇，它与现代文字对阿拉伯数字的吸收性质相同，个别符号的吸收与符号体系的继承完全是两码事。

（二）图画

郑樵《通志·六书略》："书与画同出……六书也者皆象形之变也。"沈兼士《文字形义学》："文字之形式，直接与绘画成为一个系统，证之于埃及文字画，巴比伦、叙利亚楔形文字，中国古代钟鼎款识中留存之图案化的文字画，及六书中之象形文字，莫不皆然。"唐兰《古文字学导论》："文字的起源是图画。"鲁迅《门外文谈》："（远古之时）写字就是画画。"

图画的产生比文字早得多。文字起源于图画，是学界趋于一致的认识。这不仅符合文字起源的一般原理，而且具有可靠的实证。先看下列图绘性极强的甲骨文：

虎	象	鹿	鱼	飨	毓

表 1—1

前四字一望可识。第五字"飨"象两人对坐于器前进食，是简略的宴飨图。第六字"毓"是"育"的初文，左侧是"母"字，其臀部下面是"子"字的倒写，正是婴儿出生头先着地的形态，三点则是生育时的羊水，简直就是一幅反映妇女生育的图画。

再看下列“族徽”：

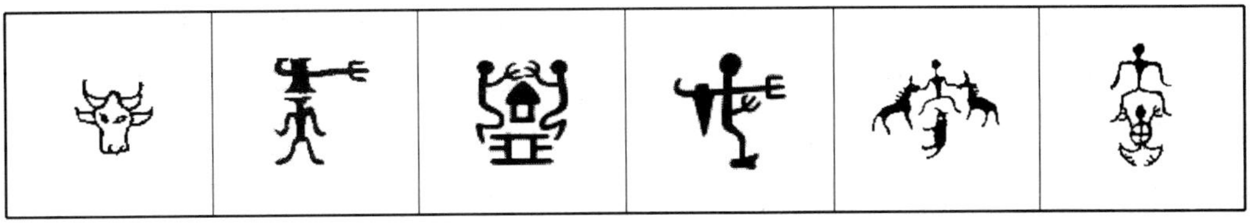

表 1—2

氏族是原始社会最基本的组织单位。著名人类学家摩尔根给氏族下过这样的定义：“氏族就是由一个共同祖先传下来的血亲所组成的团体，这个团体有氏族的专名以资区别，它是按血缘关系结合起来的。”这里，摩尔根特别强调了氏族都具有互相区别的专名。一般情况下，氏族的专名就是该氏族图腾的名称。这种名称不仅宣之于口，成为语言中代表这个氏族的词，而且还常常刻画于氏族重器（宗庙、祭器、旗帜等）上，成为代表这个氏族的符号。严复说过：“图腾者，蛮夷之徽帜，用以自别其众于余众者也。”可见，图腾、族徽、族名是三位一体的。就其感生信仰而言是图腾，就其刻画图形而言是族徽，就其语词意义而言是族名。从这点看，族徽有形、有音、有义，实已具备了文字的基本因素。不过，远在文字产生以前，原始人刻画族徽的习俗即已存在，只要族徽还没有纳入成句的书面语言中，就还不能说它已经成为文字，只能认为它是代表族名的文字的前身。尽管这样，由于族徽在原始社会生活中的普遍性以及族徽音义的明确性，它在文字起源的过程中必然具有不可忽视的作用。裘锡圭在《汉字形成问题的初步探索》中说过：“用象形符号表示族名，很可能是原始表意字产生的一个重要途径。在商代文字里，写法特别古老的族名金文大量存在的事实，对我们的这种推测是有力的支持。”裘氏的观点，令人信服。

（三）符号

与文字起源有关的符号大略可分为两类：一是原始契刻，二是原始陶符。

契刻就是用刀在竹木上刻标记，或记数，或记事，后来又发展成为经济交往的凭证。“契”从大从㓞，本义许慎释为“大约”，即大的契约。西周金文中已出现“㓞”字，从丯（gài）从刀会意（许慎以为形声，未确）。“彡”象所刻之齿道，“丨”表一分为二（古代契约于契刻之后，要在契刻处剖开，双方各持一半，完约时以契纹吻合为准）。《列子·说符》：“宋人有游于道，得人遗契者，归而藏之，密数其齿，告邻人曰：‘吾富可待矣！’”契齿表数目的办法，现代哈尼族、傣族的生活中仍有遗存。显然，跟结绳一样，契刻也是用实物辅助记忆，那些简单的刻画道道，当然不能算是文字。但是，刻画于竹木上的各种道道、符号所表示的意思，如果由全社会约定，并且赋予全社会认同的语词的固定音读，必然就成了记录语言的符号——文字。这就是说，从契刻到文字，还有一个较长的约定俗成的过程。从体系上说，契刻不是文字，却是文字的源头之一。

考古出土的原始陶器刻符很多，中国境内，比较重要的发现有西安半坡、临潼姜寨、山东大汶口、浙江良渚、偃师二里头、郑州二里岗等处。比较而言，时代最早且数量最多的是陕西关中地区（半坡、姜寨为代表）属于仰韶文化（距今6000～7000年）的原始陶符（见下图，引自高明《中国古文字学通论》）。

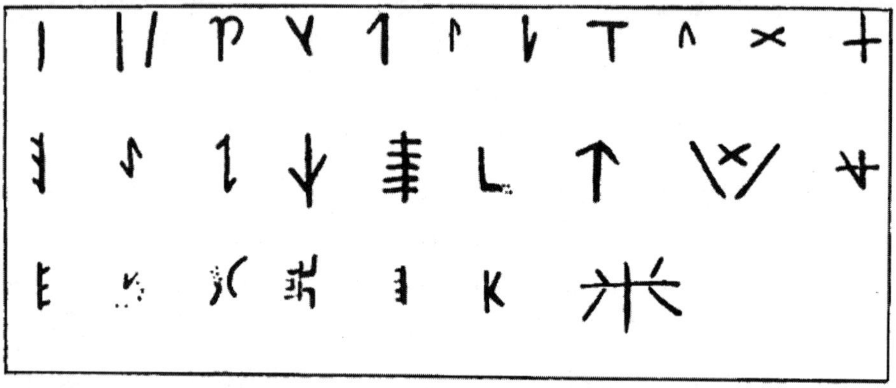

图1—1　西安半坡陶器符号

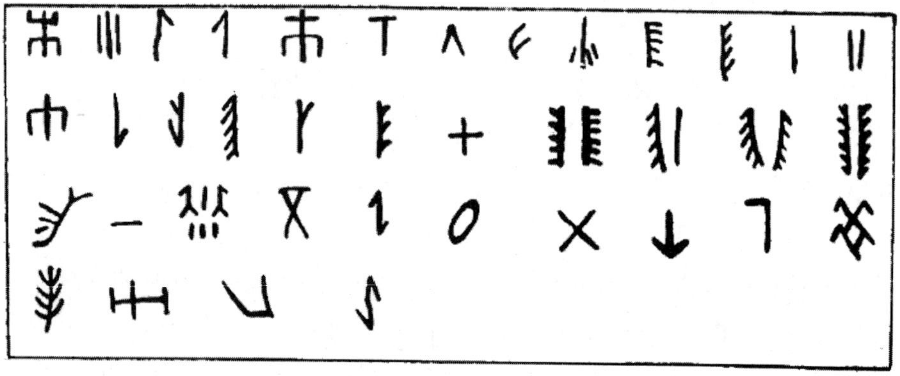

图1—2　临潼姜寨陶器符号

郭沫若《古代文字之辩证的发展》认为它们“无疑是具有文字性质的符号，如花押或者族徽之类。……可以肯定地说就是中国文字的起源，或者中国原始文字的孑遗。”于省吾《关于文字研究的若干问题》也说“这是文字起源阶段所产生的一些简单文字”，并且还释✕为“五”，释十为“七”，释丅为“示”，释↑为“矛”，释ᛉ为“艸”，释⻖为“阜”。但是，高明、裘锡圭、李学勤等学者却认为这些陶符并不是文字。高明《中国古文字学通论》说：“这种陶符出现的时代虽比汉字早，但看不出有什么发展，直到战国时期仍然停留在原始形状。汉字则不然，出生时代较晚，字体结构由象形发展到形声。”裘锡圭《文字学概要》说“这种符号所表示的决不是一种完整的体系文字”，甚至连原始文字的可能性也非常小。他反对把这种刻符与商周文字相比附。李学勤《古文字学初阶》也说：“凡对简单的几何线条形符号用后世的文字去比附，总是有些危险的。”后出转精是学术研究的大趋势，目前，高明、裘锡圭、李学勤等人的观点接受者较多。

华夏文化的另一个重要源头，是处于东方的少皞文化。少皞是商民族的祖先，由此推测，商民族使用的文字——现在已知的最早成系统的文字，其主体部分很可能源自东方。关于这点，1959年山东莒县发现的大汶口文化（距今6300～4500年）时期的原始陶符，带来了许多有益的启示。这时期的人们已经懂得有意识地去描摹实物，并且也懂得将描摹的实物进行组合，较之仰韶文化时期简单的几何符号无疑要高级许多。这些陶符，文字学界的看法虽略有分歧，但对其原始汉字的性质，基本趋于认同。于省吾、唐兰还进行了释读（见下表）：

		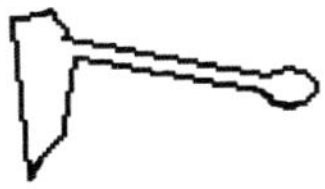		
于省吾	戉	斤	旦	⿱日山
唐　兰	戉	斤	炅	⿱炅山

表1—3

裘锡圭认为它们“跟古汉字相似的程度是非常高的……应该已经不是非文字的图形，而是古汉字了”。我们认为，裘氏的推断是很有道理的。

迟于大汶口文化陶符而早于殷墟甲骨卜辞的文字符号，至今还只有零星的发现，我们期待着考古工作来填补这一段重要空白。

（四）八卦

八卦是古代的占筮符号，卦形及卦名如下：

☰	☷	☳	☶	☲	☵	☱	☴
乾	坤	震	艮	离	坎	兑	巽

上古文献虽然将文字与八卦相提并论，但并没说八卦就是文字。宋人郑樵在《六书略》里首先提出了“文字起于八卦”的观点，他把☵（坎）说成是“水”字的横写；☲（离）说成是“火”字的横写；☷（坤）说成是“巛”（坤）字的横写。宋人伪托的《易纬·乾凿度》更是说：“☰，古文天字。☷，古文地字。☲，古文火字。☵，古文水字。☴，古文风字。☳，古文雷字。☶，古文山字。☱，古文泽字。”近人刘师培《小学发微》也说：“大约《易经》六十四卦，为文字之祖矣。”其实，“水”“火”二字的形态，从甲骨文看，与坎卦、离卦根本不像；在某些六国文字、小篆及古隶中，它们的形态，即使横起来写，也只是偶然稍稍接近坎卦、离卦而已（见下表）。

	甲骨文	小篆	古隶（摹自里耶秦简）
水			
火			
坎卦卦形：☵　离卦卦形：☲			

表1—4

至于“巛”（坤）字，王念孙父子已经证明本是“川”字借作“坤”字。其余五个卦形，与“天、雷、风、泽、山”的古文字形体更无瓜葛。

近年的研究表明，八卦大约产生于商周时期。更为重要的是，商周甲骨文、青铜器乃至不少战国简牍上的八卦都不是用阴爻（--）、阳爻（—）而是用数字来记录的，例如：

乾：七五七　坤：六六六　震：六六一　艮：一六六

离：一六五　坎：八一六　兑：八五一　巽：七五八

由此看来，八卦的最初形式到底是数字还是阴阳爻的组合尚未可定论，它又怎么可能是远在此前即已存在的文字的前身呢？

二、关于汉字的创造者

（一）仓颉

“仓颉造字”的传说在战国乃至秦汉时代，颇为流行。《吕氏春秋·君守》：“仓颉作书。”《韩非子·五蠹》：“仓颉之作书也，自环者谓之私，背私谓之公。”李斯《仓颉篇》：“仓颉作书，以教后诣。”《说文解字·叙》：“黄帝之史仓颉，见鸟兽蹄迒之迹，知分理之可相别异也，初造书契。”随着时代的推移，这一传说，越到后来，神话色彩越浓。王充《论衡·骨相篇》说“仓颉四目”，《淮南子·本经训》说“昔者仓颉作书而天雨粟，鬼夜哭”。其实，文字绝不可能是由某一个人所能造作的。王国维说过：“凡既有文字之国，未有能以一人之力创造一体者。”一体尚不能独创，更何况一种文字体系呢？

虽然文字并非仓颉一人创制，“仓颉四目”，“天雨粟，鬼夜哭”等怪异现象也不可信，但仓颉却可能确有其人，说他是黄帝的史官也不是毫无根据。因为按文献记载推算，黄帝时代大约在公元前二千五六百年，这与近人关于汉字起源距今五六千年的估计相差不多。所以，学术界普遍认为，仓颉对早期文字的搜集、整理、推广有过较大贡献的可能性是存在的，因为这正是史官的工作职责。

（二）沮诵

沮诵是与仓颉并提的另一个造字者。《世本·作篇》：“沮诵、苍颉作书。”宋衷注：“沮诵、苍颉，黄帝史官。黄帝之世始立史官，沮诵、苍颉居其职矣。”晋人卫恒《四体书势》里也说：“昔在黄帝创制造物，有沮诵仓颉者，始作书契，以代结绳。”并赞曰：“黄帝之史，沮诵仓颉，眺彼鸟迹，始作书契。”《路史》里也有“黄帝命沮诵作书”之说。这位传说中的造字者，后世较少提及的原因，段玉裁解释得很清楚：“诸多言仓颉，少言沮诵者，文略也。”唐兰、高亨均认为，沮诵可能是祝诵，也就是祝融。王宁则认为“沮诵当作祖诵，即盘庚之弟小辛颂”，因为“小辛在祖庚以后的卜辞中称之为‘二且（祖）辛’，可知商人亦称之为祖，故又曰祖颂。祖、沮双声叠韵，音近可互假，……诵、颂古音同而通用”。三家观点是否可信，尚待研究。但是，可以肯定，跟传说中的仓颉一样，沮诵可能是早期汉字的整理者，而不可能是汉字体系的创造者。

(三) 集体

早在战国时期，荀子就否定过一人造字的观点。现代学者多接受“集体造字说”，这当然更为合理。因为文字是记录语言的符号系统，是社会辅助交际的工具，必须约定俗成，必须集全社会成员之智慧而创造。鲁迅《门外文谈》说：“在社会里，仓颉也不止一个，有的在刀柄上刻一点图，有的在门户上画一些画，心心相印，口口相传，文字就多起来，史官一采集，便可以敷衍记事了。中国文字的由来，恐怕也逃不出这个例子。”高明《中国古文字学通论》说：“当时荀卿并不认为文字是仓颉一人所造，正如种庄稼并非始于后稷一样。先有许多人从事，只是由于仓颉、后稷能一于其志，不乱异术，做出了较大的成绩，故而得到独传。……就目前所能见到数以千计的古汉字形体而论，绝非一人一时所能创造，而是广大群众集体智慧的结晶。”这都是具有现代意识的科学认识。

第 2 节　汉字的形成

一、前文字阶段

裘锡圭对“前文字阶段”相关状况的概括，颇为全面。他在《文字学概要》里说：“在文字产生之前，人们曾经用画图画和作图解的办法来记事或传递信息……还曾使用过跟所表示的对象没有内在联系的硬性规定的符号，把这种符号用作所有权的标记，或是用来表示数量或其他意义。”前者，一般称“文字画”，后者，裘锡圭称之为“记号”。兹分别予以说明。

（一）文字画

遗憾的是，“文字画”这一古老的文字形式，在中国尚未发现确定的实物。商代甲骨文里，也只能看到接近图画表意手法的一些残留痕迹（参裘锡圭《文字学概要》首章“文字形成过程”所举卜辞“登”字），所以，我们的祖先如何用图画来表意的问题，现在还很难有一个真切的了解。不过，从北美印第安人流传下来的表意图画（见图 1—3 和 1—4）中，我们仍能获得一些信息。

“危崖警告”是刻在美洲新墨西哥一处危险的悬崖上的表意画。一只后仰的马和一只向上走的羊表示：这个石崖，羊可以走上去，而马却要跌下来。目的是提醒人们攀登时须特别小心。“奥杰布哇女子之情书”是印第安的一个叫奥杰布哇的女子写给心上人的“情书”，左上角是一只代表女子氏族图腾的熊，左下角是一条代表男子氏族图腾的泥鳅，曲线表示应走的路线，帐篷表示幽会的地点，帐篷里的人表示她在等候，旁边的三个十字架，表示周围住的是天主教徒，右边的三个湖泊，用以指示帐篷的位置。

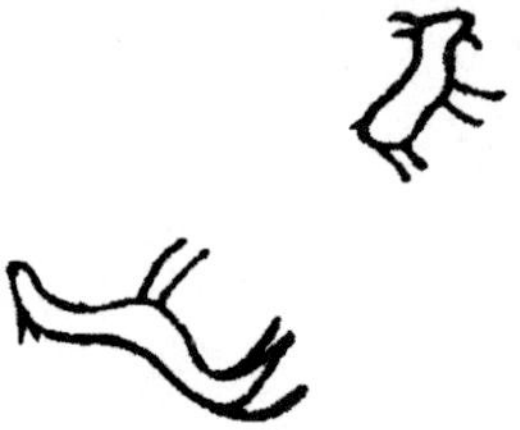

图 1—3　危崖警告[①]

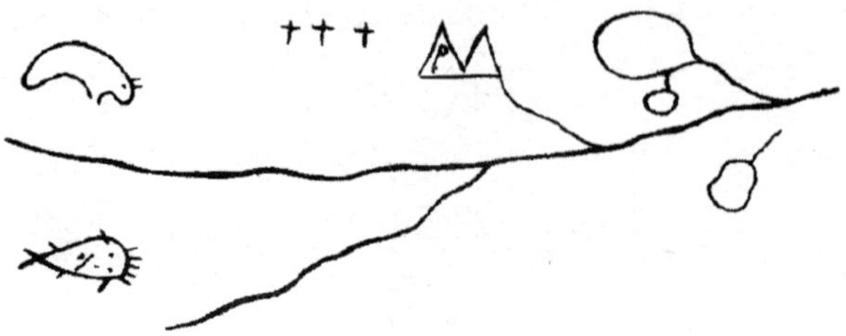

图 1—4　奥杰布哇女子之情书[②]

乍看起来，图画表意似乎比文字方便，其实，图画是难以准确无误地表达复杂信息的（离开了具体的环境提示，“危崖警告”的含义无法理解；没有男女双方的灵犀相通，“奥杰布哇女子之情书”也无法领会）。而且，图画只能描绘实在的物象，有些无形可画的意思，或者还可以通过有形的物象去作间接的示意，但对于这种间接示意的理解，则可能见仁见智。至于那些连间接示意都无法表达的抽象意义，图画自然就更加无能为力了。

图画要突破上述局限，唯一的出路是向语言靠拢，而最有效的办法，就是把整幅画拆散成个别图形，使每一个图形都能跟语言中的某个语素（即有一定的读音和意义的单位）对应起来，然后把这些代表语素的个别图形按照具体语言中组词造句的顺序作线形排列，这样，就可以把要讲的话准确地记录下来，把要表达的意思明确地表达出来。图画发展到这一步，就已经为语言所吸收，成为记录语言的符号——文字了！

唐兰《中国文字学》说：“最初的文字是可以读出来的图画，但图画却不一定能读。”这就明确指出了图画与文字的区别。换言之，判断图画与文字的标尺，就是看它是否用于记录语言或者是否可以构成语言中的单词。

（二）记号

裘锡圭《文字学概要》说：“在文字形成过程刚开始的时候，通常是会有少量流行的记号被吸收成为文字符号的。古汉字里╳（五）、∧（六）、†（七）、八（八）这几个数字的前身，很可能就是原始社会阶段用来记数的记号。”裘氏的推测是可信的。但是，我们应该认识到，原始记号字的数量是极其有限的，因为它的字形跟它所代表的词并无内在联系，不仅难认难记，也不容易被人接受。事实上，无论哪一种独立创造的文字体系，在形成过程中都极少创制这类记号字。

① 引自蒋善国《中国文字之原始及其构造》，上海商务印书馆，1930，25 页。

② 引自蒋善国《中国文字之原始及其构造》，上海商务印书馆，1930，24 页。

二、汉字产生的条件

唐兰《中国文字学》说：

> 文字的产生，本是很自然的。几万年前，旧石器时代的人类，已经有很好的绘画，这些画大抵是动物跟人像，这是文字的前驱。但是绘画只能描写印象，表现自然，不能完全表现出作者的思想感情，所以不是文字。经过很长的时期，人类由渔猎社会，进入了农业的社会，有了相当安定的居处，由小的部落积累成国家，有了剧烈的战争，交通一天一天地繁复起来，人与人间的关系也密切起来，许多歧异的语言混合起来，有了较普通较广泛的语言。在这个时候，有人画出一只老虎，任何人见了都会叫做“虎”，画出一只象，任何人见了都会说“象”，有了图画，加上统一的语言，如其那时的文化已经发展到那种需要，就立刻有了文字。

唐氏的话说明：文字的产生必须具备两个条件：一是图画，一是统一的语言。当然，由图画到文字的飞跃，绝非一朝一夕之事，它肯定要经过长期的酝酿才能实现。而飞跃实现之后，文字本身还得经历一个由产生到成熟，由成熟到完善的发展过程。

三、汉字形成的时限

汉字形成于什么时代呢？对此，文字学界尚无定论。唐兰推测：“中国的象形文字，至少已有一万年以上的历史，象形、象意文字的完备，至迟也在五六千年以前。”“文字的发生，总远在夏以前。至少在四五千年前，我们的文字已经很发展了。”从地下发掘物来看，贾湖文化距今约九千年，老官台文化白家遗址距今约八千年，仰韶文化距今六七千年，大汶口文化距今五六千年，唐氏的推测值得重视。裘锡圭的看法比较审慎，他说：“从我们现有的知识来看，世界上从来没有一个民族是在进入阶级社会之前就创造了完整的文字体系的。根据绝大多数史学家的意见，我国大约在夏代进入阶级社会，所以汉字形成的时代大概不会早于夏代。”“随着夏王朝的建立，我国正式进入阶级社会。统治阶级为了有效地进行统治，必然迫切需要比较完善的文字，因此原始文字改进的速度一定会大大加快。……汉字大概就是在这样的基础上，在夏商之际（约在前十七世纪前后）形成完整的文字体系的。”我们知道，甲骨卜辞已经证实了《史记·殷本纪》所记商王世系，看来，《史记·夏本纪》所记夏帝世系，应该也是可信的。夏朝历史将近五百年，如此完整、明晰的世系记载，仅据口耳相传之材料，必不能奏效。因此，夏代已有文字的观点，获得了大多数学者的认同。

四、汉字体系形成的标志

汉语有两大特点，一是语序，一是虚词。虚词是用以连接实词、词组、句子等，表明句法关系的枢纽的。如果没有虚词，种种句法关系和语气就没办法表现，就可能不成句子，或者说不成话。换言之，如果没有虚词，语言就不能书之于书面。因此，汉字要能完整地记录语言，就必须给虚词找到书写形式，能够将虚词书之于书面。而将虚词书之于书面是借助假借实现的。如：

而，本胡须，借以表而且之而。

其，本簸箕，借以表代词其。

之，本脚趾，借以表代词之。

焉，本鸟名，借以表语气词之焉。

莫，本为黄昏，借以表无定代词之莫。

然，本为燃烧之然，借为然而之然。

或，本为邦也，借为无定代词之或。

耳，本为耳朵，借为表语气之耳。

也，本为蛇，或以为匜，《说文》“女阴也”，借为表语气之也。

且，本为男性生殖器，或以为祭祀案板，借为况且、而且之且。

女，本为女人，借为第二人称代词。

若，本为理顺，《说文》训为“择菜”，借为第二人称代词。

不，本为一切草木之根，借为否定词。

这些基础虚词所借的字都是象形字和会意字。

假借使无形可象的虚词找到了归宿，虚词能书之于书面，也就标志着汉语能书之于书面，因而，假借造字法的产生使汉字体系的形成成为了可能。不过，还不能说有了假借之后文字体系就形成了。这是因为：一、虚词假借的完成必定有一个过程，而这个过程可能是很长的。二、即使虚词假借完成了，可能还有些词未能造字，在书写之时，仍有可能文字与图画混用，因此，汉字体系的形成还必须具备以下条件：1. 逐渐摒弃文字画式表意手法，简化字形并使之趋于相对固定；2. 使文字的排列逐渐与语序完全一致；3. 文字的书写与行文方向趋向固定。但是应该承认，假借产生之后，加快了文字体系形成的进程，因为那些性质还不明确的象形符号，如果经常跟假借字放在一起使用，或是被假借来记录跟它们所象的事物的名称音同或音近的词，就会较快地成为真正的文字符号。可以说，跟图画有明确界线的表意字和假借字的出现，是文字形成过程正式开始的标志①。殷焕先也说："汉字，作为'甲骨文字体系'的文字，当其记录语言开始之日，即其'假借'之法产生之时。"②

那么文字体系的形成，是不是一定要等待形声字的出现呢？有的学者确实是把形声字作为文字体系形成的标志的。确实，在六书中，形声字最能产，绝大部分汉字都是形声字。但是，我们说文字体系的形成，并不是要求这个时候的文字能将语言中的所有概念，能将自然、社会的所有事物都记录下来，如果这样要求，相信甲骨文也还不能做到。我们认为只要文字具有了记录语言的功能，能将一句话（不是指所有的话）完整地记录下来，中间没有图画的成分，每一个符号都和语言中的词一一对应，这时候文字的体系就可以说形成了。在运用假借的方式给虚词找到了书写形式之后，凭借象形字、指事字、会意字这些基础汉字，就可以记录简单的话语了，即使个别实词一时无字，也同样可以用假借的方法解决。甲骨文中假借字所占的比例极高，姚孝遂对罗振玉《殷墟书契菁华》一书的第一条卜辞按本义、引申义、假借义逐字进行了分析：

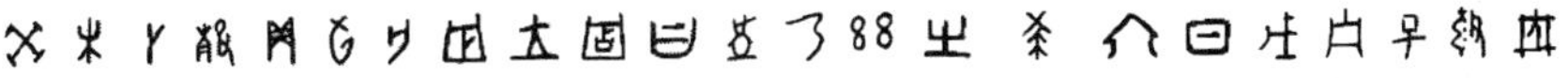

癸 未 卜 殻 贞 旬 亡 𡆥 王 固 曰 往 乃 兹 有 希（祟） 六 日 戊 子 子 弦 [illegible]

× × △ × × × × × × × ○ △ × × × × × △ × × △ × ○

他认为："这段甲骨刻辞，凡是注有'×'号的，都是'假借'字，注有'△'号的文字形体与所表达的概念之间，也有一定的距离，属于所谓'引申义'之列；注有'○'号的，形、义一致，所谓用其本义。整段刻辞共二十三个字，假借字十七个，约占74%；形义一致的只有两个字，还不到9%。所有甲骨刻辞大体上都是这个比例。"③ 虽然个别字的归类学者间可能有分歧，但大部分是能够认同的。姚孝遂继而认为从整个甲骨文字"这种文字符号的使用频率来说，假借字占的比重相当大，约70%左右。""几乎每一片甲骨刻辞都可以见到有所谓'天干''地支'字，即'甲、乙、丙、丁……'，'子、丑、寅、卯……'等等，全都属于假借字，没有一个例外。所有的专有名词在甲骨文字中占的比重是很大的。所有的否定词、代词如'不、弗、弜、弖、毋、我、余、它、其、之、兹'等等也都是假借字。"④

---

① 参裘锡圭《文字学概要》，商务印书馆，1996，5—8页。

② 殷焕先《汉字三论》，齐鲁书社，1981，26页。

③ 姚孝遂《古汉字的形体结构及其发展阶段》，《古文字研究》第四辑，中华书局，1980，12—14页。

④ 姚孝遂《古汉字的形体结构及其发展阶段》，《古文字研究》第四辑，中华书局，1980，16页。

李孝定在甲骨文字中选取了1225个“形音义均可确知的”字进行归类统计之后认为，象形276字，占总数22.53%强；指事20字，占总数1.63%强；会意396字，占总数32.33%弱；假借129字，占总数10.53%强；形声334字，占总数的27.27%弱；还有未详的70个字，占总数的5.71%强①。假借比形声少，仅多于指事。结论与姚孝遂差别比较大，不过这个比例并不影响我们做出假借是文字体系形成的标志的判断。因为李孝定是分析的整个甲骨文的情况，而文字体系的形成应该是在甲骨文的前期。尤其是李孝定还特别强调了这样一个现象：129个假借字中除开三个特殊一点的以外，“其余126个假借字的本字，都是象形、指事或会意字，绝没有一个形声字”。我们前面所举的虚词以及姚孝遂所举的虚词也都是象形、指事、会意字。因此，绝大部分虚词的书写形式都是假借象形字、指事字、会意字完成的，也就是说在形声字产生之前虚词就已找到了归宿，就能使语言书之于书面了。

① 李孝定《汉字的起源与演变论丛·从六书的观点看甲骨文字》，联经出版事业公司，1986，15—21页。

第3节　汉字形体的演变

事物是变化的，汉字也不例外。对于甲骨文以前的情况，囿于现有条件，我们还没有很详细的了解，但就此后的情况看，从甲骨文发展到现代的汉字，这一渐变过程是可以由出土文字材料和传世文献材料共同见证的。

汉字形体的演变过程，可划分为古文字、今文字两大阶段，秦汉之际是这两大阶段的过渡期。秦以上为古文字阶段，这一阶段的各体汉字，称“古文字”；汉以下为今文字阶段，这一阶段的各体汉字，称“今文字”。秦隶（也称古隶）是古今文字的分水岭。下面对这两个阶段中出现的一些主要字体进行介绍。

一、古文字阶段

（一）甲骨文

商周时期，龟甲、兽骨（牛、猪、羊、鹿等）上的文字统称甲骨文。甲骨文绝大多数是用刀刻出来的，少数是用毛笔蘸墨或朱砂书写的。从内容来看，甲骨文大多与占卜有关，少量为记事文辞。甲骨文是商代文字的代表。

1. 甲骨文的发现

一百多年前，在殷都的废墟上（即河南省安阳县小屯村）常常挖出甲骨，当地农民把它们认作中药中的“龙骨”，大都卖给了药铺。1899 年，时任国子监祭酒的王懿荣因患疟疾在北京宣武门外的达仁堂买回一包中药，其中便有“龙骨”，某些“龙骨”上还刻有文字，于是，王便派人到药店询问来历，并将文字清晰者全部买下。经过考订，发现所记多商代帝王之名，遂断定为殷商遗物。于是不惜重金，私下大事购求。1900 年秋，八国联军侵入北京，王懿荣殉难，其后人为了还债，不得不变卖家产，所藏甲骨大部分归于刘鹗。刘氏又广为搜求，1902 年，刘氏于数千片甲骨中，选拓 1058 片，编印为《铁云藏龟》，这是第一部著录甲骨文的书。西周早期也有甲骨文，主要出土于岐山县凤雏村，1997 年由陕西周原考古队发掘西周宗庙遗址时发现。西周有字甲骨至今共得三百余片，这批甲骨的摹本发表于《文物》1997 年第 10 期、《古文字研究论文集》(《四川大学学报丛刊》第 10 辑) 和王宇信《西周甲骨探论》(中国社会科学出版社，1984 年)。

2. 甲骨文的命名

(1) 按质料命名：称“甲文”“甲骨文”“甲骨文字”“龟甲兽骨文字”等。如日本人后藤朝太郎的《龟甲兽骨文字研究》一文、日本人林泰辅的《龟甲兽骨文字》一书、陆懋德的《甲骨文之发现及其价值》、容庚的《甲骨文之发现及其考释》、王国维的《殷墟甲骨文字及其书目》、郭沫若的《甲骨文字研究》、董作宾的《甲骨文断代研究例》、郭沫若主编的《甲骨文合集》等。

(2) 按书写方法命名：称“契文”“契”“殷契”“甲骨刻文”等，如孙诒让有《契文举例》，叶玉森有《说契》《殷契钩沉》，郭沫若有《殷契粹编》，罗振玉有《殷墟书契》。

(3) 按用途命名：称“卜辞”“贞卜文”“贞卜文字”等，如罗振玉有《殷商贞卜文字考》，王国维有《论卜辞中所见先公先王考》，董作宾有《新获卜辞写本》，郭沫若有《卜辞通纂》，唐兰有《卜辞时代的文学和卜辞文学》，胡厚宣有《卜辞地名和古人居丘说》。

(4) 按出土地命名：称“殷墟文字”，余永梁有《殷墟文字考》。1928—1937 年发掘殷墟所得甲骨著录有《殷墟文字甲编》《殷墟文字乙编》《殷墟文字丙编》《殷墟文字缀合》。

3. 甲骨文的特点

甲骨文有如下几个特点：象形程度高、字形不稳定、繁简不一、合文很多、六书已大备。

(1) 象形程度高。例如：

鸟	鹿	牛	羊
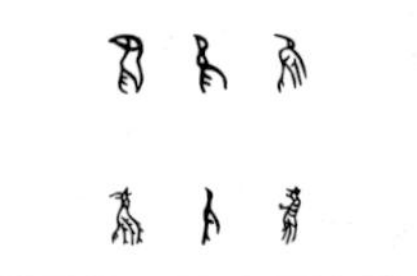		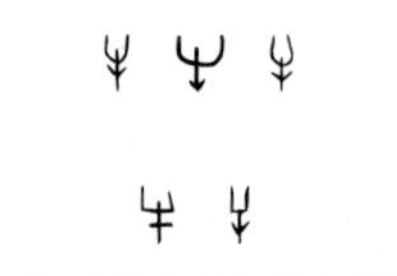	

表 1-5

（2）字形不稳定。例如：

明	牡	册	车
	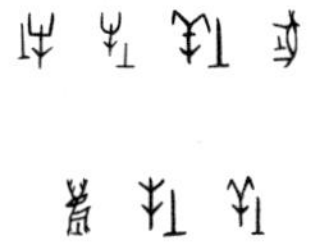	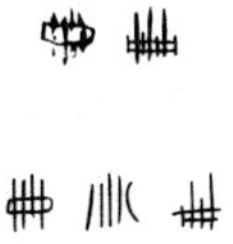	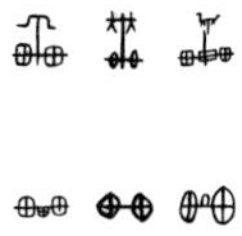

表 1－6

（3）繁简不一。例如：

渔	暮	春	毓
	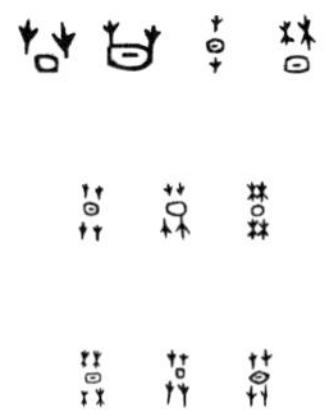	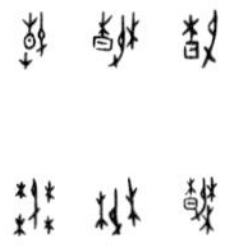	

表 1－7

（4）合文很多。例如：

左右、右左排列式：

大乙　大甲　兄辛　十五　十月　四祖丁

上下排列式：

上甲　小臣　十三　三月

复合式：由左右与上下两式复合组成

辛亥贞　小祖乙　十一月

内含式：

六人　报乙　报丙　六月

穿插式：

三万　五千　三牛　四牡

逆读式：

五十　六十　七十　八十　十一月　十二月

借笔合文：  五牢  上甲  上下岜（它）中的二（上下）

（5）六书已大备。例如：

象形	指事	会意	形声	假借	转注
（目）	（刃）	（从）	（河）	（我）	（老）
（门）	（上）	（牧）	（追）	（其）	（考）
（角）	（牟）	（出）	（星）	（来）	（耋）
（龟）	（臀）	（隻）	（效）	（不）	

表 1－8

自 1899 年以来，已经发现的甲骨（多数为碎片）总计约 15 万片，不重复的单字总计 4500～4600 个，其中，学界公认释读无疑的字，还不到 1500 个。郭沫若主编的《甲骨文合集》是甲骨文资料的总集。另外，徐中舒的《甲骨文字典》，孙海波的《甲骨文编》也是研究甲骨文的重要参考书。

（二）金文

金文是指铸、刻在铜制器物上的文字（古代称铜为金）。金文又称钟鼎文、彝器铭文、铜器铭文等，这是因为，用作乐器的“钟”和用作礼器的“鼎”是古代铜器的代表，而“彝”又是古代宗庙礼器的总称。钟鼎上的文字有阴（凹下）阳（凸出）之分，古人把阴文叫作“款”、阳文叫作“识”（zhì），故金文又称“钟鼎款识”。金文是西周文字的代表。

金文有如下特点：

1. 早期金文比甲骨文更象形。例如：

	保	戍	鱼	牛
早期金文				
甲骨文				

表 1－9

商周金文大多是王公贵族“寓礼于器”的产物，使用的场合比较郑重，因而具有一定的保守性，大体上可以看作是当时的正体字。与甲骨文这种比较特殊的“俗体字”相比，一般来说，早期金文的象形程度往往更高（族名金文尤其如此）。

2. 早期金文笔道圆转肥粗，多团块；后期金文则多趋于线条化。例如：

	才	人	父	子
早期金文				
后期金文				

表 1 - 10

3. 合文基本消失，字形大小趋于一致，形态趋向美化，行列趋向整齐，给人以美感（参见下图）。

已经发现的上古金文，其时代从商代中期一直延伸到汉代，其中，周代的数量最多。商代的铭文一般都很简短，西周则多长篇（《毛公鼎》497 字，为金文字数之冠，现藏台北故宫博物院）。金文大多通过范铸制作，自战国出现了铁器以后，也有部分是刻成的。比较重要的金文著录、金文字典有：（宋）薛尚功《历代钟鼎款识》、罗振玉《三代吉金文存》、郭沫若《两周金文辞大系》，容庚《金文编》、马承源《商周青铜器铭文选》、中国社科院考古研究所《殷周金文集成》等。其中，《殷周金文集成》共收 11 983 器，堪称最具权威性的商周金文总集。

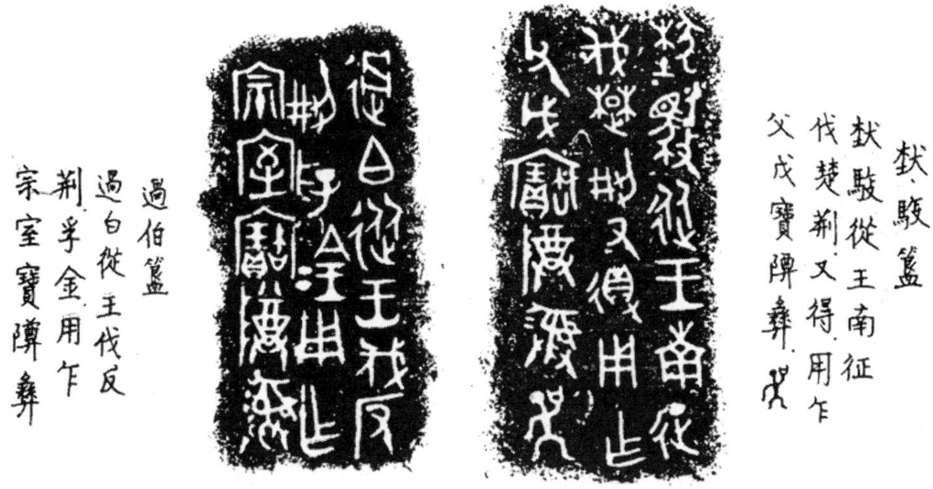

图 1 - 5①

① 引自 1993 年湖南师范大学金文讲习班印发孙稚雏编金文资料。

（三）籀文、大篆

籀文得名相沿最久、影响最大的一种说法是：周宣王太史籀作《史籀》十五篇，其字体遂称“籀文”。① 对此，王国维不以为然，王氏《史籀篇疏证序》说：“班《志》、许《序》以史籀为周宣王太史，其说盖出自刘向父子，而班、许从之，二千年来无异论，余顾窃有疑者。……古籀、读二字同音同义。……昔人作字书者，其首句盖云‘太史籀书’以目下文，后人因取首句‘史籀’二字名其篇。……太史籀书，尤言太史读书。”王氏又说，前人之所以有“太史名籀者”作《史籀篇》之论，乃是由于“不知‘太史籀书’乃周世之成语，以首句名篇又古书之通例”。由此，王氏得出了一个大胆的结论：“籀文非书体之名。”② 唐兰不同意王氏“史籀非人名”一说，他援引清人周寿昌、王先谦之论，肯定了《汉书·古今人表》中“史留”当即“史籀”的说法③。及至20世纪70年代末，上海博物馆征集到了一件名为“趞鼎”的周代青铜器，这桩公案始渐见明朗：此鼎铭文中有“史留受王命书”等语！——古“留”“籀”通假，从此，“史籀为周宣王太史”一说，获得了更多的赞同。

《说文》明确标示出来的籀文只有223个。王国维说：“史篇文字，就其见于许书者观之，固有与殷周间古文同者，然其作法，大抵左右均一，稍涉繁复，象形象事之意少，而规旋矩折之意多。”王氏对籀文形体的概括倒是很准确的。

地下出土的籀文材料主要有两种：其一，石鼓文。隋唐之际在天兴县（今陕西凤翔县）发现了十个石碣，样子像馒头，又有些像鼓，遂名石鼓。每个石鼓上都刻有一首六七十字的四言诗，记载秦君打猎游玩的情形，风格与《诗经》中同题材的作品十分相似。据专家考证，这些石鼓是春秋末年到战国初年的东西，其诗是歌颂秦王的。这些文字便称之为石鼓文。石鼓文今存三百多字，原石现藏北京故宫博物院。其二，诅楚文。北宋时发现了三块刻字石块，文字内容是秦王诅咒楚王的，后称诅楚文。原石和拓片均已亡佚，现存只有摹刻本，字数较石鼓文少。

王国维认为籀文是东周时代的秦国文字④，学术界的主流意见则认为籀文是周宣王时代的文字。我们认为，秦建国在宗周故地，忠实地继承了西周王朝所使用的文字传统，以籀文为其书写正体，是可信的。

---

① 《汉书·艺文志》：“《史籀篇》者，周时史官教学童书也。”《汉书·艺文志》“史籀十五篇”班固自注：“周宣王时太史作大篆十五篇。”又，《说文解字叙》：“宣王太史籀著大篆十五篇。”

② 王国维《观堂集林·史籀篇疏证序》，中华书局，2004，252—255页。

③ 唐兰《中国文字学》，上海古籍出版社，2001，134—135页。

④ 王国维《观堂集林·史籀篇疏证序》，中华书局，2004，254—255页。

(四) 古文

“古文”有广狭二义。广义的，凡是小篆以前的文字都可以称为古文（《说文叙》：“郡国亦往往于山川得鼎彝，其铭即前代古文。”）；狭义的，是指秦统一之前写本中的字，特别是六国经书中的字（《说文叙》：“孔子书六经，左丘明述《春秋传》，皆以古文。”）。

狭义的古文，其形貌如何？近世大量出土的楚国竹木简（包山楚简、望山楚简、上博楚简、慈利楚简等），足资参证。此外，《说文解字》《汗简》《正始石经》等文献、石刻材料中，也保留了一些古文。看来，古文之所以还有蝌蚪文的别名，也是可以理解的，因为古文的笔道一般都写得前粗后细，或两头细中间粗，形状略有点像蝌蚪。

古文的行用地域，王国维的观点影响颇大，王氏《战国时秦用籀文六国用古文说》认为：“六艺之书，行于齐鲁，爰及赵魏，而罕流布于秦（犹史籀篇之不行于东方诸国）。其书皆以东方文字书之。……是六国文字即古文也。”

古文形体有两大重要特征。其一，俗体字多（尤多简体）。其二，各国文字异形。关于后者，裘锡圭《文字学概要》举六国文字例，可见一斑。

	秦	楚	齐	燕	三晋
者					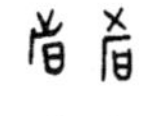
市					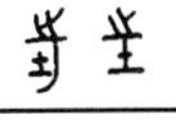

表 1－11

(五) 小篆

小篆是秦始皇统一天下之后，向全国颁行的标准文字。《说文解字叙》：“其后诸侯力政，不统于王，……语言异声，文字异形。秦始皇帝初兼天下，丞相李斯乃奏同之，罢其不与秦文合者。斯作《仓颉篇》，中车府令赵高作《爰历篇》、太史令胡毋敬作《博学篇》，皆取史籀大篆，或颇省改，所谓小篆者也。”

小篆比前代任何一种字体都来得整齐而匀称，简单而定型。从商代到秦统一以前，文字多参差不齐且异体繁多，小篆则以它匀称的曲线和直线所构成的规整字形代替了过去大小粗细不一的形体。更重要的是废除了众多繁复的异体，给每一个字都规定一个比较简易的字体，偏旁部位固定，使文字更便于应用。试看下列字例：

小篆是古文字阶段的最后一种字体，是古文字通向今文字的关纽，也是今文字上溯古文字的津梁。有很多字隶书以后的形体和籀文以前的形体差别很大，若无小篆便很难联系起来。所谓“上承甲金，下启隶楷”，正是小篆的功效。

小篆在《说文解字》一书中保留得最为完整，此外，秦代的刻石（泰山、峄山、琅琊、芝罘、碣石、会稽）、权量、诏版等也保留了部分小篆。

必须说明，小篆是公元前221年秦始皇颁行的“标准文字”，它主要用于庄重场合，也担当消除异体的表率，实际应用中的“秦隶”，在形体、笔势等方面与小篆仍有一定差异。三十多年前，郭沫若在《古代文字之辩证的发展》一文中即已指出：“秦始皇帝改革文字的更大功绩是在采用了隶书。”后来，裘锡圭先生在其《文字学概要》中亦得出了相同的结论，他说：“秦王朝实际上是以隶书统一了全国文字。”近年大量出土的秦代简牍证实了两位先生的真知灼见。

二、今文字阶段

（一）隶书、左书、史书、八分

隶书、左书、史书、八分四者异名同实。现分别予以讨论。

隶书，简单地说就是“徒隶的字”，相传为秦始皇时程邈所作。

按，隶书产生于战国末年，它是篆书的一种比较草率的写法，在当时可以称作是一种俗体。由于当时的一些重要的文献皆用篆书，如刻石之类，而一些下级文职官员平日书写皆用俗体，故给了它一个卑称，即隶书。隶书既然不始于秦代，自然也绝非程邈所创。但程邈本为狱吏，秦始皇时亦曾获罪入狱（时称“徒隶”），说他对这种俗体进行了整理，使之进一步体系化，倒是很有可能的。

隶书又可分为秦隶和汉隶两种。秦隶又叫古隶，指秦到汉武帝初年的隶书。这个时期的隶书尚未成熟，还有很多明显接近篆文的字形。代表性材料是湖北睡虎地秦简、湖南里耶秦简。汉隶指汉武帝到东汉晚期的隶书。这个时期的隶书与后来的楷书更为相近，只是笔画呈波挑的笔势，这是成熟期的隶书，代表性材料是两汉碑志。

隶书是古今文字的分水岭，标志着汉字由古文字阶段走上了今文字的道路，打破了以象形为基础的构造方式，符号性大大加强，结束了以象形线条为标志的古文字阶段，而进入了以笔画为标志的隶楷阶段。汉字从篆书演变为隶书，是汉字发展史上最大的也是最重要的演变，这种变化被称作“隶变”。隶变使汉字从复杂变为相对简易，从象形线条变为笔画，从书写不便到书写方便，提高了书写速度和效率，此为其利。但是隶变也带来一些副作用：由于它彻底改变了汉字的象形面貌，破坏了汉字的笔意，使汉字由象形变得不象形，且偏旁或省或变或分或并，打破了汉字的六书结构，增加了汉字由形知音知义的难度。

隶变过程中，字形笔画偏旁的变化主要有下面几种情形：

1. 解散篆体，改曲为直

日	日	篆文三笔	日	隶书四笔
弓	弓	篆文两笔	弓	隶书四笔
石	石	篆文三笔	石	隶书五笔
女	女	篆文三笔	女	隶书三笔
大	大	篆文四笔	大	隶书三笔
手	手	篆文五笔	手	隶书四笔

2. 将篆文相同的偏旁转化为不同位置的不同写法（王宁表述为“将篆书中的同一构件形态分异成不同的构件形态”①）。例如：

水	江	水，出蜀湔氐徼外峿山，入海。从水，工声。	江
	泰	滑也，从廾从水，大声。	泰
	荥	绝小水也。从水，熒省声。	荥
火	炙	炮肉也。从肉在火上。	炙
	灼	灸也。从火勺声。	灼
	赤	南方色也。从大从火。	赤
	然	烧也。从火肰声。	然
	尉	从上案下也。从𡰥；又持火，以尉申缯也。	尉
	光	明也。从火在上，光明意也。	光
	粦	兵死及牛马之血为粦。粦，鬼火也。从炎舛。	粦
	黑	火所熏之色也。从炎上出囪。囪，古窻字。	黑

① 王宁主编《古代汉语》，北京出版社，2002，18页。

令　发号也。从亼卩。　令

厄　科厄，木节也。从卩，厂声。　厄

辟　法也。从卩从辛，节制其辠也。从口，用法者也。　辟

却　节却也。从卩，谷声。　却

色　颜气也。从人，从卩。　色

—弄　—举　—奂　—丞　—與

3. 将篆文不同的部件归并为相同的偏旁（王宁表述为“用一个新的构件取代篆书中的不同构件”①）。例如：

（1）将一些篆文的单个部件归并为相同的偏旁

垔　塞也。从土，覀声。　—西

潭　潭水。从水，覃声。　—西

标　木杪木也。从木，票声。　—西

粟　嘉谷实也。从卣，从米。　—西

（2）将篆文的多个部件归并为相同的偏旁

（a）组　—秦　—泰　—奉　—春　—奏

（b）组　—奕　—莫　—奂　—莫　—樊

4. 将篆文复杂的笔画省并为简单的笔画。例如：

—屈　—雷　—香

5. 将篆文繁杂的笔画省去一部分。例如：

—褰　—塞　—寒

隶书又称“左书”。《说文叙》言“新莽六书”说：“四曰左书，即秦隶书。”段注：“其法便捷，可以佐助篆所不逮。”按，“左”“佐”古今字，古代低级文吏亦称“佐”，是知段说难称尽善。

隶书又称“史书”。按，古代的史官称“史”，比“佐”级别稍高一点的文吏亦称“史”。“史”记言记事、处理文书之时亦需求其速，故亦多用隶书书写。显然，与“左书”一样，“史书”也是以其职业身份称其所操书体。

隶书又称“八分”。按，“八分”之名大约起自汉魏之际。这个名称，启功认为是在有了新隶字（真书即楷书的雏形）之后，给旧隶字取的一个以资区别的名称。裘锡圭亦赞成此说。但是何以取名为八分，则说法不一。

①《古今书法苑》引蔡文姬说：臣父造八分，割程隶八分取二分，割李篆二分取八分。

① 王宁主编《古代汉语》，北京出版社，2002，18页。

②唐张怀瓘《书断》引王愔说："字方八分，言有楷模。"

③唐张怀瓘《书断》谓其"若八字分散"，故"名曰八分"。唐李阳冰亦持此说。

④宋黄庭坚等认为用笔须八方分布周密，故名。

⑤清刘熙载、康有为等认为八分不是定名，小篆取大篆八分，汉隶取小篆八分，今隶取汉隶八分。

启功赞成蔡文姬的观点，认为篆书是古体或雅体，隶书是通用的正体，草书和新隶体（指接近真书即楷书的一种俗体）是俗体。蔡文姬的话只是说八成古体或雅体，二成俗体而已。唐兰则认为王愔的说法是对的，并认为八分是指其书之大小而言。"这很像近代所谓寸楷，一般要学书，非要从八分楷法入手不可。像汉石经之类，正是八分的样式。"① 但启功则认为此说毫无根据，认为汉代的上尊号、受禅二碑的字，每字长宽各边，都远远超过今尺的八分，何况汉尺还小于今尺呢？②

裘锡圭则认为：以上各说，究竟哪一说符合或最接近八分命名者的原意，现在已经难以确定了。也有可能这些说法都是不正确的。③

按，"八"本训"相背"（《说文》："八，别也。象分别相背之形。"）；"分"当指横向开张。所以，我们认为，"八分"之得名，当源于汉隶波挑左右舒展而形趋扁方的体式特征。张怀瓘、李阳冰两位书法家的观点，除了"八"字的训释不可取之外，"分散"云云确实切中肯綮。

（二）草书

"草"本是栎实，即皂斗，其汁可作黑色染料，后借以指野草之草，由野草再引申指粗劣、粗糙，再引申为起草、草稿，由粗劣、粗糙又引申为草率、潦草、简便。草书之草当指粗糙、简便之义。草书有广狭二义。广义的，不论时代，不论书体，凡是写得潦草的都可以算。籀文潦草一点就是篆草，实乃隶书形成的基础。故从广义上说，隶书亦草书。隶书写得潦草一点也是草书，即书写时将笔画相连，而保留波挑的一种写法。狭义的草书最开始指隶草，是解散隶体使之趋于易写的一种书体。笔画间隶意犹存（尤其是捺画的末尾保留了隶法的波挑），每一字中已有萦带的笔画，但字字区分，不相连绵，后来被称为"章草"。汉末张芝是最有影响的章草名家。章草的得名，说法不一。有人认为，此种字体，书法规矩，多施于奏章，故名。也有人说是

---

① 唐兰《中国文字学》，上海古籍出版社，2001，147页。

② 启功《古代字体论稿》，文物出版社，1999，28—29页。

③ 裘锡圭《文字学概要》，商务印书馆，1996，79页。

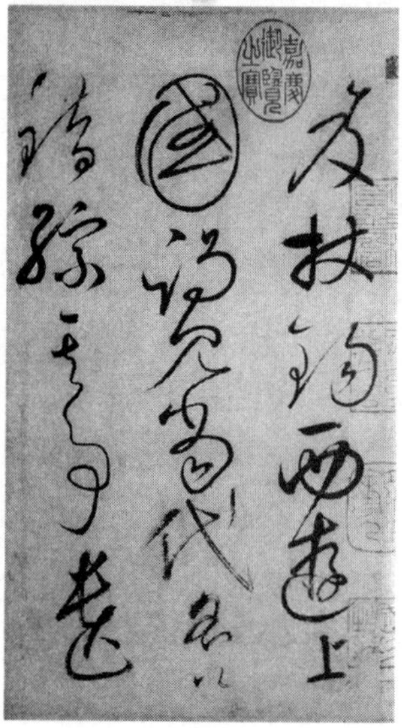

图 1－6 〔唐〕怀素草书《自叙帖》(纸本，局部)

因为汉章帝之酷爱和提倡而得名的。

章草后来又发展为今草。今草以其不像章草之字字独立，而是上下字牵连不断，字的体势若一笔写成，故又名“一笔书”。今草笔势连绵不绝，偶有不连，然其血脉不断。横斜曲直，钩环盘行，乍徐乍急，忽往忽收，除笔画变化无穷外，在形体结构、章法布白上均以气势为主，追求气韵生动的效果。今草相传为汉末张芝所创。但唐兰《中国文字学》认为当如欧阳询所云：“迨乎东晋，王逸少与从弟洽变章草为今草，韵媚婉转，大行于世，章草几将绝矣。”此后始有以示区别的章草、今草之名①。

草书由今草再变而为狂草（亦称“大草”），特点是诡奇、迅疾，用笔较今草更为狂放不羁，追求点画变化中的强烈的节奏美感，其结构与章法布白，不受束缚，时密时疏，时实时虚，气势磅礴，姿态万千。由于打破了文字原有的结构，不再为一般人所能认，所能写，失掉了原来的实用价值，成了只能供人欣赏的艺术品。其体由唐代的张旭和僧人怀素所创，此二人性格疏狂，酷嗜豪饮，大醉之后，每有佳作，时称“癫张醉素”。

（三）楷书

楷书也称正书、真书、正楷。它形体方正，笔法规范，可作楷模，故名。楷书萌芽于汉魏之间（相传魏钟繇为“真书之祖”），成熟于晋室东渡之后（王羲之、王献之父子是当时的楷书名家）。晋唐称正书、真书，偶尔亦称隶书，唐以后多称楷书、正楷②。但唐兰则认为：“古只有楷书，并没有正书的名称，王僧虔自夸正书第一，才有正书的名称。”③ 自汉以后，书体名称每有同名异实、异名同实者，要正确把握其内涵，须谨慎考量。

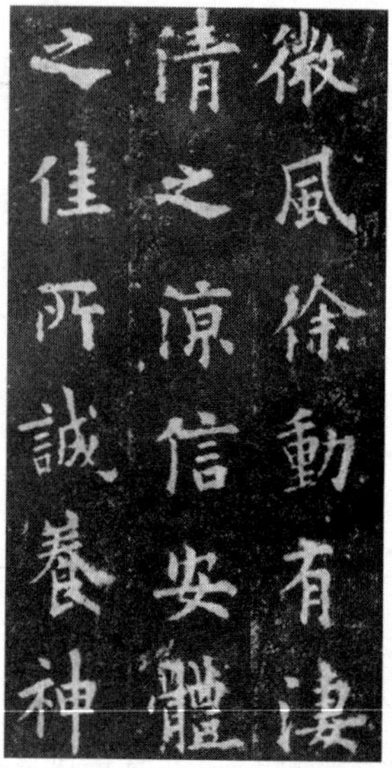

图 1－7 〔唐〕欧阳询楷书《九成宫醴泉铭》(拓本，局部)

---

① 唐兰《中国文字学》，上海古籍出版社，2001，151 页。

② 杨五铭《文字学》，湖南人民出版社，1986，215 页。

③ 唐兰《中国文字学》，上海古籍出版社，2001，153 页。

（四）行书

行书的体势介于楷书和草书之间，盛行于魏晋。楷书写快一点，如行人两足连续不停，便成行书。故云“真书如立，行书如行”。行书的出现是一种自然趋势。楷书要一笔笔地写，不够便捷，而行书虽有连笔，却不失原形，易于书写，易于辨认，因此极为书写者欢迎。含楷书成分多的谓之行楷，含草书成分多的谓之行草。王羲之的《兰亭序》，历来被誉为“天下第一行书”，真迹据说已随唐太宗殉葬昭陵，现在所见为唐代书家的摹本。颜真卿的《祭侄稿》被誉为“天下第二行书”。苏东坡的《寒食帖》被誉为“天下第三行书”。

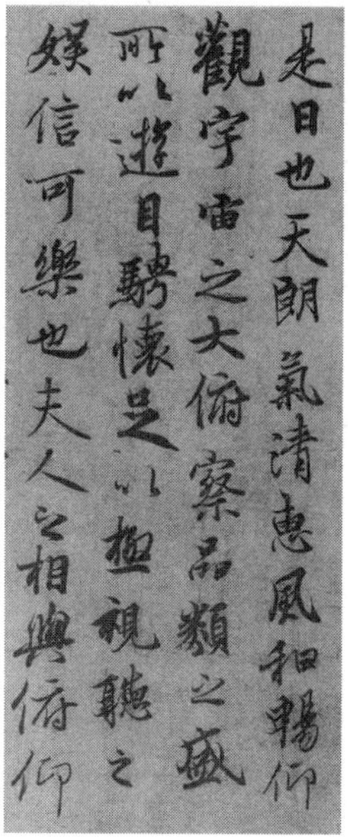

图 1－8　〔晋〕王羲之行书《兰亭集序》（纸本，局部）

汉字形体演变历史分期简表

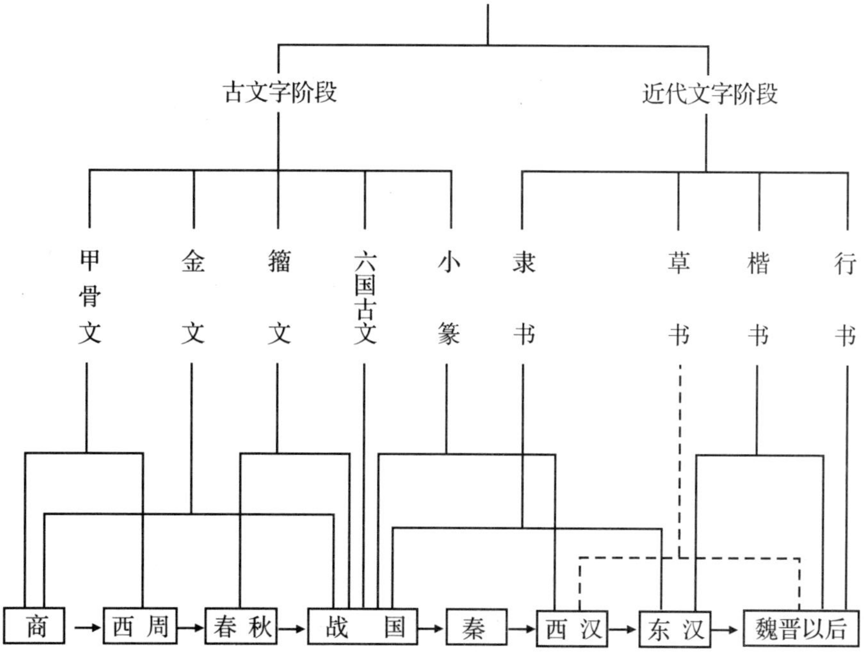

表 1－12　（引自何九盈主编《中国汉字文化大观》）

说明：限于交际功能，草书难以纳入通用字体，可以不算作一个文字阶段，故用虚线表示。

第二章

汉字传统构形理论——六书说

汉字的结构理论是分析汉字结体模式的理论，有的学者称为“汉字结构”，有的叫作“字式”，有的叫作“汉字构形理论”。

由于汉字是表意文字，字形和字义之间存在联系，字义千差万别，字形结构也必须有足够的形式才能满足记录字义的需要，因此古人随着所造文字逐渐增多，造字方法逐渐演进，汉字的结体模式也逐渐完备。后人对汉字的结体模式从不同的角度进行分析，便形成了不同的汉字结构理论。

关于汉字的结构理论，有传统构形理论和新构形理论之分。

传统构形理论主要是六书说。这是产生最早、影响最为深远的一种汉字结构理论。以六书离析字形，因形以说音、义，是许慎著作《说文解字》的基本原则，六书理论是许慎著作《说文解字》的理论依据。“六书”之名不是许慎所创，但是“六书”理论的最后形成却应归功于许慎。

第1节　六书理论的产生

“六书”之称始于何时，已不可知。其名称最早见于《周礼·地官·保氏》：“保氏掌谏王恶，而养国子以道，乃教之以六艺：一曰五礼，二曰六乐，三曰五射，四曰五驭，五曰六书，六曰九数。”这里只提到“六书”总名，未及细目。

六书的细目出现于西汉，首见刘歆的《七略》，其书已佚，东汉班固《汉书·艺文志》反映了《七略》的基本内容：“歆于是总群书而奏其《七略》，故有《辑略》，有《六艺略》，有《诸子略》，有《诗赋略》，有《兵书略》，有《术数略》，有《方技略》。今删其要，以备篇籍。”“古者八岁入小学，故周官保氏掌养国子，教之以六书，谓象形、象事、象意、象声、转注、假借，造字之本也。”而后是郑众在给上引《周礼·地官·保氏》中的话作注时说：“六书，象形、会意、转注、处事、假借、谐声。”刘歆、班固和郑众都只给出细目，未作说明。

许慎在《说文解字叙》中，则对六书理论作了全面的阐述：“周礼：八岁入小学，保氏教国子先以六书：一曰指事。指事者，视而可识，察而见意，上下是也。二曰象形。象形者，画成其物，随体诘诎，日月是也。三曰形声。形声者，以事为名，取譬相成，江河是也。四曰会意。会意者，比类合谊，以见指㧑，武信是也。五曰转注。转注者，建类一首，同意相受，考老是也。六曰假借。假借者，本无其字，依声讬事，令长是也。”

以上三家说法，班固《汉书·艺文志》采录于西汉末年刘歆的《七略》；郑众是郑兴之子，郑兴是刘歆的弟子；许慎是贾逵的弟子，贾逵的父亲贾徽也是刘歆的弟子。所以三家说法实际上出于同一师门，只是在六书的名称和次序上有些差异。列表以明之：

出处	时代	名称及次第					
班固	32—92	象形	象事	象意	象声	转注	假借
郑众	？—83	象形	会意	转注	处事	假借	谐声
许慎	约 58—147	指事	象形	形声	会意	转注	假借

表 2 - 1

比较三家的异同，象形、转注、假借三类名称一样，次第不同，其他各类次第名称皆有出入，不过内容大抵是差不多的。其中班固的次第比较妥当，许慎的名称比较合理，故后代学者一般采用班固的次第、许慎的名称：

<table>
<tr><td>出处</td><td>时代</td><td colspan="6">名称及次第</td></tr>
<tr><td>班固的次第
许慎的名称</td><td>今日通用</td><td>象形</td><td>指事</td><td>会意</td><td>形声</td><td>转注</td><td>假借</td></tr>
<tr><td colspan="2">本教材采用名称及次第</td><td>象形</td><td>指事</td><td>会意</td><td>假借</td><td>形声</td><td>转注</td></tr>
</table>

表 2 - 2

从《周礼》到许慎，六书理论逐步定型，许慎让六书的内容具体化、定义化，并且据以分析《说文》所收录的九千多个汉字，揭示了汉字形体结构的系统和规则，建立了汉字的形义体系。

第 2 节　六书理论的发展

许慎之后，很多学者对六书理论进行了阐发，并融进了不少自己的见解，使六书理论不断完善。

一、“独体为文，合体为字”分类法的提出

郑樵在许慎的“仓颉之初作书也，盖依类象形，故谓之文。其后形声相益，即谓之字。文者，物象之本；字者，言孳乳而寖多也”的基础上提出了“独体为文，合体为字”① 的分类观，其后段玉裁进一步阐发：“依类象形，谓指事、象形二者也，指事亦所以象形也。文者，逪画也，这逪其画而物像在是，如见迒而知其为兔，见速而知为鹿也。……形声相益，谓形声、会意二者也，有形则必有声，声与形相軵为形声，形与形相軵为会意。其后，为仓颉以后也。仓颉有指事、象形二者而已，其后文与文相合而为形声，为会意，谓之字。……析言之，独体曰文，合体曰字，统言之则文字可互称。左传‘止戈’‘皿虫’皆曰文，是合体为文也。许君某部言文若干，谓篆文；言凡若干字，谓说解语，是则古篆通谓之文，己语则谦言字也。”②

二、“四体二用”分类法的提出

宋元明很多学者还从体用的角度对六书进行了分类，大致进程是：

宋郑樵在《通志・六书略》中说：“象形指事，文也；会意谐声转注，字也；假借，文、字俱也。”③ 将假借单独划为一类，已看出假借与其他五书的区别。

---

① 郑樵《通志・七音略・七音序》，中华书局，1987，513 页上。
② 段玉裁《说文解字注》，上海古籍出版社，1981 影印本，754 页上。
③ 郑樵《通志・六书略・六书序》，中华书局，1987，487 页下。

明杨慎在《丹铅续录》中认为宋张有提出了两层次说："张谦中《复古编》谓象形者，文之纯，肇于此；指事者，文之加，滋于兹；会意者，字之纯，广于此；谐声者，字之加，备于此；假借者，因其声、借其义；转注者，转其声、注其义。文字之变化无穷矣。"① 把六书分为"文、字"与"文字之变"两层次，认为"假借、转注"与"文与字"的形体本身没有多大关系，而是"因其声、借其义（假借）；转其声、注其义"，即是对"文、字"的音声的运用。

宋王柏和元周伯琦有更明确的表述。王柏在《正始之音·序》中说："象形者，写其迹也；指事者，推其义也；会意者，合其形而兼乎义者也；谐声者，合其声以附乎形也；转注者，形之变也；假借者，声之变也。"② 周伯琦《说文字原·叙》说："形也、事也、声也、意也，合而为文字矣；未尽者，则转注以足其意，假借以足其声。……象形、指事者，文也；会意、谐声者，字也；转注、假借者，文字之变也。文最古，字次之，变又次之。"③ 清楚地指出转注、假借补文、字之不足，为"文字之变"。

明赵古则《六书本义纲领·六书总论》曰："六书初一曰象形，文字之本也，次二曰指事，加于象形者也。次三曰会意，次四曰谐声，合夫象形指事者也，次五曰假借，次六曰转注，侂夫四者之中者也。"④ 这是说象形、指事、会意、形声是根本，转注和假借是依赖于前四书的。在《六书本义·六书相生总图》注中还认为假借、转注无正生，只有托生。

明杨慎提出了"四经二纬"说。顾炎武《音学五书·音论下·六书转注之解》引杨慎曰："六书以十分计之，象形居其一，象事居其二，象意居其三，象声居其四。假借，借此四者也。转注，注此四者也。四象以为经，假借、转注以为纬。四象之书有限，假借、转注无穷也。"⑤ 杨慎《转注古音略·古音后语》："《周官》六书之名曰象形、指事、会意、谐声、假借、转注，旧矣；余舍经而取班固象形、象事、象意、象声之名，非好异也，以其因名而可以得其义也。固意谓六书四者有象可见，故以象名，假借转注则隐于四象之中，而非别有字也，恐后人失传，故特著之。"⑥ 彻底地把六书中的前四书与后二书区别开来：前四书为经，后二书为纬；前四书"有象可见"，后二书"则隐于四象之中，而非别有字也"。

明吴元满则明确提出"六书体用"说。《六书总要·六书总论》曰："六书一曰象

① 杨慎《丹铅续录》，《四库全书》，上海古籍出版社，1987，855册，175页。
② 王柏《正始之音·序》，见《程氏家塾读书分年日程》卷三，《四部丛刊》续编本（子部）。
③ 周伯琦《说文字原》，《四库全书》，上海古籍出版社，1987，228册，76—77页。
④ 赵古则《六书本义》，《四库全书》，上海古籍出版社，1987，228册，289页。
⑤ 顾炎武《音学五书·音论下·六书转注之解》，1983，46页。
⑥ 载《丛书集成初编》，中华书局，1985，183—184页。

形，象其物而画其形，见而可知者。二曰指事，加物于形体之上，指而可别者。三曰会意，会合二文以成字，悟而可通者。四曰谐声，以声附意，调和成字，闻而可辨者。五曰假借，假四体借为他义之用。六曰转注，转四体之声注释他义之用。六者则文字之体用备矣。”① 可以明确看出，吴元满认为前四书为体，后二书为用。

清戴震《答江慎修先生论小学》中说：“大致造字之始，无所凭依。宇宙间事与形两大端而已。指其事之实曰指事，一、二、上、下是也；象其形之大体曰象形，日、月、水、火是也。文字既立，则声寄于字，而字有可调之声；意寄于字，而字有可通之意。是又文字之两大端也。因而博衍之：取乎声谐曰谐声，声不谐而会合其意曰会意。四者，书之体止此矣。由是之于用：数字其一用者，如初、哉、首、基之皆为始，卬、吾、台、予之皆为我，其义转相为注，曰转注；一字具数用者，依于义以引申，依于声而旁寄，假此以施于彼，曰假借。所以用文字者，斯其两大端也。六者之次第出于自然，立法归于易简。”②

由于戴震的学术地位，加上段玉裁的揄扬，“四体二用”之说广为学术界接受，并将四体二用说的发明权归于戴震，近来亦有学者以杨慎为源头。综上所列材料，可以看出，“四体二用”真正的源头应该是明代赵古则，杨慎、吴元满继起阐发，清代学者只是继承而已。③ 对于戴震关于假借、转注的理解的批判，在第五章“六书详解（下）”中详论。

三、关于六书的排序

1. 关于象形、指事的排序

从文字的发生学来讲，如果认为由文字画发展过来的文字是第一批文字的话，那么象形就应该排第一位；如果认为由受结绳和契刻的启发而产生的文字是第一批文字的话，那么指事就应该排第一位。班固将象形排第一，许慎将指事排第一，大概反映了他们不同的文字起源观。但是，在文字形成之前的相当长的时间里，人们一直用结绳、契刻及图画等方式记事，当社会有了文字需求的时候，这些契刻符号或图画都应该是很成熟的了，都可以进入文字，因为文字的产生应该是一个突变的，文字是记录语言的，当有必要产生文字的时候，也就是有必要记录语言的时候，因此第一批汉字一定是能够记录一句简单的话，至少是一个简单的词组，那么至少应该有两个或三个以上的符号或图像成为字，如亖是契刻符号，是图画，当二者组合起来为亖，与语言中的“四鹿”

① 吴元满《六书总要·六书总论》，万历十二年刊，第一册。

② 《戴震文集·答江慎修先生论小学》，中华书局，1980，64页。

③ 党怀兴《宋元明六书学研究》，中国社会科学出版社，2003，246页。

的顺序完全一致的时候，它们就成为了文字，只有[illegible]不可能成为文字，只有[illegible]也不可能成为文字。因此从这个角度上讲，象形字和指事字，甚至包括会意字，作为文字，它们产生的时间很难有先后之分，应该是同时产生的。如果一定要分先后，那只能是讨论它们作为记事符号的先后，而这应该是人类学而不是汉字学讨论的问题。

2. 关于假借的排序

按照大家习用的班固的次第，假借排在最后。但随着研究的深入，从文字发展的阶段和先后来看，假借应该在会意之后，形声之前。因为形声字的结构模式是受了为假借义或本义、引申义所造的区别字的启发而造出来的。顾实曾说："故形声者，又与叚借同源也，相先后也。未加偏旁之前为叚借，既加偏旁之后为形声，其源远矣。"① 罗君惕也说："以我研究所得，它的次序当是：一、象形，二、指事，三、会意，四、假借，五、形声，六、转注。"② 将假借列于会意和形声之间。

四、对六书前四书各书的细致分类推演

1. 象形

郑樵在《六书略》中将象形分为"正生、侧生、兼生"三科，再分为十八类；"正生"分天物、山川、井邑、草木、人物、鸟兽、虫鱼、鬼物、器用、服饰十类；"侧生"分象貌、象数、象位、象气、象声、象属六类，"兼生"分形兼声、形兼意两类。"正生"即"象形"："象形之别有十种，有天物之形，有山川之形，有井邑之形，有草木之形，有人物之形，有鸟兽之形，有虫鱼之形，有鬼物之形，有器用之形，有服饰之形，是象形也。"③

杨桓在《六书统》中也将象形分为十类："曰天文，曰地理，曰人品，曰宫室，曰衣服，曰器用，曰鸟兽，曰虫鱼，曰艸木，曰怪异。"④

段玉裁分独体象形、合体象形两大类。"有独体之象形，有合体之象形。独体如日月水火是也；合体者，从某而又象其形。如眉从目而以[illegible]象其形；箕从竹而以[illegible]象其形；衰从衣而以[illegible]象其形，[illegible]从田而以[illegible]象耕田沟诘屈之形是也。"⑤

---

① 顾实《中国文字学》，上海商务印书馆，1925，120页。

② 罗君惕《中国文字产生的时代和构造的方法》，见吴文祺主编《语言文字研究专辑》（下），上海古籍出版社，1986，64页。

③ 郑樵《通志·七音略·七音序》，中华书局，1987，488页上。

④ 杨桓《六书统》卷一，见《四库全书·六书统》，上海古籍出版社，1987，227册，7页。

⑤ 段玉裁《说文解字注》"象形者，画成其物，随体诘诎，日月是也"注，上海古籍出版社，1981年影印本，755页上。

王筠在《说文释例·象形序》中将象形分为迎面视之之形、随而视之之形、视其侧面之形、变横为直之形、省多为少之形和兼声之形、兼意之形七类。在列举字例时，列天地类、人类、羽毛鳞介昆虫、植物、器械五类为正类，又列形兼意、形兼声等变例十类。①

2. 指事

宋郑樵《六书略》说："指事类乎象形，指事，事也；象形，形也。指事类乎会意，指事，文也；会意，字也。独体为文，合体为字。形可象者曰象形，非形不可象者指其事曰指事，此指事之义也。"② 指事之别，有兼谐声者，则曰事兼声；有兼象形者，则曰事兼形，有兼会意者，则曰事兼意。③

明赵古则《六书本义纲领·六书总论·指事论》曰："象形，文之纯；指事，文之加也。故曰正生，附本，盖造指事之本，附于象形。如'本、末、朱、禾、未、朿'之类是。'木'，象形文也，加'一'于下则指为本；加'一'于上则指为末；加'一'于中则指为朱，以其首曲而加则指为禾；以其枝叶之繁而加则指为未；以其条干有物而加则指为朿。其字既不可谓之象形，又不可谓之会意，故谓之指事。指事之别有十类，如象形之所陈者，兹不复述。此外又有兼谐声而生之一类，曰事兼声，'齿''金'之类是也。"④

明吴元满《六书总要·指事论》说："圣人造书，形不可象则属诸事，其文有加，既不可谓之象形，而所加之物，又不成字，亦不可谓之会意，居文字之间，故曰指事。或转体以别义，或加物于形体之上以成文，或省形体之半以取义，其正生者二种，一、转体指事，二、加体指事，其变生者一种，曰省体指事，其兼生者一种，曰事兼会意，推此四类，则指事之义尽矣。"⑤

明赵宧光说："指事有二：一独体指事，谓'一、二、三、十'之类；一附体指事，'𠄞、𠄟、本、末'之类。"⑥

段玉裁说："指事之别于象形者，形谓一物，事晐众物，专博斯分。故一举日月，一举𠄞𠄟。𠄞𠄟所晐之物多，日月只一物。学者知此，可以得指事、象形之分矣……一二三四，皆指事也，而四解曰象形，有事则有形，故指事皆得曰象形，而其实不能溷。指事不可以会意殽，合两文为会意，独体为指事。徐楚金及吾友江艮庭往往认会意为指事，非也。"⑦

① 王筠《说文释例》，武汉市古籍书店，1983，48—83页。

② 郑樵《通志·七音略·七音序》，中华书局，1987，491页中。

③ 郑樵《通志·七音略·七音序》，中华书局，1987，491页上。

④ 赵古则《六书本义·六书本义纲领·指事论》，《四库全书》，上海古籍出版社，1987，228册，291页。

⑤ 吴元满《六书总要·指事论》，万历十二年刊，第一册。

⑥ 赵宧光《说文长笺》，转引自胡朴安《中国文字学史》，上海书店，1984年影印本，196页。

⑦ 段玉裁《说文解字注》，上海古籍出版社，1981年影印本，755页上。

王筠说："所谓视而可识，则近于象形，察而见意，则近于会意。然物有形也，而事无形。会两字之义，以为一字之义，而后可会。而⊥⊤之两体，固非古本切之丨、於悉切之一也……上下本非物也，然视之而已识上下之形；两画皆非字，则几无以为义，然察之而已见上下之意。"① "指事二字，须分别说之，其字之义，为事而言，则先不能混于象形矣；而其字形，非合它字而成，或合他字而其中仍有不成字者，则又不混于会意、形声矣。以是而名为指事，斯为确见也。"②

郑、吴、二赵、段、王之说，基本概括了指事的特点，综合起来有四条：第一，指事字所指（或象）的是兼晐众物的抽象之形；第二，指事字的结构是独体字；第三，指事是"文之加"，即在独体象形字的基础上增加笔画而成，也就是在象形字的基础上增加指事符号；四，通过改变象形字的位置和方向（即"易位"和"变体"）形成指事字。

3. 会意

（1）对"会"的理解有两种

①认为是"会悟、会心、领悟"的意思，即领会文字形体所蕴含的意思。

唐贾公彦《周礼・地官・保氏》疏："会意者，武信之类是也。人言为信，止戈为武。会合人意，故云会意。"③ "会合人意"谓领会文字的意思并符合造字之人的意图。

元杨桓《六书统》两处提到对"会意"的理解："会意者何？形者，体也，静也，常也；而其用也，其动也，其变也，各有意主焉。故必假其形之用、之动、之变以示其意，使人观之而自悟，故谓之会意。"④ "会意者，写天地万物变动之意，使人观之而自晓、自会也。然意因形而生，故意不能独见，必假其形之变而意见焉。盖形，体也；意，用也。形意相从，体用一致，必先明其形，则意无不了然而自会矣。故曰会意。"⑤

②认为是"会合"的意思。

宋郑樵《通志・六书略》："象形、指事，文也；会意，字也。文合而成字。文有子母，母主义，子主声。一子一母为谐声。谐声者，一体主义，一体主声。二母合为会意。会意者，二体俱主义，合而成字也。其别有二：有同母之合，有异母之合。主其意，则一也。"⑥

明张位说："会意者，合文以成其意也。如'止戈为武，力田为男，女帚为妇，

---

① 王筠《说文释例・六书总说》，武汉市古籍书店影印，1983，5页。

② 王筠《说文释例・六书总说》，武汉市古籍书店影印，1983，13页。

③ 《十三经注疏》本，中华书局，1980，731页中。

④ 杨桓《六书统》卷一，见《四库全书・六书统》，上海古籍出版社，1987，227册，19页。

⑤ 杨桓《六书统》卷三"会意"，见《四库全书・六书统》，上海古籍出版社，1987，227册，47页。

⑥ 参见郑樵《通志・六书略》，《十通》，商务印书馆《万有文库》本，493页。

人言为信，人为为伪，吏于人为使’之类。”①

段玉裁《说文解字注》：“凡会意，合二字以成语。如‘一大’‘人言’‘止戈’皆是。”②

段玉裁《说文解字叙》“武信是也”注：“会意者，合谊之谓也。”③

段玉裁《说文解字叙》“四曰会意”注：“刘歆、班固、郑众皆曰会意。会者，合也，合二体之意也。一体不足以见其义，故必合二体之意也。”④

王筠《说文释例》曰：“案，会者，合也，‘合谊’即‘会意’之正解。《说文》用‘谊’，今人用‘义’。会意者，合二字三字之义，以成一字之义，不作‘会悟’解也。”⑤

王筠《说文释例》：“以上皆省文会意者也，有一省者，有递省者，有同省一字而各有取义者，吾向者以此等会意为会悟之会矣，由今思之，乃是会合本字以为意，离却本字即不成意也。然则会意中终无会悟一说矣。”⑥

王筠特别提到“不作‘会悟’解也”“会意中终无会悟一说矣”。不过，王筠在为会意字举例时又举了非合体字为例，可见其矛盾之处。

（2）关于独体和合体的争论

①认为会意必合体。

清江声《六书说》：“《春秋左氏》曰‘止戈为武’，《榖梁子》曰‘人言为信’，故‘武、信’为会意。‘武、信’之外，如孔子曰‘推十合一为士’，韩非曰‘背厶为公’，逯安说‘亡人为匄’，以及‘皿蟲为蠱’‘丮夕为夙’‘臼辰为晨’之类，皆合两字而成谊者也。亦有合三字为谊者，孔子曰：‘黍可为酒，禾入水也’是也。——皆所谓‘比类合谊，以见指撝’者，是为会意，言会合其意也。”⑦

②认为会意有独体。

宋张有说：“会意者，或合其体而兼乎其义，或反其文而取其意。……如‘休、信、舋、明’之类。”⑧“反其文而取其意”则为独体无疑。

清孔广居《说文疑疑·论象意》说：“象意，许氏谓之会意。会意有三类：如‘武信’之合体为意者，会意之正也。其颠倒独体之文以为意者，谓之独体会意；其减省独体之文以为意者，谓之省体会意。如倒人为 七（化），化者生也，人之生多倒

---

① 转引自胡朴安《中国文字学史》，上海书店，1984 年影印本，198 页。

② 段玉裁《说文解字注》“一”部“天”字条下注，上海古籍出版社，1981 年影印本，1 页。

③ 段玉裁《说文解字注》，上海古籍出版社，1981 年影印本，755 页。

④ 段玉裁《说文解字注》，上海古籍出版社，1981 年影印本，755 页。

⑤ 王筠《说文释例》卷四《会意·序》，武汉市古籍书店，1983 年影印本，147 页。

⑥ 王筠《说文释例》卷四《会意·序》，武汉市古籍书店，1983 年影印本，164 页。

⑦ 江声《六书说》，中华书局据《琳琅秘室丛书》本影印，《丛书集成初编》，1985，5—6 页。

⑧ 转引自胡韫玉《六书浅说·会意释例》，商务印书馆《国学汇编》本，12 页。

悬而下，故以倒人为意。反㡭（绝）为𢇍（继）者，不绝也，故以反绝为意。倒亯（享）为㫗（厚），亯者，敬上也，以进上具反于下则厚也，故以倒亯为意。反正为乏（乏），乏，持旌告获者，所以蔽矢也。正以受矢，乏以蔽矢，故以反正为意。凡此皆独体之类也。又如木之省而为片也，以判木为意。骨之省而为冎也，以骨上剔肉为意。鸟之省而为乌也，以乌之身与目皆黑，人不辨其目为意。飞之省而为卂也，以鸟飞卂疾，人不见其翅为意。凡此皆省体之类也。"①

（3）关于会意的分类

明赵㧑谦分会意为五类。会意其别有五：曰反体会意，曰省体会意，曰同体会意，曰二体会意，曰三四五体会意。反体者，如永乃水之长也，象其形焉，𠂢则水之衺流别也，故反永为𠂢之类是也。省体者，如月，形兼意字也；夕则月见，故月省则为夕之类是也。同体者，如二口为吅，三犬为猋之类是也。二体者，如艸生田上则为苗，鼠居穴下则为竄之类是也。三四五体者，从臼匊水临皿则为盥，土上有广从几以居其里则为麈，从臼持缶置于几上有鬯酒而饰之以彡则为鬱，其类是也。②

近人胡韫玉《六书浅说·会意释例》对会意的分类有如下总结性论述：

> 郑氏樵分会意为二类，一曰正生，二曰续生。正生其别有二，有同母之合，有异母之合。续生仅一。于会意之分类尚未详备。
>
> 杨桓分会意为十六：一曰天运之意，二曰地体之意，三曰人体之意，四曰人伦之意，五曰人伦事意，六曰人品之意，七曰人品事意，八曰数目之意，九曰采色之意，十曰宫室之意，十一曰衣服之意，十二曰饮食之意，十三曰器用之意，十四曰飞走之意，十五曰虫鱼之意，十六曰生植之意。杨氏分类之法，殊无足取。仅于字之意义分类，不以字之比合分类，无当于六书之例。
>
> 吴元满分会意为六类：正生四：一曰本体会意，二曰合体会意，三曰二体会意，四曰三体会意。变生二：一曰省体会意，二曰意兼声。
>
> 赵宧光分会意为七类：一同体，如从、众、林、森之类是；二异体，如休、相、意、義之类是；三省体，如儿、穴之类是；四让体，如詹、父之类是；五破体，如爰、雜之类是；六变化，如憂、旪之类是；七侧倒，如尸、匕之类是。分类虽视郑、杨、吴稍密，然尚不能该会意之义，而让体、破体亦无当焉。
>
> 郑氏知同分会意为二例：一正例，二变例。变例之类五：一重形，如两屮为艸、两木为林之类是；二意兼形，如闰、爨之类是；三反形，如反彳为亍及反止

① 清孔广居《说文疑疑·论象意》，中华书局据《许学丛书》本影印，《丛书集成初编》，1985，11—12页。

② 转引自胡朴安《中国文字学史》，上海书店，1984年影印本，198页。

为㐀之类是；四意兼声，如尋、爾之类是；五省旁，如皮、奂之类是。郑氏分类，虽更密于赵氏，然犹未尽善也。如闰、爨二字，闰为王在门中，两体皆成文，爨则有一不成文之𠔿。盖闰为会意正例，爨为意兼形。𠔿象甑形而不成文也。郑氏以闰、爨同为意兼形，此则其分类未晰之处。

近人造文字学者，分例为四：一纯例，即正例；二意兼形；三意兼事；四意兼声，即变例。分类虽少，大致尚无刺谬。①

（4）形声

段玉裁注“三曰形声”云：“刘歆、班固谓之象声，形声即象声也。其字半主义、半主声。半主义者，取其义而形之；半主声者，取其声而形之。不言义者，不待言也。得其声之近似，故曰象声、曰形声。郑众作谐声，谐，詥也，非其义。”他解释“以事为名，取譬相成”说：“事兼指事之事、象形之物，言物亦事也。名即古曰名、今曰字之名。譬者，谕也。谕者，告也。以事为名，谓半义也。取譬相成，谓半声也。……其别于指事、象形者，指事、象形独体，形声合体；其别于会意者，会意合体主义，形声合体主声。声或在左，或在右，或在上，或在下，或在中，或在外。亦有一字二声者。有亦声者，会意而兼形声也。有省声者，既非会意，又不得其声，则知其省某字为之声也。”②

王筠说：“工可第取其声，毫无意义，此例之最纯者。推广之，则有兼意者矣（亦声必兼意，省声及但言声者，亦多兼意）。形声字而有意，谓之声兼意，声为主也。会意字而有声，谓之意兼声，意为主也。”③

黄德宽认为段氏说亦声不如王氏明确。谓形声即象声，半主义、半主声，也要重新估价。说形声为“得其声之近似”的象声，那么意兼声和附画因声指事字也得称为形声，便混淆了六书的界限。如撇开象声，用半主义、半主声（半义、半声）来概括形声字的特点，则对“形声”的“形”没有作出交代。王鸣盛说：“凡《说文》中从某某声，而所从之字为象形者，形声也。”这可谓之“半形半声”说，从文字结构的角度考虑，这个说法比段说确切。④

---

① 见胡韫玉《六书浅说·会意释例》，商务印书馆《国学汇编》本，13页。

② 段玉裁《说文解字注》，上海古籍出版社，1981年影印本，755页。

③ 王筠《说文释例》，武汉市古籍书店影印，1983，87页。

④ 黄德宽《汉语文字学史》，安徽教育出版社，2006，154页。

第三章

汉字新构形理论

重要的汉字新构型理论有唐兰的三书说、陈梦家的三书说、裘锡圭的三书说、詹鄞鑫的新六书说、苏培成的现代汉语新六书说、孙雍长的汉字十大构形模式说、王宁依据“结构—功能”分析法确立的十一大构形模式说、李运富的汉字构形方法两分法二十类说，等等。这里对几家说法作一简要介绍。

第1节　三书说

一、唐兰的三书说

唐兰对于六书分类的批判见于《中国文字学》，主要有三方面，他认为：①转注和假借，实在只是运用文字表达无穷的语言，跟产生新文字的方法，他们混列在一起，就和诗有六始，把风雅颂跟比兴赋混在一起是一样的。②指事文字原来是记号，是抽象的，不是实物的图画。……这种记号引用到文字里，它们所取的也是图画文字的形式，所以依然是图画文字的一类，也就是象形文字。我们看见“一”字，就读出数目的“一”，和看见“虎”就读“虎”是一样的。所以我们无需单为这抽象的象形文字独立一类。③古文字只有象意，没有会意。象意字是从图画里可以看出它的意义的。“武”字从“戈”从“止”，“止”是足形，我们决不能把它当作停止的意义，因为停止的意义，在图画里是没有的。“武”字在古文字里本是表示有人荷戈行走，从戈形的图画，可以生出威武的意义，从足形的图画里，又可以看出“步武”的意义，可是总不会有“止戈”的意义。[1] 所以唐兰认为这只是象意文字，不是会意文字。

根据这样一些基本认识，唐兰在《古文字学导论》里提出了“三书说”[2]，即：一、象形文字，二、象意文字，三、形声文字。在《中国文字学》中说：“象形、象

① 唐兰《中国文字学》，上海古籍出版社，2001，60—63页。

② 虽然上述意见在《中国文字学》一书里才明确提出来，但在《古文字学导论》成书之时这些认识当已经形成了，这些认识是“三书说”形成的基础。

意是上古期的图画文字，形声文字是近古期的声符文字。这三类可以包括尽一切中国文字。”“象形、象意、形声，叫做三书，足以范围一切中国文字，不归于形，必归于意，不归于意，必归于声。形意声是文字的三方面，我们用三书来分类，就不允许再有混淆不清的地方。”

裘锡圭在《文字学概要》中认为：“唐先生批判六书说，对文字学的发展起了促进作用，但是他的三书说却没有多少价值。”认为唐兰的三书说有下面这样一些问题：

1. 将三书跟文字的形意声相比附是不妥当的。作为语言的书写符号，任何一个文字都有形意声，不是象形文字只有形，象意文字只有意，形声文字只有声。

2. 没有给非图画文字类型的表意文字留下位置。说“古文字只有象意，没有会意”是不妥当的，时代较早的商周文字中有些表意字也已经很难说是图画文字了。例如“明”“鸣”等字（甲骨文有从“日”从“月”的“明”字和由象鸡的形符跟“口”组成的“鸣”字），虽然跟后世“歪”一类会意字还有很大距离，但是要说它们是图画文字显然也是很勉强的。又如（宦）字，字形表示在别人家里当臣仆的意思，“宀”下的“”只能理解为“臣”字，而不能看做一只竖起来的眼睛。总之，以“图画文字”来概括汉字的表意字是不全面的。

3. 象形、象意的划分意义不大。唐先生自认为三书说的分类非常明确，一点混淆不清的地方也没有。其实象形、象意的界限并不是很清楚。如对“雨”的归类，在《古文字学导论》上编里把“雨”当作象形字，在上编的“正讹”里加以纠正，说“雨”字应该是象意字。《导论》把“上”“下”当作象意字，到《中国文字学》里，“上”“下”“口（方）”“○（圆）”都变成了象形字。他说象形字一定是“名字”（当是名词之意），“方”“圆”所代表的词恐怕不能说是“名字”。可见他自己在划分象形、象意的时候也有举棋不定的时候。

4. 把假借字排除在汉字基本类型之外。虽然假借不产生新的字形，但一个表意字或形声字在假借来表示一个同音或音近的词的时候，是作为音符来起作用的。所以假借字（如花钱的“花”）跟被借字（花草的“花”），在文字外形上虽然完全相同，在文字构造上却是不同性质的（花草的“花”是由义符和音符构成的形声字，花钱的“花”是完全使用音符的假借字）。过去有人说假借是不造字的造字，就是这个意思。假借字不但在构造上有自己的特性，而且数量很大，作用很重要。在建立关于汉字构造的理论的时候，必须把假借字看作一种基本类型，不然就不能真正反映出汉字的本质。①

① 裘锡圭《文字学概要》，商务印书馆，1988，106页。

裘锡圭的意见是有道理的。假借确实使很多词找到了书写的载体，从这个意义上讲，说它是造字方法也未尝不可。再者，第一批形声字我们认为是给因字形发生假借或字义发生引申之后给本义或假借义或引申义造的区别字。如果没有假借，就不会有这么一批新字产生，尽管这一批字后来归入了形声字之列（与自觉用半形半声的方法创造的形声字有本质的区别，详见第五章“六书详解（下）”中假借、形声、转注的讨论），但是它的产生是离不开假借的。假借对于文字体系的形成具有不可低估的意义。因此无论从文字的类别来讲，还是从文字的发展演变来讲，六书说专列假借一类，都是适当的。

二、陈梦家的三书说

对唐兰所持的三书说，陈梦家在《殷墟卜辞综述》“文字”章里作了如下批判：

1. 形声字的构式，形符与声符居于同等的地位，所以不能称形声为声符文字。

2. 我们可以说象形、象意是象形文字，称之为图画文字是不妥当的。

3. 假借字必须是文字的基本类型之一，它是文字与语音联系的重要环节。

4. 事与物都是我们象形的对象，这些事物有处于静态的，也有处于动态的，因此象形字当然不仅是名字，而且可以是动字。

陈梦家对汉字的发展过程作了如下描述①：

> 客观的事物是有形象的，凡有形象的都可以造出象形字；然而我们的语言中除了事物以外，还有“词”是难以或不能描绘出来的，如像人称代名词、否定词和方向等等。文字是语言的记录，因此对于不能象形的某些词，就借用已有的象形字作为音符；把象形字当作一个代音的注音的符号来记录某些语词。因此象形字的“羽”字和第二天的“翌”或“昱”在语言中同一个音，就借用“羽”为第二天，这就是假借字。但是假借字是有着缺陷的：第一，一个象形字可以和若干不同的语词同音，所以某一个象形字可假借为若干个同音的语词，如此就要发生混淆；第二，假借字只有注音的功用，它对于表现一个字义是不周全的。为了防止混淆，明确意义，于假借字加上事物同类的形符，如“羽”假借为次日，加上“日”的形符，成为“翊”。这便是形声所以产生的原因之一。

于是陈梦家提出：“象形、假借和形声是从以象形为构造原则下逐渐产生的三种

① 陈梦家《殷墟卜辞综述》，中华书局，1988，77页。

类型，是汉字的基本类型。……我们所说的象形，大约包括了许慎所说的象形、指事、会意，也就是班固所说的象形、象事、象意。……我们所说的假借，就是《说文序》所说的‘本无其字，依声讬事’。……”并列出如下图式：

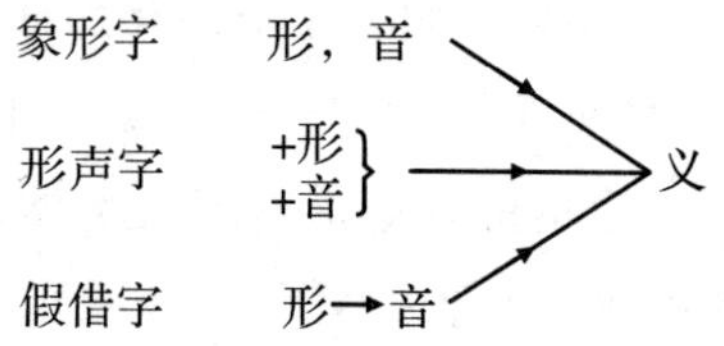

图 3－1

三、裘锡圭的三书说

对于陈梦家所持的三书说，裘锡圭在《文字学概要》中认为“基本上是合理的”，不过他主张“象形”应该改为“表意（指用意符造字）”，“这样才能使汉字里所有的表意字在三书说里都有它们的位置。”裘锡圭认为假借还应该包括本有其字的通假。这样，裘锡圭在唐兰、陈梦家的三书说的基础上提出新三书说：“把汉字分成表意字、假借字和形声字三类。表意字使用意符，也可以称为意符字。假借字使用音符，也可以称为表音字或音符字。形声字同时使用意符和音符，也可以称为半表意半表音字或意符音符字。这样分类，眉目清楚，合乎逻辑，比六书说要好得多。”

但是裘氏在谈表意字时，又把它分为抽象字（指用抽象的符号组成的字）、象物字（即六书中的所有象形字）、指示字（即六书中的合体指事字）、象物字式的象事字（外形上看很像象物字，但是表示的词则是“事”的名称，如又、𠂇、夨、屰等字）、会意字（即六书中的会意字）、变体字（指六书中的省变体象形字和省变体指事字）六类。这样看来，六书说把形声以外的文字分为象形、指事、会意三类，似乎未可厚非，甚至相形之下，还显得更为简明。因此本教材仍以传统六书来分析文字结构。

再者，陈、裘虽然都将假借列了出来，但他们的假借的内涵是不一样的。陈梦家认为假借就是许慎所说的“本无其字，依声托事”，有别于后来本有其字的通假字；而裘锡圭则认为“从文字构造上看，通假字和本无其字的假借字的性质是完全相同的。所以我们认为三书中的假借不应该限制在本无其字的假借的范围里，应该把通假也包括进去”①。我们认为，假借与通假之间有本质的区别，假借是一种积极的造字方法，而通假是一种消极的用字现象，作为文字构形理论的假借不应该包括通假。

---

① 裘锡圭《文字学概要》，商务印书馆，1988，107 页。

第2节 新六书说

新六书说以詹鄞鑫的新六书说和苏培成的现代汉语新六书说为代表。

一、詹鄞鑫的新六书说

詹鄞鑫在他的《汉字说略》中提出的新六书说是象形、指示、象事、会意、形声和变体。

我们以裘锡圭先生构建的三书系统作为基础而作一些局部调整：首先，我们仍按文字学界的一般处理法，把假借视为用字法（并不是与造字毫无关系），不列入结构类型之中。这样，三书中只剩下“表意”和“形声”两大类了。我们觉得，形声字尽管含表音符号，但很难把它完全排除于“表意”之外，这不仅由于形声字的形符具有一定的表意功能，就是声符也有相当一些同样具有表意功能。因此，在排除了“假借”之后如果仍把“表意”与“形声”对立起来就显得不很合理。于是，我们又将三书系统中属于“表意”的各类分开来与“形声”作为并列的结构类型。“表意字”中的“抽象字”，一方面由于数量很少，另一方面不论就表面特征（独体）而言还是就表意性质（表“事”）而言都与象事字没有本质的区别，因此把它归并到象事字中。在裘氏三书系统中属于“表意”的“变体字”，现在既然不再属于“表意”，就可以包含裘氏认为不能纳入三书范围内的“变体表音字”，甚至还可以包含“半记号字”及“记号字”，最大限度地缩小无法归类的汉字的范围；同时，“变体”还包括形声字的变体，这样，在次序上就应该把“变体”排在最后。

名称方面，我们既考虑表述的科学性，又尽量与传统的名称相一致。例如“象物”其实相当于六书中的“象形”，尽管“象物”的名称更为明确一些，为着习惯，仍称为“象形”；又如“象物字式的象事字”，表述上固然很明确科学，但又嫌其累赘，而“象事”的名称在班固的“六书”中已经出现，所以我们用“象事”来代表“象物字式的象事字”。经过以上的调整，我们将汉字结构类型分为六类：象形、指示、象事、会意、形声、变体。……这六类正好也合“六书”，为了区别于传统的六书，姑且称之为“新六书”吧。①

詹鄞鑫的新六书说和唐兰的三书说一样，将假借排除在外，我们认为不是很合适，理由已述。

二、苏培成的现代汉语新六书说

汉字从古至今经过形体——甲骨文、金文、篆书、隶书、楷书——的多次演变，已经发生了非常大的变化，象形字已不再象形，失去象形这一根本的基础，一些指事、会意和形声也非指事、会意和形声了。并且出现了许多既不表音也不表意的符号，现在的学者称之为记号。苏培成认为：“现代汉字从内部结构说，是由意符、音符和记号构成的。这三类字符搭配使用，构成了现代汉字六种结构。为了和传统六书相联系，我们叫做现代汉字的新六书。”新六书是会意字（如从、伐、劣、雀、矗、楞、灭等）、形声字（如搬、裹、护、油、娶、珊等）、半意符半记号字（如布、急、蛇、鸡、灯、泉等）、半音符半记号字（如球、笨、蓦、胜等）、独体记号字（如我、而、本、乐等）和合体记号字（如鼎、骗、听、杂等）。②

① 詹鄞鑫《汉字说略》，辽宁教育出版社，1992，170—171页。

② 苏培成《现代汉字学纲要》（增订本），北京大学出版社，2004，93—101页。

第3节　十大构形模式说

孙雍长根据汉字构形思维的不同着眼点，根据汉字形体与音义关系的种种不同特质，并充分吸取有关汉字构造的科学研究成果，将汉字的构形归纳为十大构形模式①。

一、绘形象物

所谓绘形象物，就是用简洁的线条笔画把语词所指称的某一物体形象地描绘下来，构成一种独立的个体图像，让人一看就能明了它所代表的是什么内容。许慎所说的“画成其物，随体诘诎”，主要就是指的这种构型模式。如：人、女、子、首等。

二、烘托显物

所谓烘托显物，就是利用一种相关物体的烘托陪衬，来彰显所要体现的另一物体。体现在造字构形上，就是一方面把需要造字的那个词所指称的物体用简略的线条笔画勾勒出来，另一方面把某种相关的物体，如所附着的主体，经常发生关系的东西，周围的环境等，也连带描绘下来，让后者作为前者的烘托陪衬，以彰显前者是何物。如：眉、须、瓜、矦等。

三、标识指物

所谓标识指物，即在代表某一物体的个体图像上再作出一种标识性的记号，用以指示所要表示的是该物体的哪一部分内容。如：本、末、朱、刃等。

---

①　首见于1990年第4期《湖北大学学报》所刊《汉字构形的思维模式》，复见于1992年高等教育出版社出版的许嘉璐主编《古代汉语》21—37页。

四、借形寓意

所谓借形寓意，就是借用某一具体之物的图形来寄寓某种抽象概念，代表语言中某一意义比较抽象的词。如：大、屰、夨、高等。

五、符号示意

所谓符号示意，就是用纯粹的抽象符号，来代表语言中某些意义抽象的词，表示该词的所指意义。如：一、二、上、下等。

六、比形象事

所谓比形象事，就是把两个或两个以上代表着某些客观物体的图形按照事理关系形象地比配在一起，构成某种事物过程的表象，以表示某一语词的意义内容。这种构形模式所产生的汉字，字形一般都具有生活气息强烈的图画性，内容上大多是反映人们自身的一些动作、行为，或是某种日常生活方式，也有少数是反映一些自然现象，或是人们头脑中所形成的一些与自然现象密切相关的观念。如：立、並、比、北、休、乳等。

七、合字会意

所谓合字会意，就是把两个或两个以上的字组合在一起，构成一个新字，借助于构件字意义内容上的关联性，会合出某种新的意义内容，以代表语言中的某个词。如：武、信、炎、森等。

八、加注意符

所谓加注意符，是指对大量的因假借而形成的一字多用式的字进行“加注意符”的形体改造。按照所要明确的字义与原有文字形体的不同关系，加注意符的情况可分为两种：一种是为明确字的借义而加注意符，如“须”加注意符“立”而构成“嬃”字，“取”加注意符“女”而构成“娶”字，等等；另一种是为重新明确字的本义而加注意符，如“它”加注意符“虫（huǐ）”而构成“蛇”字，“然”加注意符“火”而构成“燃”字，等等。现在研究文字学的人往往还把前一种情况分为为借义加注意符（如“垔”）与为引申义加注意符（如“娶”）。

九、加注声符

所谓加注声符，指对于已经造出的某些汉字，在没有读音标记的字形上有意识地加注声符，使文字的形体与词的声音具备一种便于“目治”的联系，使人们一睹字形即可略知该字的读音，从而进一步明确该字究竟代表的是哪一个语词，这就是加注声符的构形原理。例如“齿”字便是由一个烘托显物式的字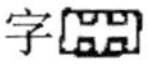加注声符“止”所构成的。不过，加注声符的构形方式往往与改换意符的方式结合进行。例如，“鳳”字在甲骨文中最初是一个绘形象物式的字，象高冠长尾美羽的凤鸟之形，后来加注声符“凡”，使字形上有了表音成分，再到后来，又把原来象凤鸟之形的那部分形体改换成意符“鸟”，从而成为从“鸟”“凡”声的“鳳”。其他如“雞、耤、星”等字，其产生的经过也大都如此。有时加注声符构造新字，则是通过对原有字形某一部分的改造来实现的，如“何、罝、聝、圁、囿”等字的产生便是如此。

十、音义合成

所谓音义合成，就是当语言中某个词需要造字时，一方面根据这个词的语音特点，从已有的文字中选取一个字来充当声符，另一方面根据这个词的意义特点，从已有的文字中选取一个字来充当意符，把意符和声符组合起来构成一个新字，例如“村、淚、氢、氮”等。在我们通常所讲的“形声字”中，凡是该字在历史上不存在加注意符或加注声符的过程，它便是直接通过音义合成的构形模式造出来的。也就是说，“音义合成”并不是改造旧字，而是一种自觉地既考虑词的声音形式也考虑词的意义内容来创造文字的构形方式。

第4节 十一大构形模式说

王宁认为汉字的构形模式是由汉字的直接构件的功能决定的，通过对历代的、各种字体的汉字的共时性构形系统的描写，得出了甲骨文以来各种字体的构件在全字中所具有的构形并体现构意的功能共有四类（即表形功能、表义功能、示音功能、标示功能）的结论，根据汉字的合成情况及构件在组构中的四种功能，从汉字的实际情况出发，总结出十一种构形模式。① 现对十一种构形模式做一简单介绍。

一、全功能零合成字

由一个单独的成字构件也就是一个形素构成，或者说，它从一开始就无法再行拆分。由于独体字没有合成对象，我们取语言学的“零”概念来指称它；也因为它没有合成对象，组成它的形素必须既表形义又表音，所以是全功能的。全功能零合成字有两种类型：一种称作传承式，也就是由古文字的独体象形字直接演变来的独体字，如甲骨文的“羊”“网”，小篆的“水”“象”等。另一种是粘合式，也就是古文字阶段的合体字，经过隶变、楷化发生变异，构件粘合而无法再分析的字，如“并、兼、更、西”等字。

二、标形合成字

一个表形成字构件加上标示构件，以标示物体的位置或增加与形体相关的信息，即为标形合成字，如“寸”“甘”。

---

① 王宁《汉字构形学讲座》，上海教育出版社，2002，58— 66 页。

三、标义合成字

表义构件加标示构件，以区别近义字，即组成标义合成字，例如：音（），由表义构件“言”和标示构件“一”构成；“太”由表义构件“大”和标示构件“丶”构成。

四、会形合成字

两个以上的表形构件组合在一起，表示一个新的意义，即为会形合成。会形合成字都是形合字，也就是说，这种合成字不但构件是以物象体现意义，而且按物象的实际状态来放置构件，即以形合的方式来组合。只有古文字才有会形合成字，例如小篆的“北”“益”，甲骨文的“降”“陟”等。

五、形义合成字

用表义与表形构件组合在一起，表示一个新的意义，即为形义合成，例如小篆的興、柬。形义合成字的两个构件并不是并列的，这种合成字的特点是以表形构件为主体，表义的构件为表形构件增添了意义信息。

六、会义合成字

用两个以上的表义构件组合在一起，表示一个新的意义，即为会义合成字。会义合成字的构意，是由表义构件所提供的诸多意义信息共同表示的，例如“友、匠、解”等。

七、无音综合合成字

这种合成是表形、表义与标示构件的一次合成，但没有表音符号介入，例如：小篆的“莽”，由表示草的表形构件，表示“死”的表义构件和标志构件“一”组合而成。

八、标音合成字

用标示构件与示音构件组合，如甲骨文和分别在示音构件“人”“白”上加标示构件“一”构成，以区别同音字。

九、形音合成字

用表形构件与示音构件组合，如甲骨文中的鳳（）加示音构件“凡”成。

十、义音合成字

用表义构件与示音构件组合，即形声字。

十一、有音综合合成字

这种模式是由多个表形、示音、表义、标示构件一次合成的，如甲骨文的“春”字：。

这十一大构形模式又可以分为两类，前七类是一类，是表形构件、表义构件和标示构件的组合，没有示音构件的介入。后四类是一类，都有示音构件的介入。示音构件的介入，使汉字有了更先进的区别手段，字面所含的信息量也更多样化了，在汉字构形历史上，是一大进步。

用结构功能分析法确立的构形模式，对各时代的汉字都可以囊括，体现了六书的基本原理，避免了六书的局限，也能涵盖前四书，在理论上和操作上应该是可行的。

第5节 汉字构形方法两分法二十大构形模式说

李运富在《汉字学新论》中指出："汉字是由构件组成的，汉字的结构类型也是由构件决定的。有的字由一个构件构成，我们称之为零组合，也就是独体字；有的字由两个或多个构件构成，我们称之为实组合，也就是合体字。"并根据汉字构件的五种功能（象形功能、表义功能、示音功能、标志功能、代号功能）的组合模式，将汉字的结构类型分为20种："这20种结构类型可以涵盖古今所有汉字。"其中独体字为4类，合体字为16类，我们称之为汉字构形方法两分法二十大构形模式。① 简介如下：

一、独体字

即由一个构件组成汉字的方法而形成的汉字。构成独体字的构件通常是表义性的，包括象形构件和标志构件；用借形变异的方法也可以创制独体字。所以从造字的角度看，独体汉字主要有四种。

1. 独体象形字

字符的形体直接像似某种客观事物的形体，通过客观事物的形体反映与该事物相关的某词某义，这样的单个象形符号构成独体象形字。独体象形字可以象整个物体，如"木"；也可以象事物的某一部分，用部分代表全体，如"牛"；对于没有固定形状的事物，则选取可能出现的典型状态作代表，如"山""水"；对于无形可象的事物或概念就画出一个跟这个事物或者概念相关的另外一个事物，这叫关联式象形构字法，"王"（用斧头表示国王）、"高"（用亭台表示高低的高）等。

2. 独体标志字

标志是人为规定代表某种客观事物或表示某种意图的符号。涉及汉字构形的标志

① 李运富《汉字学新论》，北京师范大学出版社，2012，142－158页。

有三种，一是象征性标志，二是指示性标志，三是区别性标志。只有象征性标志能够单独成字，所以独体标志字并不多见，但它仍然代表着一种类型。象征性标志构件跟象形性构件不同，它不重外形，因而无法指实为某种具体事物，它是根据许多事物的内在特征概括出来的抽象符号，这种抽象符号有时需要依赖某些具体事物的想象才能体现其象征的意蕴。如○表示圆，口表示方，用小、少代表细小事物等。

3. 独体变异字

所谓变异字，是指利用已有的字形加以变化从而体现某种特殊含义的字。有变化位置而成的变异字，如人变而为匕，大变而为屰等。

改变原字的笔形，也可以造出新的字符。如巳（巳）的理据象胎儿形，“包”（胞）字就从“巳”；而缺其左上之笔不封口，就成了“已”，表示完成、停止等义。类似者还有“刀”变笔为“刁”，“子”变笔而成“孑”“孓”，“母”变笔而成“毋”，“用”变笔而成“甩”，“电”变笔而成“申”，“十”变笔而为“七”，“余”变笔而为“佘”，等等。

还可以利用某一字形而特意减少其笔画，使之成为另一新字。如“鸟”省睛而为“乌”，“有”省去两横而为“冇”，“兵”分别省去左右笔而为“乒”“乓”等。

4. 独体代号字

这种字不是造字的结果，而是对形体演变后失去功能的字形的一种分析方法，目的是使这些形体在汉字的结构系统中有类可归。如“马、水、土”等原来的象形字变得不再象形，“书”本从“聿”“者”声，“为”本从“爪”牵“象”，变成“书”“为”后就没有了原来的功能。凡此，既无功能，形体上又不便再拆分，就都看作独体代号字，意思是这个形体代替了原来的某一个或某几个功能构件。

二、合体字

合体字是指用两个或两个以上的构件组合而成的字，是构造汉字的主要方法。着眼于构件功能的组合关系，合体字的构造模式和演变后形成的分析模式主要有以下各种。

1. 形形合体字

即由两个或两个以上的象形性构件组合而成的字。如果用象形的方法造字，有时只用一个象形符号不足以反映客观事物，就可以会合两个或两个以上的事物形体，也就是把两个或两个以上的事物图形按照客观事理组合在一块，表示一个相关的新概念，这就是形形合体字，可以简称为会形字。会形字的几个构件分别象某几个事物之形，这几个事物之间往往有很密切的联系，组合在一块就成为更复杂的多体图形，比如甲骨文的“采（）、涉（）、監（）”等。

会形的若干“形”也可以是同一事物的某个部分，通过部分跟整体的关系来体会某种特殊的含义，从而记录相关的词语。整体象形构件与部分象形构件的组合关系通常是主体跟器官职能的使用关系，即将整体形象的某个部分特写夸大，以表现出它的功用，如“见（）、兄（）、企（）、闻（）、望（）”等字。

会形字通常表示抽象概念，但也有偏指其中某个构件而表示具体事物的，如“元（）、天（）、瓜（）、眉（）、齿（）”等字。

2. 标标合体字

即由两个或两个以上的标志性构件合成的字。标志性符号大都是抽象的，把它们组合到一块，主要靠相互之间的位置关系来体现所记语词的理据，往往一个是象征性标志，一个是指示性标志，或者两个都是象征性标志才能组合成字，如“上（二）、下（）、中（）”等字。

3. 形标合体字

即由象形性构件和标志性构件组合而成的字，通常是在象形构件的基础上加上一个标志性符号，如“亦（）、刃（）、本（）、末（）、朱（）”等字。

标志性构件除了标示物体部位以表义之外，也可以象征某种具体事物，跟别的象形性构件一起组合成一种意象，从而表示某种抽象的含义，这种字也属于形标合体字，例如“旦（）、甘（）、曰（）”等。

如果将区别性构件也看作一种标志，那么由象形构件和区别符号组成的字也属于形标合体字，例如“玉（王）”字因与“王（王）”混同，于是在原来会形的基础上加了一笔或两笔作区别标志（）。

4. 形义合体字

即由象形构件加表义构件组合而成的字。在象形造字中，有时候画出某物体的形状，人们不一定能够理解，于是加上表义性构件给予提示或限定。比如在“”的底下加上一个“木”，提示这个圆形的东西是长在树上的，那就知道是个“果”字了。又如“胃（）”“石（）”等字。

形义合体字和偏指会形字的区别在于：偏指会形字的陪衬构件靠“形”起作用，不一定成字，而形义合体字的陪衬构件靠“义”起作用，必须成字。

有些象形字和会形字由于形体变化或职能变化造成理据模糊，也可以用增加表义性构件的办法来强化理据或分化字形，这种在独体象形字基础上加表义构件的字也可以算形义合体字。如“（戉）”象武器之形，后来加义符“金”作“鉞”；“（囦）”会形表深水，后加义符“水”作“淵”。这些字如果作静态的结构分析，都可以看作形义合成。当然如果从历史的角度分析，也可以看作义音字或会义兼音字。

凡根据客观事象，或象形或表义，将“形”“义”两种构件组合在一起，借以表示某些复杂或抽象概念的构形，都属于形义合体字。例如“ （走)”，上面作“夭”，是一个前后摆动两手的人，像甩着膀子在跑的样子，下面一个“止”，提示上面的形象与行走有关。上面像人奔跑的样子，下面表示行走的意义，是形与义的组合。

5. 义义合体字

即由两个或两个以上具有一定意义的单字作为构件组合成另一新意义的字，也可以叫作会义字。会义字跟会形字的区别在于：会形字靠形体关系表示新义，构件的方向位置形态通常是不能变动的；会义字则是靠词的意义关系表示新义，所以构件的位置主要考虑书写便利美观而没有表义方面的特别讲究。会义合体字很多都是从象形字和会形字变化来的。比如“涉”，如果把其中的两个“止”（脚）分开放在水的两边的话，这个形象就是一幅画，是会形字。后来写作 或 ，通过“水”和“步”的词义关系合成一个“涉”的意义，即在水中步行，成会义字。会义字可以更抽象，比如说“明”，甲骨文有写作 的，右边像个窗户的样子，左边加上“月”，表示月亮透过窗户射进来。它可以表示明亮的意思。还有写作 的，“日”和“月”放在一起也可以表示明亮的意思，明亮的意思是通过综合“日”和“月”这两个字的意义表示出来的，而不是通过日月的形体。再如“尘、尖、歪、甭、楞”等都属此类。

6. 形音合体字

形音合体字就是在象形构件的基础上加示音构件组合而成的字。比如“牙齿”的“齿”，最初是个会形字，在口里面画着上下两排牙齿，《说文解字》中保留着一个 字，就是最初那个会形字的变体；金文中还有一个在前面那个会形字上增加“止”构件的字 ，也就是小篆中的 字，其中的“止”起的是标音作用，这个字有象形构件，有标音构件。“凤”本象孔雀开屏之形，甲骨文作 ，可以看到孔雀的冠、头部、羽毛和脚。后来在孔雀右上部加了一个构件“凡”，表示“凤”的读音，作 ，是形音合体字。

7. 义音合体字

义音合体字就是我们平时所说的形声字，由示音构件跟表义构件组合而成。表义构件表示该字的意义范畴，示音构件提示该字的读音。从汉字的发展过程来看，绝大多数的形声字都是在原来的某一个字的基础上加上声符或义符形成的；声符和义符同时组合的形声字是后来才有的。比如“捧”字，初形 是两只手捧着一个东西，属会形字。后来为了强调手的意义，在底部又加上一个手作 ，底下的这个“手”就是义符，而上面的原字形就转化成音符了，就是义音合成。再到后来 变成了“奉”，

“手”的意义信息看不出来了，就又在左边加了一个“手”作义符，而右边的原字形“奉”就又转化为声符，于是又产生了一个新的义音合成字“捧”。

直接在原来的象形字或会形字基础上加义符，这种字既可以看作形义合体，也可以看作义音合体。比如前面提到的“渊”，表示深水，不很流动的水，有堤岸把水储存起来，于是画上堤岸画上水，就成为会形字，这就是“渊”字的初文。后来在这个基础上加上“水”作（渊），“水”就变成义符，原字形就变成了声符，形成义音合体字。这个义音合体字跟原来的象形字意义一样，其实是历时异体字。

8. 义标合体字

在表义构件的基础上加上标志构件合成的字就是义标合体字。在表义构件的基础上加标志性构件，通常是为了起区别作用。比如说造“太”的时候，人们用现有的字形“大”表示意义，然后在“大”的基础上加上一点，这一点就是区别符号，起标志性作用，表示意思和“大”有关，但跟“大”不一样。又如在“言（）”的基础上加标志性符号一横造出“音”字。这个标志性符号既不表意，也不表音，也不象形，纯属人为规定的抽象符号。

9. 音标合体字

即由示音构件和标志构件合成的字。一般是取某个读音近同的字形作音符，然后加一个标志性符号以示区别，比如甲骨文的（千），借读音相近的“人”字作示音构件，在“人”字上加一短横作为区别标志。后来的一些简化字也是利用这一手段造成的。如“义”字，小篆作，从“羊”“我”声，为义音合体字。繁体楷书作“義”，后来人们嫌它笔画太多，就另造了“义”字：用“乂”作示音构件，在“乂”上加一点作区别标志。又如“丛”字，原来作“叢”，笔画很多，很难写，现在就用“从”表音，加上一横表示区别。

10. 音音合体字

即由两个以上示音构件组合而成的字，其中的示音构件都是成字构件。音、音组合的具体方式有两种：一是两个构件同音或音近，都表示全字的读音，如“静、毖、虡（吾）、牾、曩”等。一是一个构件取声母，一个构件取韵母，拼合起来表全字的音，有点像是反切，如“钦、矪（簠）、馥、瓻”等。

11. 代形合体字

字形演变产生代号构件后，就有了形体上包含代号构件的合体字。这种合体字是从平面分析角度说的，跟汉字构造无关。由象形构件和代号构件组合而成的字就是代形合体字。其中的象形构件是原有象形构件的传承或保留，而代号构件则是原有某个构件或局部形体的变异或替换。如由、演变成的“春”字下部是传承的象形构件，

上部是变异的代号构件；由、演变成的、上部是传承的局部象形构件，下部是局部变异（人为替换）而成的代号构件。

12. 代义合体字

由表义构件和代号构件组合而成，其中的代号构件也是原有某个构件的变异或替换，如由演变而成的“春”的下部是传承的表义构件，上部是变异的代号构件；由“鷄”简化而成的“鸡”右边是传承并系列简化的表义构件，左边是人为替换的代号构件。

13. 代音合体字

由示音构件和代号构件组合而成，情况比较复杂，大都是演变后重新分析的结果。如来源于“恥”的“耻”字原本从心耳声，后“心”草写讹变为“止”，成了示音构件，“耳”由于语音变化失去示音功能，成了代号构件；“历”原本作“歷”，从止麻声，简化时保留原字轮廓“厂”，成为代号；另加“力”为声符，成为示音构件。

14. 代标合体字

由代号构件和标志构件组合而成．都是字形变异重新分析的结果。如（朱）原为象形构件加标志构件造形，楷书的“朱”已失去字源理据，可以重新分析为从“未”从“丿”，“未”属于同形代号构件，“丿”可以看作起区别作用的标志；“犬”由象形独体字分离而成，结构关系可以重新分析为从“大”（同形的代号构件），加“、”以为区别（区别性标志构件）。

15. 代代合体字

由代号构件跟代号构件组合而成。代号构件没有明确功能，本来可以不再分析，但如果跟某个汉字或构件同形，在认知心理上仍习惯看作汉字的结构部分，所以我们按照同形原则拆分出独立构件，但这些构件都没有表达功能，只能都看作代号，所以归纳出“代代合体字”一类，如“它（宀＋匕）”“些（此＋二）”“对（又＋寸）”“某（甘＋木）”“或（戈＋口＋一）”等。

16. 多功能合体字

以上各类合体字，都是由两种功能组合而成的。汉字也可以由三种或三种以上不同功能的构件组合而成，但数量很少，所以我们不必详细分类，而统称为多功能合体字。例如小篆的（牵），根据《说文》“从牛，[冖] 象引牛之縻也，玄声”的解释，包含表义、象形、示音三种功能构件，属多功能合体。又如籀文“折”作，左边上下两个断开的象折断的草木形，两个中间的小短横是标志断折之处的符号，右边的“斤”表示意义与斧头有关，属于形、义、标多功能合成。又如“吏”字的“一”是区别标志，“史”既表义又表音，属于兼功能构件，这样“吏”字虽只两个构件，却有三种功能，所以也可以归入多功能字。

第 6 节　四类构形模式说

唐生周认为，汉字从形、音、义的关联上分类可以大别为四种：表形文字、形义文字、形音文字、义音文字①。这里的“形”与形符、构件等概念无关，是指整个字形与意义、声音的一种关系。

表形文字是指纯符号的，形体既没有明确的意义指向也没有读音标志的文字，它和词的对应关系完全是靠约定俗成。如“五（✕）、六（∧）、七（十）、八（八）、九（九）”② 这一组交叉笔画构成的数字和通过改变“一”的书写方向由横向变为竖向而构成的“十（丨）”这个数字都属这一类。在造字初期，这类文字不多见。这类文字更多的是文字演变过程中出现的情况，如书、乐、为、韦、东等，是汉字简化时据草书形体楷化的结果，已经脱离了早期的构字模式，已完全不能体现原始造字意图，字形和意义之间没有必然的联系。

形义文字是指形体（或整体或部分）可以明确地指向某一个意义或意义范畴，不标示字音的文字。可以包括：象形字；指事字中的“一、二、三、四”这一组用积画表示的数字，“本”“末”等加指示符号的加体指事字；全部会意字，包括会意字中有非字构件的，如“葬”；隶书以后以及现代汉语中的有些字形中保留有个别表义部件的字，如“春”，保存了“臼”，“刻”，保存了刀（刂）（刻本是形声字，但现代汉语中“亥”已不能标音，故不能算义音文字，只能入形义文字）等，都属这一类。

形音文字是指字形不能指向某个意义，但可以标示字音的文字。又包括两种情况，一是传统的假借字，即借用一个字的形体来表示与这个字形的指向意义毫无关系的意义的情况，借用的前提是同音。由于文字符号在此之前已与某一个词构成了对应关系，这样这个字也便获得了音和义，但现在要撇开它因旧词而获得的那个义，而只取它因旧词获得的音来表示一个读音与旧词的读音相同的新词。一是隶书以后以及现

① 唐生周《训诂论稿》，岳麓书社，2001，26－27 页。

② 关于“九”的本义是否表数，参看 165 页注③。

代汉语中保留有表音部件，其余部分不能表义的字，整个字没有意义指向的因素，只和读音建立关系，如“臯、华”等。

义音文字是指文字中既有表义的成分，又有表音的成分的文字，即形声字。

在这四类文字中，表形文字与义的联系最为疏远。形义文字原则上是形义统一的，或本就象事物之形，如“日”“月”；或已明确标志出是指事物的某一部分，如“本”“末”；或虽由几个部件组成，但每个部件都有比较强的意义暗示功能，将各个部件的这种意义的暗示引申交汇到一个点上便是新字的意义了，如用力于田者曰男之类。但象形字毕竟不是图画，所画究竟为何物，很多时候颇费猜测。会意字也可能有多种会悟的方式，同样存在不确定性①。义音文字的形与义的关系表面看起来似乎要松散一些，灵活一些，因为义符只能指出一个大的范围和类属，而不能确切地限定其意义，也就是说，义符对文字的意义指向不是很明确和具体，但是毕竟和意义是有关的。至于声符，其主要作用固然是表声，但是它往往又是义音文字意义的载体，尤其是作为区别字的义音文字，声符的意义往往就是义音文字的意义，或者声符的意义是义音文字的意义之源。因此，义音文字的文字意义指向有时可能比象形、指事、会意更明确。

这样的分类虽然很简单，但是可能很干净。

裘锡圭《二十世纪的汉语文字学》说：“对汉字结构类型的研究是一个理论性的问题，从不同角度可以得出不同的结论，现在还得不出公认的结论。”② 但是人们的这些研究和探讨，无疑提出了很多有价值的模式和意见，把汉字结构问题的讨论引向了深入。

---

① 参看本书第七章第1节。

② 裘锡圭《二十世纪的汉语文字学》，见《二十世纪的中国语言学》，北京大学出版社，1998，109页。

第四章

六书详解（上）

《说文》作为汉字学的奠基之作，被后世奉为圭臬，它的基础理论“六书”无论从对汉字的分类、命名及界定的角度讲，至今都仍是我们对汉字构形进行逻辑阐释的基础，即使在今天各种汉字构形学理论蜂拥而出的情况下，六书说也仍有它的意义和价值。因此我们仍将“六书”理论作为汉字构形的重要理论加以介绍。

第1节　象形

一、象形的界定

许慎在《说文·叙》中对象形的界定是：“象形者，画成其物，随体诘诎，日月是也。”这个定义看起来比较准确，实际上仍有不科学之嫌。首先，定义用“画”字，客观上把文字与图画混为一谈。象形文字固然脱胎于图画，但既然有了音义可以代词，就成了语言的书写符号，与图画有本质的区别，即使古老的甲骨文中的象形字，有的用点线勾出事物的轮廓，与事物非常形似，如虎（）、鹿（）、鼎（），但毕竟是线条式的，牛（）、羊（）只突出牛头、羊头，对牛、羊之身躯则没有着意描绘。如果借用绘画中的术语，象形字表现事物的特点是速写式的，有的甚至还要简单，只要能见字形而知所指之物或所寄寓之义就够了，细微之处可忽略不计。其次，根据许氏的定义，部分字到底是象形、指事还是会意，后人仍然不好确定，如高（篆书作，象台观高之形）、齐（篆书作，象麦穗整齐之形）、大（篆书作，象人形），到底是象形还是指事，见仁见智，莫衷一是。我们对象形的定义是：**象形字是通过字形形象地揭示事物的特征以表示词义，一般指向具体的事物，不能拆分为两个或两个以上的字。**

二、象形字的类别

按结构可以把象形字分为独体象形字和合体象形字。

（一）独体象形字

1. 正例

如果要记录的词是特征明显而易于分辨的事物，便通过直接揭示事物的特征或轮廓的方式表示该事物，如“首、隹（zhuī）、而、云、阜、州、能、舟、鼎”等字。

首，头也，甲骨文作、、、，象头形，小篆作、，象头的椭圆形，突出口、鼻子（即中间两短横），无头发，有头发。页（頁），从首，从古文奇字人字（）会意，突出人头，仍是头的意思，故凡从页者皆与头或脸有关，例如：题，额也，形声字，形符为页，声符为是。

女，甲骨文篆书分别作、，《说文》：“妇人也。象形。”李孝定《甲骨文字考释》：“象跽而两手有所操作之形。女红之事，多在室内也。”甲骨文“母”“女”同字。篆书母字作，在女字的基础上加两点以象乳房。

云（），甲骨文作，象云回旋之形。

阜，甲骨文、篆书分别作、，《说文》“大陆，山无石者”，楷书部首作左耳（阝）旁，从阜的字，意义皆与山陵土地有关。

隹，篆书作，短尾鸟之总名也。《说文》云：“雀，依人小鸟也”，从小、隹会意。鸟的篆书作，为长尾鸟之总名。鸟、隹皆鸟也，故参与新字的组合时古人往往不强调其差别，如“雁”又作“鴈”。

而，《说文》“颊毛也”，甲骨文作，象胡须之形，篆书作，表示面下有须。

能，篆书作，《说文》云：“能，熊属。足似鹿。从肉㠯声。”本义为熊，金文通体象熊罴之形，小篆是金文的讹变。“才能”之“能”是假借义。

舟，船也，甲骨文作，象船形，篆书作，“服”本从舟，讹变为月旁。

鼎，甲骨文作，象鼎形，篆书作，为了书写美观而线条化了，象形性大为减弱。

2. 变体象形

有少数象形字，是在某个象形字的基础上稍微改变一下形态，来表示一个与原来的象形字有关的新的意义，这叫变体象形。例如：

尸，甲骨文作，篆书作，象人卧之形。

匕（），将篆书人（）反过来写即为匕（妣）。

𥄉（），倒首也，縣（古悬字）从𥄉和系会意。

3. 省体象形

在象形字的基础上省简一些笔画，仍是一个象形字，但表达的意义不同了，这叫省体象形。例如：

户、片分别为门（）、木（）的一半。

乌（），小篆省去鸟（）上面的表示眼睛的短横。乌鸦通体皆黑，眼睛与毛色无别，看不真切，故将表示眼睛的笔画略去，以示与“鸟”有别。

（二）合体象形字

由一个独体字加上一些不是字的笔画而构成的象形字。因为有些物体，如果只把它的形体勾勒出来，不能给人以明确的认识，容易误会作别的东西，需要把与这个象形本体有关的东西加上来，以起到标识或限制的作用，象形本体是为主的部分，起标识或限制作用的往往是一个独体象形字，是一个字原（又写作“字源”，也称初文，是指构成汉字形体的最基本的偏旁或最初的独体字），是为辅的部分，为辅的部分可以使为主的部分的形象更加显明或意义更加清晰。有时候则很难说是以哪一部分为主，而是独体象形字加一些符号，二者合起来才象某个物体的形状。例如：

果的小篆写作。果是圆的，如果以圆形表示，无法使人因形知义，因为圆的事物甚多，不独果子，然而果是树上所结，如从木，则可以让人们联想到果子。上面象果实之形的符号拆开不成字，是为主的部分；下面的木是为辅的部分。这种字今人称为合体象形。

兒，婴儿的儿，甲骨文作，小篆作，上象婴儿头囟未合之形，小篆儿字下为古文奇字人。

葉，树叶的叶，甲骨文作，象枝叶之形，金文作，篆书上加草（）成。

眉，甲骨文作、，篆书作，上象眉毛，下加目，指出眉毛所处部位在目之上。

石，甲骨文篆书分别作，下皆象石头之形，上面的厂表示悬岩，厂下自然多石。

胃（）从月（肉），上象胃形。

须，甲骨文作，象人口之下有胡须之状，小篆作，从页，左象胡须之形。

聿（），甲骨文作，笔（筆）的初文，笔在聿字的基础上加注形符“竹”而成，笔管用竹。聿从又（），右手执笔，其余象笔形。

因，《说文》云“因，就也。从口大”，认为是会意字。其实，“因”为“茵”之初文，甲骨文写作，口象席子之形。段玉裁《说文解字注》据《说文》而曲意解之："为高必因丘陵，为大必就基址，故因从囗大，就其区域而扩充之也。"朱骏声《说文通训定声》引江永说："象茵褥之形，中象缝线纹理。"从甲骨文、、、等形看来，因字里面的大实际上象人形，故字亦从人，因为如果光象席之长方形构形无以表示席子，席子为人所卧，所以加"大"或"人"。人卧则就席，故引申则有就、凭借之义。按徐中舒《甲骨文字典》的解释，"因"本象编织的席子，作，中间即编织的花纹，后来中间的两道花纹纵向连接成，与""类似，即人，与江永说近。

朵（）从木，《说文》："树木垂朵朵也。从木，象形。此与采同意。"按徐锴《说文解字系传》说朵字上部象花朵之垂形。采，古穗字，上部象穗之垂形，并非爪字。

舌字从口，《说文》："舌，在口，所以言也、别味也。从干，从口，干亦声。"按许慎说，"舌"为亦声字。但"舌"字甲文作、、、，从"干"是讹变，"干"与"舌"声亦不相近，甲文舌字象舌头从口中向外伸出，、之点象口水。

父（），《说文》："矩也，家长率教者。从又举杖。"与会意类似，但不能拆分为两个字，郭沫若认为父为斧的初文，古为男子之称。男子举斧而田猎也。则我们把父字归入合体象形是有道理的。

岳字从楷书形体来看自然是会意字，但甲文、篆书分别作、，从山，上象山丘，并不从丘（篆书丘作）。

厷为肱（月旁实为肉旁）的古字，篆书作，《说文》："臂上也。从又，从古文。古文厷象形。，厷或从肉。"始作，之所以后来加又成，是因为与指事字公私之私（）相混，导致象形性减弱，难以明确表示臂上之意。厷与会意字是有区别的，所以我们把它归入合体象形。

合体象形不同于会意的不只是能否拆分为两个字，还在于合体象形字象形符号是附在相关的象形字基础上的，这一点与附体指事字是相同的，不同的是后者象意。

又如瓜，仅象瓜形则无以知其意义所指，故篆书作，表示藤上有瓜。此字与上述附体象形字不同的是，不是在象形字基础上加象形符号，或者说不是在一个象形符号基础上加相关的象形字表示所象之物。

又如主，篆书作，上部中间一点象灯中火主也，其余象灯盏。主、炷为古今字。主字本义为炷，引申为主要的。

三、象形在六书中的地位

象形字是构成其他文字的基础，许多合体字以及指事字多由它孳乳而成。因此多数具有字原的性质，本身既是一个完整的字，同时往往又是构成新的汉字的一个部件。象形字作为构件参与新字的构形归纳起来有如下两类：

（一）以其意义作为构件参与新字的构形组合。象形字作为构件，参与会意字以及大部分指事字的构形组合。这样的字能见其形知其意，是纯粹的表意文字。象形字的上述作用，我们将在下文中讨论指事、会意时一一阐释，此处不赘述。象形字或在象形基础上而造的指事字可以作为形符或声符，两两组合成形声字，观其形符知其意义范畴（前人称为字类），观其声符知其读音或大致知其读音，如果声符表义，还揭示了语源。许多会意字也是象形字两两组合而成的。汉字部首以象形字和在象形字的基础上孳乳的字居多，不少具有强大的构字功能，如人（亻）、大、儿、尸、老、子、身、扌（手）、爪、目、足（从止，趾也，表示脚，上象其股，合体象形）、耳、心、舌（象舌伸出口之形，合体象形）、口（篆书作𠙵，象形，与围之形符“囗”不同，囗为指事，亦为常见部首）、肉（作部首时与月同形，如胖字本从肉旁）、女、衤（衣）、饣（食、飠）、巾、贝（貝）、日、月、水（氵）、冫（冰）、山、石、艹、木、竹、瓜、田、土、火、风、云、气、禾、车、门、户、皿、犭（犬）、牛、羊、豕、马、鸟、隹、龙、虫、豸、虎、鹿、鱼、麦（初文为来，后造区别字麥，下象其根）、矢、弓、王、玉、舟、角、皮、革、金、鬼、力、刂（刀）、欠、又、冖（冂，《说文》云：“覆也。”）、宀（从宀之字皆与房屋有关。《说文》：“宀，深覆交屋也。”）、礻（示）、卩（㔾）、左阝（阜）、右阝（邑）、见（見）、走、行（象四通八达的道路）、彳（行之省）、廴（《说文》：“长行也。从彳引之。”）、父、羽、毛、纟（糹）、斤、片、疒（《说文》：“人有疾病，象倚着之形。”）、厂、广（厂、广皆与房屋有关）、罒（网）、血（篆书作㿝，从皿，上居中一横象血）、骨（从冎，肉，但与一般会意字不同，冎本为骨之初文。《说文》：“冎，剔人肉置其骨，象形。”后加注形符肉）；寸（从又）、曰（篆书作𠙴，从口）；辶（辵 chuò《说文》：“从彳，从止。”徒，从辵，土声）、攵（攴，篆书作𢼄，从又持鞭）、页（頁，从首）、穴（篆书作𡧝，《说文》“从宀，八声。”）；齿（齒，象形基础上加声符）、黑（㷵，会意字。从炎上出窗，上部为古文窗字）、白。汉字中的常用形声字大多从以上部首加声符组合成字。

（二）象形字以声符身份作为构件参与新字的构形组合。它的表音作用，构字功能，我们将在下文讨论形声字的章节中阐释。

第2节　指事

指事字原本也是具有象形意味的，朱宗莱《文字学形义篇》便认为指事只是象形的一个分支，“夫指事之文，许君亦往往言象某形，则以造字之初，虑只象形一例，厥后无体可象，乃始变通成法，形意兼施，虚实互用，上以济写实之穷，下以开会意之先，后人分别言之，目为指事，推其原始，故一本小变而已”。指事是不是象形的“一本小变”，我们可以存疑，但很多指事字确具有象形的意味却是毋庸置疑的，只是象形字必象事物之形，而且所象之形，必定是语词所指之物，而指事字不一定象某事物之形，多用抽象的符号或笔画，即使象某事物之形，也不一定即某事物之意，只是借形寓事而已。

一、指事的界定

许慎《说文·叙》对指事的定义是：“指事者，视而可识，察而见意，上下是也。”这是非常模糊的，象形字、会意字一般也是视而可识，察而见意的。从人们公认的指事字来看，我们认为，指事可这样定义：**用纯象征性符号或用象形符号构形成字，或在象形字的基础上加象征性符号（或与象征性符号组合）成字来表示抽象的事物或目眼不能看到的事物。**如上、下，数字一、二、三、四（四横）、十、八是象征性的符号；甘、旦、本是分别在口、日、木等象形字的基础上加象征性的符号“一”。

灾是会意字，水火无情，远古时代，水患甚于火患，故籀文灾在巛的基础上中间加一横，象征水流不通，泛滥成灾，初期甲骨文正作水泛滥之形（≈、𡿧）。籀文灾𡿧字以及“甘、旦、本”等字中的“一”不是数字，而是各有其象征意义。

少，《说文》：“不多也。从小，丿声。”徐锴《说文解字系传》：“丿音夭。”《说文》弟字亦为丿声，徐锴《说文解字系传》云“丿音曳”，夭、曳仅为双声关系，一般说来，上古时代凡谐声者必同部，从甲骨文、金文来看，弟字也不是从所谓丿声，所以我们认为“少”与“小”音义相通而有别，“少”是在“小”的基础上产生的指事字，而“小”亦声。

“亦”字在象形符号大的基础上加象征性符号，是指事，而非象意，这是目眼难以看到的事物。

二、指事字的类别

我们按是否有物象，把指事字分为：纯象征性符号指事字（即纯指事符号指事字）、非纯象征性符号指事字（即用物象来表示意象的指事字，也就是说带有象形成分或象形因素的指事字）。

（一）纯象征性符号指事字

纯象征性符号指事字是指由抽象性线条组成的指事字，如一、二、三、四（四横）、五、八（象分别之形）、十、廿、卅、卌等数目字以及上、下二字。

甲骨文、籀文四字皆写作四横，分别作亖、亖，是个典型的纯象征性符号指事字。《说文》：“四，阴数也。象四分之形。凡四之属皆从四。𠃢，古文四。亖，籀文四。”（凡部首字《说文》言：“凡某之属皆从某。”）许慎用阴阳学说阐释数字，是后起的文化阐释，不是造字的本意。许君认为四象四分之形，则亦为指事。但丁山《数名古谊》认为四字从口，象口形，从八，象气之越于，是气息之四，即本义为呬（四为呬的初文，呬为四的区别字），借为数字四。我们认为从人类认识从易而难的规律来看，本义为表数更合理一些。

五作为数字，始为积画，甲骨文作亖，后作交叉笔画㐅，于省吾认为：“五字之演变，由✕而㐅，再由㐅而五，上下均加一横画，以其与乂字之作㐅形者易混也。”可见，五是纯符号指事字。《说文》“五，五行也。从二，阴阳在天地间交午也。凡五之属皆从五。㐅，古文五省”云云，于省吾认为均属臆说①。

八本为数字所造。以不相交的两斜笔表示八，以相交的两斜笔㐅表五，以一端相交的两笔∧表六，以直笔相交的两笔十表七，皆为纯符号指事，《说文》“八，别也。象相背之形。凡八之属皆从八”亦不足信。

十是指事字，甲骨文作丨，将数之始的一竖起来以表数之终。《说文》：“十，数之具也。一为东西，丨为南北，则四方中央备矣。凡十之属皆从十。”

① 于省吾《甲骨文字释林·释一至十之纪数字》，中华书局，1979，98—99页，参看165页注③。

廿为二十，《说文》：“廿，二十并也。”

公私（私本禾名）之厶，篆书作厶。《说文》：“公，平分也。从八、从厶。八犹背也。韩非曰：背厶为公。”

上、下是指事字，造字方法同。《说文》：“丄，高也。此古文上。指事也。凡丄之属皆从丄。上，篆文丄。”段玉裁《说文解字注》：“古文上作二，故帝（帝）下旁（旁）[①] 下示（示）下皆云从古文上，可以证古文本作二，篆作丄。各本误以上为古文，则不得不改篆文之丄为上。而用上（即丄字）为部首，使下文从二之字皆无所统。”

同理，下字的篆文本作丅。《说文》：“丅，底也。指事。下，篆文丅。”

（二）非纯象征性符号指事字

1. 附体指事

附体指事是在象形符号的基础上增加象征性符号的指事字，此类字在指事字中居多。例如：

亦，从大，大，人也，为腋的本字，篆书写作亦，以两点指示腋（形声字，形符为肉，夜为声符）的部位，《说文》云：“亦，人之臂亦也，从大，象两亦之形。”

天，从大。大，人也。篆书“天”写作天，上加一横以指示头顶。

刃，刀上加一点寓意锋利。

本，木下加一横，象征木本。

末，木上加一横，象征木末。

朱，篆书作朱，木中加一横，指向木中，是株的初文，株，树干。《说文》释为赤心木，松柏一类，是假借义。

欠，篆书作欠，《说文》云：“象气从人上出之形。”

甘，篆书作甘，从口，口内一横，寓意有甘美的食物。

曰，《说文》：“曰，词也。从口，乙声，亦象口气出也。”王筠《说文释例》：“盖曰乃指事字，非乙声也。”

芈，《说文》：“芈，羊鸣也。从羊，象声气上出。与牟同意。”

牟，《说文》：“牟，牛鸣也。从牛，象其声气从口出。”

---

① 旁，甲文作旁，杨树达《增订积微居小学金石论丛·释旁》认为是四方之方的本字。上象东西南北之形，下加声符。甲骨文上省则写作旁，四方缺其一。象受物之器作匚，亦四方缺其一。《说文》：“方，船也。象两舟省总头形。”古有“方舟”一词。

寸，从又（又）。又，象右手之形，即手。《说文》：“寸（寸），十分也。人手却一寸动脉，谓之寸口。从又从一。”“从某从某”为《说文》解说会意字的术语，寸下用此术语不当。徐锴《说文解字系传》：“一者，记手腕下一寸。此指事字也。”

丹，《说文》：“丹，巴越之赤石也。象采丹井，一象丹形。”丹，我们之所以不认为是会意字或附体象形字，是因为朱砂无以象形，“一”不是朱砂的形状特点，造字之意不过是用此指事符号指示丹砂在挖掘的矿井中。

2. 合体指事

合体指事字与会意字相似，不同的是我们不把它看成两个或两个以上的字的组合，如旦，象日（太阳）从地平线上升起来，“一”是一个指事符号，象征地平线（金文的“旦”象刚刚冒出海面的“日”与海里的“日”的倒影相接，应该视作会意字，但在小篆中由于系统化的缘故，成了指事字），正如天字上一横，象征头顶。

立（立）上为大，下为一，象人站在大地上。一，象征大地。

之，篆书作之，本义为往，《说文》：“之，出也。象艸过屮，枝茎益大，有所之。一，地也。”之，甲骨文写作之，上为止，趾也，表示足。高鸿缙《中国字例》：“从止从一，一为出发线通象，止为足，有行走意，自出发线而行走，故其意为往也。”之字的甲骨文、篆书虽取象不同，但都有“一”象征地。

至，篆书作至，《说文》：“至，鸟飞从高下至地也。从一，一犹地也。”至字甲骨文作至，象矢至地（其实小篆仍有甲骨文之象），本义为到（到为至的转注字）。

3. 变体指事

变体指事是古人在某个象形符号的基础上整体变换位置或部分改变形态而表示一个抽象的意思。

整体变换位置的有：

匕，化的初文，小篆写作匕，象倒人（人）之形。

屰，为逆的初文，甲骨文、小篆分别作屰屰，象倒大（大大，象人形）之形。

𠫓，突的初文，小篆写作𠫓，象倒子（子）之形。

𠂢，派字的初文，小篆写作𠂢，以反永（永，表水的主流），表水的支流。

反欠（欠）为旡（jì 旡）。

部分改变形态的有：

夭，屈也，篆书作夭，从大，象头屈形，甲骨文作夭，象人走时两臂摆动之形。

夨，篆书作夨，从大，象头倾。

尢（尢）音 wāng，古文作尪，《说文》：“尢，跛也。从大，象偏曲之形。”“尢”的篆书在大（大）的基础上屈右腿，成跛脚之象。

4. 省体指事

省体指事字是在一个象形符号的基础上加以省减而成为另一个字。例如：

卂（迅之初文），《说文》："卂，疾飞也。从飞而羽不见。"因而古人在"飞"的基础上进行简省而造了该字，读者比较此二字的小篆，便不难理解"卂"的构形原理。

夕（夕），从月省，夕见月（月）。

5. 象形指事

象形指事字，与象形字一样，字形就是一个具体的物象，但是物象并非其义，而是以形寓意。也就是说有些文字为某物之象形，但其字并不表示该物，而是取该物特点为义，故需以该物为本，去分析其意义指向。例如：

大，大小的大。大物众多，天很大，地很大，然天、地不容易付诸图画。而人为万物之灵，故以人的正面形象表示大。

高（高），象台观高之形，表示高矮的高。

齐（齊），象禾穗整齐之形。

齐、高二字许慎分别以为是象形字、会意字，但王筠以为都是指事字，因为齐、高本义不是整齐的麦子或高的台观，而是通过这种具象表现整齐、高大这样的抽象意义。

三、指事在六书中的地位

指事字和象形字都不能拆解为两个或两个以上的字，故皆称为文。指事字一般不表示具体的事物而表示事物的属性，故又称象意。除了"一、二、三、四、上、下"等字用象征性的符号表示外，指事字一般是在相关的象形字的基础上构形成指事字。指事字解决了一些表示抽象概念的词的造字问题。指事字与象形字一样往往作为新字的构件，组合成会意字、形声字，记录不同的词，以表达形形色色的事物或抽象的概念。

四、指事与象形的区别

指事字容易与象形字、会意字相混，关于指事的真谛，胡朴安《文字学常识》认为"只有清代的王贯山（王筠）的解释，最明白易懂"①。王氏言："所谓视而可识，则近于象形；察而见意，则近于会意。然物有形也，而事无形。会两字之义，以为一字之义，而后可会；而'丄''丅'两体，固非古本切之'丨'，於悉切之'一'也。

① 胡朴安《文字学常识》，中华书局，2010年1月第1版，68页。

明于此，指事不得混于象形，更不得混于会意矣。”[①] 指事字与会意字的区别，王筠已经说得很透彻了，下面我们着重说明指事字与象形字的区别：

（一）象形字的特点在于它的形象性，指事字的特点在于它的符号性，有些指事字也具有形象性，但不是主要特点。

（二）象形是以形状物，指事是以形喻事。母从女，加两点象乳房；夫从大，上加短横象簪。因为是在象形基础上所加符号以状物，故归入象形。而本、末等字的短横是象征性符号，喻事，故为指事。但“亦”为“腋”的古字，从大，与母字一样加两点，同样是表示具体的事物，学者一般把“亦”归入指事，是因为腋无形可象，故从大用两点指示其位置所在。除了纯象征性符号指事字，指事字与象形字如上条所言，都有形象性的特点，故《说文》指事字除了上、下直言“指事”外，其他指事字皆与象形字未加区分，而统言曰“象形”“象……形”；六书中有象形、指事，但在《叙》中谈到文与字的区分时，只言象形，云：“盖依类象形，故谓之文；其后形声相益，即谓之字。”变体象形与变体指事，造字方法是相同的，如反人为匕（妣），倒人为七（化），不过前者象具体事物之文，后者象抽象事物之文。高、齐、大作为形容词，我们归入指事。大字虽然作为字不表示人或大人的意思，但可以以人的意思参与构字，如天、奎、夭（《说文》：“夭，屈也。从大，象形。”夭与夨皆为指事字）、夨（大，《说文》：“倾头也。”）。

（三）象形字记录的词都是名词，指事字记录的词除少量名词（如刃）外，大多是动词、形容词，还有数词、量词。

① 王筠《说文释例・六书总说》，武汉市古籍书店影印，1983，5页。

第3节　会意

象形字、指事字是文，不可拆分为两个以上的字。会意字、形声字是由象形字、指事字孳乳而产生出来的，故谓之字，可以拆分为两个以上的字。

一、会意的界定

许慎对会意的定义是："会意者，比类合谊，以见指㧑，武信是也。"我们认为：**会意字是把表示相同的或类似的或者相关的事物或概念的字组合起来以揭示词义，一般可以拆分为两个以上的字。**会意字应该是每一个构件以其义参与到新字的组合中，一般会意字有如隐性的线性排列，有时甚至次序不能颠倒，如杲字，用短语表示是日在木上，寓意光明皎洁的样子，而杳字则相反（当然有时会意字的各个部件是从不同的角度限制新造字的意义的，如下面提到的"并峙会意"，其部件位置可能不固定）。《说文》会意字的解释方式一般是"从某、从某"（或"从某某"）。

二、会意字的类别

（一）顺递会意

组成会意的构件地位不等，其组合成新字以见词意，呈隐性的主谓、动宾、偏正的组合关系，例如：妇、取、益、安、莫、休、尖；武、逐、涉；吠、鸣、信、臭。

1. 两个构件的组合关系呈主谓式线性排列

妇，妇女，古代男主外，致力于田；女主内，洒扫是女子日常之事，故妇字从女、帚会意。《说文》曰："婦，服也。从女持帚，洒扫也。"

取，手割取猎获物和或俘虏的耳朵，《说文》云：“，捕取也。从又，从耳。《周礼》：‘获者取左耳。’《司马法》曰：‘载献聝。’聝者，耳也。”又，象右手之形。

安（），女人在室内，有安全感。

益（），水溢出器皿，是溢的古字。

莫（），日在草莽之中，是夕阳西下的情景，是暮的古字。

休，相当于“人倚树”的线性排列，寓意休息。

尖，大上有小，突出了尖的事物的形体特点。

莫、休、尖等字的构形见意有如一个隐性的主谓短语组合。

2. 两个构件的组合关系呈动宾式线性排列

逐（）从辵、豕会意，表示追逐野猪。甲骨文从止：。

涉从水，从步，徒步过水，表示渡的意思。

逐、涉的构形有如一个隐性的动宾短语的组合。

3. 两个构件的组合关系呈偏正式线性排列

鸣，从鸟、口会意。

吠，从犬、口会意。

鸟嘴常鸣，狗嘴常吠，口是发声之源，鸟、犬是主体。

臭，小篆写作，嗅的本字，自为鼻的初文，犬鼻有不同寻常的嗅觉。

“鸣、吠、臭”三字突出鸟口、狗口、狗鼻来揭示字义所指，每个字的两个构件组合关系有如一个隐性的偏正短语组合。要特别注意的是这个偏正短语表达的内容并不是文字的意义所在，文字的意义是要从这个偏正短语所代表的事物的功能上去加以挖掘才能获得的。

（二）并峙会意

组成会意字的各个构件为并列关系，地位相等，例如：

明字从日、月会意，表示光明的意义。

斩（），斩杀，从车、斤会意。古代斩杀人以斧钺，若后世腰斩，曰斩；用刀刃曰杀。不用斧钺、刀刃而用车裂，则更为残酷。

讨伐之讨，从言、寸会意。言，言辞也，寸，法也，奉辞按法以讨伐（《说文》：“寺，廷也，有法度者也。从寸，之声。”寸有法度之义）。

番，蹯的古字，《说文》：“，兽足谓之番。从釆，田象其掌。，番或从足，从烦。古文番。”釆（今音 biàn）为番的初文。古文番象兽掌之形。

（三）同文会意

如从、比、林、森、淼、炎、焱、垚、友（从二又会意，又，手也，象右手之形）、轰、聂、步、犇（奔）等，但是“比”与“北”虽然是同样的构件会意而成，由于构形的具体方式不同而揭示了不同的词义。

1. 正例

（1）同向会意：排列几个相同的初文，成为一个新的意义。

从，甲骨文作，小传作。

比，甲骨文亦作，小篆作。从、比甲骨文同从二人会意，小篆从字方向向左，比字方向向右。甲骨文比、从无别，只能根据语境解释，如《诗经·大雅·皇矣》“王此大邦，克顺克比”，比字当为从字，作从字与邦字押韵（东部），上下文义更顺。①

友，甲骨文作，小篆作，皆从二又会意。又，手也。友字本指兄弟友爱。《尚书·康诰命》：“兄亦不念鞠子哀，大不友于弟”，《论语·为政》子曰：“《书》云：‘孝乎惟孝，友于兄弟，施于有政。’是亦为政，奚其为为政?”

炎，火焰升腾，甲骨文作，小篆作，皆从二火会意。《说文》：“炎，火光上也。”

品，物品之品，甲骨文、小篆皆从三口会意。《说文》云：“众庶也。”《说文解字注》：“人三为众，故从三口会意。”

鱻，古鲜字，泛指鱼类。《老子》：“治大国若烹小鲜。”河上公注：“鲜，鱼也。”晋代郭璞《江赋》：“衣则羽褐，食惟蔬鱻。”

劦，古协字，从三力会意。言众人同心协力。后加十字造协字，言众人和谐。

林，甲骨文、小篆分别作，，皆从二木字会意，独木不成林。

森字从三木会意，古人一、二表示数量少，三表示多。《说文》：“森，木多皃。”

茻，草莽之莽的古字，小篆作，从四中会意。中，艸也。

戋，残的古字，残害，从二戈会意。戈，干戈，大动干戈而残害人。

兢，甲骨文、小篆分别作、。甲骨文从二兄会意。小篆从二丯、二兄会意。《说文》：“，竞也。从二兄；二兄，竞意。从丯声。读若矜。一曰：竞，敬也。”今按：丯，非声，《说文·丯部》：“丯，草蔡也。象草生之散乱也。”俞樾《儿苦录三》“兢”下曰：“二艸并长，故有竞意。”《说文》倾向于以强劲为竞字本义。又以敬字释

① 于省吾《泽螺居诗经新证》，中华书局，2003年，37页。

竞，敬，敬慎，疑甲骨文造字以见兄长敬慎而表小心谨慎之义。

竞，甲骨文、小篆分别作、。《说文》：“竞，强语也。一曰：逐也。”今按：强语，强烈的争辩。逐，角逐，即争竞。甲、金文字象二人角逐，当以竞争为本义，引申为争辩（参看李孝定《甲骨文字集释》）。

要注意的是这种合同文以成的会意字，要与聚同文以成的象形字加以区别，如星字，甲骨文作，是象形而非会意。艸也是象形非会意，因为合中而成艸，并未会合出新义，中甲骨文中亦可用作艸。

（2）反向会意：排列几个相同的初文，让各自向着不同的方向，成为新的意义。例如：

舛错之舛，小篆写作，取两夊相背之意。

北，古背字，小篆写作，象二人相背之形。

步，步行，小篆写作，从两止会意。止，趾之初文。

癶，小篆写作，《说文》“足剌癶也”，两脚相背不顺。

廾，垂拱之拱的古字，甲骨文写作，小篆写作，象两手拱合之状。

反为（甲骨文写作），《说文》“引也”，双手向上攀援，实为攀之古字。

2. 变例

（1）增笔会意

在几个初文的基础上再加一些不是字的笔画。例如：

葬，小篆写作，从死（）在茻（）中。中有一横，象征草席，不是字，《说文》云：“一其中，所以荐之。”

開，开门，小篆写作，《说文》认为从门、开会意。《说文》载有古文开作，从门、廾会意，廾上一横，表示门栓。朱骏声《说文通训定声》：“从廾一，一者，关也。”小篆相对于古文，不过是变得紧凑而整齐。王筠《说文释例》亦言：“以一象扃，两手奉扃以开之。”

毓，育之重文，繁育，甲骨文写作，小篆写作，从每（犹甲骨文从母也）、（倒子，母生子，顺产则子头先出）会意。

（2）省文会意

组成会意字的部件有的省去了笔画。例如：

攸，甲骨文作，小篆作，《说文》：“行水也。从攴，从人，水省。，秦刻石绎山文攸字如此。”

氂，牦牛尾，小篆写作，从犛（牦）、毛会意，犛省去了构件“牛”。

秦，小篆写作，《说文》：“伯益之后所封国，地宜禾。从禾，舂省。”

（3）兼声会意

有的会意字其中一个构件既表义又表声，反映在《说文解字》中就是“亦声字”。例如：

婚姻之姻，小篆写作，《说文》：“壻（婿）家也。女之所因。从女，从因，因亦声。”“因”既表义又表音，为会意兼形声字。

字，本义为孳乳，小篆写作，《说文》：“乳也。从子在宀下，子亦声。”

政，甲骨文写作，小篆写作，《说文》：“正也。从攴，从正，正亦声。”

婚，甲骨文写作，小篆写作，《说文》：“婚，妇家也。礼：娶妇以昏时，妇人阴也，故曰婚。从女，从昏，昏亦声。”古用黄昏之昏，表示婚姻义，后加女旁而造婚字。

娶，甲骨文写作，小篆写作，《说文》：“娶，取妇也。从女，从取，取亦声。”

祏，小篆写作，《说文》：“宗庙主①也。周礼有郊、宗、石室。一曰：大夫以石为主②。从示，从石，石亦声。”

以上诸字，《说文》皆言“某亦声”，但也有实归此类而不言“亦声”者，如：祫，《说文》：“大合祭先祖亲疏远近也。从示合”，不言“合”亦声。

也有实归此类，不言“亦声”而言形声者，如祰，《说文》：“告祭也。从示，从告声。”朱骏声《说文通训定声》：“从示，从告，会意，告亦声。”《说文》虽言“告声”，但以“告祭也”释“祰”，则“告”声中有义，祰与祫、祏造字方法同，皆可归入亦声字。

三、会意在六书中的地位

会意相对于象形、指事，造字的适应性更强。无形可象，无法造指事字，可用两个或两个以上的象形字或指事字组合成字。用象形、指事造出来的字是文（直观地表现了事物特征，不可以拆分为两个以上的字），用会意法造出来的字（一般反映事物的抽象属性，可以拆分为两个以上的字），与形声字一样是字。会意字不像形声字，有声符表音，但会意字也有其优势。它与象形字、指事字一样，仍具有形象性的特点，尤其是早期的会意字，有的就象一幅图画，各个部分的排列都是按照事理逻辑安置的，如甲骨文的涉（）、降（）、益（）等字，即会形合成。不过图画表义是

① 宗庙里收藏神主的石室。

② 主，神主。

比较原始的，到了小篆涉（）、益（）、休（）等字，就是以字义参与构字的了，即会义合成。要特别指出，由于楷化，不少象形字、指事字的形象性大为减弱（小篆、隶书已开其端），而会意字由于组合成字的方式，揭示了符号所表示的概念的内涵，概念所表示的事物的特征，其形象性几乎不受影响。就今文字而言，会意字表义明确，容易通过分析字形而求其本义。自然，世界上的事物千差万别，因而要用大量的词来反映，如果都用会意的方式造字，显然是不可能的。会意的能产性不及形声。就不表音和形象性而言，象形、指事、会意是一类，形声是一类的。

总的来说，会意在六书中的地位如下：

（一）会意字相对于象形、指事而言，构字功能强，因为会意可由象形与象形、象形与指事、指事与指事、会意与象形、会意与指事、会意与会意组合而成。

（二）虽然总的来说，会意字还处于象形文字的范畴之中（如“会形合成”字），但已开始尽力摆脱象形字的藩篱，如会意字中的“会义合成”字，这是汉字构形的一大进步。

（三）会意字可以作为形声字中形符和声符的构件参与构造形声字，由于有了会意字，为形声字提供了足够多的构件，才使大批量的形声字的产生成为了可能。

四、会意与象形、指事的区别

（一）会意不同于象形

1. 原则上会意字是合体，象形字也有合体，二者的区别在于：

①合体象形字，是象具体事物的文字，例如果、儿（兒）二字；会意字是表示抽象概念的文字，如既、即二字。

②合体象形字其中一个构件象字所要表示的事物，即字意所指，另一个构件是与该事物相关的事物，如“果”是树上所结之果，故从木；会意字没有一个构件是字意所指，它是通过组合表示新的概念的，如“明”字，既不是表示日，也不是表示月，而是表示日月的共象：光明。再如“西”，在小篆里象飞鸟归巢，是栖的本字，表示鸟和巢的构件，皆用象形手法，而皆不成字，故《说文》以为象形，但“西”不象果、兒二字，不能说是合体象形，因为鸟和巢，只是相关，不是一体的，西字组合以见意的特点是明显的，所以，我们认为西字归于象形，似乎不合适，应归入会意字。

2. 会意字有前后两个阶段：

第一阶段的是会形合成字，如“既”象“食已”之象、“即”象“就食”之象、“乡（鄉）”象“相向而食”之象。

第二阶段是会义合成字，会义合成字是以文字的意义参与构字的，已开始摆脱象形的藩篱。第二阶段产生的会义合成字自然多得多，所以，关于会意字与象形字的区别，我们常常说，会意字的各个构件本身是字，并以其意义参与到新字的构形见意中。

（二）会意不同于指事

会意与指事一般都表示抽象的事物，一般都“视而可识，察而见意”，怎么区别呢？

会意字一般能拆分为两个或两个以上的字，如逐、涉；而指事字不能，如曰、立、旦。《说文》：“曰，词也。从口，乙声，亦象口气出也。”词，虚词。王筠认为，“乙”非声，“曰”当为指事字。[1] 曰字甲骨文写作，口上有一短横，篆文是其变体。我们认为王氏的说法是对的。立字，《说文》云：“住也。从大立一之上。”住，停住，立是站的意思。大，人也；一，象征大地。是人立于地上，而非一人的意思，所以应该是指事。同理，旦非一、日，而是表示太阳从地平线上升起，寓意早晨。

① 王筠《说文释例》，中华书局，1987年，388页。

第五章

六书详解（下）

第1节　假借

通常将假借排在六书的最后，这个排序是不符合文字产生的实际情况的。形声的造字方法是在受到给引申义和假借义或本义造区别字的启发之后产生的。由于假借是借音借形以表新的意义，并没有产生新的形体，所以有人认为不是造字方法，但是假借确实使很多词有了相应书写的载体，从这个意义上讲，假借也是造字法。如它，象形，本义为蛇，假借为“其它”的它。表示蛇的它和“其它”的它，从语言的角度讲，是两个词；从文字的角度讲，是两个字，不过是同形字而已。在形、音、义三个要素中，形是基础，音是关纽，义是核心，是否表达相同的音义是最关键的。不能因为同形就认定为同一个字，也不能因为形不同就认为是不同的字。

一、假借的界定

许氏对假借的定义是：“假借者，本无其字，依声托事，令长是也。”许慎对假借的界说是正确的，但所举例字不妥当。段氏《说文解字注》：“汉人谓县令曰令长。县万户以上为令，减万户为长。令之本义发号也，长之本义久远也。县令县长本无字，而由发号、久远之义引申展转而为之。”按段氏说，令、长是引申。令的发号令义与发号令者是施事与施事者的关系，是体用关系，应该不算假借；长的久远义与长官义确实是展转引申。甲骨文中长字象一个头发长、背驼、拄着拐杖的老人，则长度的长与长辈的长也是联系密切的；长的生长义与长度义也密切相关，长（动词）则长（形容词）；由长辈又可引申为长官。许慎举例有把假借与引申混为一谈之嫌。现代学者一般认为假借所要记录的词，与被借文字原本记录的词，没有意义上的联系。作为造字法的假借，其实质是：语言中有某个词，没有书写符号，古人在书写时，借用既有的文字形式来记录没有书写符号的语词，由于一般是记录词的音，所以自然借用读音相同或相近的词的书写符号，而不会去管它是否有意义上的联系。如奉本义是捧（捧是用加注形符的办法造的区别字，表示俸禄的意思是假借）。因而我们这样给假借字定义：**假借字，是古人为了记录没有书写符号的词而借用的一个读音相同或相近的词的书写符号。**

假借字由于把字形作为整体借过来，故假借字形体没有揭示词义，不像其他造字法可以通过分析字形来了解字的本义。一般来说，用假借的方式表示的词义往往是抽象的，不便于用象形、指事、会意的办法造字的，如绝大部分虚词都是用假借的方式造字的①，当然也有借已造的实词之形以表新的实词之义的，如：

泉，象形，甲骨文写作泉，小篆写作泉，《说文》："泉，水原（源），象水流出成川形。"借为古代钱币的名称。

主，象形，小篆写作主，《说文》："镫中火主也。"借为君主之主。

求，象形，甲骨文写作求，小篆写作求、裘，《说文》："裘，皮衣也，求，古文省衣。"借为营求之求。求字加注形符"衣"为裘，则为形声字。

升，甲骨文写作升，小篆写作升，《说文》："升，十龠也。从斗，亦象形。"借为升降之升。

以上是借用象形字。

形声字产生之后，仍有借形声字之形以表新的实词之义的。例如：

钱（錢），小篆写作錢，《说文》："錢，铫也，古田器。"借为货币的名称。

戚，小篆写作戚，《说文》："戚，戉也（即斧头）。"借为亲戚之戚。

离（離），小篆写作離，《说文·隹部》："離，離黄，仓庚也。鸣则蚕生。"离本指黄鹂，借为距离之离。

旧（舊），小篆写作舊，《说文》："舊，鸱舊也，舊留也（猫头鹰之类的鸟）。"借为新旧之旧。

新，小篆写作新，《说文》："新，取木也。从斤（斤，斧也。用斧头砍木头），亲声。"借为新旧之新。

难（難），《说文》："䳚，鸟也。从鸟，堇声。難，或从隹。"借为难易之难。

二、假借字的类别

（一）音同假借

我们所谓的音同假借，指读音相同或基本相同。假借字中音同假借占多数（判断

① 参看40页"汉字体系形成的标志"。

音同与否，当以古音为据，因为古同音今未必同音，今同音古未必同音）。如上文提到的离、戚、新等字。

来，在古书中表示麦子义[①]。《说文》：“來，周所受瑞麦也……天所来也，故为行来之来。”按许慎说，来字表示行来之来是引申。我们认为，其说牵强。来表示来往之来，不是因为“天所来”的缘故，而是语言中的“往来”之“来”这个词与表示麦子的“来”读音同，故借用。来，借为来往之来后，久借不还，只好给本义另造了一个字“麥”，以区别于假借义来往之来。

（二）音近假借

音近假借是指必须有双声、叠韵等语音上的联系。值得指出的是，不是说只要双声就可以假借，或者只要叠韵就可以假借，而是声母、韵母都应该有相同或相近的联系；或者其中一个稍微隔得远一点，另一个则一定要相同或隔得很近。如果声母、韵母都隔得很远，是不可能假借的。

西，按《说文》的解释，本义为栖（棲）。《说文》曰：“西……日在西方而鸟栖，故因以为东西之西。”西，由栖借为东西之西，是因为语言中表示东西的“西”这个词与鸟栖之“栖”这个词读音相近，二者叠韵，也就是韵部相同，声母分别为清、心，属旁纽关系（栖是“西”被借作东西之“西”后为本义造的区别字）。这样，韵部相同，声母又隔得很近，就可以假借。

三、假借在六书中的地位

关于六书，有四体二用说[②]，即认为象形、指事、会意、形声与形体结构有关，是四种造字法，而转注、假借与形体结构无关，是用字法。但是，也有人认为后起的转注字是形声字，而假借字从形体上可以归入象形、指事、会意、形声，因而转注和假借也都可以归入四体。我们认为，把假借字归入所谓四体是错误的，因为这是按本义把字归入某类而罔顾假借义了，这样就抹杀了假借的根本属性，即借音表义的属性。六书中，假借与其他五书的关系是：象形、指事、会意为一类，所谓形义文字；

① 如《诗·周颂·思文》：“贻我来牟，帝命率育。”朱熹《诗集传》：“来，小麦。牟，大麦也。”

② 一般认为是戴震首倡此说而为章黄学派沿用。不过，近来学界有争议，李芳芳《“四体二用”说倡始者之再认识》（《洛阳理工学院》社会科学版2008年第3期）认为：“在戴震之前，主张‘四体二用’说者大有人在，而此说之倡始者，应是元末明初的赵古则。”参看本书第二章第2节。

形声为一类，所谓义音文字；假借为一类，所谓形音文字，形成三足鼎立之势。假借代表了一种文字类型。

此外，假借是催生形声字产生的重要原因。造字之初，本一字一义，由于引申和假借，字的义项多了。义项既多，在书面语言中就有可能引起误解。为了避免误解，古人用加注形符的办法为本义或假借义另造新字，以加强书面语言的示差性，前者如它字加虫旁而造蛇字，后者如辟字加辵（辶）而造避字，求字加衣旁而造裘字。例不赘举，因为下文我们在对形声字的讨论中将重点列举字例。

四、假借与通假的区别

假借是造字的时候为没有书写符号的词借用已有同音词（或音相近）的书写符号，所谓本无其字；通假是行文的时候某词已经有书写符号而不用，借用同音词（或音相近）的书写符号，所谓本有其字，如屎为避不雅名而借用矢。一般是本字笔画多而不用，甚至是不识本字或者说没有意识到要用本字，如《诗经·小雅·节南山》之“节”本字为“巀”，昆弟之昆本字为睘，《说文》：“睘，周人谓兄弟为睘。从弟，从眔。”

假借与通假的区分，看起来容易，其实并不容易，因为是否是本有其字，是不容易确定的，当有文献依据为证。如：

昆虫的昆，《说文》有䖵字，是昆虫的意思，因而昆虫自有本字䖵，读音与昆同，故昆表示昆虫义当是通假。

叔的本义是动词拾，如《诗经·豳风·七月》“九月叔苴”，即用本义，又，即手，表拾捡；尗是菽的初文，豆类植物，是拾捡的对象。古代叔字借为叔伯之叔，古称兄为伯，弟为叔，今语叔叔是父亲的弟弟，嫂犹称丈夫的弟弟为叔，这是本无其字之借，即造字的假借。

第 2 节　形声

一、形声的界定

许慎对形声的定义是："形声者，以事为名，取譬相成，江河是也。""以事为名"，说的是形符，形符本是字，表示形声字的意义范畴，如江、河皆水名，名从书面上来说即字，从逻辑的角度来说是概念；"譬"，是"譬况"的意思，意思是拿一个同音字或近音字譬况新造字的读音。**所谓形声字就是：取一字作为形符表示字类，取一字作为声符记录词的读音来组合成新的字。**《说文》形声字的解释方式一般是"从某，某声"，"从某"说明"某"是形符，许慎一般也拿它作部首，"某声"说明"某"是声符。

二、形声字产生的几种途径

（一）假借后因字形求别而产生的区别字

1. 为本义造区别字，本字则为借义所专

本字					区别字		
楷书	甲骨文（金文）	小篆	本义	借义	甲骨文（金文）	小篆	楷书
來			麦	往来之来			麥
或			邦也	肯定性无定代词	金		國域

续表

本字					区别字		
楷书	甲骨文（金文）	小篆	本义	借义	甲骨文（金文）	小篆	楷书
無			人执鸟羽跳舞	没有	金		舞
其			簸也	指示代词			箕
云			山川气也	说			雲
哥			声也	兄			歌
自			鼻也	自己			鼻
孰			食饪也	疑问代词			熟
亦			人之臂亦也	副词			腋
莫			日且冥也	否定性无定代词			暮
然	金		烧也	连词			燃
芈			羊鸣	楚姓氏			咩

表 5－1

除“腋”字是辗转成字、舞是在“”的“大”上画上两脚继而讹为舛外，其他区别字都是在本字的基础上加注形符而成。

2. 为借义造区别字

本字					区别字		
楷书	甲骨文（金文）	小篆	本义	借义	甲骨文（金文）	小篆	楷书
彗			扫竹	雪			雪
易			蜥蜴	锡	金		錫
齊			禾麦吐穗上平也（整齐）	斋戒	金		齋
辟			法也	玉璧	金		璧
				臂膀	金		臂
				开辟	金		闢

续表

本字					区别字		
楷书	甲骨文（金文）	小篆	本义	借义	甲骨文（金文）	小篆	楷书
				便嬖			嬖
				墙壁			壁
				比如			譬
				偏僻、邪僻			僻
烏	金		乌鸦	叹词、象声词			嗚

表 5－2

金文鲨壶有字，《金文编》放在附录，是否即臂字，不定。除“开辟”的“辟”金文作，属新造以外，其他区别字都是在本字基础上加注形符而成，闢、臂的小篆也仍是加注形符的做法。

（二）引申后因字形求别而产生的区别字

1. 为本义造区别字

本字					区别字		
楷书	甲骨文（金文）	小篆	本义	引申义	甲骨文（金文）	小篆	楷书
監			监盆、监镜	监督	金		鑑
申			雷电之电	神	金		電
益			漫溢、溢出	利益			溢
原			水泉本也	原野或本原（泛指）			源
禽			擒获	走兽总名			擒

表 5－3

2. 为引申义造区别字

本字					区别字		
楷书	甲骨文（金文）	小篆	本义	引申义	甲骨文（金文）	小篆	楷书
又			右手	神灵保佑			祐
取			取耳	婚娶			娶
帚			笤帚	妇女			婦
且			1. 荐也，礼器 2. 男性生殖器	祖先	金		祖
道	金		所行道也	引导	金		導
責			责求、索求	责求、索求之物			債
昏			日冥也	婚娶			婚
弟			韦束之次第	次第、兄弟、 女弟、孝悌			第悌娣
解			分解牛角	松懈			懈
爲			手牵象劳作 有所作为	欺诈，弄虚作假， 非与生俱来			僞

表 5－4

这些区别字出现的时代有差别，有的在甲骨文中就已经有了区别字，有的在金文中有了，有的在小篆中才有，也有的隶楷阶段才有。这些区别字都是在本字的基础上加注形符形成的形声字，声符就是这个形声字的本字。不过，早期创造的区别字不是有意识按形声结构创造的，往往处于无意识阶段，所以我们把这类形声字叫作无意为之的形声字，或者叫作非典型形声字。有些形声字的产生也可能不关假借和引申，只是一种声化的结果，如（鳳）之加“凡”声为，（鸡）之加“奚”声为。黄德宽认为这种注声形声字是形声字发展到自觉阶段的产物，在甲骨文中大多出现在三期以后①。

（三）利用半形半声的规律自觉创造的形声字

加注形符本是为了造区别字，以分担某些多义词的义项，使文字能更好地担负记录语言的职能，但这些区别字一半标识意义类别、一半标识读音的构形模式给了人们

① 黄德宽《汉字理论丛稿·形声起源之探索》，商务印书馆，2006，43 页。

极大的启发，客观上促进了大量形声字的产生，即形声同取，一半形符，一半声符，形符揭示意义范畴，声符标志读音，两两组合而成新字，我们称之为有意为之的形声字，或叫作典型的形声字。典型形声字，其形符或声符都不是古人原字，形符仅仅揭示意义范畴，不是词义；声符的造字功能主要是表音，即使表义，也不是词义，而是语源义。如：

江：长江，河流名，故水为形符；工为声符，不表义。

河：黄河，河流名，故水为形符；可为声符，不表义。①

游：游泳，水为形符，游泳必在水中；斿为声符，斿是古代旌旗下垂的飘带等饰物，因风飘动如水之流，“斿”表语源义，不表词义。

航：航行，航行靠船，故以舟为形符；亢是声符，不表义。

斯：劈，剖，斤是伐木的工具，故斤为形符；其为声符，不表义。

所：伐木声，故斤为形符；户为声符，或有拟声作用。

（四）用转注的形式造同义字

还有一部分形声字是用转注的形式造同义字而形成的，如：斤的转注字斧；老的转注字考、耆、耄、耋；舟的转注字船、舸、舰；身的转注字躬；走的转注字趋；民的转注字氓等等。

三、声符的表音功能、表义功能和声符假借说

（一）声符的表音功能

形声字的声符有表音的作用（从字形结构看应该是主要作用），根据这一点，段玉裁提出“凡谐声者必同部”的理论，即声符相同的字上古往往属于同一韵部。语音是语言的要素之一，对于汉字而言，声符的功用不亚于形符，段玉裁称声符为声首，

---

① 许慎在形声字的定义中举例时，应该是将“江”“河”二字看作典型的半形半声的形声字看待的，即声符不表义。但后来学者很多认为“工”“可”具有示源作用。如《风俗通・山泽篇》：“江者，贡也。出珍物可贡献也。”认为江与贡同源。《释名》：“江，共也。小江流入其中，所公共也。”认为江与共同源。王宁《浅论传统字源学》认为“工”可表“大”义，“江”是大河，“鸿”是大鸟。伍铁平《长江之声也工工，黄河之声也可可》则认为“江”“河”的得名源于拟声，“工”“可”是拟声符号。还有人认为从“工”得声的字，或有“直”义，如“江、杠、项”等；从“可”得声的字，或有“曲”义，如“河、阿”等。各种说法难定于一，姑从许意。

把声符提高到与部首一样高的地位，确为卓识。研究上古韵部，《诗经》《楚辞》的押韵系统是重要的材料，其次就是谐声系统，即形声字的声符。我们欣赏古代诗歌，要记入声字，根据声符类推，可以减少记忆的负担，如凡从戠声之字属于职韵部，从各声之字属于铎韵部，因而职（職）、识（識）、帜（幟）和恪、格、客、落等字都是入声字。

由于语音的演变，有的形声字声符表音作用削弱，如講字演变为讲，原因就在于声符与字音相差太远，井与讲今普通话只是双声关系，而湖南不少地方二者还存在叠韵关系。江从工得声，今江字与工字既不同声，也不同韵，但湖南平江人既有将这两个字都念作 gāng 的，也有都念作 gōng 的。考之中古音，江属江韵，工属东韵，江韵东韵是最近的。考之上古音，江与工、红、功、攻、虹、鸿、邛等字同属于东韵，这就是所谓“凡谐声者必同部”（也有例外，一是我们说的上古音还没有涉及殷商时代音，而文字在殷商时代就已经比较成熟了，甲骨文中已有形声字，那时的语音关系我们还不是很清楚，如用周时语音去套，那时的形声字和声符的关系可能不是谐和的；二是有的音节同音字很少，有时不一定能找到完全同音的声符，只是近似而已，因而声符的标音本来就有可能不是很精确的）。邨字被俗字村取代，也是因为邨字声符屯表音不精确，仅与邨有叠韵关系（屯还有表义的作用，村为聚落，屯有聚义。今湘中犹音村为屯，只是念阴平）。淚字被泪字所取代，是因为随着语音的演变，戾的表音越来越不精确（戾淚二字上古属于质韵部，都是入声，只是戾为短入，淚为长入，而中古淚字转入去声至韵，戾则入去声蟹韵），而泪字以会意的方式组合成字很形象，容易识记。至于職字被职字所取代，后者容易书写，容易识记固然是重要原因，但我们也不能忽略入声字消失，戠、只由不同音（只字上古属于阴声韵支韵部，与职为旁对转关系）到同音这个原因，它为这个字声符的更换提供了语音基础。

由于语音的演变，为了尽量保持文字与语音的直接联系，部分形声字更换了声符或被表音更准确的俗字取代，或被虽不表音而见字知义的会意字取代。但是也有声符虽已不表音但仍用旧形的。之所以如此，是因为汉字的传承性、书写简易、美观原则在起作用。形声字一般两两组合，换用同音的声符，未必找得到，找到了也未必书写美观，即使美观，人们习用既久，换新的声符也会增加识字的负担。如爹字，羌人呼父亲也，汉语借过来，造字以父为形符，多为声符，多也有表义作用，多犹大也，古多有美义，美与大义亦相通，对于父亲自然要大之、美之。多字中古属于歌韵，爹字中古属于麻韵，二韵相近。随着语音的演变，二字读音渐行渐远，但我们如果用跌、迭更换“多”，则下部太宽，书写不美观，是以人们仍沿用“爹”字。代字从弋声，现代虽然弋不表音了，成了一个记号，但简单易写，仍然保留亦无妨，我们把它作为组字的构件看待即可。

现代汉语中形声字的声符只有四分之一是还能够准确表音的，四分之三的表音不怎么准确了，或者很不准确了，所以在识字的时候，特别注意不能“秀才认字认半边”。如图圄的圄字不能读成“吾”，酗酒的酗不能读成“凶”，停滞的滞不能读成“带”等等。

形声字声符的表音功能从一开始就不及拼音文字精确。拼音文字可以精确到音素，随着语音演变，词的书写形式也便于作相应的调整。而汉字的形声字的声符本身是不表音的，我们把它作为一个标音构件看待，是因为我们将它同某一个词联系起来了，通过那个词我们记住了这个字的读音，如果约定俗成，将这个字同另一个读音完全不同的词对应起来，那么这个字也可以读另外一个音。如亘这个字就有三个读音，一种读 xuān，表回旋的意思，上古为心母元韵；一种读 héng，表经常的意思，上古为匣母蒸韵；一种读 gèn，表上弦月，上古为见母蒸韵，三个字的来源不一样，意义不一样，上古三字的读音不一样，现代三字的读音也不一样，但是书写形式都一度统一到“亘”这个形式，后两种现在都写作“恒”。由于字是和词对应的，词的读音变了，字的读音也会变，但汉字的表意性决定了字的形体一般不会因为词的读音的变化而变化（转注字例外），因而汉字从古到今保留了一个相对稳定的系统。这个稳定的系统有利于民族的团结统一，我们华夏各民族都可以用汉语、用汉字进行交流。这个稳定的系统有利于文化的传承，所以我们读古书时，文字上的隔阂没有拼音文字那么大。这个稳定的系统还成了我们研究上古文化的活化石，仅从语音上讲，汉代形声字就已占汉字的 80%以上，这些形声字可以作为我们研究上古音的重要材料，以后不同时代形声字的声符的替换现象和新造形声字则为我们提供了研究语音演变规律的绝好材料。

（二）声符的表义功能

声符的表义功能可以从两个方面讨论。

一是会意字中的一个部件的读音偶与会意字相合，这个部件在参与会意组合的同时也起到了为会意字标音的作用，也就是前面讨论的兼声会意字。如：

忘，《说文》：“不识也。从心，从亡，亡亦声。”

琀，《说文》：“送死口中玉也。从玉，从含，含亦声。”

祏，《说文》：“宗庙主也。周礼有郊宗石室。一曰大夫以石为主。从示，从石，石亦声。”

字，《说文》："乳也。从子在宀下，子亦声。"

这类字学者们又叫作亦声字。部件"亡""含""石"在参与会意的同时都起到了标音的作用。这类字如果看重它的会意性，可归入会意类；如果看重它的标音作用，可归入形声类。

二是声符可以揭示语源。

声符为什么能够揭示语源，还得再从形声字的产生说起。

前面在"形声字产生的几种途径"中我们讨论了"假借后因字形求别而产生的区别字"和"引申后因字形求别而产生的区别字"，假借后因字形求别而产生的区别字叫孳乳字，如："甲文福作，假畐为之，但已有很多从示、畐声的、；祐作或，假又为之，但已有不少从示、又声——又即右之本字——的；语辞之唯，甲文作，假隹为之，但已有从口、隹声的；雪字初假彗为之，字作，后加形符'雨'，变成从雨、彗声的；婦字初假帚字为之，后加形符女作；管字初假攴为之，字作，后加形符日作；歲字作，假戉为之，但已两见从步、戉声的歲，作、；象这些都是本为假借，后来加注形符，即以原来的借字为声符，是最正规的原始形声字。"① 这种区别字的主体就是先前的假借字，甚或是本字（"福"中的"畐"、"唯"中的"隹"），原本就是一个独立的表义单位，区别字与主体的音义完全一致。

因为引申而产生的形声字叫派生字，如懈、俸之类，而因为引申而产生的一群派生形声字意义往往互相关联，从语言上讲是同源词。如：

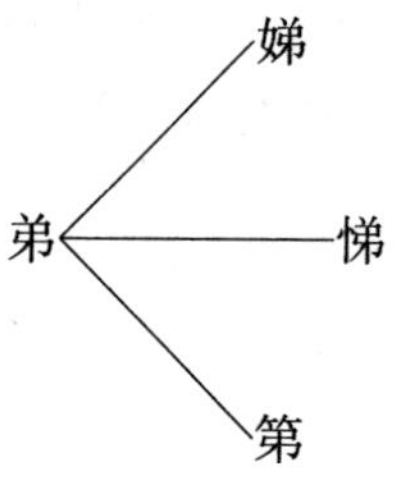

图 5－1

《说文》："弟，韦束之次弟也。""弟"字甲骨文作、金文作，小篆作，《说文》释义不确，本义当如朱芳圃说："象绳索束弋之形。绳之束弋，展转围绕，势如螺旋，而次第之义生焉。"② 本义为束弋。弋即橛，木桩。束弋就是将绳子缠束在木桩上，引申为次第之义，后加竹造第字；又引申为兄弟之义，后加女造娣字（娣，女

① 李孝定《汉字的起源与演变论丛·从六书的观点看甲骨文字》，联经出版事业公司，1986 年，28 页。
② 朱芳圃《殷周文字释丛》，中华书局，1962，82 页。

弟，即妹妹）；又引申为孝悌之义，后加心造悌字。第、娣、悌都是派生形声字，意义都与弟的意义相关联，都有次第之义。而且和“福、祐、唯、婦”一样，区别字与主体（后世人们称作声符）的音义完全一致或非常相近。

> 这极大地启发了人们的思维，于是形声的造字方法产生了。区别字在形式结构上也是形声字，但那是无意中造出来的，我们把它称之为无意为之的形声字，而此后人们模仿区别字半形半声的方法造出了大量的形声字，我们把这些形声字叫作有意为之的形声字。这种有意为之的形声字既然是刻意模仿区别字造出来的，可以想见，造字之时人们也会把表声的那部分作为形声字的主体，尽管不可能像区别字那样使形声字与其主体在音义上完全重合，但必定会最大限度地使其产生关系，为识字者提供尽量多的信息，以便准确识读。古今之思维当同此理，除非是实在找不到有义可寄的声符。从汉字顽强地坚持表意性可以推断，先民们造字之时，断不致舍简单而求繁难，舍明晰而求隐晦。我们不能说所有形声字的声符都有示义作用，但应该可以说多数形声字的声符具有示义作用。段玉裁在《说文解字注》中揭示的声符所示之义大多可信，便是明证。随着研究的深入，很多段玉裁未能认识的声符之义今日被认识了，也是事实。因此现在看来没有示义作用的声符也未必一定没有示义作用。造字是一个汇入了当时社会全部认知内容的过程，识字自然得凭借同样的认知内容去解开文字符号中隐含的密码。而造字时代人们的认知内容我们很难尽知，因而在声符示义的问题上我们只能说有多少形声字的声符有示义作用，而不能说有多少形声字的声符没有示义作用。①

仍以声符“弟”为例。“弟”不曾被用来表示“梯”“睇”“剃”，不可能用造区别字的方式来造这些字，但语言中有“梯”“睇”“剃”这些语词，需要造字，怎么造呢？人们不是凭空地胡乱地毫无联系地造这些字的，而是根据这些事物的共同的内在特征，那就是它们都有“次第”的意思。梯子是一级一级的，有次第；睇，斜视，流盼，即流转目光观看，“流转目光”就有依次看过去的意思，有次第；剃头发时，先剃哪里，后剃哪里，都有一定的顺序，也有次第。而“弟”就有次第的意思，因此，就用“弟”做这些字的声符，这样“弟”就不仅仅承担着标音的作用，还承担着揭示语源的使命。从语音来讲，上古与“弟”音近的还有“夷”字（《说文》中鷞的重文有鵜，声符不同而已），之所以要用弟作声符，就是为了揭示语源。简化字也是如此，如“递”是“遞”的简化字，“遞”，《说文》：“更易也。从辵，虒声。”上古弟遞同声

① 唐生周《从〈说文解字注〉看段玉裁的声义观》，北京师范大学《励耘学刊》创刊号，2005。

不同韵，不是同音字，到现代汉语中同音了，而“递”也有次第的意思，故现代汉语在简化汉字的时候以“弟”作声符兼表义。

以此度之，应该说大部分形声字的声符都是具有一定的示义作用的。这种示义作用有的是显性的，有的是隐性的。显性的是指声符的形音都具有示义作用，如上述字中的声符“弟”。隐性的是指只有声符的音具有示义作用，如下面要谈到的“声符假借说”中的情况。

同声符的字意义多相通，如从冓声字都有相交遇合之义。

冓：甲文作，象两鱼相遇亲吻之形。因而从冓得声之字都有交接之意。

遘：遇也。

構：盖也。即架屋之意，架屋便要将木材有规律地横竖相交。

媾：重婚也。重婚指重迭交互为婚姻也，即亲上加亲。泛指婚媾，即二姓结为姻亲。

溝：构也，纵横相交构也。指田间纵横交错的水道。

講：和解也。

覯：遇见也。

篝：竹笼，由竹条横竖编织而成。

購：悬赏征求，重金收买，都是两两之间发生关系。

声符的这种表义功能许慎就已经认识到了，如《说文·示部》云：“禛，以真受福也。从示，真声。”《说文》将“禛”看作形声字，而在释义时则说“以真受福也”，说明许慎意识到“真”揭示了“禛”的核心义素，我们今天叫作语源义。但是许慎只是朦胧的认识，没有明确地表达。

明确地表达是宋代的王圣美完成的。

沈括《梦溪笔谈》云：

> 王圣美治字学，演其义以为“右文”。古之字书，皆从“左文”。凡字，其类在左，其义在右。如木类，其左皆从木。所谓“右文”者，如“戋”，小也。水之小者曰“浅”，金之小者曰“钱”，歹而小者曰“残”，贝之小者曰“贱”。如此之类，皆以“戋”为义也。

“左文”“右文”的称谓反映了人们对形声字的形符和声符的表义功能的不同认识。形声字一般是形符在左，声符在右。“古之字书，皆从‘左文’”，是说字书自《说文》开始，都以形符为纲，人们一般认为和字义有关系的是左边的形符（形符大多在左边），右边的声符只是标音，故谓之“左文”。而王圣美则认为形声字中的形符只能够揭示意义的类属，而声符却能够揭示核心义素，即语源，比起形符，声符表义更准确，更有价值，故谓之“右文”。

稍后的戴侗在《六书通释》中说：

> 六书推类而用之，其义最精。昏本为日之昏，心目之昏犹日之昏也，或加心与目焉。嫁取者必以昏时，故因谓之昏，或加女焉。熏本为烟火之熏，日之将入，其色亦然，故谓之熏黄，或加日焉，帛色之赤黑者亦然，故谓之熏，或加纟与衣焉。夫岂不欲人之易也哉？然而反使学者昧于本义，故言婚者不知其为用昏时，言日曛者不知其为熏黄，言纁者不知其为赤黑。它如厉疾之厉别作疠，则无以知其为危厉之疾；厉鬼之厉别作禲，则无以知其为凶厉之鬼。梦厌之厌别作魇，则无以知其由于气之厌（壓）塞。邕且之邕别作癰，则无以知其由于气之邕底。永歌之永别作咏，则无以知其声犹水之衍永。璀粲之粲别作璨，则无以知其色犹米之精粲。惟《国语》《史记》《汉书》传写者希，故古字犹有不改者，后人类聚为《班马字类》《汉韵》等书，不过以资奇字，初未得其要领也。

戴侗所说的这些字的关系如下图所示：

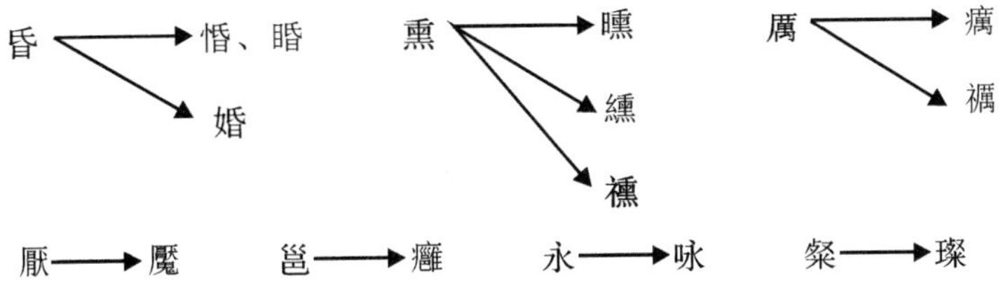

图 5－2

每一组前面的字是本字，后面的是区别字。戴侗认为本字是能够反映本义的，而区别字的主体，即声符虽然本来应该能够反映区别字的意义，但因区别字是形声字，受到“左文”的影响，人们只是把声符当作声符看待，只看到它的标音作用，看不到它的表义和示源的作用，这样人们就不知道“惛睧”是心目之昏，“婚”是昏时迎娶，“曛”是日月无光如烟熏之色等等。学者之所以昧于本义，就是因为不懂六书中以类相推的道理，不知道声符是有表义和示源作用的。这段话虽未提及“右文”，却是对“右文”最好的诠释。

段玉裁在《说文解字注》中以声为义之例甚多，如“凡从畾字皆形声兼会意”“凡字从畾声者皆有郁积之义”“珠不圜之字从幾”“凡于声字多训大”“凡从票为声者皆多取会意”“按凡从奇之字多训偏”“凡从辰之字皆有动意”“凡从皮之字皆有分析之意”“凡从非之字皆有分背之义”“凡从句者皆训曲”“凡从句之字皆曲物”“凡贲声字多训大”“凡夗声宛声字皆取委曲意”“故凡有理之字皆从力”“凡从云之字皆有回转之义”“凡从甬之字皆兴起之意”“凡光声之字多训光大”“以真为声，多取充实之意”“凡参声字多为浓重”“凡金声今声之字皆有禁制之义”“凡从兀之字多取孤高之意”“从康之字皆训为虚”“凡从多之字训大”“凡言盛之字从多”“凡叚声多有红义”“（邑）凡郁积之义从之”“凡圭声字义略相似”“凡从曾之字皆取加高之意”“凡从卑之字皆取自卑加高之意”“声之大字多从皇”“凡巠声之字皆训直而长者”等，揭示了很多声符的示义作用，功不可没。

不过段玉裁的“凡从某声者皆具某义”的说法以偏概全，授人以柄，也暴露了右文说的缺陷。既为“右文说”，就隐含着凡右文皆表义的判断。我们说“多数形声字的声符具有示义作用”，那就是还是有声符不示义的。对于王圣美从“戋”声皆以“戋”为义的说法，周秉钧在《古汉语纲要》中即已批判：“他们以为同一声符的字，意义一定相同。这种看法是显然错误的。即以从戋得声的字而论，具有小义的固然有些，不具小义的却很不少。”如“践”“饯”“諓”“棧”等字都不具小义，“可见同一声符意义相同的看法，是一种以偏概全的看法，它与客观事实不相符合。”① 不过，有些形声字的声符学者们认为没有表义作用，也未必然。如有的批评王圣美的右文说所举从“戋”得声的字都有小义的时候，认为“笺”就没有小义，其实“笺”本指古人读竹简这样的书籍的时候，用比竹简小一些的竹片所做的笔记心得之类，将其系在相关的原简上，以其小，而可与原简区别，相当今日读书之眉批。故“笺”中的“戋”亦有小义。再者，声符的意义不是单一的，由本义分化出很多意义，导致授予不同形声字的意义可能不一样；声符代表的是一个音节，一个音节代表的语词不止一个，因假借而分化出很多意义（有的有本字，有的可能无本字），也会导致同一声符授予不同形声字的意义可能不一样。关于这点，沈兼士在《右文说在训诂学上之沿革及其推阐》一文中已有论证。属于本义分化的例子如：“皮”之右文有下列意义：1. 分析义；2. 加被义；3. 倾斜义。② 属于借义分化的例子如：“非”字之右文有下列意义：1. 分违义；2. 飞扬义；3. 肥义；4. 赤义；5. 交文之编织物义。③ 因此“凡从某声者皆具某义”的说法，便犯了两个错误，一是以偏概全，认为凡声符皆表义；二是没有认识到声符表义的丰富性，认为一个声符只表示一个意义（其实段玉裁已经认识到“同一个声符可以授予不同的形声字以不同的意义”④）。因此在讨论声符表义的时候，我们必须谨慎。

---

① 周秉钧《古汉语纲要》，湖南人民出版社，1981，52—54 页。

② 沈兼士《沈兼士学术论文集·右文说在训诂学上之沿革及其推阐》，中华书局，1986，127—128。

③ 沈兼士《沈兼士学术论文集·右文说在训诂学上之沿革及其推阐》，中华书局，1986，136—138。

④ 唐生周《从〈说文解字注〉看段玉裁的声义观》，北京师范大学《励耘学刊》创刊号，2005。

（三）声符假借说

许慎和段玉裁似乎都已经意识到造字时有假借现象，如在解释“咸”字时说：“咸，皆也。悉也。从口从戌。戌，悉也。”段注：“此从戌之故，戌为悉者，同音假借之理。”谓《说文》曰“戌，悉也”，并非训戌为悉，而是说从戌者犹从悉也，从口从悉，方可会“咸”之义，而悉之为戌，是因为同音假借的原因。杨树达评段注：“谓假借得之，云同音则偶误。”[①] 戌古音在心纽物部，悉在心纽质部，虽非同音，但声母双声，物质二部可旁转，具备流转的条件，可相通假。惜段氏于声符之假借未曾言及。[②]

杨树达在《造字时有通借证》一文中对造字过程中声符借音、借义的现象进行了系统的讨论，将通借分为“音同或音近借其义”和“义同借其音”两类，在“音同或音近借其义”中又分为“见于会意字者”与“见于形声字者”两类，在“见于形声字者”中又分为“形旁”和“声旁”两类，在“声旁”中又分为三类，今摘录两则于下，以见其论之精。

> 《七篇下·疒部》云：“疫，民皆疾也。从疒，役省声。”《释名·释疾病》云：“疫，役也，言有鬼行役也。”按刘说皮傅无理，殊为可笑。余谓役与易古音同隶锡部，二字同音，从役实借为易也。易字有延易之义：《诗·大雅·皇矣》云：“施于孙子。”郑笺云：“施犹易也，延也。”《尔雅·释诂》云：“弛，易也。”郭注云：“相延易。”易与延同义，故郑以易与延解施，郭以延易为连文也。易有延易之义，故病之蔓延者亦云易。《国语·鲁语》云：“夫苦成叔家欲任两国而无大德，其不存也，亡无日矣。譬之，如疾，余恐易焉。”《后汉书·邓训传》注引《东观汉记》云：“吏士尝大病疟，转易至数十人。”转易犹今言传染也。此皆谓疾病之延易也。疾病延易，故谓之疫矣。此字足见吾先民文化之卓。[③]

杨树达认为，刘熙以“疫”得声义于“役”，言瘟疫是有鬼行役，牵强附会，实不足取，这是很有见地的。古役与易同音，声母都是余母（喻四），韵皆属于锡部。易之言延，疾病蔓延为瘟疫，确实反映瘟疫不同于寻常疾病的特点。易有延义，遇夫先生不仅提供了训诂依据，而且提供了《国语·鲁语》“譬之，如疾，如恐易焉”这

① 杨树达《积微居小学述林卷四·造字时有通借证》，中华书局，1983 年，97 页。
② 唐生周《训诂论稿》，岳麓书社，2001，115 页。
③ 杨树达《积微居小学述林卷四·造字时有通借证》，中华书局，1983 年，105 页。

样的在具体语境中表示疾病传染的用例，很有说服力。

> 《十篇下·心部》云："慈，爱也，从心，兹声。"按《礼记·礼运篇》云："父慈，子孝。"又《大学篇》云："为人父，止于慈。"许君训爱，泛言不切，切言之当云爱子。慈从兹声者，兹与子古音同，假兹为子也。①

杨树达认为，经籍中慈孝对言，孝既为子对父母之道，以"子"承"老"而组合成字，而训为"善事父母"，那么慈为父母待子之道无疑。但"兹"，《说文》训为"草木多益"，与父母待子之道绝不相关，是知"兹"为借字。古书"兹""子"常通用，慈之声符当为"子"之借，"慈"字《说文》释义过于宽泛，当训为"爱子也"。

四、省形与省声

形声字还有省形、省声的说法。省形、省声的目的是使字结构匀称美观，不至于太长或太宽。

省形，如自字，是鼻的初文，小篆作，《说文》有一个"白"字，小篆作，《说文·白部》："白，此亦自字也。省自者。"是"自"的省写，不能误解为黑白之白。习的繁体字写作習，本义为雏鸟练习飞翔，故从羽、从白，白亦声（《礼记·月令》："鹰乃学习。"）。黄天树《古文字论集·略论甲骨文中的"省形"与"省声"》指出："追溯到商代甲骨文，象人鼻形的'自'字也恰好有繁简两种写法，分别作和。是的省形。"② 又如：考，从老省，丂声；星，甲骨文是三个星星，，后加"生"成形声字，小篆作，古文作，省掉繁复的形体就成了；省（），视也。从眉（）省，从屮（屮，草木初生，种植之事，作物初生，必省视之）；归（歸），从妇（婦）省，𠂤（古文堆）声，古代谓女子出嫁曰归。

省声，如齋，从示，齊省声；桌从木，卓省声（言桌高于几也，故卓声中有义）；夜，舍也，天下休舍也，从夕，亦省声；產，生也，从生，彦省声；融，炊气上出也，从鬲，蟲省声；薅，拔除田草也，从蓐，好省声；豪，猪名，所谓豪猪，故从豕，高声，篆书作，楷书高省声；商，《说文》："，以外知内也。从㕯（同呐、讷，指语言迟钝），章省声。"

这些都是大家认同的。

关于省形、省声也有人持批判的态度，包括裘锡圭先生，既肯定省声现象的存

---

① 杨树达《积微居小学述林卷四·造字时有通借证》，中华书局，1983年，106页。

② 黄天树《古文字论集》，北京学苑出版社，2006年8月第1版，300页。

在，又对《说文》中的部分省声现象提出批评，如裘锡圭将《说文》中错误的省声说分为三类：

1. 错析字形

如“监”表示俯首在盛水的镜子里照自己的容貌，错析为“从卧，䘓省声”。

2. 把一般的声旁错认作经省略的声旁

如“咺”本当是从口，亘（xuān）声，但《说文》说是“从口，宣省声”，咺、宣都是从亘声，不当说“咺”是“宣省声”。

3. 把从甲字省声的说成从乙字省声

如《说文》说“傷”是“殤省声”，又说“殤”是“傷省声”，自相矛盾。按唐兰的说法，二者都应该是“𥏻省声”。①

何九盈《〈说文〉省声研究》认为大徐本 310 条省声中有 158 条不可信。致误的原因有四：1. 不明秦汉古音而误改；2. 因字形问题而误改；3. 因版本、传写讹误而误改；4. 许书原本有误。②

他们的批判有很多是合理的。不过，固然许慎的说法不是都可靠，但是有些怀疑者也未必就对。以“家”字为例。《说文》：“家，居也。从宀，豭省声。”这个说法很多学者认为显得主观、勉强。段玉裁注：“此字为一大疑案，豭省声读家，学者但见从豕而已，从豕之字多矣，安见其为豭省耶！”何九盈说：“段说有理。家从宀从豕，本会意字。先民养豕于家，解放前云南某些地方犹保持这种遗俗。”③ 但我们认为许慎的“豭省声”之说恐不可轻易怀疑。《说文》：“豭，牡豕也。”即公猪。古人常将女性的配偶比作公猪、公牛，《左传·定公十四年》有“娄猪艾豭”的典故，即用“娄猪”比喻求子或淫乱的女人，用“艾豭”比喻英俊的男人。又如《诗经·鄘风·柏舟》：“髧彼两髦，实维我特。”把自己心仪的小伙子叫“特”。《说文》：“特，牛父也。”牛父即公牛。“家”字的产生应该是在农业社会，家庭养殖已经开始的时候，这时候女性的社会地位降低，女孩子必须依附于男子，娘家是不能算女孩子自己的家的④，只有找到男性配偶之后才算有了自己的家，故以宀下有豭会其意，豭同时又表音。

---

① 裘锡圭《文字学概要》，商务印书馆，1996，163 页。

② 何九盈《〈说文〉省声研究》，语文研究，1991 年第 1 期。

③ 何九盈《〈说文〉省声研究》，语文研究，1991 年第 1 期。

④ 《诗经·周南·桃夭》：“之子于归，宜其室家。”归谓女子出嫁。男称妻为室，妻称夫为家。女子出嫁从此有了自己的家。

五、多形多声说

春，篆书作，《说文》云："推也。从艸，从日，艸春时生也。屯声。"（推，声训，言春推出万物。春属于昌母，古与推、屯声母相近，推与春、屯韵母为微文对转关系）。

雁（鴈），《说文》："鸟也。从隹，从人，厂声。"隹表示是鸟，大雁飞行时排成人字形，故从人。

梦（夢），篆书作，《说文》："寐而有觉也。从宀，从爿，梦声。"爿，床（牀）的初文（寤寐等字《说文》以为从省形）。

听力之听，繁体字写作聽（听本义为笑貌，音 yǐn。聽简化时借用听），篆书写作，《说文》："，聆也。从耳、悳，壬声。"悳，古德字。悳，得也，耳有所得也（善听曰聪，善视曰明，听善言以进其德，故听从悳）。聽字声符"壬"非壬癸之壬，二者区别在于中间一横的长短，篆书写作，人立于大地上，音挺，寓意挺立，是挺的初文。聽，甲骨文写作，口，发声，耳，收声。聖从耳、口，与聽同声符，善听善说，则人会变得聪明睿智（圣明）。

宝（寶），篆书写作，从宀、玉、贝，缶声。按小篆形体有三个形符，但甲骨文有写作（寊）的，从宀贝玉会意。篆书寶是在甲骨文寊字上加注声符。

有的不止一个声符，如韲，《说文》云："从韭，次、𠂔皆声。"收重文齏。齏，从韭，齊省声。朱骏声《说文通训定声》："从韭、从次会意，细切匀之有叙也。𠂔声。"

相对于多形，多声罕见。此外，还有形符与声符音近的字，如啎，从午，表示忤逆之义，吾声，而午与吾，只声调不同，皆为疑母鱼韵字，可谓两声。

六、形声在六书中的地位

形声是后起的造字法，也是最能产的造字法。汉字绝大多数是形声字，《说文》中形声字占 80%以上，现代汉语中的形声字占 90%以上。形符和声符两两组合的特点是汉字构形的基本特征，见其形符，知其意义范畴；见其声符，大致知其读音，根据声符，还可以考其古音。唐生周《训诂论稿》把形声字称为义音文字，认为形声字形与义的关系表面看起来似乎要松散一些，但实际上有时可能比指事、会意字更明确，就是因为义符能指出文字意义大的范围和类属，而声符往往是义音文字意义的载体，闻其音能知其义，形声字从语音的角度记录词，把视觉和听觉接连起来。作为区别字的义音文字，把字的本义或某一引申义区分出来，如“为”，本义为做，后又引申有“伪”的意思，伪，人为也，加注亻旁，在书面语言上与为字就有了差别性。同一声符，与不同的形符组合成一个词族，如上文提到的从冓声的形声字：遘、構、媾、溝、講、覯、篝，声符为意义之源，因形符不同，这些字的字义就具体明确了，其意义差别就不言而喻了。

第3节　转注

六书中，转注的争议最大，真可谓众说纷纭，莫衷一是。既然转注是六书之一，我们讨论六书，自然不能绕过它，所以我们有必要就历代学者对转注的理解做一个简单介绍。

一、转注的界定

许慎对转注的定义是："转注者，建类一首，同意相受，考老是也。"对于这个定义的解释，前人各执一端，见仁见智，有形转说、部首说、形声即转注说、声转说、互训说、引申说、同源说、三同说等，结论有几十种之多。

形转说由唐代裴务齐首倡，认为"考字左回，老字右转"，以形体的向背作为依据。这种说法忽略了转注的另一个重要的特点"同意相受"。

声转说是北宋张有首先提出来的，认为转注字是"转其声而读"，这是从语言的角度来讨论的，不是从造字的角度来说的，虽然从音理上说明了大部分转注字产生的缘由，但忽视了构形上的联系。如：考，老也，以老为部首，加注声符丂，固然有叠韵关系，可以说是音转，但忽视了考老二字有构形上的联系。父、爸二字也是典型的因声转而产生的转注关系，但同样有形体上的联系，如果没有形体上的联系，就不能算转注。

南唐徐锴和清代江声主部首说，认为同一部首的字都是转注字，"凡某之属皆从某"就是"同意相受"，这样转注字与形声字无以区分。

戴震和段玉裁倡互训说，认为凡是可以互训的字都是转注字。这是从训诂的角度来说的，这种说法只关注了义的联系，只是看到了相转注的字可以相互解释这一现象，没有关注形的联系，没有说明转注产生的原因。

朱骏声则认为转注字就是字义引申，他说"数字共一用者曰转注"，"就本字本训展转引申为他训者曰转注”。这是从语言的角度来说的，同样失之偏颇。只能说部分转注字是因为引申而产生的（考的老义、船与舟同义就谈不上引申）。

章太炎则有音韵转注说。认为“类”是声类，“首”是声首，即语根，“字之未造，语言先之矣，以文字代语言，各循其声，方语有殊，名义一也，其音或双声相转叠韵相迆，则为更制一字。此所谓转注也”。同一语根的字，即同源字就是转注字，说转注字的产生是因为“方语有殊”是对的，但说“双声相转叠韵相迆”者就是转注则谬，完全撇开了字形，把文字学的转注字纳入音韵学、词汇学的范畴之中。

还有梁东汉的“三同”说，认为：“转注字必须具备同部首，声音相同或相近，意义相同这三个条件，缺少一个条件就不行。”“转注字和形声字有一个共同点，那就是，转注字采用的也是标音的一形一音的结构形式。可以这样说：所有转注字都是形声字，而形声字不一定是转注字。”这种说法似是而非，认为转注字必须部首相同、声音相同或相近、意义相同是对的，但将转注字视同形声字的一部分，是抹杀了转注和形声的区别。许慎既在形声之外另列转注一类，说明转注字与形声字即使相类但必有微殊。如果将转注视同形声字的一部分，那么和部首说一样，六书中列转注类便完全是多此一举。

对转注的解释，我们采用周秉钧《古汉语纲要》的说法①。转注是一种造同义字的方法，语言中有一些同义词，需要替它制作新字，转注的方法就是适应这种需要产生的。建类一首的类应该解成比类合谊的类，就是字类；首是部首的首。建类一首是说同一字类要一其首，要统一它们的字首。同意相受是统一字首的具体方法，即授予一个同义字，也就是说用一个同义字相注释，作为它的义符。例如语言里有“lǎo”这个词，用“老”来记录它。后来有的方言里把“老”读成“丂（kǎo）”了，于是就在“丂”上注一个同义的“老”字，写成“考”。这种用同义字辗转相注的方法就叫作转注。这样，从意义上看，转注字“考”和原字“老”就形成了互训的关系。从结构上看，老表义，考表声，确乎是形声字的结构。《说文解字》在分析转注字的形体的时候也是用的与形声字相同的术语：“考，从老省，丂声。”“耆，从老省，旨声。”“耋，从老省，至声。”但是我们从转注字产生的原因和产生的过程都可以看到，转注和形声字是不一样的，它们的区别在于：转注字表义的部分与转注字是同义的关系，而一般典型的形声字中的形符与形声字的意义只是相关。如：

斧是转注字，因为斧与斤意义相同，而斯、析中也有斤，但斯、析与斤并不同义，只是相关；

眼是转注字，因为眼与目意义相同，而睹、看中也有目，但睹、看与目并不同

---

① 周秉钧《古汉语纲要》，湖南人民出版社，1981，57 页。

义，只是相关；

他如狗之于犬，鼻之于自，的之于白，船之于舟等等皆是。

因此，**转注是为某词造字时利用已有的书写符号，加注声符，造出一个新字，转注字和原字是同义字。**当然也不一定是完全同义，有的造字时意义上可能就有细小的差别，如黑与表示黑义并以黑为部首的词黯（深黑色）、黝（微青黑色）；有的后来在语言的运用过程中产生了差别，如父、爸，语体色彩变得不同。因为如果完全同义，同义字往往会失去其存在的价值而被淘汰。分工不明确而被淘汰的，如燿，《广韵》入声昔韵："燿，光也。"馠，《广韵》入声曷韵："馠，香气。"这两个转注字因与原字"光"和"香"意义上没有明确的分工而被淘汰。有分工而保留下来的，如同是从老得义的转注字耆、耄、耋都有意义的分工，《释名·释长幼》："六十曰耆。"《诗·秦风·车邻》："今者不乐，逝者其耋。"毛传："耋，老也，八十曰耋。"《礼记·曲礼上》："八十、九十曰耄。"考，原是泛指老，与老同义，这个意义后来让给了老，但考因为又获得了"长寿""死去的父亲""省察、察考"等意义而保存下来，如《诗·大雅·棫樸》："周王寿考，遐不作人。"郑玄笺："文王是时九十余矣，故云寿考。"这是长寿的意思。《礼记·曲礼下》："生曰父曰母曰妻，死曰考曰妣曰嫔。"这是称死去的父亲。"省察、察考"义今有"考察""考证"等词，后又有"考试"一词。有的转注字几乎完全取代了原字，如斧取代了斤的斧斤义；有的原字虽然保留下来了，但使用范围受到了限制，如原字舟让位于转注字船（《说文解字注》："古言舟，今言船。"），舟虽然还在使用，但一般限于书面语。

二、转注的探讨对于汉字学的意义

通过对转注本义的探讨，我们知道转注不同于形声，转注是在有了形声造字法之后，仿照形声的结构创造的与形声略有区别的一种文字结构形式，如果重其同，即文字中的一个部分与意义有关系，一个部分与声音有关系，那么转注确实可以放在形声里面；但若重其异，则转注是转注，形声是形声，不可混同，二者有本质的差异。这样，造字之法还是六书，不应该为四书。前人将转注算作用字之法，不算作造字之法，原因就在于忽略了转注与形声结构上的本质差异。

三、转注在六书中的地位

转注是先民用来造同义字的方法，使不同方言中的同义词能书之于书面，它反映了不同地域的方言文化，丰富了汉语言文字，增强了语言文字的系统性、历史传承性和地区融合性，又尽量减少了识字的负担，完善了汉字记录汉语的功能。

如前所述，根据我们的理解，形声字有三类，按产生的时间先后分为：第一类，因假借和引申而给本义、假借义或引申义加注形符造区别字而形成的早期形声字，我们谓之无意为之的形声字，这类形声字的声符与形声字的意义是完全一致的，如来和麥、羽和翌、取和娶、监和鑑等；第二类，在大量的第一类形声字的基础上悟出半形半声的规律而创造的形声字，我们谓之有意为之的形声字，如江、河等，这类形声字的形符只表示意义类属，声符很多是不表示意义的，即使表示意义也是语源义，形符和形声字、声符和形声字都不会完全同义；第三类，仿照形声字的结构形式，在某字的基础上加注声符记录意义相同声音不同的方言词（即方音异语的情况）或当代词（即古今言殊的情况。不过有时候是方音异语还是古今言殊，并不容易确定，如舟和船）而形成的形声字，这类形声字形符与形声字的意义是完全相同的。转注应该代表了文字的一种结构形式，在六书中自有它的地位，并非可有可无的。这样，许慎的六书就在一个层面上了，不必分作四体二用。

当然，以上关于转注的解释，只是继承一家之言，其中或有一些我们自己的认识，也只是在前人基础上稍作发挥而已，卑之无甚高论。现在学界普遍认为关于转注的解释尚无定论，虽然也有一些学者认为自己得到了转注的真谛。所以裘锡圭认为："这是争论了1000多年的老问题。对转注的不同解释非常多，几乎所有可能想到的解释都已经有人提出过了。在今天要想确定许慎或创立六书说者的原意，恐怕是不可能的。……我们应该把转注问题看作文字学史上已经过时的一个问题，完全没有必要再去为它花费精力。"①

① 裘锡圭《40年来文字学研究的回顾》，《语文建设》，1989，第3期。

第六章

汉字的字际关系

汉字的字际关系指的是形音义某一方面或几个方面相关联的一组字之间的关系。异体字、繁简字、古今字、同源字、通假字、同形字，都是从字际关系的角度提出的概念。① 它们或者是由于形体结构和书写形式的差异而形成的字与字之间形体上的差异，或者是由于词的分化而形成的字与字之间意义上的差异，或者是作为书写符号的临时替代或不同的时代不同的创意偶合于同一形体而形成的字与字之间的关系，等等。这些关系或同，或异，或同中有异。弄清楚这些关系，对于汉字的整理、研究以及古代书面语言的训释，都是很有必要的。

第1节　汉字字形的趋同与求异

一、汉字造字过程中的趋同原则

文字是第二语言，是人们用来书面交流思想的，是全社会使用的，社会的需求和效应都会对文字的使用自然形成制约和规范，这会促使汉字大致趋向统一。

唐兰系统论述了文字起源于图画的文字起源观。但是图画反映事物，弹性很大，有的简，有的繁；有的像，有的不像；有的从这个角度，有的从那个角度；有的这样组合，有的那样组合。每个人画出来的鸟、鹿、牛、羊、车肯定有很大的区别，但当社会需要用那些图画来记录语言的时候，就需要对这些图画进行基本的整理和规范，肯定一些，否定一些，这就是荀子所提到的："好书者众矣，而仓颉独传者一也。"仓颉作为史官就做了这个"趋同"的工作。世传仓颉造字，但一般认为仓颉并非"造字"，而只是"一"，即使之整齐划一。既然仓颉曾经"一"过，那就是说文字在创造的阶段就有一个趋同的原则，你所画的那个东西要让人们大致能够认出来，不能太离谱，至少会把那些看起来不大像的淘汰掉。你的会形表义②字也应该符合人们的思维

① 黄德宽《汉字理论丛稿·关于古代汉字字际关系的确定》，商务印书馆，2006，165页。

② "会形表义"见第三章"汉字新构型理论"第4节"十一大构形模式说"中的"会形合成"。

习惯、思维逻辑和认知水准，能让人们大致估摸出你所表达的意思。过于隐晦难晓的形体应该被淘汰掉。只是仓颉的具体的“一”字过程，我们不知其详，只能作这样一个大致的推测。这种趋同原则一直贯穿下来，直到今天。历史上和今天的历次正字运动都是趋同原则的体现。

汉字造字过程中的趋同原则是文字的社会功能决定的。

二、汉字使用过程中的别义要求

汉字是记录汉语的，它的形体、数量，都要和记录汉语的这个功能相匹配。最开始的那一批汉字肯定不能用以记录全部汉语，随着社会需求的增加，社会对汉字提出了更高的要求，为了方便、准确、完整地记录汉语，文字的形体就得增加，就得满足一定的规模，增加的途径有两种，一是新造，二是改造。“新造”是指给某一个概念造一个全新的汉字，如在女权社会有“女”字，这是当时社会的需要，到了农业社会，男子的地位提高了，就必须有反映男子权威的字，这就产生了“男（男子用力于田）”“规（夫之所见为规）”等字，这也是当时社会的需要，这是新创造的字，和其他字不构成字际关系（当然，形体上的新造不一定全都是表达新的概念，有的新造字也会和已有的字意义相同，它们构成字际关系）。“改造”是在旧形的基础上增添或改换部件以记录与旧形所记录的概念相关的概念，或者作为旧形所记录的某一个概念的专字，从而达到别义的目的，这是在规范的作用下而形成的文字的健康分化，使文字的功能越来越完善，与它所服务的语言越来越匹配，如各种分化字、孳乳字，也就是下面要详细讨论的同源字、古今字等，这是字际关系的问题。

这种使用过程的别义要求造成汉字的分化反映了汉字系统在表义的要求下所认同的求异原则。

三、汉字书写过程中的求异心理

使用汉字的是人，人是社会化的，这决定了个人在使用汉字的时候得遵守汉字相关的社会属性。但人也是个性化的，每个人都希望活出自我，期望有更多的自主性、创造性，希望引起别人的注意，希望通过自己和别人不一样的地方来彰显自己的存在。如果这种个性化最终能够成为一种社会化，得到社会和他人的认可，便是一个人的成功。在语言文字的使用上，其心理也是如此。在语言表述上，很多人都会形成自己独特的语言风格，这就形成了语言风格的多样化；而在书写汉字的时候很多人也会尽量展现自己的个性和对汉字形成自己独特的理解，这就形成了汉字书写形式的多样化。一是因为个性的张扬而形成丰富多彩的文字书写形式，如异写字，就是字的结构，即造字理据，或者说形义关系没有改变，只是字的形态、笔画的多少、部件的位置发生了改变。第一章已论述，甲骨文字中很多字的书写形式不止一种，如鸟、鹿、牛、羊、车就有数种或十数种形式，而甲骨文的时代当在仓颉之后，如果仓颉“一”字说成立，那么我们就可以这样猜测：在仓颉“一”字之后，人们书写文字的时候仍然存在着浓厚的个性化色彩，导致了甲骨文的繁简不一的特点。即使在尔后经过多次文字规范之后，在一些手写的典籍中还是能看到一些改变文字笔形的写法，而在生活气息比较强的碑志中就更多了。据齐元涛统计，隋唐五代碑志中的“焉”字就有以下十种写法：焉、焉、焉、焉、焉、焉、焉、焉、焉、焉。这些形体或是追求书法美，或者仅仅是为了追求个性化，由均衡变为不均衡，如焉、焉。有时候又有可能是由不均衡变为均衡，齐元涛总结为以下五种情况：增笔：叔（叔），减笔：性（性）、星（星），延笔：永（永）、绿（绿），变笔：影（影）、绛（绛），移笔：無（無）、失（失）。① 改变部件的位置的，如“襍”作“雜”，“棋”作“碁”，“呐”作“㕯”，等等。二是汉字的表意性质，汉字形义相关的特点，给了人们自我发挥的空间，人们可能会根据自己的理解造出一些异构字②，如宋元时期在“淚”的基础上富有创意地造出“泪”，等等。

文字的发展过程一直就是求异心理和趋同原则斗争的过程，求异导致分化，趋同导致合并。裘锡圭说：“在汉字的发展过程里，人们一方面在不断分化文字，一方面为了控制字数、简化字形（借笔画少的字代替笔画多的字），或是由于使用文字的某些习惯，又在不断合并文字。”③ “文字的合并往往以文字的分化为前提。另一方面，文字合并之后又重新分化的现象也是存在的。”④

趋同，使文字大致趋向统一，能很好地行使记录语言的社会化职能。求异则使文字形体丰富多彩，寄托更多的个性化特征和时代文化信息，尤其是不同时代的异构字，使汉字作为层叠的活化石的特点更加显著。

---

① 齐元涛《隋唐五代碑志楷书书写、构形状况论析》，《古汉语研究》，2002，第1期。

② “异写字”和“异构字”是王宁提出来的两个概念，见王宁主编《汉字学概要》，北京师范大学出版社，2001，91—96页。

③ 裘锡圭《文字学概要》，商务印书馆，1996，245页。

④ 裘锡圭《文字学概要》，商务印书馆，1996，253页。

第2节　完全同义字——异体字

一、异体字的概念

异体字是指读音、意义彼此相同，但形体不同的字。严格说来，在任何情况下都可以互换的两个或两个以上的字，才能称为异体字。但是，一般所说的异体字，往往包括只有部分用法相同的字。前者可称为狭义异体字，后者可称为部分异体字，二者合起来就是广义异体字。

二、异体字的类别

（一）造字方法不同而形成的异体字。例如：

韭（象形）——韮（形声）　　鬲（象形）——䥶（形声）

看（会意）——翰（形声）　　野（形声）——埜（会意）

昊（会意）——皞（形声）　　泪（会意）——淚（形声）

嵩（会意）——崧（形声）　　淼（会意）——渺（形声）

伞（象形）——繖（形声）　　岩（会意）——巗（形声）

灾（会意）——烖（形声）

（二）会意字偏旁不同而形成的异体字。例如：

弃——棄　　灾——災　　農——蕽　　尘——塵

𦨕——臬　　葬——塟　　明——朙　　体——躰

（三）形声字声符不同而形成的异体字。例如：

线——線　　烟——煙　　韵——韻　　鳄——鱷

蝶——蜨　　扼——搤　　啖——啗　　蚓——螾

杯——桮　　诎——謁　　勋——勳　　裤——袴

猿——猨　　酬——醻

（四）形声字形符不同而形成的异体字。例如：

歎——嘆　　唇——脣　　遍——徧　　歌——謌

溪——谿　　睹——覩　　杯——盃　　喧——諠

（五）形声字形符、声符均不同而形成的异体字。例如：

村——邨　　迹——蹟　　视——眂　　剩——賸

猿——蝯　　瓮——罋　　皓——暠　　响——響

（六）形声字形符、声符相同但位置不同而形成的异体字。例如：

裹——裡　　群——羣　　鹅——鵞　　惭——慙

够——夠　　棋——棊　　槁——稾　　崘——崙

（七）形符、声符省与不省而形成的异体字。例如：

蚊——蟁　　雷——靁　　累——纍　　桌——槕

（八）俗体字形成的异体字。例如：

耻——恥　　怪——恠　　冰——氷　　伫——佇

（九）隶变不同形成的异体字。例如：

晋——晉　　並——竝　　却——卻　　葱——蔥

三、异体字辨析

（一）异体字的分化现象。异体字在历史上是有分化的。例如，喻、谕在先秦时代是异体字，后来逐渐有了分工：比喻义用“喻”；告谕义用“谕”。这种分工被确立以后，从用字的角度来看，喻、谕就不再是异体字了。类似的还有“鸦”与“雅”、“乌”与“於”、“怡”与“怠”等。

（二）通假字与异体字。通假字与本字的本义是不同的，只是由于音同或音近的关系才用来临时记录同一个词，可见，本义的相同与否是区分异体抑或通假关系的关键。下面所举各组通用字，常常被误认为是异体字，其实，从形符的不同，应该不难辨析其通假关系。

修——脩　　游——遊　　考——攷　　雕——彫　　雕——凋

托——託　　淫——婬　　凄——悽　　御——驭　　剪——翦

但是，也有个别通假字转化为异体字的现象。例如，艸、草古音虽同，但本义却并不相同。《说文》：“艸，百卉也。”“草，草斗，栎实也。”一为百草总名，一为栎树之实。后借“草”为“艸”，另造“皁”（又变作“皂”）为栎实之“草”。由于传世古书借“草”为“艸”的现象非常普遍，且“草”的本义已不用，在实际使用过程中，“草”“艸”的义域是完全一样的，于是就把“草”“艸”视为异体字了。

第 3 节　部分同义字——古今字

一、古今字的概念

后出现的字记录先出现的兼职字的某个义项，先出现的兼职字叫古字，后出现的字叫今字，合称古今字。这里，有必要指出，所谓“古”“今”，仅仅是一个相对的概念，段玉裁《说文解字注》说得好：“古今无定时，周为古则汉为今。汉为古则晋宋为今。随时异用者，谓之古今字。”虽然我们讲的古今字与段玉裁的“古今字”不一样，但“古今”的概念则是一致的。

二、古今字形成的原因

上古时代，文字较少。很多字除了表示本义以外，还用于表示引申义、假借义等，这就形成了一字记录多词、一字身兼数职的现象。如果某一个字所承担的记词任务过重，或者所记录的几个词都是常用词，有时就难免造成混淆，增加阅读障碍。为了明确文字所记录的词，人们就另造新字，以减少兼职，这样，就形成了古今字。显然，古今字都是一种历时现象。

三、古今字的关系

（一）古今字的意义关系

1. 今字分担古字的本义。例如：

益—溢　益字甲骨文作，从水、从皿会意，本义是水溢出来。引申出富足、增加、利益等意义。后来在益的基础上又累加了一个形符“水”专司本义。

州—洲　州字的甲骨文作，像河川中陆地之形，本义是水中的陆地。后来引申作九州、州郡等。于是在州的基础上又累加了一个形符“水”专司本义。

以上是今字分担古字的本义，古字多用以表示引申义的情况。类似例子还有“奉—捧、止—趾、原—源、丞—拯、居—踞、禽—擒”等。

采—採　采字的甲骨文作，像手爪在树上采摘之形，本义是采摘。后多借作色彩用，于是在采字的基础上又累加了一个形符“手”专司本义。（简化字推行以后，又放弃了採字）。

韋—圍　韋字的甲骨文作，像足迹围城邑而转，本义是包围。后多假借为“皮韦”（熟皮）字。史载孔子读《易》“韦编三绝”，“韦编”即编联简册的熟皮绳。于是，包围的意义就另造“围”字表示。

以上是今字分担古字的本义，古字多用以表示假借义的情况。类似例子还有“其—箕、队—坠、孰—熟、县—悬、然—燃、或—域”等。

2. 今字分担古字的引申义。例如：

解—懈　解字的甲骨文作，像双手卸牛角之形，本义是分解。引申之也指人的精力分散懈怠或指人心离散不一。这个引申义后来写作“懈”，分解义仍写作“解”。

大—太　大取象于正面的人形，太是大的引申义。为求区别，大下加点而造今字“太”。

类似例子还有：“景—影、反—返、坐—座、见—现、昏—婚、赴—讣”等。

3. 今字分担古字的假借义。例如：

母—毋　母字的甲骨文作，郭沫若谓“像人乳形之意明白如画”，本义当为母亲。甲骨文、金文表示“不要”意义的否定副词多假借“母”字充任，后对其稍加改造作“毋”形以专司此义。

舍—捨　舍的本义为宾馆，假借为捨弃，故加“手”而造今字（简化字推行以后，又放弃了捨字）。

类似例子还有“胃—谓、属—嘱、辟—避、辟—僻、辟—譬、乌—呜”等。

（二）古今字的形体关系

大多数古今字在字形上有承袭关系。今字以古字为原型，一般是让使用频率高的常用词占据原型，给使用频率相对较低的词另造新字。二者在形体上的联系主要有如下几种类型：

1. 以古字为声符，另加一个形符构成今字。这样的古今字数量最多。例如“匈—胸、暴—曝、竟—境、戒—诫、道—導”等。

2. 改变古字的形符成为今字。例如“说—悦、被—披、振—赈、创—疮”等。

3. 对古字略加改造成为今字。例如“陈—阵、气—乞、不—丕、大—太、閒—間”等。

当然，也有少数由假借造成的古今字，形体上可能没有联系。例如，有无的“無”古作“亡”，后来借“無”字表示；称霸的“霸”古作“伯”，后来借“霸”表示等。

四、古今字与异体字的区别

古今字与异体字都是同一个词而具有两个（或两个以上）书写形式的现象。一般教科书多以古今字的“历时性”与异体字的“共时性”对二者进行区分。其实，这是难以彻底解决具体问题的，因为，严格地说，异体字也不乏历时现象。所以，我们认为，古今字与异体字的区别在于：表示同一个词的两个（或两个以上）字，它们的用法后来是否有分工。凡是有分工的是古今字；没有分工的是异体字。例如，韭菜的“韭”和瓜果的“果”后来都有加“艹”头的写法，就此而言，“韭—韮”与“果—菓”的关系似乎完全一样。但是，“韭”与“韮”在任何情况下都是可以互换的，用法没有分工，所以是异体字。“果”与“菓”的用法却有分工，瓜果的果可以写作“菓”，而成果、如果的果却不能写作“菓”，所以“果—菓”只能算是古今字。类似的例子还有“華—花、注—註、须—鬚、梁—樑、席—蓆”等。

第4节　源义素相同之字——同源字

一、同源字的概念

关于同源字，学术界存在两种观点。一般认为，音义相同或相近，属同一语源的字叫同源字。也就是说，同源字是同源词的表现形式。按照这种理解，同源字之间的本质联系是音近义通。也有学者指出，将同源字与同源词混而为一的理解并不妥当。他们认为，同源字所同之源，应该是字源，而非语源。因此，所谓同源字应该是指具有共同造字之源的字。它们之间的本质联系是形义的关联。

我们暂以第一种观点讲述同源字。

二、同源字产生的途径

就词汇的发展过程而言，在产生了一定数量的词汇之后，为了表示新的意义、表示新词与旧词的差别，人们就会在旧词的基础上改变读音、字形，或另造新字以记录派生出来的一组音近义通的同源词，同时，也就产生了一组同源字。

同源字的产生有两种途径①：

（一）变易。变易指一个词由于方言音变或古今音变而歧为两个以上的同义词，在书面上形成一组同源字。如：

逆—迎　　鹅—雁　　父—爸　　或—国

前两组是方言音变造成的，后两组是古今音变造成的。

（二）孳乳。孳乳是指利用旧词派生意义相关但不相同的新词，在书面上形成一组同源字。如：

---

① 孟蓬生《上古汉语同源词语音关系研究》，北京师范大学出版社，2001，15—17页。

鱼—渔　解—懈　责—债　为—伪　右—佑—祐　才—材—财

对同源现象古人早有关注。晋杨泉《物理论》："在金石曰坚，在草木曰紧，在人曰贤。"认为坚、紧、贤都从臤声，音近义通。宋代有学者专从声符来解说字义，沈括《梦溪笔谈》："王圣美治字学，演其义以为'右文'。古之字书，皆从'左文'。凡字，其类在左，其义在右。如木类，其左皆从木。所谓'右文'者，如'戋'，小也。水之小者曰'浅'，金之小者曰'钱'，歹而小者曰'残'，贝之小者曰'贱'。如此之类，皆以'戋'为义也。"后人称这类见解为"右文说"。

"右文说"便于发现语词之间的同源关系，也改变了观察词义的角度，纠正了形声字声符仅为标音符号的偏见。"右文说"的产生和发展，是中国训诂学史、语源学史、文字学史上的一件大事。它为人们认识声符、义符关系提供了一个全新的思路。当然，"右文说"也存在以偏概全之失。其一，并非是所有形声字的声符都兼有表义作用。其二，"右文说"不能顾及声符相同的所有形声字，也未能揭示同一个声符可以记录多个不同语源的现象①。

三、同源字之间的意义联系

同源字之间的意义关系可以概括为三个方面：相同，相通，相反。

（一）相同

道/路　道（定母幽部）和路（来母铎部）的本义都是道路。

终/止　二者都有终止义。终（照母侵部）的终止义是本义，止（照母之部）的终止义是引申义。

萃/集　二者都有聚集义。萃（从母物部）的聚集义是引申义，集（从母缉部）的聚集义也是引申义。

朱/赭　二者都有相同的义素。朱（照母侯部）是红心木，赭（照母鱼部）是红土。

（二）相通

豌/菀/腕/婉/琬/碗/涴/蜿，这八个字，或有圆义，或有曲义。凡物曲而首尾相

---

① 参看第五章第2节。

接则成圆，故圆、曲之义相通。

桴/蜉/莩/琈/酻/郛/孵/稃，这八个字，或有外表义，或有覆盖义。覆盖是加诸物外，故表、覆之义相通。

（三）相反

章太炎《国故论衡》："义之相对相反者，亦常由一音之变。"这些可以称之为"反义同源字"。例如：

"峣/翘/侥/铙"是一组同源字，"峣/翘"有高义，而"侥/铙"则有矮义。

"揭/碣/猲/臅"是一组同源字，"揭/碣"有高义，而"猲/臅"则有短小义。

第5节 意义完全不同而形体相同之字——同形字

一、同形字的概念

同形字是指分别为记录不同的词所造的、在形体方面完全相同的字。关于同形字，裘锡圭的观点是：“同形字的性质跟异体字正好相反。异体字的外形虽然不同，实际上只能起一个字的作用。同形字的外形虽然相同，实际上却是不同的字。”“对同形字的范围，可以有广狭不同的理解。范围最狭的同形字只包括那些分别为不同的词造的、字形偶然相同的字。”“范围最广的同形字，包括所有表示不同的词的相同字形。按照这种理解，被借字和假借字，也应该算同形字。”

二、同形字的类别

（一）共时条件下产生的同形字

共时条件下产生的同形字在甲骨文中为数不少。这种现象表明：在早期汉字里，一形多用的现象可能比较普遍。例如：

 象扫帚之形。①音 zhǒu，指扫帚。②音 fù，即妇女之“妇”。因妇女持帚洒扫为常事，故以帚为妇女之标志。

 象灼炙龟甲所出现的兆纹。①音 bǔ，用作占卜之“卜”。②音 wài，用作内外之“外”。

 象楼亭围城之形。①音 guō，“郭”字的初文（城郭）。②音 yōng，“墉”字的初文（城墙）。

（二）历时条件下产生的同形字

同形字绝大多数是历时条件下产生的。其中又可以分为如下三类。

1. 为不同的词而造的同形字。例如：

找：①音 huá，为“划”的异体字，从手、戈声。②音 zhǎo，指寻找，从手、从戈会意。

甭：①音 bà，北朝俗字以“甭”为“罢”。②音 qì，《龙龛手镜》以“甭”为“弃”。③音 béng，北方方言以“甭”表“不必，用不着”，从不、从用会意，且取其合音。

吃：①音 jī，《说文》释“吃”为“言蹇难”，即口吃之“吃”。②音 chī，即“喫”的异体字。

2. 隶变形体相混而形成的同形字。例如：

幸：①音 gù 或 niè，甲骨文作，像手铐之形，是“梏”字的初文。②音 xìng，小篆作“”，从“夭”、从“屰”会“吉而免凶”之意。两字古文字形体、造字方法判然有别，但隶变后形体混同。

亘：①音 xuān，小篆作“”，意为回旋，隶变作“亘”。②音 gèn，古文作“”，意为横贯，隶变亦作“亘”。

漯：①音 lěi，水名，源出雁门。即《说文》“”字，隶变省作“漯”（今河南有漯河市，“漯”音 luò，跟水名“漯”也是同形字）。②音 tà，水名，源出武阳。即《说文》“”字，隶变讹为“漯”（潮湿之“湿”，其繁体后来跟水名“濕”亦同形，《说文》中作“溼”）。

3. 汉字简化形成的同形字。

汉字简化，造成了一大批同形字。例如：

“僕人”的“僕”简化字作“仆”，即与“前仆后继”的“仆（pū）”同形。

“衣櫃”的“櫃”简化字作“柜”，即与“柜柳”之“柜（jǔ）”同形。

“聽見”的“聽”简化字作“听”，而《说文》中的“听（yǐn）”，本义训“笑貌”。

“勝利”的“勝”简化字作“胜”，而《说文》中的“胜（xīng）”，本义训“腥”。

类似的情况还有“蜡”“腊”“虫”“坏”“价”“机”“宁”“适”“亲”“达”“亏”“广”“厂”等。

三、同形字与同源字的区别

“同源字”“同形字”是由王力、裘锡圭分别提出的两个新概念。客观地说，目前学术界对这两个概念的理解与使用，并不统一。因为“同源字”所同之源有“语源”“字源”之争（前者的本质联系是音义，后者的本质联系是形义），而“同形字”则有广狭二义。

这里，我们只讨论第一种同源字与同形字的区别。

“同源”反映的是词汇现象，故同源字都有同一语源。有的是同时产生的；有的是先后产生的。王力指出，同源字常常是以某一概念为中心，而以语音的细微差别（或同音），同时以字形的差别，表示相近或相关的几种概念。通假字不是同源字，因为它们不是同义或义近的字。异体字也不是同源字，因为它们不是同源，而是同字，即一个字的两种或多种写法。王宁进一步指出，同源字意义相近，应该是它所记录的词的词义特点相近，因此区别了词汇意义和词源意义。

同形字不一定是同源字。同一个汉字可能记录了不同的音义，这是同形字的本质。这些字之间可能没有任何意义上的关联，例如：红色的“红（hóng）”、女红之“红（gōng）”。但是其中有部分是有意义联系的，例如朝（zhāo）、朝（cháo），传统习俗早晨起来要去朝拜君王和父母，有共同的核心意义“早晨”。这种有意义联系的同形字也是同源字。

第6节　繁简字

一、繁简字的概念

繁简字是繁体字和简化字及繁体字和简体字这两组术语共同的简称。当它作为前者的简称时，指汉字改革前的正体与汉字改革后的正体之总称。因为汉字改革所确立的正体字大多数是从古代的简体字中遴选出来的，所以叫简化字。当它作为后者的简称时，是指汉字在发展过程中由于演化，而使得同一汉字或记录同一词语的汉字在不同历史时期繁简不一的现象，它包括俗体字在内，不一定是正字。

二、繁简字的形成

繁简字的成因是多方面的，质言之，书写和辨认是其内在的推动力。书写上追求速度，当然是越简单越好，这是汉字发展的主要趋势；辨认上要求易于区分，当然是差别越大越好，这就导致汉字繁化。唐兰认为，“文字的演化，从理论上说，应该是对着简易的目标前进的，不过，有些时候，人们又觉得是繁复的好，由繁而简，由简而繁，总是跟着风气跑的”①。

作为正字意义的繁简字是怎样形成的呢？它是自下而上的约定俗成与自上而下的厘定规范双向作用所确立的，而不是向壁虚造的。简化字有汉字几千年发展积淀下的大量简体字作为自己坚实的后盾，几乎每一个字都是有来历的。简化字形成之后，与之对应的先前的正字就成了繁体字。当然，并不是每一个汉字都有繁体字与简化字之别，它们之间的对应关系也不是简单的一对一的关系。

① 唐兰《中国文字学》，上海古籍出版社，2001，113页。

三、繁简字的对应关系

繁简字从本质上讲，是异体字的一种。异体字并不都是一对一，繁简字也是这样。下面分一对一和一对多两种情况予以讨论。

（一）一对一的关系

其一，据同一个汉字演化而成的异体字。一般说来，此类字仅仅据字形而简化，无关音义，绝大多数情况是一对一的关系。主要包括：

1. 特征字。即从原繁体字中截取最有特色的一部分代替整体而成的简化字。

如：粜（糶）、声（聲）、飞（飛）、画（畫）、灭（滅）。例外：离（離），古有离，音痴。

2. 轮廓字。即简化繁体字仅保留其轮廓而成的简化字。

如：卤（鹵）、齐（齊）、奋（奮）、夺（奪）。

3. 草书楷化字。即从草书或行书楷化而成的简化字。

如：乐（樂）、东（東）、专（專）、梦（夢）、当（當）。

4. 定符替代字。即用一个无关音义的字符（定符）替代原字中的某一部分而形成的简化字。这样的定符有：又、云、乂等；这样的字有：难（難）、凤（鳳）、动（動）、层（層）、风（風）、赵（趙）、币（幣）。

其二，据音或据义而放弃或部分放弃原字另作构造。其中不少是一对一的关系，但是这类字造成一对多的可能要大于以上类型。

1. 后起形声字。

如：肤（膚）、进（進）、战（戰）。

2. 后起会意字。

如：尘（塵）、泪（淚）、炉（爐）。

3. 标音字。即声符加区别符而成的简化字。

如：华（華）、丛（叢）、义（義）。

4. 古本字。即某字繁化前的本字。

如：从（從）、网（網）。后来，它们当中不少分化为两个字，就不是一对一了。如：云（子曰诗云）、雲（乌雲）。

（二）一对多的关系

1. 同音合并字。即约定俗成的通假字。这类字没有例外，全都是一对多的关系。

如帘（簾）：酒帘字准此、窗簾准此；后（後）：前後准此、皇后准此；叶（葉）：叶韵准此、葉子准此；干（乾、乹、榦、幹）：乾净准此（“乹”是乾净字的异体、这两个字又都可以做“乾坤”字）、才幹准此、树榦准此、干戈准此。再如：医（毉、醫）、异（異）、党（黨）、邮（郵）等，这几个简化字自古就有，它的古义现在很少用了，但仍然是同音合并字。

2. 一对多的复杂情况。即以上各小类交错而造成的复杂情况。如：发（發、髮），先是据“發”的草书楷化而成“发”，又“發、髮”同音合并，所以都用“发”来表示。这样的例子还有：历（曆、歷），只是“历”属于标音字罢了。再如：坏（壞），“坏”是据“壞”的草书局部楷化来的，古时还有个用作“砖坯”的会意字“坏”，“坏”是“坯”的异体字，这样就造成了同形字。

第七章

汉字形义的联系与疏离

第1节　汉字字形与本义的关系

一、汉字字形与本义的联系

最早的汉字是按照要记录的意义来绘形的，字的形和义有密切的联系。如象形字，字形就是物体之形，象的是什么形，表达的就是什么义。如：

 所画为人的侧面形，表达的就是“rén”的意义。

 所画为一只站立着的鸟，表达的就是“niǎo”的意义。

 所画为一条鱼，表达的就是“yú”的意义。

 所画为一匹马，表达的就是“mǎ”的意义。

 所画为一棵树木，表达的就是“mù”的意义。

早期的会意字多是会形字，是一幅整体感知的图画。如：

 所画象举足涉河，表达的就是徒步过河的意义。

 所画象用刀锯将人一足砍掉或锯掉，表达的是古代的一种刑法“刖”刑。

 所画象水从器皿中溢出，表达的就是漫出的意义。

到了小篆中会形的意味减弱，会义的意味加强（当然甲骨文中也已有会义字，如）。如：

 为“水”字和“步”字的结合。

 为“肉”字和“刀”字的结合。

 为“水”字和“皿”字的结合，将“水”字横置。

通过比较可以看出，会义虽然不如会形那么明白如画，但其意义指向仍然非常明确。

指事字虽然不像象形、会形那样具有完整的图画性，也不像会义那样大多有一个意义的交汇点，但是各部分之间存在着逻辑联系，这个逻辑联系决定了意义的指向性，如“上”“下”“本”“末”等。

形声字由形符和声符组成，具有一定的表音文字性质，虽然不具备图画性，但与字义的联系仍然是很密切的。

形声字的形符可以确定文字的意义类属或范围，如从“页”的字本义往往与头有关，从“辵”的字本义往往与行走有关，从“阜（左 阝）”的字本义往往与山有关，从“邑（右 阝）”的字本义往往与城邑居住有关等等。《说文解字》从9353字中提取了540个部首，除去36个有目无字的部首，还有504个，许慎将8813个字分别归属到504个部首之下，当然分布不均，有的只有一个属字，如“古”部，只有一个属字“嘏”，有的则有数百个属字，如“水”部有四百六十七个属字。一些大的部首的属字绝大部分是形声字。对于这些形声字来讲，部首字既是部首也是形符，形符便确定了这一批字的意义类属，而声符可以确定其读音。形符从意义类属上对其意义指向给以规定，声符则对同一意义类属的字从声音的角度对其意义指向给以规定。形符犹如坐标横轴上的一个点，声符犹如纵轴上的一个点，二者的延伸线交汇处就是形声字的意义，因而其意义指向性丝毫不逊于其他三书，甚至更强。即使稍有纠缠，如偶尔同一形符的形声字同声音的可能不止一个，但由于声符往往具有示源功能，可以提示文字的义素或核心意义，可以为纵轴找到横轴上的交汇点，仍然可以甚至可以更加明确地作出意义指向。因此形声字可以与本义建立非常密切的联系。如：“曼”，《说文》：“引也。”段注引《鲁颂》毛传：“长也。”“引”即延伸展开之义，而延伸之则“长”，故二义相因。延伸则不聚于一，故从曼得声之字大都有不聚于一的特点，如慢为心志不定于一，漫为水流不沿于一，蔓为草木不止于一，墁为涂料非抹于一，幔为布帷非遮于一，谩则指语言非遵于一。这样，形符从意义类属、声符从读音和核心义素共三个方面对形声字的意义进行聚焦，其意义指向的明确性不言而喻。

二、汉字字形与本义的疏离

造字之时，形义统一的原则不容怀疑，但意义的指向性则有明确与模糊之别。上举各例是意义指向明确的例证。意义指向不明确、令人捉摸不定的也大有字在。

以历来认为意义指向最明确的象形字为例：

甲骨文犬作“”，猪作“”，二者从字形上看很难做出截然的分界。囗，古陶文作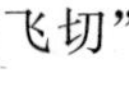，小篆作，《说文》：“回也。象回帀之形。凡囗之属皆从囗。”徐铉注音“羽飞切”，当音wéi，段注：“围绕、周围字当用此。围行而囗废矣。”徐灏《说文解字注笺》：“囗围古今字，古文盖作圆形，小篆变为方体。”《玉篇》：“囗，回也，古围

字。”都认为“囗”就是“围”字。朱骏声《说文通训定声》“囗”下云：“凡围绕匋围字，经传皆以围为之，按圆匋也，篆当作〇，古方圆本字为匚〇，围圆一声之转。”但是饶炯《说文解字部首订》则认为：“囗为方正之方最初古文，《六书分类》方下有古文囗，可证其为四方本字。”① 马叙伦则认为：“囗者，垣之初文。囗音喻纽三等，垣音亦喻三也。……垣之形既像自然物之圆形者为之，故即借以为方圆之圆。”② 同是“囗”这样一个形体，有人看出象圆，有人看出象方，有人看出象包围的围，有人看出象墙垣的垣，而且“圆”和“方”义正相反。可见其意义的指向性是很模糊的。而甲骨文中表钉子的“丁”也作囗、口，足见同一形体可表不同的意义，关键在于取象的角度。

以指事字论，“五、六、七、八、九、十”这一组以不同的交叉笔画组成的指事字③其意义指向也没有明确的规定性。又如“夭”字将大字所示人头右曲以示夭折，“夨”字将大字所示人头左曲以示倾头，为什么人头右曲是夭折，左曲是倾头呢？这些只能靠文字的社会约定性来弥补。

会意字也同样存在意义指向不明的问题。有的是作为图画理解有分歧，有的是部件拆解有分歧，有的是部件如何会意有分歧。

图画理解有分歧的，如“正”字，甲骨文作㱏、㱏，大部分学者认为是“征”的初文，“囗”象城郭，止、止为脚趾，象征人向着城郭行进。但也有人认为是人有所止，囗后来变为一横，即为正。

部件拆解有分歧的，如“叜”字的组合既可以视为又、火、宀三个部件，也可以视为又、灾两个部件。《说文》：“老也。从又从灾。阙。𡨦，籀文从寸。傁，叜或从

---

① 转引自丁福保《说文解字诂林》，中华书局，1988，6408 页。

② 马叙伦《说文解字六书疏证》四（卷十二），上海书店，1985，29—30 页。

③ 关于“九”的形义关系颇有争议。林义光认为本义当为曲（《文源》），丁山认为是肘的本字（《数名古谊》），徐中舒则认为是句（即勾）字（《甲骨文字典》）。这些也都只是猜测，并无实据。认为本义为数之名的亦不少。《说文》释为“阳之变”，《周易》中九为老阳，故《说文》认为九是数之名。朱骏声同意许慎释义，至于其形则认为：“古人造字以纪数，起于一，极于九，皆指事也。二三四为积画，余皆变化其体，无形可象，亦无意可会，于六书则指事云尔。”（《说文通训定声》）高田忠周也认为九的本义当是数名，认为九的最古文作九，七和九都是十之变，七是屈纵不屈横，九是屈横不屈纵（《古籀篇六》。按，此说有悖事理逻辑，当先有七、九，再有十，故七、九不可能是十之变）。颇值得关注的是于省吾前后有两种观点。早期认为“九字象虫（蟲）形之上曲其尾。”（《殷契骈枝全编·殷契骈枝三编·释一至十之纪数字》三二，艺文印书馆，1975，68 页），而后期则认为：“九为错画之指事字，与㐅八十九相同，并非象形。”（《甲骨文字释林·释一至十之纪数字》，中华书局，1979，99 页）“我国古文字，当自纪数字开始，纪数字乃古文字中之原始字。纪数字由一至九分为二系而五居其中，由一至四，均为积画，此一系也；由五至九，变积画为错画，此又一系也。”（同上，100 页）于省吾观点的改变，相信是他深思熟虑的结果。释九为数之名，我们就可以将一至十分为三个系列：一二三四为一个系列，以积画为之；五六七八九为一个系列，以错画为之；十（丨）为将一竖起来，独成一个系列。这样解释，十个数字的创造方法就可以纳入一个系统，即指事系统，因而释九为指事字比释九为象形字要圆润得多。

人。”正是视为又、灾两个部件的。释义为“老”，释形为“从又从灾”，便无法以形说义，许慎只好说“阙”，谓“从又从灾”何以能表“老”义，其理据不明。

即使同视为又、火、宀三个部件，这些部件如何会意也有不同的理解。一种理解是手持火把在室内搜寻，为搜之本字。故丁山《说文阙义笺》云：

> 窃以前儒说叜字者莫当于朱骏声，莫精于俞樾。朱氏之说曰“叜即搜之古文，从又持火屋下索物也，会意。为长老之称者，发声之辞，非本训。《孟子》‘王曰叜’，刘注：‘叜，长老之称，依皓首之言。皓叜，首叜俱叠韵。’刘意谓发声之辞是也。”俞氏之说曰：“因叜字借为长老之称，故又制从手之挖。夫叜即从又，而挖更从手，重复无理，故知古字止作叜也。然则尊老之称当作何字？曰叜下有重文傁即其字也。宣十三年《左传》曰‘赵傁在后’，字正作傁。《方言》曰：‘傁，尊老也，东齐鲁卫之间，凡尊老谓之傁。’杨子云多识古字，故作傁不作叜。”（《儿笘录》）由二说推之，则叜者挖之本字，非挖之古文。尊老之叜，当曰从人叜声，归诸人部。古文字少，一字辄当数字之用，叜本义挖求也，故书既通借为傁，不得不另制挖字以别于叜。许君不附挖于叜下，而以傁为叜之或体，使本借之义不别，兼失叜形矣①。

饶宗颐《殷代贞卜人物通考》也进一步坐实了这种理解：

> 叜为动词，即“搜”字。“其曰毋叜[illegible]”（《粹编》1160）即其例证。②

于省吾也认为：

> 叜即挖之本字。……按朱解叟之本义至确。然则“毋叜[illegible]”当系对某物而言，谓毋搜索已。③

一种理解是因为手持火把负责照明需要经验，工作也比较轻松，一般由老人担任，故指老人。王国维《史籀篇疏证》“叜”下：

> 案殷虚卜辞叜作[illegible]（殷虚书契卷四弟二十八九两页），罗参事谓从又持炬火在宀下，叜何以从又持炬，谊不可知。考《檀弓》，“童子隅坐而执烛”，《管子·弟子职》，“昏将举火执烛隅坐”，是周世执烛乃弟子之事，古时年老者执之，盖以

① 转引自《甲骨文字诂林》3315字，中华书局，1999，3365页。

② 转引自《甲骨文字诂林》3315字，中华书局，1999，3366页。

③ 于省吾《骈枝续编·释倬》，见《殷契骈枝全编》，艺文印书馆，1975，83—84页。

老人审慎，又非用筋力之事故与。①

仅从字形上看，我们还可以作出第三种理解，即一个人手持火把放火烧屋。与《粹编》1160片甲骨“毋叜己”相印证，则“叜”为“搜”之本字无疑。

有些字结构简单，不存在不同的拆解方法，但是意义究竟聚焦在何处，即如何会意，却有不同的理解。

如“臭”字，《说文》释曰：“禽走，臭而知其迹者，犬也。从犬从自。”徐铉曰：“自，古鼻字。犬走以鼻知臭，故从自。”按徐铉的理解，“禽走臭而知其迹者”当连读，是犬用鼻闻气味，即后来的“嗅”字，动词。段玉裁《说文解字注》：“走臭犹言逐气。犬能行路踪迹前犬之所至，于其气知之也，故其字从犬自。自者，鼻也。引伸段借为凡气息芳臭之偁。”桂馥《说文义证》：“‘禽走，臭而知其迹者，犬也’者，《玉篇》曰：‘犬逐兽走而知其迹，故字从犬。’徐铉曰：‘犬走以鼻知臭，故从自。’馥按：禽走者，野禽走逃也，走属野禽，不属犬。徐语未了。贾岱宗《大狗赋》：‘逆风长厉，野禽是觅，鼻嗅微香，眼裁轻迹。’《周礼·迹人》郑注：‘迹之言迹，知禽兽处。’馥在峄县见夜猎者放犬入山，随其后，犬臭露草知獾狸所在。”对于徐铉的解释，桂馥除了断句提出异议外，其他皆如徐。徐灏《说文解字注笺》进一步明确指出：“戴氏侗曰：‘犬能迹兽之气臭，察臭者莫如犬，故从犬自，翕鼻曰臭，别作嗅齅。灏按，此当从嗅气为本义，因之为芳臭，其后别作齅，为齅气，别作殠为臭腐。皆相承增偏旁耳。’”

文字学家大都持这个看法。但是王筠却提出了疑义，《说文释例·存疑》说：“臭下云‘禽走’者，谓田猎所逐之禽已逃走也。‘臭而知其迹’者，谓犬臭地而知禽所往之踪迹也。《斛律》：‘光臭尘而知敌之远近。’是人亦有然者矣。抑许君盖误，臭为腥臊羶香之总名，引申为恶臭（二义皆读为抽去声）。作‘嗅’字用者，乃齅之省借也。说云‘臭而知其迹’，是直以为齅字矣。齅下说云‘以鼻就臭（此用臭字本义）也’，臭齅音义皆别，盖许君以臭从犬，不得其由，故委曲说之，非本心也。献下说羹献亦是，类下说尤可见。”王筠同意大家对于现有《说文》释义的理解，但他从根本上不同意《说文》的解释，认为“许君盖误”，“许君以臭从犬，不得其由，故委曲说之，非本心也”，“臭”的本义应该是“腥臊羶香之总名”，是名词。又在《说文释例·分别文》中说：“殠为臭之分别文，许君说臭为齅，误也。古者臭为气之总名，不分美恶，故《大学》云‘恶臭’，如有殠之专字，则曰如‘恶殠气’可矣。既有殠字，则臭义广而殠义狭。”

① 王国维《王国维遗书》，上海古籍书店据商务印书馆1940年版影印，1983，10页。

王筠的说法由来有自，恐非独创。《玉篇》虽然在解释“臭”的形体时说：“犬逐兽走而知其迹，故字从犬。”然在释义时则说：“香臭之总称也。”可见顾野王对“臭”的形义关系的理解也是摇摆不定的。《广韵·宥韵》：“臭，凡气之总名。”《龙龛手镜》“臭”下曰：“香臭也。”都将“臭”释为名词。释为动词的，《五经文字》：“臭，象兽走臭而知其迹者。”《集韵·宥韵》：“臭，逐气也。禽走臭而知其迹者犬也，故从犬。”可见历代工具书的理解也不一致。

现代的几种重要的古汉语工具书中，唯有《汉语大字典》“臭”下列“闻”义为第一个义项，“气味的总称”为第二个义项。其他如《辞源》、《汉语大词典》、《古代汉语词典》（陈复华主编）、《王力古汉语字典》等皆反之。

《辞源》臭（xiù）①气味的总称。②闻。用鼻子辨别气味。

《汉语大词典》：臭（xiù）①气味。②嗅，闻。

《古代汉语词典》：臭（xiù）①气味。②用鼻子闻味。

《王力古汉语字典》：1. xiù①气味。②用鼻子闻。

《王力古汉语字典》是很重视义项的排序的，《凡例·释义》第 18 条明确说明：“义项排列的顺序。大致是：本义在前，引申义在后。……”在《序》中对《辞源》列“睡”的“睡觉”义为第一义项，“倦而闭目，打瞌睡”为第二义项提出批评说：“按，《说文》：‘睡，坐寐也。’坐寐就是坐着打盹，瞌睡。《左传》宣公二年：‘坐而假寐。’注：‘不解衣冠而睡。’‘睡’的本义是坐着打盹，应为第一义。引申为睡觉，则是后起义。”而在“臭”下将“气味”义列于前就只能说明编者认为“气味”义是本义。

一些教科书和专著论及“臭”的本义和引申义的时候也是两说并存。

王力《古代汉语·凡例》：“一七、一个词有两种意义以上者，先讲本义，再讲引申义。《说文》中所讲的本义有些是不可靠的，所以这里所讲的本义不一定跟《说文》相符。”而在常用词 181“臭”下列“气味”为第一个义项，“闻气味”为第二个义项。可见教材编写者要么认为《说文》的本义当理解为“气味”，要么认为《说文》的说解是错误的。郭锡良《古代汉语》同。

朱振家《古代汉语》于选文《五蠹》后的“选词概述”中说：“甲骨文写作 ，犬鼻嗅觉灵敏，以夸张犬鼻表示气味儿。后来词义缩小，专指难闻的气味儿。用作动词，则指闻味儿。”认为字形表达的意义为“气味”。

左民安《汉字例话》分析“臭”字的形义联系说：“（甲骨文）上部是个大鼻子（自）的形象，下边是一只头朝上，腿朝右，尾朝下的犬。看来古人早就懂得狗的嗅觉最灵敏，用鼻子和犬来会嗅味之义，很有意思。”认为本义是“嗅味”。

殷寄明《〈说文解字〉精读》认为："'臭'从自，从犬，谓以鼻嗅，犬鼻嗅觉最为灵敏，故其字从犬。"①

就词来看，"xiù"的本义或理解为动词，指闻的行为，或理解为名词，指闻到的气味，都有理据，都能成立。因为由"闻气味的行为"可以引申指"所闻之气味"，由"气味"也可以引申指"闻气味的行为"。由名词引申出相关的动词义，由动词引申出相关的名词义，是常见的语言现象。就"臭"的字形来看，从犬从自，似与"闻气味"更密切一些。

关于字形与本义疏离的问题，黄德宽有精彩的论述：

> 在汉字的构形部件中，一个方框既可以被理解为一方城邑，又可以被理解为一块田地、一领席子或一个猪圈，例如它在"邑、囿、因、圂"等字中便是如此。古文字形既可以理解为手有所执的样子，如在"埶"中；又可以理解为跪拜祈祷的样子，如在"祝"中。与此相关，甲骨文"夙"与令鼎"扬"字一方面可以理解为人在日、月之下劳作，一方面也可以理解为人对日、月的朝拜和祈祷。而后者并非于古无征，《礼记·祭法》所谓"埋少牢……王宫，祭日也；夜明，祭月也"，《尚书·尧典》所谓"寅宾出日""寅饯纳日"，正说明了古人常常祷祈、祝颂于日月。
>
> 在汉字阐释过程中，字形的多义性有时甚至表现为对同一字形的截然相反的理解。就日常经验而言，"日在茻中"（莫）、"日见地上"（旦）、"日在木上"（杲）、"日在木下"（杳）等既可以理解为对日出前后有关景象的表征，又可以理解为对日落前后有关景象的表征。人们一般认为：甲骨文"朝"字象日月同见草木之中，为朝日已出、残月尚在之象；"夙"字则为人侵月而起并执事于月下之象，其义为"早"。这些解释，显然只能说明"朝、夙"的已知意义对其字形功能的界定。实际上，二字形体与意义之间含有巨大的间隔。如果脱离语言背景和既定字义的制约，甲骨文"朝"字的字形完全可以理解为暮色苍茫之中落日尚见、月牙依稀并与草木互相掩映；"夙"字的字形则完全可以理解为日已下山，朗月当空而执事者"虽夕不休"。②

这种形与义的联系的模糊性和不确定性，使一些字的形和义的联系在人们的认识中间处于一种游离的状态，造成汉字字形与本义的疏离。

① 殷寄明《〈说文解字〉精读》，复旦大学出版社，2006，71页。

② 黄德宽《汉字理论丛稿·汉字形义关系的疏离与弥合》，商务印书馆，2006，145—148页。

第 2 节　汉字字形与引申义的关系

一、汉字字形与引申义的联系

陆宗达、王宁在《训诂方法论》中指出："只有本义才直接与字形切合，近引申义与字形的关系只能见其端倪，而远引申义与字形的关系则是模糊不清的。"说出了引申义与字形关系的一般情况。

前面提到由于"形与义的联系的模糊性和不确定性，使一些字的形和义的联系在人们的认识中间处于一种游离的状态，造成汉字字形与本义的疏离"，这种疏离有可能拉近汉字字形与引申义的距离，或者说由于字形与引申义的联系干扰了字形与本义的联系，这种情况下，字形与引申义的关系与同本义的关系同样密切。如"臭"字，有人释其本义为"闻"，有的释其本义为"气味"。又如：

雨，甲骨文作、，既可看作名词表"所下者"为"雨"，也可看作动词表"下雨"这个过程。但是作为语词，二者还是会有一个先来后到；作为文字，造字之初寄托在这个形体上的意义也应该是唯一的。但在今天看来，无论视为"所下者"为"雨"，还是视为"下雨"这个过程，与字形的联系都是同样密切。

某些与本义相对的引申义或由本义引申出来的一对相对的引申义可能与字形切合。

受，甲骨文作、，站在上面一只手的角度理解是"授予"，站在下面一只手的角度理解是"接受"。从思维规律和语义发生学来讲，当先有授予义后有接受义。然而，"接受"这个引申义同字形的联系并不比"授予"这个本义同字形的联系更疏远一些。

因，甲骨文作，徐中舒认为是丙的讹变，丙甲骨文作，象竹席形，本义即有花纹的席子，是"茵"的初文。字中间的两道花纹纵向连接就成了，就是人，

席子本就是供人坐或躺的，文字形体的这种讹变正好在另一个思维模式下形成了新的形义联系，即能供人躺的席子。“因”由席子引申出“依靠”“承袭”两个意义，而这两个意义都与字形有密切的联系。席子是供人躺在上面休息的，人躺在席子上，即甲物加在乙物之上，便是重叠，便是承受。从另一个角度讲，乙物就是甲物赖以依存的东西，故有“依靠”“依据”之义。

疾，甲骨文作，在上古“疾”有两个常见的意义，一是伤病，二是快疾。从字形看，是一支箭附着在人体之上之象，当是以箭着人体会受伤之义，因而伤病当是本义。由本义衍发，箭能伤人，其速必快，故其字形亦可会出“快疾”之义，只是这种联系需要受到本义的启发。

二、汉字字形与引申义的疏离

汉字字形与引申义联系密切的是少数，多数引申义与汉字字形是疏离的。

如“廉”，现在一般用来形容人的公正无私的优秀品质，如“廉直”“廉洁”等，其形作从广兼声。“广”本指凭借山岩构筑成的小屋，故凡从广之字均与房屋建筑有关，与人的道德品质则很难联系起来。但是“廉”的本义与字形是切合的。《说文》释廉的本义为“仄也”，段玉裁《说文解字注》：“此与廣对文，谓偪仄也。”《说文》“廣”下曰：“殿之大屋也。”段注：“土部曰：‘堂，殿也。’《仓颉篇》曰：‘殿，大堂也。’《广雅》曰：‘堂堭，合殿也。’殿谓堂无四壁。《汉书·胡建传》注：‘无四壁曰堂皇’是也。覆乎上者曰屋，无四壁而上有大覆盖。其所通者宏远矣。”“廣”为廣大宏远，“廉”则为促狭偪仄。廉为房屋基台的四边，有廉则有壁，有壁则不廣远，则偪仄。段玉裁于“廉”下又云：“堂之边曰廉，天子之堂九尺，诸侯七尺，大夫五尺，士三尺。堂边皆如其高。贾子曰‘廉远地则堂高，廉近地则堂卑’是也。”廉的特点是方、正、平直，于是人们以此为喻，把人的公正无私的品质也称“廉”。这是用了比喻修辞法而产生的引申义，其字形与字义之间的联系自然疏远隔膜了。

第3节　汉字的当代形义联系

一、汉字形义关系的可变性

汉字是表意文字，造字之初，形义之间有固定的联系，即原始形义联系。其义就是文字的本义。但是正如前面所讨论的，文字的形义联系具有模糊性和不确定性，使一些字的形和义的联系在人们的认识中间处于一种游离的状态，造成汉字字形与本义的疏离。加上后来义有引申，形有假借，字有讹变，形与义逐步疏远分离，甚至变得毫无联系。创造文字与理解文字之间本就存在着一定的距离，造字的时候，不同的人对同一个符号会有不同的理解；在文字发展的过程中，不同的时代对同一个符号也会灌注进那个时代的文化信息，或以不同的文化信息去影响字形，或以同样的字形去吸纳不同的文化信息。因此，字形和字义的联系可能随着观念的改变而发生变异，形成新的形义联系。在新的形义联系中，字形可能同样具有明确的意义指向，形义关系仍然密合无间。我们把这种新的形义联系称之为当代形义联系（这个“当代”是指文字产生之后的一个特定的历史时代，是学者所处的那个时代，如《说文》对文字的很多形义关系的阐释反映了汉代的一种认识，是一种当代形义联系；唐宋也有人对文字做出了新的形义关系的诠释，也是一种当代形义联系。犹如段玉裁解释“古今字”一样，“古今无定时，周为古则汉为今。汉为古则晋宋为今。随时异用者，谓之古今字”。“当代”亦“随时异用”）。①

二、当代形义联系的几种情形

1. 字形未变，通过改变字形的结构模式而进行新的形义说解，赋文字以新义，形

① 唐生周《文字的变异义略说》，《北京师范大学学报》，2001，第2期。

成当代形义联系。如：

罪　《说文》：“捕鱼竹网。从网、非，秦以罪为辠字。”段注作“从网非声”，并注曰：“本形声之字，始皇改为会意字也。”段说是，做渔网讲当是形声字，因“非”无义可取。秦始皇因辠似皇而下令废除辠字而以罪代之，当然原因之一是罪辠同音，但当时与辠同音者还有字在，何以独以罪代之，盖因罪之形义关系具有变异的可能性。以会意释“罪”，从网从非，网即法网，非即违法行为、违法分子。违法行为或违法分子落入法网，便是治罪，正与“辠”从自从辛，以刑具“辛”对“自（鼻）”施刑取意相同，因而形成一种当代形义联系。故以“罪”代“辠”，便有了充分的理据。

2. 字形未变，也不改变文字的结构模式，而是从不同的角度建立形义的联系，赋文字以新义，形成当代形义联系。如：

隻　甲骨文作，象捕鸟在手之形，即猎获的“獲”字，后来因语词中有作量词的 zhī、shuāng 等词，需要为其造字，人们便对“隻”的形义关系做出新的诠释，即又持一隹曰隻。以此类推，又造出“雙”字，即又持二隹曰“雙”。“隻”作“猎获”讲时重在强调“手中有鸟”，这是原始形义联系，而作量词讲时重在强调“手持一隹”，这是当代形义联系。《说文》释为“鸟一枚也”，正是解释的当代形义联系。

裘锡圭把用猎获的“隻”来表量词“zhī”这种情形叫作“形借”，即“只取被借字的形而不管它原来的音义”①，因而归入同形字②。视为同形字是可以的，叫作“形借”则会引起概念的不清晰。讲“形借”是为了区别于假借，假借是音同，但同时也借了形体，可以说是“音借＋形借”，只是借字的形体与所要记录的意义没有关系。同形字中的“形借”应该是形同，不过这个“形同”与假借的形同是不一样的，“隻”的形体与意义是有关系的，用“隻”表“zhī”的时候，叫作“形借”就抹杀了人们赋予“隻”的特殊的形义关系，而与假借的“形借”混同。

3. 字形未变，只是因为字形与客观事物具有某种相似性而附文字以新义，而形成一种特殊的形义关系。如：

丙　字形甲骨文作、，金文作、，本义不明，《说文》：“位南方，万物成，炳然。阴气初起，阳气将亏。从一入冂。一者，阳也。丙承乙，象人肩。”《说文》的说法学者们一般不予采信，一般认为本义指十大天干的第三位。而梁东汉《新编说文解字》认为：“丙盖蚌之象形……丙、鲆古今字。鲆、蚌古今字。《说文》鱼部‘鲆’下云：‘蚌也。’读兵永切，与‘丙’音义皆同。许谓‘从一、入、冂’，不可信。前人或谓丙‘象人肩’，或谓‘象鱼尾’，或谓古‘炳’字，皆不确。”梁东汉明

① 裘锡圭《文字学概要》，商务印书馆，1996，124—125 页。

② 裘锡圭《文字学概要》，商务印书馆，1996，209 页。

确说了古人说本义“象鱼尾”不确，但《尔雅·释鱼》有“鱼尾谓之丙”的说法，那么丙字的鱼尾义是怎么来的呢？郝懿行《尔雅义疏》有解：“鱼尾歧与燕尾同状，如篆书丙字。”原来是因“丙”的字形的下部象鱼尾，故赋予其鱼尾义。后又引申为结尾。清李渔《窥词管见》：“诗词之丙，好句原难。”说明词义的产生有时候可能会受文字形体的影响。字义和字形形成一种特殊的形义联系，也是一种当代形义联系。

4. 字形讹变，依据讹变之后的文字形体进行形义诠释，形成当代形义联系。如：

公　甲骨文作、，上象瓮口，下为瓮底，为大瓮之象形，其后以为王公之称，继而以为公私之称，字形亦变为，于是《说文》根据新的意义进行新的形义诠释：“平分也。从八，从厶。八犹背也。韩非曰：‘背厶为公。’”“背私为公”就是根据讹变的形体建立起来的当代形义联系。

西　《说文》：“鸟在巢上。象形。日在西方而鸟栖，故因以为东西之西。”甲骨文作、、、、，金文作、，唐兰认为即囟字，即甾字，皆借来表示东西之西字。小篆作者，当属讹变。许慎据小篆作出“鸟在巢上”的诠释，正是一种当代形义联系。

東　《说文》：“动也。从木。官溥说，从日在木中。”所释非原始义。甲骨文作、、等，“象橐中实物以绳约括两端之形，为橐之初文。”① 本不从木从日，后因借橐之形以表“东方”之义。而橐之取象与日之取象颇似，“东方”之义又已成为常用义，故后人便以其形牵合于义，之形变异为“从日在木中”，作。形成一种当代形义联系。

5. 不同的时代不同的创意可能偶合于同一形体而形成不同的形义联系，早期的是原始形义联系，后面形成的是当代形义联系。如“姥”，《广韵》上声姥韵：“姥，老母，或作姆，女师也。”可以指老妇人、母亲、以妇道教人的女教师等等，读音为mǔ，基本的意义是老的女人，是个会意字。后来用以表外祖母，读音为lǎo，是个形声字，外祖婆必老，故老兼表义。这种情况与“隻”表“只”的意思情形相似。只是“隻”表“只”是人们知道“隻”的本义和本音而赋予了它一个与本义本音完全无关的新的音义，而姥则可能是人们在不知道原来有读mǔ音的姥字的情形下而创造了读lǎo音的姥字，这样，姥就有了一个与原来的音义都没有关系的新的音义，“姥”字也就产生了一种当代形义联系。

6. 因为不同的语源形成不同的形义联系。如：

椅　有两个意义，一个是木名，一个是家具名，即椅子。下面我们分别讨论这两

① 徐中舒主编《甲骨文字典》，四川辞书出版社，1989。

个意义的语源。

①木名，音 yī。《说文》："椅，梓也。从木，奇声。"《说文》以"梓"释"椅"，是浑言，析言则有别。《诗·卫风·定之方中》："树之榛栗，椅桐梓漆，爰伐琴瑟。"毛传："椅，梓属。"可见，椅是梓一类的树木，但与梓有细微的区别。据《埤雅·释木》记载："梓，旧说椅即是梓，梓即是楸，盖楸之疏理而白色者为梓，梓实桐皮为椅。其实两木大类同而小别也。今呼牡丹谓之花王，梓为木王，盖木莫良于梓。"梓木轻软耐朽，是古代家具、琴瑟和棺木的首选材料。因其名贵，故常植于住宅前后，《诗·小雅·小弁》："维桑与梓，必恭敬止。"而李时珍《本草纲目·木部·梓》："梓，时珍曰：梓木处处有之，有三种，木理白者为梓；赤者为楸；梓之美文者为椅。"梓木已然是良木，而由"梓之美文者为椅"可知，"椅"不仅有梓之质，更有梓所没有的"美文"，我们有理由推想，"椅"字之所以以奇为声，更准确地说，椅命名之时之所以与"奇"同音，是因为其木质优形美，声符"奇"揭示了语源。

②椅子，音 yǐ。我国古代席地而坐，后有椅（最晚当在南唐时就有了椅子，南唐《韩熙载夜宴图》中即有靠背大椅），以其可以倚靠，命名为倚，椅子的得名是因为能够倚靠，故音倚，并写作倚，宋代才依据其材质造了椅，正好与表木名的椅（yī）同形。椅（yǐ）字的结构当是从木，从倚省，倚亦声。

椅（yī）的语源是"奇特""优异"，椅（yǐ）的语源是"倚靠"。从构形看，椅（yī）从奇得声，椅（yǐ）从倚得声，而"倚"亦从奇得声。不同的语源都与"奇"建立了联系。

椅（yī）的形义关系形成于前，叫原始形义联系；椅（yǐ）的形义关系形成于后，叫当代形义联系。

原始形义联系只有一个，但当代形义联系可以有几个。原因是文字形体的讹变或人们对文字形体的认知会分出阶段，人们可能根据这种讹变的形体或不同阶段的认知建立起不同的形义联系，其中不排除猎奇和武断，因而这些形义联系有的是可取的，有的是不可取的。如《说文》对"公""西"所建立的当代形义联系是可取的，但有些字的解释则是不可取的，如对"爲"的解释。原始形义联系原则上只能有一个，但因为时代久远，很多中间环节缺失而不能还原，导致原始形义联系的解释如射覆然。

三、关于当代形义联系的称谓

文字的这种当代形义联系，王宁叫作"理据重构"，认为"形体因书写而变异不能与意义统一时，在使用者表意意识的驱使下，会重新寻求构意去与它的新形切合，或附会它的意义去重新设计它的构形”①。

形体是汉字的本体。任何一个汉字都必须依托形体才能付诸视觉。印刷术发明之前，汉字都是手写的，书手不同，往往字形各异；印刷术的发明，固然对汉字书写规范起到了促进作用，但仍然无法阻止书写变异的发生。比如我们在阅读宋代印刷的书籍时，便会经常见到写法不同的字形。汉字的形体变异到一定程度，就会使原先的构形理据受到破坏，后来的汉字使用者则“会重新寻求构意去与它的新形切合，或附会它的意义去重新设计它的构形”。

我们叫作“当代形义联系”，是为了与“原始形义联系”形成呼应，既是对立，也是传承。文字的形体在演变，文字的意义在发展，文字的形义关系也在悄然发生变化，是事理之必然。我们不应该只承认原始形义联系，而不承认当代形义联系，那样就抹杀了汉字作为层叠的文化活化石的意义。

① 王宁《汉字构形学讲座》，上海教育出版社，2002，26页。

第八章

汉字的性质、特点及地位

第1节　汉字的性质

研究汉字的性质，就是要弄清汉字属于哪一种文字类型。这个问题是西方语言学传入后才提出的。

一、国外语言学家关于汉字性质的讨论

1. 一个谱系下的汉字

关于汉字的性质，国外学者多在讨论文字的发展演变时提及。一般都将汉字与拼音文字放在同一个谱系下讨论。

世界文字类型一般认为是美国文字学家泰勒在1899年提出来的。詹鄞鑫说："泰勒说人类文字的发展经过了五个阶段：图画、图像标记、表言符号、表音节符号、表字母符号，其中前两种属于表意文字，后两种属于表音文字，中间一种兼属两者。他把汉字归为象形字、会意字、表言的表音字，说这些东西的混合是'最显著的例子，说明一种文字系统从来没有超越过最初级的习俗化的图画文字的残留'。所谓'表言符号'，指的是以汉字为代表的符号，于是，泰勒的模式就可以简化为'图画文字——表意文字——表音文字'这种模式。"①

泰勒之后有很多学者发表了类似的观点。

1920年英国历史学家韦尔斯（H. G. Wells）的《世界史纲——生物和人类的简明史》出版②。韦氏把文字分成三类，即象形文字、音节文字和字母文字。三类实际上也就是三级。韦尔斯把所有记事图画和符号等原始文字都叫作象形文字，而汉字即归

① 詹鄞鑫《关于汉字性质的几个问题》，见詹鄞鑫《华夏考——詹鄞鑫文字训诂论集》，中华书局，2006，28页。

② 英韦尔斯（H. G. Wells）《世界史纲——生物和人类的简明史》，吴文藻、谢冰心、费孝通等译，广西师范大学出版社，1920，165—170页。

入此类，“在有真正的文字以前，先有象形文字。就像现在的美洲印第安人、布须曼人和世界各地的野蛮的、未开化的民族还在使用的文字那样。……从这些象形符号到中国汉字的最初成分相距不太远。”“把这些象形字缀合在一起表示了另一层次的观念。例如，把表示嘴的象形字和表示蒸汽的象形字合在一起就成了‘言’字。从这样的缀合转化而成所谓的会意文字，如‘言’和‘舌’的符号合而为‘话’；‘宀’（屋顶）和‘豕’（猪）的符号合而为‘家’。”“中国人不久就发现，有许多象形字和会意字也能用来表达那些不那么便于画图但声音相同的其他观念。这样的字称作‘谐音字’。”

这样用的字称作谐音字，例如“方”这个音不仅表示船的意思，还表示“一个地方”“纺纱”“香味”“问讯”，以及若干其他意思，都按上下文而定。但是，一只船虽然容易画图，大多数的其他意义都是无法描画的。我们怎能画出“香味”和“问讯”呢？因此，中国汉人用同一符号表达“方”的所有这些意思，但是对每一个意思另加一种各不相同的符号，即限定符号，用以说明所想要表示的是哪一种意思的“方”。表明“地方”的“坊”，用表示船的共同符号“方”加上限定符号“土”；表示纺纱成线的“纺”，用共同符号“方”加限定符号“纟”；表示问讯的“访”，用共同符号“方”加限定符号“言”，如此等等。

这里可以明显看到，中国汉文是一套非常特殊而又复杂的符号文字。有大量的字需要记住，而且必须习惯于它们的用法。它所具有的表达思想和议论的能力，至今还不能拿西方的标准来计量。但是，我们可以怀疑，用这种工具是否能够造成像西方文明里的较为简单和较为迅速的字母所能做到的这种广大的共同意识状态。在中国，文字造就了一个特殊的读书人阶级，也就是官吏。他们也就是统治和官僚阶级。他们的注意力必须集中于文字和古典文学格式，胜过集中于思想和现实；尽管中国相当太平，它的人民的个人智慧很高，但它的社会和经济发展，看来却因此受到了很大的阻碍。中国之所以在许多世纪中一直是个勤劳的但缺乏进取心的广袤地区，而不是世界上首屈一指的强国，大概就是由于它的语言和文字的复杂，而不是由于任何别的可以想象到的原因。

中国人的智力就这样为自己缔造了一种工具，可能它的结构过于精细，用法过于麻烦，格式又过于死板，以致不能适应近代所需的简单、迅速、准确和明晰的交流。与此同时，西方正在兴起的文明却沿着不同的而从整体来说比较方便的途径，从事解决文字记载的问题。中国人没有想去改进他们的字体，使它敏捷而又简易，而环境也使他们不必那样做。

韦尔斯认为苏美尔人后来将同样是象形文字的楔形文字发展为一种音节文字，“他们很快就赶上了中国的象形字、会意字和谐音字，并且超过了它们”。“不久，当闪米特人征服了苏美尔人的时候，便把这种音节体系适用到自己的语言里去了，所以，这种文字就整个变成了一符一音的文字。……但它并不是字母文字，而是音节文字。”“但是与此同时，在埃及和地中海海岸上还有另一种文字体系在发展。它大概萌芽于埃及僧侣的象形文字（神圣文字）。这种象形文字也照例部分地成为音符体系。正如从埃及碑文上所见到的那样，这种神秘符号的文字是由富于装饰性的但僵硬而复杂的形式组成的。因此埃及僧侣在写信和开药方等的时候都使用一种大为简化而又流利的字体，即僧侣草书。”

与这种僧侣草书同时兴起的另一种字体，部分起源于神圣文字，现在已经失传。埃及以外的地中海各民族，如腓尼基人、利比亚人、吕底亚人、克里特人和克尔特——伊比利亚人接受了这种文字并在商业上使用了它。它的一些字母借自后期的楔形文字，这种混合文字在外国人手里，可以说是无源之水，几乎失去了自己早期象形文字的一切痕迹。它已不再是象形文字或会意文字，而完全变成了一套纯粹音符体系的字母。

这类字母在地中海一带有好几种，彼此大不相同。可以指出，腓尼基人的字母（也许还有其他的）省略掉了元音。可能他们发辅音时很重，元音则含糊不清，据说，阿拉伯南部的部落现在也还是这样。也很可能腓尼基人起初不是把他们的字母用来书写完整的词，而只是在账本和符木上记下所用词的第一个字母。

在《伊利亚特》时代很久以后，这些地中海的字母中有一种传到了希腊，希腊人就马上开始用它来表达自己那高度发展的雅利安语言的清晰而又优美的语音。那种字母起初只有辅音，希腊人给它加上了元音。他们开始为记事而书写，助长并固定了他们的诗歌传统。书面文学就这样开始了，小溪泛流而成为洪水。

由此看来，韦尔斯认为文字是起源于象形文字，由象形文字再发展为会意字、谐音字，但仍属于象形文字阶段；音节文字是在象形文字基础上发展起来的，因而优于象形文字；字母文字是受到音节文字中字母的启发而创造出来的文字，是高级阶段的文字。韦尔斯用这样的逻辑制作了文字发展的谱系，认为汉字是原始的落后的文字，将汉字打入了最底层。

美国结构主义语言学流派的创始人布龙菲尔德在他的划时代的语言学著作《语言论》中，认为文字的发展可分为五个阶段：

原始的记事图画——图画文字（象形文字）——表意文字（表词文字）——

音节文字——字母文字（音位文字）①

这个观点对中国的学者影响极大。何丹这样总结布龙菲尔德的文字观：

根据布龙菲尔德的“猜测”，文字的发生发展过程，大致可分为三个阶段：第一阶段，是一种趋于固定的图画形式，“同语言形式没有固定的联系”，所以，只是“一个或一套固定的标记”；然后通过图画形式与“不定”的语段发生了联系的“过渡期间”，进入第二阶段，即“用一个符号代表口语里的每个词”的阶段。布龙菲尔德认为“这样的文字体系就是所谓表意文字”——不过，为了避免“误会”，他改用“词文字”这一术语来称呼；第三阶段，“字符……代表语音形式”，先是形成音节文字，后通过古希腊人所作的“决定性的改变”，“终于实现了音位的或字母的文字原则——用一个符号代表一个音位的原则”，成为音位文字。布龙菲尔德以上的论述，被后人归纳为“表形→表意→表音”的人类文字的发展进化模式。②

布龙菲尔德认为汉字属于表意文字阶段，认为汉字“学习读和写的劳力也是够艰巨的”，不过布龙菲尔德也承认：“这种体系却也有很大的优点：就是字符并不受语言形象的约束。汉族人民讲好多互相听不懂的方言，但是在书写和印刷方面，他们遵循一定的词汇和词序习惯，这样就能互相看懂彼此所写的东西，并且，经过一番训练，也能阅读他们的古代文学作品了。”③ 这等于首次肯定了汉字具有跨越时间和空间的功能。但总的来说，他认为表意文字是低级阶段的文字，字母文字是高级阶段的文字，因而他同样认为汉字是落后文字。

《简明不列颠百科全书》“文字”词条下称汉字为“词符·音节文字”，在描述文字发展阶段的时候，同样将汉字列入真正的文字中的初级阶段或谓低级形态，而字母文字则是高级阶段或高级形态：“文字在漫长的历史过程中，由原始的表意符号发展为完整的文字，遵循着由词符文字、音节文字、字母文字这个唯一的顺序。”认为“如果不考虑文字演变中最重要的时间因素，而用另一种类型学的术语来重新阐述，则可说存在着三种主要的符号类型：1. 表意符号。这是早期视觉交际的特点，但现代的所谓原始社会采用的交际系统和充分发展的文字的某些方面，都证实有表意符号的存在；研究表意符号学科是准文字学科。2. 表音符号。指充分发展的文字符号，和语

---

① 布龙菲尔德《语言论》，商务印书馆，1997，355—373 页。

② 何丹《图画文字说与人类文字的起源——关于人类文字起源模式重构的研究》，中国社会科学出版社，2003，36—37 页。

③ 布龙菲尔德《语言论》，商务印书馆，1997，361 页。

言符号大体对应；研究表音符号的学科是字符学。3．辅助符号。指一般书写符号以外的补充手段，如标点符号，以及书写符号的不同形状和不同字体（楷体、斜体、大写、小写等）。研究辅助符号的学科是辅助字符学。”① 汉字显然不能说是表音符号，那么就只能算“准文字”，即还不是真正的“充分发展的文字符号”，研究汉字的学科也只能是“准文字学”。

《语言与语言学词典》WRITING 条下解释：“最早的书写符号是图画似的东西，以图画文字的形式传送信息，描述或记录发生的事件。最早的、完整的文字系统由代表词的词符（Logogram）组成，如埃及的象形文字或中国的汉字；下一个阶段是代表音节的抽象符号，如美索不达米亚的楔形文字，闪米特语西支诸语言的音节文字（Syllabary），日语的假名；最后是字母文字阶段，人类语言的各个语音由称作字母（Letter）的语音符号表示。”②。

苏联语言学家契科巴瓦在《语言学概论》一书中说：“历史上应用来做文字的有下面三种重大不同的原则：（一）文字表示出它所要指的事物和动作。这就是图画文字的原则。这种文字的符号就叫做图画字。（二）文字表达出概念，不管这些概念叫什么名称。这就是表意文字的原则。表意文字的符号叫做表意字。（三）文字在词的某种形式中表达出事物和现象的名称，而且在词的形式里，个别的符号可能表示出构成词的整个音节，或者表示出词的声音：或是部分的（只有辅音!）或是全部的（既有辅音，又有元音）。在这一切的情况下，文字不是根据它所要指的事物，也不是根据相当于这些事物的概念，而是根据词——名称而形成的。这在本质上是新的原则；它可以称为表音文字。这三个原则反映出文字发展的三个阶段。图画文字是最早的，表意文字是随后的阶段，而词的形式是最晚的现象。”③

苏联语言学家伊斯特林在他的《文字的产生和发展》一书中说：“很早以来就确定了把文字体系分为三种类型的传统分类法，这三种类型传统上称为‘图画文字’、‘表意文字’（又名‘象形文字’）和‘表音文字’；最后一种有时还分为‘音节文字’和‘字母－音素文字’（又名‘字母文字’）。”④

这就是传统的文字发展三阶段论，这些学者们对汉字、汉语知之甚少，对汉字、汉语的适配关系知之甚少，将汉字与表音文字强行放在同一个谱系中来讨论，抹杀了汉字的许多特有的属性，从而认定汉字是与原始记事图画属于同一阶段的原始的落后

① 简明大不列颠百科全书编辑部《简明大不列颠百科全书》第8册，中国大百科全书出版社，1995，270页。

② ［英国］R. R. K. 哈特曼、F. C. 斯托克《语言与语言学词典》，黄长著等译，上海辞书出版社，1981。

③ ［苏联］契科巴瓦《语言学概论》，高等教育出版社，1954，164页。

④ ［苏联］伊斯特林《文字的产生和发展》，北京大学出版社，1987，24页。

的文字，显然是错误的。其实在西方也并不全是一种声音。

2. 自成体系的汉字

语言学结构主义理论的创始人索绪尔在《普通语言学教程》中将人类的文字分为两大体系，一是表意体系，一是“通常所说的表音体系”。对“表意体系”文字是这样描述的：“一个词只用一个符号表示，而这个符号却与词赖以构成的声音无关。这个符号和整个词发生关系，因此也就间接地和它所表达的观念发生关系。这种体系的典范例子就是汉字。”

“对汉人来说，表意字和口说的词都是观念的符号；在他们看来，文字就是第二语言。在谈话中，如果有两个口说的词发音相同，他们有时就求助于书写的词来说明他们的思想。但是这种代替因为可能是绝对的，所以不致像在我们的文字里那样引起令人烦恼的后果。汉语各种方言表示同一观念的词都可以用相同的书写符号。”①

索绪尔没有将表意文字和表音文字放在同一个谱系下讨论，而是看作各自独立的体系，这个见解是十分明智的，因为“我们至今没有见到足以表明两者属于两个相衔接的发展阶段的考察报告和科学论证”②。

二、国内语言学家关于汉字性质的讨论

上世纪的中国学者大都接受了“文字发展三阶段论”。下面三种工具书对“文字”的释义，颇具代表性：

《辞海·语言文字分册》：文字有表形文字（笔者按：即象形文字）、表意文字、表音文字，这三种类型标志着文字发展的三个不同阶段。表音文字最便于人们学习和使用。③

《简明语言学词典》：文字的发展大致经历了三个阶段：图画文字、表意文字和表音文字。图画文字是最原始的文字，表意文字是从图画文字发展而来的，表音文字又是表意文字进一步发展的结果。④

中国最有影响的《中国大百科全书》中的《语言文字卷》这样解释：“名副其实的文字有 3 种主要类型。词符与音节符并用的文字、音节文字和字母文字。这 3 种类

① 索绪尔《普通语言学教程》，中华书局，1999，50—51 页。

② 詹鄞鑫《20 世纪汉字性质问题研究评述》，《华东师范大学学报》（哲学社会科学版），2004，第 3 期。

③ 辞海编辑委员会《辞海·语言文字分册》，上海辞书出版社，1978。

④ 王今铮等《简明语言学词典》，内蒙古人民出版社，1985。

型代表文字发展的 3 个阶段。”①

前两家都认为汉字是表意文字，第三家认为汉字是词符与音节符并用的文字，都认为汉字是落后于表音文字或谓字母文字的。

当然也不是没有不同的声音，但多不能脱“三段论”的影响。如：

钱玄同 1923 年发表了《汉字革命》一文，认为：“汉字的变迁，由象形而变为表意，由表意而变为表音。表音的假借字和拼音文字，只差了一间。”② 钱玄同不认为汉字仍处于表意阶段，认为已经有了表音的因素，但钱玄同的目的并不是想提高汉字的地位以维持汉字的绵延，恰恰相反，是借用典型的文字发展三阶段论来分析汉字，旨在说明汉字是完全可以走上拼音化道路的，为汉字“只差了一间”而未能走上拼音化道路扼腕。

50 年代，周有光在认为“世界文字的发展规律是什么？只有一句话：表形、表意到表音”③ 的前提下提出汉字不是表意文字，而是“综合运用表意兼表音两种表达方法”的“意音文字”。立论的主要根据是“表意兼表音的形声字成为全部文字的主体”，“形声字是音符（声旁）和表示意义范畴的类符（形旁、部首）的结合”。意音文字的提法只不过是在字母文字或表音文字是高级文字的理论框架之下，想尽力提高汉字的地位而已。西方学者说表音文字是高级文字，现在我们的汉字也表音，与先进的表音文字又靠近了一点，总不是落后文字了吧？尽管周有光将汉字提升为意音文字，但在他的文字演进谱系中，仍然落后于表音文字：“文字制度的演进包括形意文字、意音文字、拼音文字三个阶段。汉字是一种意音制度的文字。”“任何一种语言，如果它的文字符号是繁难的，迟早要发展为简易；如果它的文字是意音制度，迟早要发展为拼音。这是落后让位于先进的规律，决不因为语言特点和社会习惯的不同而有例外。”④ 可见，周有光认为汉字是意音文字的目的与钱玄同并无二致。

吕叔湘也有类似的表述：“总而言之，文字的演变是经过表意（象形字及由象形字变成的表意字都是按表意原则来创造的），意音（以音符意符配合的字为主体，还有一些独立的表意字及不规则的表音字也同时存在）两阶段而达到纯粹的表音的。”⑤

“汉字改革的前途是朝着拼音文字前进的。因为从表意到表音是文字演进的自然趋势，而今天世界各国的文字几乎全是拼音文字，国内有文字的各兄弟民族也都采用

① 中国大百科全书总编辑委员会《语言文字》编辑委员会《中国大百科全书·语言文字卷》，中国大百科全书出版社编辑部，1988，400 页。

② 钱玄同《钱玄同文集》第三集，中国人民大学出版社，1999，73 页。

③ 周有光《关于比较文字学研究》，《中国语文》，2000，第 5 期。

④ 周有光《文字演进的一般规律》，《中国语文》，1957，第 7 期。

⑤ 吕叔湘《语言和文字》，见《吕叔湘全集》6，辽宁教育出版社，2002，56 页。

了拼音文字。现在汉字注音既然采用了国际字母，将来经过一段时期的实验、研究，完全有可能逐步发展为拼音文字。”①

学界将“三段论”视为金科玉律，而按照“三段论”的说法，表意文字被视为落后文字，故学者们一谈到汉字的性质，就觉得气短了一截，于是学者们从两个方面为汉字张本，一是对“三阶段论”进行修正，二是千方百计提高汉字的层次。

对三阶段论进行修正的，如梁东汉《汉字的结构及其流变》：“表意、音节、音素三个类型反映了文字发展的三个阶段，但是发展的先后并不意味着它们之间有落后和先进的区别。”② 一是对三种文字类型的表述不一样了；二是，而且是最主要的，认为“发展的先后并不意味着它们之间有落后和先进的区别”，结论显得苍白无力。

提高汉字的层次的，如80年代初姚孝遂将汉字提升到了表音文字阶段。他指出：“就甲骨文字的整个体系来说，就它的发展阶段来说，就它的根本功能和作用来说，它的每一个符号都有固定的读音，完全是属于表音文字的体系，已经发展到了表音文字的阶段。其根本功能不是通过这些符号形象本身来表达概念的，把它说成是表意文字是错误的。”③ 但是这种说法在理论上显然是说不过去的。

也有一批有识之士不着“三阶段论”的道，而是另辟蹊径，讨论汉字的性质。

赵元任在《语言问题》一书中说：“中国文字跟西洋文字的比较，有一个很通行的一个通俗的说法，说中国文字是标义，西洋文字是标音的。其实中国文字也未始不标音，字母文字也未始不标义。……其实么，两方面都有。外国文字也标义，中国文字也标音。那种通俗的观点所忽略的要点就是：在两种文字的体系里，音义都有关系，音也有关系，义也有关系。”④ 这里所谓“通俗的观点”盖指“文字发展三阶段论”，“两种文字的体系”当指“表意文字体系”和“表音文字体系”，赵元任没有把汉字和表音文字（字母文字）放在一个文字谱系中讨论，而是如索绪尔一样作为两个不同的文字体系来讨论，认为按“表意”和“表音”来区分这两种文字是不妥当的，因为其实“外国文字也标义，中国文字也标音”。既然如此，那就应该用别的方法来分类，于是赵元任认为：“用一个文字单位写一个词素，中国文字是一个典型的最重要的例子。”“世界上其他国家所用的多数的字——所谓叫拼音文字，他不是一字一言，是一字一音。每个音大致上多半是代表音位的。”“‘字母文字’——文字的基本性质就是写音位不写词素的文字。”⑤ 在赵元任看来，汉字应该叫“词素文字”，西方

---

① 吕叔湘《语言和文字》，见《吕叔湘全集》6，辽宁教育出版社，2002，68页。

② 梁东汉《汉字的结构及其流变》，上海教育出版社，1959，59—60页。

③ 姚孝遂《古文字的形体结构及其发展阶段》，《古文字研究》第四辑，中华书局，1980，12页。

④ 赵元任《语言问题》，商务印书馆，1980，145—146页。

⑤ 赵元任《语言问题》，商务印书馆，1980，144—145页。

的“字母文字”可以叫“音位文字”。这是从文字与语言的对应关系来分类的。

吕叔湘和朱德熙都主张叫“语素文字”。“词素”“语素”都是英语 morpheme 的意译，都是指汉语中“最小的语音语义结合体”。吕叔湘说：“世界上的文字，它的形式是多种多样的，但是按照一定的原则来分类，也就是按照文字代表语言的方式来分类，可以分成三类。一类是音素文字，一个字母代表一个音素（又叫做音位）。英语、法语等所用的拉丁字母（罗马字母），俄语、保加利亚语所用的斯拉夫字母，都是音素文字。第二类是音节文字，一个字母代表一个音节，就是辅音和元音的结合体。日语的字母（假名）、阿拉伯语的字母，都属于这一类。音素文字和音节文字都是拼音文字，拼音文字的字母原则上都是没有意义的，有意义是偶然的例外。第三类文字是语素文字，它的单位是字，不是字母，字是有意义的。汉字是这种文字的代表，也是唯一的代表。汉字以外的文字都只是形和音的结合，只有汉字是形、音、义三结合。”① 从语素和词的关系看，语素可以分为成词语素和不成词语素两大类，成词语素可以独立运用，是词；不成词语素不能独立运用，是语素。如红、绿，是成词语素，而巩、固则是不成词语素。但有些语素可能既是成词语素，又是不成词语素，如土、人，在“一抔土”“一个人”中是成词语素，而在“土地”“人民”中便是不成词语素。作为语素文字的汉字，它用不同的形体表示不同的语素，不但能区分读音不同的语素，而且能区分读音相同的语素。朱德熙举例说：“文字是记录语言的，就汉字跟它所要记录的对象汉语之间的关系来看，汉字代表的是汉语里的语素。例如[tàn kāu]的［kāu]、［kāu iàu］的［kāu］和［t‘iàu kāu］的［kāu］读音相同，意思不一样，是三个不同的语素，分别由三个不同的汉字‘糕、膏、高’（蛋糕、膏药、跳高）来表示。从这个角度看，汉字可以说是一种语素文字。”②

如果汉语的词始终都是单音节为主，“词素文字”“语素文字”与布龙菲尔德的表词文字便没有区别，只是汉语后来由单音节向双音节发展了，“词文字”便不准确了。再者，布龙菲尔德是把表词文字同表音文字放在一个文字谱系下讨论的（吕叔湘同），而赵元任、朱德熙则不是。

但是，“词素文字”“语素文字”这个术语仍然有缺陷，它不能概括汉字的全部功能。那些记录具有两个以上音节的音译外来词的字，以及记录汉语里固有的双音节语素的字，它们表示语素的音节结构的性质，是十分明显的。前者如元代借来记录出自蒙古语的官名的“达鲁花赤”四个字（达鲁花赤的本来意义是统治者，掌印者），显

① 吕叔湘《汉语文的特点和当前的语文问题》，见《吕叔湘全集》11，辽宁教育出版社，2002，201页。

② 中国大百科全书总编辑委员会《语言文字》编辑委员会《中国大百科全书·语言文字卷》“汉语”条，中国大百科全书出版社，1993，130页。

然都是作为音节符号使用的。后者如“仓庚”“犹豫”等也是如此。也就是说“达鲁花赤”“仓庚”“犹豫”中的每一个字都只有音，没有意义，那么它们就不是语素，连不成词语素都不是，它们只是代表语素中的一个音节，同日本的假名的功能近似，只有“达鲁花赤”四个字连起来才是一个语素。因此，在这些语素中的字便不能说是语素文字，而是音节文字。故而周祖谟在给《中国大百科全书》撰写“汉字”条的解释时即将它定义为“音节文字”：“一个字代表语言里的一个音节。”① 但是这个定义将汉字与日本的假名等同起来，抹杀了它的语素性质，又有不妥。于是裘锡圭认为可以叫“语素—音节文字”，“不过，对汉字使用的表音节的符号跟音节文字的音符之间的区别，也应该有足够的认识”②。

表词文字、词素文字、语素文字、语素—音节文字都是从文字与语言的对应关系上立论分类的，而表意文字、意音文字是从文字的构成的角度分类的。这样看来，布龙菲尔德的五个阶段说是将两种分类方法杂糅到一起了，犯了分类标准不一的错误。

如果从文字构成角度分类，还有裘锡圭的“意符音符记号文字”说：“汉字在象形程度较高的早期阶段（大体上可以说是西周以前），基本上是使用意符和音符（严格说应该称为借音符）的一种文字体系；后来随着字形和语音、字义等方面的变化，逐渐演变成为使用意符（主要是义符）、音符和记号的一种文字体系（隶书的形成可以看做这种演变完成的标志）。如果一定要为这两个阶段的汉字分别安上名称的话，前者似乎可以称为意符音符文字，或者像有些文字学者那样把它简称为意音文字；后者似乎可以称为意符音符记号文字。考虑到后一个阶段里的汉字的记号几乎都由意符和音符变来，以及大部分字仍然由意符、音符构成等情况，也可以称这个阶段的汉字为后期意符音符文字或后期意音文字。”③

上世纪八九十年代学术界就汉字的性质和优劣进行了一场大论辩。有的学者再次举起“表意文字”的大旗，只是这个“表意文字”的内涵和“文字三阶段论”的“表意文字”不一样，为了论述的方便，我们姑且将这种“表意文字说”叫作“新表意文字说”。“文字三阶段论”的“表意文字”认为表意文字是文字的低级阶段，而“新表意文字说”则认为表音表意是文字发展的两个不同方向，而不是两个不同阶段。文字是和它所记录的语言的特点相适应的，汉语是一种非黏着的孤立性语，或称作单音节语，它的结构单位本身没有语法变化。汉语的音节与印欧语不同，是直接与意义相联

---

① 中国大百科全书总编辑委员会《语言文字》编辑委员会《中国大百科全书·语言文字卷》“汉语”条，中国大百科全书出版社，1993，195页。

② 裘锡圭《文字学概要》，商务印书馆，1988，18页。

③ 裘锡圭《文字学概要》，商务印书馆，1988，16页。

系的，是表意的语音单位，汉民族语音感知单位是声韵调而不是音素，声韵调是能够区别意义的，汉语的这种语言结构特点决定了汉字的性质。古埃及文字、两河流域楔形文字，都是以表意为主的意音文字，这些文字之所以后来都消亡了而发展为拼音文字，就是因为不能与语言相适应。汉字能和汉语相适应，所以它能生存下来。

关于汉字的性质，如果从文字与语言的对应关系分类，我们比较认同“语素一音节文字”说。如果从文字创造之时的表达方式来分类，我们认为“表意文字”说比较贴切。虽然汉字里也有表音成分，如声符和假借符号，但毕竟不是纯粹的表音符号。声符自身有其固定的意义，尤其是大部分声符还具有示源的作用。即使没有示源作用的声符，它的读音的确定还是有赖于意义。如“沐”中的“木”标志“沐”的读音，但人们必须通过“木”的“树木”的意义才能确定“mù”这个读音。假借符号在假借之前也都有一个与形体相关联的意义，即通常说的本义，假借之后出现两种情况，一是有些本义可能消失，只有假借义通行，如“叔”的“叔叔”“叔子”义、“瞿”的“姓氏”义之类；二是本义未曾消失，本义和假借义同时存在，如“耳”的“耳朵”义和“而已”义。无论是哪种情况，当它们做声符的时候，人们要确定其读音，必定首先将声符和它的常用义（或本义或假借义）联系起来，受着声符常用义读音的引导。既然任何一个声符在识读的时候都离不开意义，那么其本质特征就应该是表意而不是表音。除此以外，汉字中还有记号成分，这是在汉字演变过程中发展起来的，为数不多，不能视作汉字的整体特征，更不能视作汉字的初始特征。只是我们说的“表意文字”不是文字发展的一个阶段，而只是文字的一个类别。

第2节　汉字的特点

一、汉字历时总量多

据《说文解字叙》，《说文解字》收正文9353字，重文1163字，共10 516字。胡朴安《中国文字学史》据大徐本统计，正文9431字，重文1279字，共10 710字。

《康熙字典》收47 043字，内有110个重见字，字种数46 933字。

《中华大字典》收44 908字。

《汉语大字典》收54 678字。

《中华字海》收80 000多字。

汉字总量多的原因，是因为中国历史悠久，汉字的使用历史悠久，伴随着数千年的文明演进、制度更替、语言嬗变，记录语言的文字一层层叠加而成就了庞大的汉字群体。

朱岩《中国古籍用字字频与分布统计分析》一文①从历时的角度对《文渊阁四库全书》和《四部丛刊》进行字频统计的结果是：

《文渊阁四库全书》包括3500余部作品，36 000余册，总字数699 684 465个（不包括字书中的罕见字）；

《四部丛刊》包括504部作品，3134册，总字数90 616 538个；

《四库》加《四部》的全部用字为30 135个。

朱岩认为"古籍通用汉字数量高出现代汉语通用汉字数量两倍之多"的原因，"主要归于现代汉语用字推行规范化，使得日常用字种数大大降低。而古代，由于用字不规范，异体字、书写变体字很多，从而造成通用用字量大"。古籍中"用字不规范，异体字、书写变体字很多"固然是造成用字多的一个重要原因，而作者统计的作

① 朱岩《中国古籍用字字频与分布统计分析》，《国家图书馆学刊》，2004，第3期。

品从先秦至清初，历时两千余年，“文明演进、制度更替、语言嬗变，记录语言的文字一层层叠加”也是不容忽略的原因。

二、汉字共时使用量少

如果从共时的角度对一个时代的作品或一部作品字频进行统计，呈现的结果就大不一样了。

覃勤《先秦古籍字频分析》① “统计了先秦古籍的总字量、单字量、字频及累计字频，同时也分别统计出 27 部作品的总字量、单字量”。这 27 部作品的总字量、单字量是：

书名	总字量	单字量
楚辞	27 094	3137
公羊传	44 338	1645
穀梁传	40 828	1590
左传	195 879	3257
尔雅	10 367	3383
公孙龙子	3179	339
管子	126 286	2882
国语	70 389	2620
韩非子	106 189	2715
汲冢周书	29 039	2086
老子	5437	824
礼记	98 081	3016
吕氏春秋	100 477	3013
论语	15 920	1351
孟子	35 258	1886
墨子	76 240	2511

① 覃勤《先秦古籍字频分析》，《语言研究》，2005，第 2 期。

山海经	31 030	1999
商子	20 055	1205
尚书	17 062	1623
诗经	29 752	2837
孙子兵法	6096	775
荀子	75 293	2663
仪礼	56 758	1522
战国策	122 229	2788
周礼	49 417	2219
周易	21 083	1358
庄子	65 231	2924
总计	1 479 007	8551

先秦 27 本典籍的总用字量也只有 8551 字，而单本书的用字量就更少了，除开作为工具书的《尔雅》，只有《楚辞》《左传》《礼记》《吕氏春秋》超过 3000 字。

苏培成《现代汉字学纲要》对几部有影响的现代白话文著作的字种数统计的结果如下①：

孙中山《三民主义》，2134 字

毛泽东《毛泽东选集》，2981 字

老舍《骆驼祥子》，2413 字

叶圣陶《倪焕之》，3039 字

曹禺《雷雨》《日出》《北京人》，2808 字

赵树理《三里湾》，2069 字

苏培成说："根据上述各项资料，可以知道现代汉语的常用字大约有 3000 多字，其中最常用字有 2000 多字。"其实，不仅现代，古代亦然，只是字种有别而已。因此无论是古代人，还是现代人，用汉语汉字进行写作时，都可以在 3000 字内做文章。

新中国成立后，国家语言文字工作委员会和中华人民共和国出版署联合发布的《现代汉语通用字表》收通用字 7000 个，常用汉字 3500 个左右，是有科学依据的。

① 苏培成《现代汉字学纲要》（增订本），北京大学出版社，2004，51 页。

据周有光统计①：

字种数	增加字数	合计字数	覆盖率	欠缺率
1000		1000	90%	10%
1000	1400	2400	99%	1%
2400	1400	2800	99.9%	0.1%
3800	1400	5200	99.99%	0.01%
5200	1400	6600	99.999%	0.001%

2400 字是小学的识字量，也就是说只要小学毕业，便可大致通过阅读关。通常一个人能够掌握的字符信息是 4000—7000 字。

可见汉字虽然历时总量庞大，但共时使用量并不多，学习的难度并不是很大。

三、结构复杂

成千上万的汉字完全靠形体进行辨别，字与字之间要有一定的形差度，结构必然复杂了。汉字结构的复杂性表现在两个方面：

（一）结构单位多

1. 笔形多。汉字基本笔形 5 种，据研究，派生笔形 25 种，如果从书写上看，大约有 80 多种。

2. 基础部件多。国家语言文字工作委员会于 1997 年 12 月 1 日发布《信息处理用 GB13000.1 字符集汉字部件规范》对 GB13000.1 字符集里的 20 902 个汉字进行了拆分，制定了《汉字基础部件表》，包含 560 个基础部件。

同一个部件可出现在不同层级，如“乃”可作为一级部件，也可作为二级部件，还可作为三级部件：

一级：仍　孕　　二级：诱　躲　　三级：榼

（二）组合方式多

汉字的结构类型大分不外上下、左右、内外三种，但每一种又有许多细微的不同，如：同是上下结构，忠、字、書、霜、想上下两部分所占的比例不一样；同是左右结构，村、到、流、部、婚左右两部分所占的比例不一样；同是内外结构，閩、函

① 周有光《现代汉字学发凡》，见《语文现代化》，1980，第二辑，96 页。

的形态不一样。据杜定友《方块字的怪组织》① 分析 8075 个通用字有 250 种形式。

四、具有超时空性

“跟拼音文字比较起来，汉字可能有它的短处，但是也有它的长处。汉字最大的长处就是能够超越空间和时间的限制。古今汉语字音的差别很大。但由于字义的变化比较小，而且两千年来字形相当稳定，没有太大变化，所以先秦两汉的古书今天一般人还能部分看懂。如果古书是用拼音文字写的，现代人就根本无法理解了。有些方言语音差别也很大，彼此不能交谈，可是写成汉字，就能互相了解，道理也是一样的。”②

五、具有丰富的文化内涵

（一）汉字的多维参悟式文化特征

汉字的会意字和形声字（尤其是声符具有示源功能的形声字）都是多部件组合形式，不同的部件从不同的角度提供相关的文化信息，后人通过多维度的参悟和解读，能还原当时人们对自然界对社会等的认识和思维方式，这种多维参悟式的文化特征为保存华夏文化提供了重要的途径。

春，甲骨文的形体有二合的，有三合的。

二合：

三合：

二合的由木和屯、日和屯组合。三合的由木（或草）、日、屯组合。无论是二合还是三合，都有“屯”这个成分，可见“屯”在“春”字的造字过程中是一个不可或缺的意象，没有“屯”就不成为“春”。“屯”到底反映了当时人们对“春”的一种怎样的认识呢？

屯，《说文》：“，象草木之初生屯然而难。从屮贯一。一，地也。”甲骨文“屯”作等形，金文的“屯”字作等形，造意都是屮（草木）艰难地向上生长冲出地面。阳光和草木不只春天有，但草木发芽向上生长则

① 杜定友《方块字的怪组织》，《中国语文》，1954，第 12 期（总 30 期）。

② 朱德熙《语法丛稿・汉语》，上海教育出版社，1990，201 页。

是春天独有的意象，因而“屯”不可或缺。幼芽要冲破阻碍，冲出地面，就需要积聚力量，所以“屯”有“积聚”的意思，而春天正是阳气积聚勃发的季节。有了“屯”，“春”里的中、木、日也就被赋予了特定的含义，中当是“草色遥看近却无”的朦胧，木则是“春上枝头万点绿”的清新，而日则当是“迟日江山丽，春风花草香。泥融飞燕子，沙暖睡鸳鸯”中暖意一天天增强的“迟日”。通过对屯、中、木等构字部件的多维参悟，我们就可以还原古人对春的认知以及造“春”字时的思维方式，从而准确阐释“春”字的造意。

秋，《说文》：禾谷熟也。从禾，𪛁省声，龝，籀文不省。

秋，甲骨文作（）（）。

叶玉森在《殷契钩沈》中释为蝉，认为“与蝉毕肖，疑卜辞叚蝉为夏，蝉乃最著之夏虫，闻其声知为夏矣”。

唐兰在《殷虚文字记・释𪛁龝》则肯定此二字“卜辞假借为秋”，且认为其“本义当为龟属而具两角者”，“其物今不可知”。

有人认为象蝗虫，从火者，象火烧蝗虫。古时蝗虫固然常有，但毕竟不能成为秋的象征。

郭沫若在《殷契粹编》中说：“今案字形实象昆虫之有触角者，即蟋蟀之类。以秋季鸣，其声啾啾然，故古人造字，文以象其形，声以肖其音，更借以名其所鸣之节季曰秋。蟋蟀，古幽州人谓之‘趋织’，今北京人谓之‘趋趋’。蟋蟀，趋织，趋趋，均啾啾之转变也。而其实即𪚼字。”①

何九盈在《汉字文化学》② 中将“秋”字与《诗・七月》联系起来：

> 《七月》反复吟咏“七月流火”，毛《传》：“火，大火也。”卜辞中已有大火星名，上古专门设有“火正”，观察大火的运行情况，“祀大火，而火纪时焉。”（《左・襄・九年》）据庞朴考证，古代曾实行过“火历”。“七月流火”就是大火开始往西沉，现在不少人引用这句诗用来形容天气炎热，以为“流火”是象火一样燃烧，与原意完全不符。陈奂《诗毛氏传疏》：“流火，火下也。火向西而下，暑退将寒之候也。”大火西向，标志着秋天的开始，收获的季节来到了，“秋”字从火的原因就在于此。
>
> 至于以为蟋蟀，因为蟋蟀的鸣叫标志着秋天的特征。《七月》对此有生动的描写：“七月在野，八月在宇，九月在户，十月蟋蟀入我床下。”七、八、九三

① 郭沫若《郭沫若全集》第三卷，科学出版社，1982，345页。
② 何九盈《汉字文化学》，辽宁人民出版社，2000，191—192页。

个月也就是整个秋天，蟋蟀与我农人相处。陈奂说："盖古者在野有庐，在邑有室，春夏居庐，秋冬居室，故豳人历叙其由外而内，由远而近，于蟋蟀以纪候焉耳。"（《诗毛氏传疏》三·77页，万有文库本）"纪候"二字很重要。叶玉森虽然把蟋蟀误说成蝉，但他认为"古人造春夏秋冬四时之字，疑并取象于某时最著之物。"决不是全然没有道理。……

与的关系。我以为二字同源。由蟋蟀引申为秋，后来又加火旁作为秋的专有名词。由蟋蟀引申为秋，是词义引申，不是假借。故中的既是声旁，又是意旁。

现在可以总结一下：籀文中的秋字由三部分构成：禾、火、。包括天文（火）、动物（蟋蟀）、植物（禾）。它的发展有三个阶段。第一阶段，秋与蟋蟀共一字，用蟋蟀代表秋。第二阶段，由地面上的蟋蟀和天上的大火代表秋，第三阶段才加上"禾"。

通过对禾、火、等构字部件的多维参悟，我们就可以还原古人对秋的认知以及造"秋"字时的思维方式，从而准确阐释"秋"字的造意。

（二）汉字的兼容性文化特征

创造文字与理解文字之间本就存在着一定的距离，不同的人对同一个符号会有不同的理解，不同的时代对同一个符号也会灌注进那个时代的文化信息，或以不同的文化信息去影响字形，或以同样的字形去吸纳不同的文化信息。①

《韩非子·五蠹》："古者仓颉之作书也，自环者谓之厶，背厶谓之公。""公"甲骨文作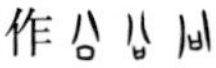等形，下象瓮底，上象瓮口，当为瓮之初文。小篆其形讹为，而其时其字又已由王公之公引申以表公族、公平之义，故韩非将二者黏合作出新的解释，虽与原始字形字义不合，却合于当时之字形字义，亦堪称是形义密合，这正是汉字的兼容文化功能。

又如"砲"，又可写作"礮""軳"。

李善《文选·闲居赋》注："礮石，今之抛石也。……范蠡《兵法》：飞石，重二十斤，为机发行三百步。"

《正字通·车部》："軳，旧注音砲，飞石车。按，軳车，本作抛车，或作礮，俗省作砲。"

① 唐生周《文字的变异义略说》，北京师范大学学报，2001，第2期。

由于原本为以机发石攻击敌人，故其字从石，这是宋以前“砲”的原理，根据这种认知，人们造了“砲”，让其从“石”；到了宋代，由于火药的发明而有了火礮。

《宋史·兵志》：“火箭火砲不能侵。”

赵翼《陔馀丛稿·火砲火枪》：“火砲实起于南宋金元之间，……魏胜创砲车，施火石可二百步，其火药用硝石、硫磺、柳炭为之，此近代用火具之始。”

火砲的物质材料已由石变为火药，再用从“石”的“砲”已不能反映其文化现象，故改“石”为“火”，用“炮”代之。

而“炮”字已见于《说文》：“毛炙肉也。从火包声。”其字音 páo。段注：“谓肉不去毛炙之也。”张舜徽《约注》[①]：

> 炮之言包也，谓包裹其完体而熟烧之也。上古始有火化，惟知取已杀鸡豚裹烧之，故炮炙之事为多。今俗犹有以黄泥涂鸡豚之外，置火中煨之者。迨泥干坼裂，以手破之，则毛与泥俱脱落而肉熟矣。今人称为烧烤，即古炮炙遗法也。

“炮”兼表“炮（páo）炙”和“火炮（pào）”则表现了它的兼容性和吸收性的文化功能。

（三）汉字的互补性文化特征

汉字有很多异体字，这些字往往用不同的部件从不同的角度来揭示语词意义的文化信息，构成不同的形义关系。

仙僊互补

《说文·人部》：（仙），人在山上。从人从山。

（僊），长生僊去。从人从䙴。䙴亦声。

（䙴）（qiān）：升高也。从舁，囟声。或从卩。

刘熙《释名·释长幼》：“老而不死曰仙。仙，僊也，遷入山也。故其制字人傍作山也。”

“仙”是从修道所在之地来会意的，“僊”是从修道的结果来会意的，二者互补，从不同的角度揭示“xiān”这个词的意义内涵。

威灭互补

《说文·火部》：（烕），滅也。从火戌。火死于戌。阳气至戌而尽。

---

① 张舜徽《说文解字约注》中册，中州书画社，1993，卷十九，60 页。

这是许慎用汉代盛行的阴阳五行之说来解字。段玉裁于“火死于戌”下注曰：“火生于寅，盛于午，死于戌。”于省吾《骈续》：“契文威字，从火戉声，戉威并脂部字。要之，威字自东周以后，讹戉为戌，《说文》遂有‘火死于戌’之误解。如依旧说，以威为会意字既误，以为形声字亦无当矣。”① 字形为讹误、《说文》之解释为误解，这是就原始形义联系说的，如果以当代形义联系立说，说因春秋战国即流行阴阳五行说，其字形吸纳其时代信息而讹变为“从戌”亦未尝没有可能。

而在“威”的基础上简省构件与笔画得到的简化字“灭”则以一物覆于火之上以会其意，这是通过阐释灭火的物理原理来造字的。

淚泪互补

《说文》无淚字。《玉篇·水部》：“淚，涕淚也。”《集韵·至韵》：“淚，目液也。”“淚”字是个声符示源的形声字。《说文·犬部》：“戾，曲也。从犬出戶下。戾者，身曲戾也。”“戾”是弯曲义，将直的变成弯的，引申为违背、乖戾、不合情理等义。人之流泪，要么是生理受到了破坏，要么是心理受到了打击，两者都是非正常现象，故从水，从戾得声，而戾兼示语源，说明淚和戾有同源关系。这是从解释“淚”的形成原因的角度造字的。

“泪”是个会意字，目中之水是泪水，这是从解释“泪”的属性和交代“泪”产生的地方的角度造字的。

（四）汉字的艺术性文化特征

1. 中庸精神

中庸之道是中国传统文化的精髓，朱熹《中庸章句》说：“中庸者，不偏不倚，无过不及。”就是人与自然之间、人与人之间应该把握最好的度，这个度就是自然界的规律，人类发展的规律，讲究调和矛盾、搭配平衡、和谐相处。表现在文字上也一样。汉字是方块形的，无论笔画多少，都必须在同样大小的空间内完成，一字之中各个部件的笔画多少又有不同，明代李淳《大字结构八十四法》说：“字之形体有大小、疏密、肥瘦、长短，字之点画有仰覆、屈伸、变换，尝患其浩瀚纷纭，莫能尽于结构之道。”要达到美观舒适的效果，就要讲究平衡，讲究避让，因而欧阳询《八诀》指出汉字书写时当“分间布白，勿令偏侧。四面停匀，八边具备，短长合度，粗细折中。不可头轻尾重，无令左短右长。斜正如人，上称下载，东映西带，气宇融和”。明代赵宧光在谈到结字法和结构法的重要性时也指出：“书法昧在结构，独体结构难

---

① 于省吾《骈枝续编·释威》，见《殷契骈枝全编》，艺文印书馆，1975，78—79页。

在疏，合体结构难在密。疏欲不见其单弱，密欲不见其杂乱。”（《寒山帚谈·格调》）李淳还说：“勾撇点画”要做到“有相应相送照应之情，无或反或背乖戾之失”。项穆《书法雅言》说：“天地之气，雨旸燠寒，风雷霜雪，来备时叙，万物荣滋，极少过多，化工皆覆，故至圣有参赞之功，君相有燮理之任，皆所以节宣阴阳而调和元气也。是以人之所禀，上下不齐，性赋相同，气习多异，不过曰中行、曰狂、曰狷而已。所以人之于书，得心应手，千形万状，不过曰中和、曰肥、曰瘦而已。若而书也，修短合度，轻重协衡，阴阳得宜，刚柔互济，犹世之论相者不肥不瘦，不长不短为端美也。此中行之书也。”便讲到了自然和社会需要中和，人之秉性需要中和，书法亦需要中和。

现选取清黄自元《间架结构九十二法》的部分内容以作说明：

（1）天覆者凡画皆冒于其下：宇 宙 定 甯

（2）地载者有画皆托于其上：至 聖 孟 蓋

（3）让左者左昂右低：勅 部 幼 郎

（4）让右者右伸左缩：讀 蝀 議 績

（5）横担者中画宜长：喜 吾 妻 安

（11）画短直长，撇捺宜伸：木 本 朱 東

（12）画长直短，撇捺宜缩：樂 棐 築 梟

（15）上下有画须上短而下长：丕 正 亞 並

（16）左右有直宜左收而右展：目 自 因 固

（17）左撇右直须左缩而右垂：川 升 邢 邦

（18）左直右撇宜左敛而右放：伊 侈 僇 修

（25）左边小者齐其上：吸 呼 峰 峻

（26）右边小者齐其下：和 知 鈿 細

（27）外四迭者体格必整方：嚚 囂 噐 器

（28）内四迭者布置宜匀密：齒 爾 爽 豳

（29）斜勒者不宜平，平则失势：以 七 也 乜

（30）平勒者不宜倚，倚则无仪：云 去 且 旦

（44）上占地步者听其上宽：雲 普 皆 齊

（45）下占地步者任其下阔：衆表萬禹

（46）右占者右不妨独丰：施騰讓靖

（47）左占者左无嫌偏大：敬獻斂劉

（48）右左占者中宜逊：弼辨衍仰

（49）中间占者中独雄：蕃筆衡擲

（50）上下占者中小：鸞鶯鷺罍

（59）错综者贵迎让穿插而恶纷纭：馨聲繁繫

（60）缜密者宜布置安排而嫌挤杂：繼繡纏纗

（61）疏而丰之：上下千小

（72）密者匀之：羸齋龜鼉

这些原则涉及汉字的结构重心、空间布白、笔画搭配等的处理，是“中庸”精神在书法中的体现。

2. 和而不同的精神

“和而不同”也是中国传统文化中的重要精神，和“中庸”精神是相辅相成的。周代的史官史伯说：“夫和实生物，同则不继。”①《论语·子路》：“君子和而不同，小人同而不和。”对“和而不同”的思想，晏子有更清晰的表述：“君臣亦然。君所谓可，而有否焉，臣献其否以成其可；君所谓否，而有可焉，臣献其可以去其否。”“君所谓可，据（人名）亦曰可；君所谓否，据亦曰否；若以水济水，谁能食之？若琴瑟之专一，谁能听之？‘同’之不可也如是。”②“和而不同”强调的是一种有差别的多样性的统一，表现在书法上，就是各种相同的笔画在同一个字的不同位置表现出不同的写法，相同的字在同一幅作品中表现出不同的姿态。

各种相同的笔画在同一个字的不同位置表现出不同的写法的，如黄自元《间架结构九十二法》的以下数条：

（19）点复者宜偃仰向背以求变：亦赤然無

（20）画重者宜鳞羽参差以化板：三册冉聿

（40）重捺者须有缩有伸：變談茶黍

---

① 《国语·郑语》，上海古籍出版社，1978，507 页。

② 《左传·昭公二十年》，见《十三经注疏》，中华书局影印，1980，2093 中—2094 下。

（41）迭趯者当或挑或驻：禁 林 森 懋

（42）上下钩趯者下钩明而上钩暗：棗 戋 哥 柔

（43）俯仰钩挑者俯钩缩而仰钩伸：冠 冤 寇 宅

（53）纵撇恶鼠尾：参 修 須 形

（54）联撇恶排牙：友 及 反 皮

相同的字在同一幅作品中须表现出不同的姿态的，如张怀瓘《论用笔十法》所说："随字变转。谓如《兰亭》'岁'字一笔作垂露，其上'年'字则变悬针，又其间一十八个'之'字，各别有体。"《兰亭序》共有20个"之"字，今列于下，可见其变化：

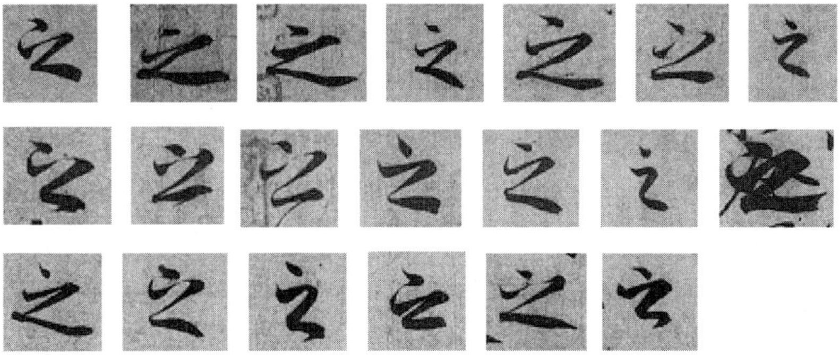

图8－1

3. 天人合一的精神

汉字之初为象形文字，得形于天地，取法于自然。《说文叙》："仰则观象于天，俯则观法于地，视鸟兽之文与地之宜，近取诸身，远取诸物。"既然汉字造字之时即取法于天地物象，则书写时亦应努力还原于天地物象，诚如蔡邕《书论》所说："为书之体，须入其形。若坐若行，若飞若动，若往若来，若卧若起，若愁若喜，若虫食木叶，若利剑长戈，若强弓硬矢，若水火，若云雾，若日月，纵横有可象者，方得谓之书矣。"①

西晋文学家成公绥在《隶书体》中说："或若虬龙盘游，蜿蜒轩翥，鸾凤翱翔，矫翼欲去；或若鸷鸟将击，并体抑怒，良马腾骧，奔放向路。仰而望之，郁若霄雾朝升，游烟连云；俯而察之，漂若清风厉水，漪澜成文。"②

① 华东师范大学古籍整理研究室选编、校点《历代书法论文选》，上海书画出版社，1979，6页。
② 华东师范大学古籍整理研究室选编、校点《历代书法论文选》，上海书画出版社，1979，10页。

索靖在《草书势》中用“玄螭狡兽嬉其间，腾猿飞鼬相奔趣”[①]比喻草书；杜甫在欣赏张旭的草书时不仅从作品中联想到挺拔的群松（“落落群松直”），连绵的群山（“连山蟠其间”），甚至还听到铿锵的鸣玉声（“铿锵鸣玉动”）[②]；韩愈《送高闲上人序》论草书：“往时张旭善草书，……观其物，见山水崖谷，鸟兽虫鱼，草木之花实，日月列星，风雨水火，雷霆霹雳，歌舞战斗，天地事物之变，可喜可愕，一寓于书。”[③]

古人用自然物象形容书法的还有“屋漏痕”“折叉股”“锥画沙”“壁坼”等说法。唐代陆羽《释怀素与颜真卿论草书》载：颜真卿与怀素论书法，怀素称：“吾观夏云多奇峰，辄常师之，其痛快处，如飞鸟出林，惊蛇入草，又如坼壁之路，一一自然。”颜真卿谓：“何如屋漏痕?”怀素起而握公手曰：“得之矣!”[④] 又，南宋姜夔《续书谱·用笔》称：“用笔如折叉股，如屋漏痕，如锥画沙，如壁坼，此皆后人之论，折叉股者，欲其屈折圆而有力；屋漏痕者，欲其横直匀而藏锋，锥画沙欲其无起止之迹，壁坼者欲其无布置之巧。”[⑤]

古人也有从人的行为体悟书法之理的。如李肇《唐国史补》卷上载张旭“始吾见公主、担夫争路而得笔法之意，后见公孙氏舞剑器而得其神”之语，则是揭示书法与行为的关系。见“公主与担夫争路”悟其避让之理，“见公孙氏舞剑器”则知映带连贯之妙。

---

① 华东师范大学古籍整理研究室选编、校点《历代书法论文选》，上海书画出版社，1979，20页。
② 杜甫《殿中杨监见示张旭草书图》。
③ 华东师范大学古籍整理研究室选编、校点《历代书法论文选》，上海书画出版社，1979，292页。
④ 华东师范大学古籍整理研究室选编、校点《历代书法论文选》，上海书画出版社，1979，283页。
⑤ 华东师范大学古籍整理研究室选编、校点《历代书法论文选》，上海书画出版社，1979，283页。

第3节　汉字的地位

汉字，以它坚实的步伐，伴随着夏商的龟甲、殷周的铜器、春秋以往的汉简帛书，走到了宋代的活字印刷，走到了公元二十一世纪，成为华夏五千年文明史的重要载体，成为大浪淘沙之后世界仅存的表意文字，与表音文字并峙于东西方，雄视古今。

汉朝开始，佛教东渐，汉族人第一次知道除了汉字外世界上还有一种拼音文字。汉武帝开通西域之后，便有口授佛经，东汉时正式将佛经译成汉文字。由于当时汉朝如日中天，正处于鼎盛时期，人们有的是对于自己帝国的骄傲，没有因为自己使用的是表意文字而产生自卑感，拼音文字不能构成对汉文字的任何威胁，除了促进中国音韵学的发展，促使反切的形成以外，对汉字的地位没有产生任何负面影响。

到了明朝，随着西洋传教士在中国传教，教会罗马字兴起，个别学者开始对拼音文字和表意文字进行比较，做出了汉字比西文繁难的结论。1625年比利时人金尼阁写成《西儒耳目资》一书，金尼阁自述写作目的是为了“使中国人能在三天内通晓西方文字体系”。明末学者方以智在《通雅》中曾再三称引《西儒耳目资》一书，说“西域音多，中原多不用也，又当合悉昙等子与大西《耳目资》通之”，“曰（汉）字之纷也，即缘通与借耳。若事属一字，字各一义，如远西因事乃合音，因音而成字，不重不共，不尤愈乎?”提出“因事乃合音，因音而成字”，但毕竟和者少，未成气候。

鸦片战争以后，海禁大开，当西洋传教士和商人在不平等条约的保护下纷纷涌入中国的时候，在西方的拼音文字与西洋的坚船利炮一起摆在中国人面前的时候，人们震惊了，愕然了，人们对拼音文字的神秘与对积贫积弱的中国“哀其不幸，怒其不争”的心态撞击在一起，自然对西洋语言文字表现出了满腔的崇拜和高度的认同。中国之所以被人欺负，是因为国贫；国贫是因为科学技术不发达；科学技术不发达是因为文化素质太低；而文化素质太低，是因为文字的繁难。于是汉字便成了导致中国贫穷落后的根本原因，汉字便成了近百年来中国蒙受奇耻大辱的罪魁祸首。学者们把对汉语言文字进行改革引为己任，高高举起“汉字改革”的大旗，拉开了汉字百年改革的序幕。

怎样看汉字的地位，有两种眼光，一是传统的眼光，一是世界的眼光。何九盈说：“用传统的眼光看汉字，汉字神圣得很，好得很，从来就没有成为问题。如果有问题，那也只是规范问题、正字问题、正音问题。至于它在中国文化史上的地位，那是不言而喻的。”① 谁也不曾怀疑，用不着讨论。

而用世界眼光看汉字，何九盈认为有三种眼光：一种是西方文明中心论者的眼光；一种是东方文明中心论者的眼光；一种是文明多极论者的眼光。②

一、西方文明中心论者的眼光：汉字繁难论——汉字落后论——废除汉字论

汉字落后论表现在三个时期。第一时期是“五四”前后。

国外的可以以本书《汉字的性质》一节中所引英国历史学家韦尔斯的观点为代表，兹不赘述。

国内的则可以下列“五四”前后的中国文化主将的观点为代表：

清代福建卢戆章在《中国第一快切音新字》一书的序言中说：“中国字或者是当今普天之下之字之至难者，……当今普天之下，除中国外，其余大概皆用二三十个字母为切音。”

清代浙江劳乃宣在《简字全谱》中说：“今之字比古籀篆隶，固为简矣，而比之东西各国犹繁。何也？彼主声而此主形也。主形则字多，字多则识之难；主声则字少，字少则识之易。”

中央研究院院士吴稚晖曾在《新世纪》撰文说：“中国文字，迟早必废。”③

北京大学钱玄同在《新青年》上撰文说：“我要爽爽快快说几句话：中国文字论其字形，则非拼音而为象形文字之末流，不便于识，不便于写；论其字义，则意义含糊，文法极不精密；论其在今日学问上之应用，则新理新事新物之名词，一无所有；论其过去之历史，则千分之九百九十九为记载孔门学说及道教妖言之记号。此种文字断断不能适用于二十世纪之新时代。我再大胆宣言道：欲使中国不亡，欲使中国民族为二十世纪文明之民族，必以废孔学，灭道教为根本之解决，而废记载孔门学说及道

---

① 何九盈《汉字文化学》，辽宁人民出版社，2000，16 页。

② 何九盈《汉字文化学》，辽宁人民出版社，2000，16—17 页。

③ 钱玄同《钱玄同文集》第一卷《中国今后之文字问题》，中国人民大学出版社，2001，168 页。

教妖言之汉文，尤为根本解决之根本解决。”①

又在《汉字革命》中说：“我敢大胆宣言：汉字不革命，则教育决不能普及，国语决不能统一，国语的文学决不能充分的发展，全世界的人们公有的新道理、新学问、新知识决不能很顺利、很自由地用国语写出。何以故？因汉字难识、难记、难写故；因僵死的汉字不足表示活泼泼的国语故；因汉字不是表示语音的利器故；因有汉字作梗，则新学、新理的原字难以输入于国语故。”②

“汉语的罪恶，如难识、难写，妨碍于教育的普及、知识的传播：这是有新思想的人们都知道的。此外如字典非用‘一、丿、丶、丨……’分部就没有办法，电报非用‘0001、0002……’编号就没有办法，以及排版的麻烦、打字机的无法做的好，处处都足以证明这位‘老寿星’的不合时宜，过不惯二十世纪科学昌明时代的新生活。”③

陈独秀在给钱玄同的回信中说：“吴先生‘中国文字，迟早必废’之说，浅人闻之，虽必骇怪，而循之进化公例，恐终无可逃。”④

社会科学院语言研究所所长傅斯年说：“中国文字的起源是极野蛮、形状是极奇异、认识是极不便、应用是极不经济，真是又笨又粗、牛鬼蛇神的文字，真是天下第一不方便的器具。崇拜它以为神圣似的，是天下第一糊涂人。”⑤“凡些须懂得外国文的人，便知道中国文字和英法德等国文字的难易，实在不可以道里计。欧文字数虽多，字母只有二十六个（除斯拉夫各族文字）。只要认会这二十六个字母，学明白发音，便可免去记忆音读的困难，所以欧文的字数虽多，却有个线索可寻。中文的字数虽少，都是个个独立，不特个个独立而已，就形体而论，又是异常的离奇，集合那似是而非的象形、似是而非的指事、似是而非的会意、似是而非的谐声，成就了个一塌糊涂。”⑥

瞿秋白则认为汉字记录的古文“根本不能够算中国文，这只是中国绅士文，而且是古代中国绅士文。这种文字只是绅士写着的，而不是一般民众说的话，不是一般民众读着能够懂的。”说汉字“真正是世界上最龌龊最恶劣最混蛋的中世纪的毛坑”⑦。

---

① 钱玄同给陈独秀的信《中国今后之文字问题》，发表于1918年4月15日《新青年》第4卷第4号，见《钱玄同文集》第一卷《中国今后之文字问题》，中国人民大学出版社，2001，166页。

② 钱玄同《钱玄同文集》第三卷，中国人民大学出版社，2001，62页。

③ 钱玄同《钱玄同文集》第三卷，中国人民大学出版社，2001，66—77页。

④ 钱玄同《钱玄同文集》第三卷，中国人民大学出版社，2001，169页。

⑤ 傅斯年《汉语改用拼音文字的初步谈》，1919年《新潮》1卷3期，见《傅斯年全集》第一卷，湖南教育出版社，2003，162页。

⑥ 傅斯年《傅斯年全集》第一卷，湖南教育出版社，2003，161页。

⑦ 瞿秋白《瞿秋白文集》第二卷，人民文学出版社，1986，690页。

鲁迅也认为："汉字也是中国劳苦大众身上的一个结核，病菌都潜伏在里面，倘不肯首先除去它，结果只有自己死。"① "倘要生死，首先就必须除去阻碍传布智力的结核：非语文和方块字。如果不想大家来给旧文字作牺牲，就得牺牲旧文字。"②

甚至在二十世纪二三十年代还有人打着鲁迅的旗号喊出了"汉字不灭，中国必亡"的口号。

不过，将近一个世纪过去了，汉字没有灭，中国也没有亡。

第二时期是新中国早期。

新中国成立后，面对着新中国的"一穷二白"，希望国家富强的迫切心理使人们再次对汉字的去留问题提出质疑。曾经有党的领导人说："拼音文字是较便利的一种文字形式。汉字太繁难，目前只作简化改革，将来总有一天要作根本改革的。"③ "提倡文字改革，我很赞成。在将来采用拉丁字母，你们赞成不赞成呀？我看，在广大群众里头，问题不大。在知识分子里头，有些问题。中国怎么能用外国字母呢？但是，看起来还是以采取这种外国字母比较好。……因为这种字母很少，只有二十几个，向一面写，简单明了。我们汉字在这方面实在比不上，比不上就比不上，不要以为汉字那么好。有几位教授给我讲，汉字是'世界万国'最好的一种文字，改革不得。假使拉丁字母是中国人发明的，大概就没有问题了。问题就出在外国人发明，中国人学习。但是外国人发明，中国人学习的事情是早已有之的。例如，阿拉伯数字，我们不是久已通用了么？拉丁字母出在罗马那个地方，为世界大多数国家所采用，我们用一下，是否就大有卖国嫌疑呢？我看不见得。凡是外国的好东西，对我们有用的东西，我们就是要学，就是要统统拿过来，并且加以消化，变成自己的东西。我们中国历史上汉朝就是这么做的，唐朝也是这么做的。汉朝和唐朝，都是我国历史上很有名、很强盛的朝代。他们不怕吸收外国的好东西，有好东西就欢迎。只要态度和方法正确，学习外国的好东西，对自己是大有好处的。"④

1958 年 2 月 11 日，第一届全国人大五次会议讨论通过了《汉语拼音方案》，方案起草者是以"汉语拼音文字方案"呈报国务院的，但周恩来总理谨慎地删去了"文字"二字。周恩来在《当前文字改革的任务》的报告里指出："应该说清楚，汉语拼音方案是用来为汉字注音和推广普通话的，它并不是用来代替汉字的拼音文字。""至于汉字的前途，它是不是千秋万岁永远不变呢？还是要变呢？它是向着汉字自己的形

---

① 鲁迅《鲁迅全集》第六卷，人民文学出版社，106 页。

② 鲁迅《鲁迅全集》第六卷，人民文学出版社，115 页。

③ 毛泽东 1955 年 5 月 1 日致蒋竹如信，《语文建设》，1980，第 1 期。

④ 毛泽东 1956 年 1 月在中央召开的知识分子问题会议上的讲话，见《语文现代化》丛刊第五辑叶籁士《关于文字改革的几个问题》，语文出版社，1981，59 页。

体变化呢？还是被拼音文字代替呢？它是为拉丁字母式的拼音文字所代替，还是为另一种形式的拼音文字所代替呢？这个问题我们现在还不忙做出结论。”由于周恩来的谨慎，用拼音文字替代汉字的改革被终止。

第三个时期是二十世纪八十年代前后。

二十世纪七十年代后期和八十年代初期，信息处理产业在国外迅猛发展，而当时所有的计算机软件都是用拼音文字设计和编写的，只能处理拼音文字，这给汉字带来了巨大的冲击。汉字能否输进计算机？输进计算机的速度能否和拼音文字抗衡？于是有人再一次对汉字的命运担心起来，认为汉字是“落后文字的海洋”“限制了我们的眼界”“拖了四个现代化的后腿”，并宣布《汉语拼音方案》就是《汉语拼音文字方案》，提出“两种文字并存并用”，主张小学各科都用“汉拼编教材”，有的说“方块汉字在电子计算机上遇到的困难，好像一个行将就木的衰老病人”，“历史将证明：电子计算机是方块汉字的掘墓人，也是汉语拼音文字的助产士。”① 然而随着汉字输入法如雨后春笋般涌现，尤其是汉字输入法输入汉字的速度比之拼音文字有过之而无不及，“汉字落后论”“废除汉字论”“汉字拉丁化”“汉字拼音化”的论调也就自然偃旗息鼓了。汉字终于又逃过一劫。

二、东方文明中心论者的眼光：汉字优越论

英国历史学家汤因比在《历史研究》一书中说：“所谓‘历史统一’的错误概念——包括那样一种推论，认为文明的河流只有我们西方的这一条，其余所有的文明不是他的支流便是消失在沙漠里的死河——还有三个来源：自我中心的错觉，‘东方不变论的错觉’，以及说进步是沿着一根直线发展的错觉。”②

二十世纪世界格局发生了很大的变化，使学者们不得不正视并思考许多问题：西方的自我中心能否永远存在？东方是否永远不变？等等。作为当时身处“中心”的汤因比能从繁华的西方工业生产中，在物质生活资料迅速增加的同时看到了城市拥挤、环境污染、精神空虚、社会混乱的情形，工业化带来的结果是社会的异化、文明的衰落，这种反思精神确实是值得称许的。尤其是二十世纪下半叶东方的变化，中国的变化，使汤因比在对未来世界的影响上对中国寄予厚望，他认为：“将来统一世界的大概不是西欧国家，也不是西欧化的国家，而是中国。”③ “中国肩负着不止给半个世界

① 陈明远《电子计算机与汉字改革》，《语文现代化》第一辑，知识出版社，1980，71页。
② ［英］汤因比《历史研究》，上海人民出版社，1966，46页。
③ ［英］汤因比、［日］池田大作《展望二十一世纪》，北京国际文化出版公司，1999，278页。

而且给整个世界带来政治统一与和平的命运。”① 认为“中华民族的经验。在过去二十一个世纪中，中国始终保持了迈向全世界的帝国，成为名副其实的地区性国家的榜样”，“中华民族逐步培育起来的世界精神”“儒教世界观中存在的人道主义”“儒教和佛教所具有的合理主义”等是中国肩负担任世界统一重任的思想渊源。②“佛教被作为中国的宗教接受以后，新儒教的哲学家门，从儒家的伦理观上痛斥了佛陀抛弃家庭的行为。我想只有普遍的爱才是人类拯救自己的唯一希望。对现代人类社会的危机来说，把对‘天下万物’的义务和对亲密的家庭关系的义务同等看待的儒家立场，是合乎需要的。现代人应该采取这种意义上的儒教立场。进一步说，我们不要再随意解释儒教对爱的观点，而应该向前发展一步采取墨子的立场。就是说，现代人应当为追求实现没有阶段、没有限制的普遍的爱而努力。墨子之道，的确比孔子之道更难实践。但我认为墨子之道，比孔子之道更适合现代人的实际情况。”③ 把中国先秦时期的文化作为未来世界精神统一的精髓，未免有些夸大，但在一味贬低中国的喧嚣声中，甚至连我们自己都在抽自己耳光的时候，汤因比能这样看待中国文化，我们不能不报以感激。

而继汤因比之后，美国的亨廷顿在《文明的冲突与世界秩序的重建》一书中也曾做出了这样的假设：“如果中国的经济在未来的10年或20年中仍以现在的速度发展，那么中国将有能力重建其1842年以前的霸权地位。”④

随着中国在国际地位的提高，经济实力的增强，尤其是当汉字解决了信息处理的问题之后，人们看到了汉字在信息时代的巨大生命力，于是回归自信，认为：“21世纪将是汉语汉字发挥威力的时代。”⑤ “世界最有国际通用性的文字是写意的，而不是写音的。”“人类文字发展的最高阶段不是纯拼音文字，而是写意文字。”“未来世界的第一语言，21世纪的第一语言，将是汉语。”“世界语言文字结构的研究中心有可能转移到中国。”⑥

三、文明多极论者的眼光

世界在发展，不可能永远是一个中心，自由、平等，是各文明群体、各种文化的

---

① ［英］汤因比、［日］池田大作《展望二十一世纪》，北京国际文化出版公司，1999，279页。

② ［英］汤因比、［日］池田大作《展望二十一世纪》，北京国际文化出版公司，1999，277页。

③ ［英］汤因比、［日］池田大作《展望二十一世纪》，北京国际文化出版公司，1999，412—413页。

④ ［美］亨廷顿《文明的冲突与世界秩序的重建》，中译本序言，新华出版社，1998。

⑤ 于建坤《语言文字界知名人士指出——二十一世纪将是汉语汉字发挥威力的时代》，《汉字文化》，1989，第3期。

⑥ 袁晓园、徐德江《当代语言文字理论的新构想·二十一世纪：汉字发挥威力的时代》，科学出版社，1992，35—40页。

代表者所致力追求的。诚如亨廷顿在《文明的冲突与世界秩序的重建》一书中所分析的那样："权利正在从长期以来支配地位的西方向非西方的各文明转移。全球政治已变成了多极的和多文明的。"① "在20世纪，文明之间的关系从受一个文明对所有其他文明单方向影响支配的阶段，走向所有文明之间强烈的、持续的和多方向的相互作用的阶段。"② 世界大同之日，当是多种文明和谐共处之时。即使亨廷顿的假设成立，有朝一日中国的文化、经济、军事实力成了世界第一，中国也不会强行推广自己的语言文字，正如日本学者池田大作所分析的那样："我的想法是，与其说中国人是有对外推行征服主义野心的民族，不如说是在本质上希望本国和平与安泰的稳健主义者。实际上只要不首先侵犯中国，中国是从不先发制人的。近代以来，鸦片战争、中日战争、朝鲜战争以及迄今和中国有关的战争，无论哪一次都可以叫做自卫战争。"③ 这个分析是持正公允的。而汤因比认为："如果我的推测没有错，估计世界的统一将在和平中实现。这正是原子能时代唯一可行的道路。（中国）战国时代和古代希腊以及近代欧洲一样，也有过分裂和抗争。然而到汉朝以后，就放弃了战国时代的好战精神。汉朝的开国皇帝刘邦重新完成中国的统一……把中国人的民族感情的平衡，从地方分权主义持久地引向了世界主义。和秦始皇带有蛊惑和专制性的言论相反，他巧妙地运用处世才能完成了这项事业。将来统一世界的人，就要像中国这位第二个取得更大成功的统一者一样，要具有世界主义思想。同时也要有达到最终目的所需的干练才能。世界统一是避免人类集体自杀之路。在这点上，现在各民族中具有最充分准备的，是两千年来培育了独特思维方法的中华民族。"当然中国是否是世界主义者，这是另一个问题，但是至少连汤因比也认为中国即使发展到足够强大的地步，也都仍然会尊重各文明群体，我们自己就更没必要给自己贴上唯我独尊的标签。既然"西方中心"失败了，我们就不能再来个"东方中心"，那不是蹈西方的覆辙吗？

因此从文明多极论者的世界眼光看汉字，汉字应该是：

1. 汉字只是世界文字大家庭中的一个成员。它既为中国人服务，也为外国人服务，但主要是为中国人服务，为汉字文化圈的人服务。它的国际地位是联合国认可了的，它在国际间的通用率将会逐步提高。

2. 但汉字不可能成为世界第一，也不可能将被改为拼音文字。

3. 跟世界上任何一种文字一样，汉字也既有自己的优点，又有自己的缺点。汉字的优点很多，主要表现为和汉语建立了良好的搭配关系以及形体的表意性和

---

① ［美］亨廷顿《文明的冲突与世界秩序的重建》，中译本，新华出版社，1998，8—9页。

② ［美］亨廷顿《文明的冲突与世界秩序的重建》，中译本，新华出版社，1998，39页。

③ ［英］汤因比、［日］池田大作《展望二十一世纪》，北京国际文化出版公司，1999，280页。

艺术性等，难写难认的缺点是不可否认的。

4. 汉字仍然是中华各民族团结一致的共同基础，就是散落在世界各地的5500万华人对汉字仍然有深厚的感情，他们通过汉字温习对祖国的感情和牢记自己的文化根。

汉字，是中国的标记、徽章，炎黄子孙不论漂泊到地球的哪个角落，只要一见到汉字，一见到这方正庄严的标记，一见到这会表达感情极具人文气质的徽章，谁人不起故园情？谁人不低头思故乡？

……

就语言文字而言，每一个文明实体都有自己的语言文字，这是体现某一种文明的根本所在，汉字不可能有这么大的能量取代别的文字，或凌驾于别的文字之上。……

从这样的眼光看汉字，汉字既无需拼音化，也不可能取代别种文字的地位，汉字就是汉字。至于将来世界大同之日，语言文字的情况会是一个什么样子，这个问题实在太遥远，任何人也无法预测。①

我们也没有必要去争论表意文字和表音文字哪个是高级形态、哪个是低级形态，它们是文字发展的两个不同方向，并无优劣和高低级之分。我们应该理直气壮且心平气和地说汉字是表意文字，不必自惭形秽，也不必盛气凌人。

① 何九盈《汉字文化学》，辽宁人民出版社，2000，26—29页。

第九章

汉字的部首

第 1 节　汉字的造字法部首

一、什么是造字法部首

造字法部首是指在能反映原始造字意图的字形中提取出来的能表示文字意义指向的相同成分，是统属字类的单位。最早的最能体现造字意图的部首是《说文解字》的540个部首。这540个部首是严格按照许慎所理解的文字形体构成的角度立部的。是汉字的基本形体，是汉字构形的基本部件。从文字所归属的部类来说，称之为“部首”，从文字形体的结构组合来说，称之为“偏旁”，或谓之“字源（字原）”。

二、《说文解字》540 部首的意义

《说文》收 9353 字，这些字怎样排列，这是许慎首先碰到的难题。如果任意地排列，这本字典也许不会流传到今天。

在《说文》之前，已有很多童蒙识字课本，如李斯的《仓颉篇》、赵高的《爰历篇》、胡毋敬的《博学篇》、司马相如的《凡将篇》、史游的《急就篇》、李长的《元尚篇》、扬雄的《训纂篇》、贾鲂的《滂熹篇》，这些书都只是将文字编成四字或七字韵语，以便诵读和记忆。许慎《说文·叙》引《仓颉》“幼子承诏”；晋郭璞《尔雅注》引《仓颉》“考妣延年”皆是证明。罗振玉、王国维通过对敦煌出土汉简（残简）的研究，对《仓颉篇》的形制和篇名做出了如下结论：(1) 四字为句；(2) 有韵可寻①；(3) 首句是“苍颉作书”故以“苍颉”两字名篇②。这些书大多是乱杂无章之体，因

① 罗振玉、王国维《流沙坠简》，中华书局，1999，76—78 页。

② 王国维《重辑仓颉篇》“仓颉作书”注，见《王国维遗书》，上海古籍书店，1983，第七册，1 页。

而"自汉及唐，递至放失"①。"《仓颉》《训纂》《滂熹》及《凡将》《急就》《元尚》《飞龙》《圣皇》诸篇，仅以四言七言成文，皆不言字形原委。"② "周之字书，汉时存者《史籀》十五篇。其体式大约同后代《三仓》。许所引《史篇》三：'姚'下、'匋'下、'奭'下，略如后代《仓颉传》《仓颉故》，秦之《仓颉》《爰历》《博学》合为《仓颉篇》者，每章十五句，每句四字。《训纂》《滂熹》同之。《凡将篇》每句七字，《急就》同之。其体例皆杂取需用之字，以文理编成有韵之句，与后世千字文无异，所谓杂厕也。识字者略识其字，而其形或讹，其音义皆有所未谛。"③

个别字书因列字次第可能有一定规律而得以保存，如《急就篇》开宗明义："急就奇觚与众异，罗列诸物名姓字，分别部居不杂厕。"这是说《急就篇》列字是分门别类的，而不是乱杂无章的。许慎在《说文叙》中也明确说《说文》列字的原则是"分别部居，不相杂厕"，可见其继承关系。但是《急就篇》诚如段玉裁所说："按史游《急就篇》亦曰：'分别部居不杂厕'，而其所谓分别者，如姓名为一部、衣服为一部、饮食为一部、器用为一部。"④ 还属于一种简单分类，没有明确用部首统字。而许慎则在 9353 个汉字里提取出了 540 个部件作为基本单位，也就是部首，将所有的汉字都分别归属于 540 部之下，这样一来，汉字虽然众多，却是如网在纲，纲举则目张，这不仅为编纂字书找到了一个好的归字方法，而更重要的是找到了文字的规律，为文字学奠定了坚实的理论基础。《说文》与《急就》虽然同是"分别部居，不相杂厕"，但却是两种完全不同的境界。诚如段玉裁评价 540 部首说："凡字必有所属之首，五百四十字可以统摄天下古今之字，此千古未有之书，许君之所独创。若网在纲，如裘挈领，讨源以纳流，执要以说详，与《史籀篇》《仓颉篇》《凡将篇》乱杂无章之体，不可以道里计。"⑤

由于部首的确立，开创了文明史的新纪元——字典时代。

《说文》之后，大量字书问世。魏晋南北朝时期出现的《古今字诂》《字林》《字统》《古今文字》《玉篇》，宋明出现的《类篇》《字汇》《正字通》等，皆以部首统字。尽管部首数目、部首次第、所收字数不同，但考其渊源，都以《说文》为宗而随时变异，被称为《说文》系字书。

---

① 段玉裁《说文解字注》"分别部居，不相杂厕"条下注，上海古籍出版社，1981 年影印本，764 页。
② 段玉裁《说文解字注》"一"下注，上海古籍出版社，1981 年影印本，1 页。
③ 段玉裁《说文解字注》"分别部居，不相杂厕"条下注，上海古籍出版社，1981 年影印本，764 页。
④ 段玉裁《说文解字注》"分别部居，不相杂厕"条下注，上海古籍出版社，1981 年影印本，764 页。
⑤ 段玉裁《说文解字注》"分别部居，不相杂厕"条下注，上海古籍出版社，1981 年影印本，764 页。

三、《说文解字》540 部首的可商之处

《说文》540 部首并非完美无缺，有些部首取舍不当，有些部首的部居不当。

1. 540 部首并非 540 个不同的字（有些不是字，只能叫部件），有些不同的形体是同一个字，这些不同的形体有时候看作两个部首，有时候看作一个部首，殊无一定之规。例如：

人（人）与儿（儿）乃一字的异体，而分成两个部首，保（保）、仞（仞）、仕（仕）等属人部，而兀（兀）兒（兒）允（允）等则入儿部，大是古文“大”字，亣是籀文“大”字，亦分为两部。奎（奎）夾（夾）奄（奄）等字从大入大部。奕（奕）、奘（奘）臭（臭）等字从亣入亣部。如此看来，许慎的分部方法是依照字形的笔画结构去分部的，而不以文字的异同来分部。所以把一个字的异体分化为几部，并把它作为分析相关字形的标准。制定这样的条例，当然是有道理的。问题是，既然立此条例，就应该始终贯彻这个条例，而㣇（㣇 yì）籀文作𢑚（𢑚），𧰯（𧰯）、𢑥（𢑥 sì）从小篆㣇（㣇 yì），𢑒（𢑒 hū）、彙（彙 wèi）从籀文𢑚，却俱入㣇（㣇 yì）部，不列𢑚部。要分皆分，要合皆合，当循一定之规。

部首			属字					
序号	小篆	楷书	例字		例字		例字	
			小篆	楷书	小篆	楷书	小篆	楷书
1	人	人	保	保	仞	仞	仕	仕
	儿	儿	兀	兀	兒	兒	允	允
2	大	大	奎	奎	夾	夾	奄	奄
	亣	大	奕	奕	奘	奘	臭	臭
3	㣇	㣇	𧰯	𧰯	𢑥	𢑥	四字具入㣇部，不列𢑚部	
	𢑚	𢑚	𢑒	𢑒	彙	彙		

表 9－1

2. 有些部首是许慎根据讹变了的小篆形体拆分的，因而理据不充分。这又分为两种情况：

一种情况是，许慎在分析小篆系统时是根据小篆形体提取出相同部件为其归类立部的，这个相同部件可能与原始理据毫无关系，是某几个字因为小篆形体发生了讹变之后的一种巧合，是一种很牵强的附会。如部首乚，《说文》释曰：“匿也。象迟曲隐蔽形。凡乚之属皆从乚。读若隐。”其字未见于文献，当是许慎在分析小篆系统时为

了让“直”有一个归属而离析提取的一个部首。甲骨文写作[甲骨文]，从目上一竖，表示目光正视一处，所谓目不斜视，指目光之直，当入目部。但因小篆的“直”变成了直，有一个部件乚可以分离，所以《说文》将直离析为“从乚，从十，从目”。还有“亡”字、“匸”字作为部首也得进行字形的分解。林洁明认为“亡”甲骨文作[甲骨文]、[甲骨文]、[甲骨文]，锋芒之芒的本字，从刀，一点指示锋芒所在，与刃造意同。“无有”“逃亡”的意义都是假借义[1]。但因小篆的“亡”讹变成了亡，与“锋芒”之形已相去甚远，于是《说文》以假借义“逃也”释之，形体则离析为“从入，从乚”，所释是一种当代形义关系。还有“匸（xì）”，小篆作匸，表示掩藏的意思，《说文》拆解为“从乚，上有一覆之”。乚的来源不确定，匸的解释也一样可疑。《说文》还有一个匚（fāng）字，楷化作“匚”，释为“受物之器，象形”，疑匸和匚本一字，器既可受物，亦可藏物，后分别为二字，将匚的末笔曲而下垂成乚以示区别。这样直、亡、匸都可以离析出乚这个部件，于是将乚作为一个部首，因亡、匸另有所从之字，故设为部首，乚下便只隶“直”字。因而乚作为部首，是根据小篆系统提取出来的，并非造字理据。

又如“鄉”字《说文》隶属𨛜部，“𨛜”又隶属邑部，𨛜部、邑部皆注“阙”，意即阙其音，可见这两部都是为“鄉”字而设的。并无意义和读音，立部的理据并不充分。

一种情况是，小篆的某一个部分因讹变正好在另一个结合点上与字义契合而取为部首。

如《说文》有“𠦬”这个部首：“背吕也。象脅肋形。凡𠦬之屬皆从𠦬。”其实这个部首是为牵合“脊”的讹变字形而设的，理据显得不充分。脊，秦简作[秦简]（睡虎地简三六，七五）、[秦简]（足臂灸经十四）[2]，“𠦬”显然是朿形之讹，朿即“朿”字，此可从“责”字所从之“朿”的讹变情形上得到证明。“责”西周作[金文]、[金文][3]，秦汉时则作[秦汉]，[4]，所从之“朿”写作朿，与“脊”字肉上所从完全相同，可见“脊”字所从必为“朿”字无疑。“朿”“脊”古音相近，“朿”在“脊”中是作为声符出现的。《说文》因篆文“脊”字从𠦬，义为背吕，故附会由“朿”讹成的“𠦬”为背吕的象形，取之以为部首。[5]“𠦬”下只领属“脊”一字，既然“𠦬”属讹变部分，就不适合作为部首，“脊”当并入肉部。

---

① 董莲池《说文解字考证》，作家出版社，2005，503 页。
② 《汉语大字典》字形组《秦汉魏晋篆隶字形表》，四川图书出版社，1985，880 页。
③ 《金文编》，435 页。
④ 《汉语大字典》字形组《秦汉魏晋篆隶字形表》，四川图书出版社，1985，420 页。
⑤ 董莲池《说文解字考证》“𠦬”“脊”字说解，作家出版社，2005，485 页。

3. 有些部首收字很少，甚而只有部首字，未统属一字者，俗称“无属字部首”，这样的部首一共有 36 个，它们是：三、凵（口犯切）、凵（去鱼切）、久、才、乇、㳄、克、录、耑、丏、冄、舄、易、萈、能、〈、燕、率、它、幵、四、五、六、七、甲、丙、丁、庚、壬、癸、寅、卯、未、戌、亥。

这 36 个部首中，有的是根据文字滋衍的关系可以合并的，如《说文》把夂作为“终”的重文列于“终”之下。

“凵”可置于“笶”下，凵竹合并。“凵（去鱼切）”字，许慎以为是饭器，王筠说和曲字构成异体关系，都是饭器的样子。近人马叙伦也持同样看法，认为二者只是一繁一简的异体字。现在大多数人认可这种观点，并论证后来加形作去（𠙴），《说文》认为“去，人相违也”，即人离开某地而去，误。“𠙴”上的“亣”非“大”，当为盖，又由于去字假借为离开、相违的意思，又加竹字成“笶”（笶），表示是竹制的器皿，成为从竹去声的形声字，即《说文》“凵（去鱼切）”下所列的重文。董莲池认为𠙴是“盖”的初文，战国的“盖”写作“盇”，皿是增繁的形体，“人相违”的“去”当如裘锡圭所说作𠙴，从大从口会意，是当“开口”讲的“呿”字的初文，本义是开口。开口则上下唇齿相离，“人相违”的意义便当由此引申而来①。所以，不管是从许书看，还是从学者的分析看，都应该以从竹去声的字作为字头列入竹部，而将凵当作重文附后。

“〈”可置于“甽”“畎”之下，“〈”“田”合并。许慎解释“〈”字说：“水小流也。甽，古文〈从田从川。畎，篆文〈从田犬声。”他对字的形体结构关系的分析，得到后人的认同。段玉裁曰：“水部曰‘涓，小流也。’〈与涓古音义同。”张舜徽说：“〈即涓之初文也，象其流之狭，故云水小流也。此乃田间小流，故或体甽、畎皆从田。甲文中已有甽字，知其所起已早，畎字虽较晚出，而经传多用之，然以造字先后言之，则〈尤在前耳。”② 由此可见，〈、甽、畎三个字具有古今的关系，那么，〈应该以畎或甽为字头，放入田部。属于这种情形的字以干支字居多。③

有的是根据《说文》的内部列字条例，应当并入其他部首，但却违反条例没有并入的。

“三”可并入一部或二部。“三”字是积画而成的字，结构和“二”相同，都从“一”而来。由于“二”字下有从属的字，因此“二”就作为部首罗列。而“三”并

① 董莲池《说文部首形义新证》，作家出版社，2007，128—129 页；裘锡圭《说字小记》，载裘锡圭《古文字论集》，中华书局，1992，646—647 页。

② 张舜徽《说文解字约注》卷廿二，中州书画社，1983，2 页。

③ 冯玉涛、赵兵战《〈说文解字〉无从属字部首评析》，宁夏大学学报，2001，第 6 期。

没有从属字，按道理当或入“一”部，或入“二”部，道理和森字进入“木”部一样。许慎将“三”单列为部首，是受了儒道的哲学思想的影响。无论儒家还是道家，都认为一是世界的本原，即所谓“一生二，二生三，三生万物”，认为三是“天、地、人之数也”，是代表上天、大地、生人的一个神奇数字，故在设立部首时，不惜将它列为无属字部首。

“凵（口犯切）”可入口部。冯玉涛说：“口犯切的凵字，许慎认作张口的意义，后代的学者大多数认可。但是他说这个字是象形字，则引起争议。如王筠说：‘夫张口乃事也，只有下唇者，人之张口下唇独奢也。口字象形，凵则省口以指事。’马叙伦先生云：‘然则凵象口张之形，凵、口音同溪纽，则是一字形小异耳。盖张口乃指事耳，而凵缺其上唇，并不能象张口形也。’这就充分说明凵为口的变形指事字。按照许书的条例，如果一个字没有从属的字，并且是从某个字变化而来的，就将这个字放在变化前的那个充当部首的字的最后，如许慎以为乏是从‘正’字变化而来的，他只在乏下引用说：‘《春秋传》曰：反正为乏。’就将乏放在正部的最后。这种情况王筠的《说文释例》有系统、详细的说明，此不赘举。据此，凵自然应当放在口部的后面，则可以去掉凵部。”①

有些是可以根据形近的特点进行归并的。

“才”可入屮部。“才”字的甲骨文（）、金文（、）形体和屯字结构相同，“屯”的甲骨文形体作、、，小篆作，都象小草即将冒地长出的样子，只是“才”的小篆形体与屯的小篆形体有了距离。许慎说：“才，草木之初也。从丨上贯一将生枝叶。一，地也。”释义比较准确，析形也大致合理。至于归部，则不必单独立部，而可仿效屯入屮部。《说文》释屯曰：“难也。象艸木之初生，屯然而难。从屮贯一。一，地也。尾曲。《易》曰：‘屯，刚柔始交而难生。’”屯入屮部，才从甲金文的形体和意义上讲完全可以入屮部，虽然许慎未见甲金文，但从形近的角度讲仍可归入屮部。其实，《说文》以形近归部已有先例，（篆文鹊）、（焉）只因下半截与（乌）的下半截相近而皆入乌部。马叙伦就曾经主张仿效乌、焉的做法，将“才”并入艸木部，“是才部断可削也”②。

又如“萈”，许慎云：“，山羊细角者。从兔足，苜声。读若丸。”视作形声，误。苜，徒结切；萈，胡官切，二者读音相去甚远。故徐铉注曰：“苜，徒结切，非声。疑象形。”王筠《说文句读》：“，……，其角也；目，其首也；则足与尾也。似通体象形。”萈本来象细角羊的样子，何琳仪《战国古文字典》：“甲骨文作，西周

---

① 冯玉涛、赵兵战《〈说文解字〉无从属字部首评析》，宁夏大学学报，2001，第6期。

② 马叙伦《说文解字研究法》，中国书店影印，1988，3—4页。

金文作，……小篆为形之省简，参兕小篆作，古文作。”董莲池《说文部首形义新证》：“睡虎地秦简写作，为独体象形字，象其角，表示头面，象其尾与足。”萈本是羊属，仿入乌部之例归入羊部，形相近，义相类，似无不妥，按形近归入部亦有可依。

有些是由于未能准确理解字的本义，没有搞清楚字的结构，从而列为无属字部首。这类字比较多，且情况较复杂。

以“丁”字为例，许慎云云是谓五行说把南方看作丁所位居，于五行属火，于时属夏，夏季万物都长得壮壮实实，所以“丁”字构形取意于此而作植物茎上有果实形。其实这只是据小篆形体与引申义比附而成的猜测之词。丁字甲骨文作、（甲骨文编）诸形，商代金文作（丮且丁尊），西周金文作（善鼎），实为取象钉帽形，为“钉”之初文，假为天干字。后渐变为三角形（虢季子白盘）、（王孙钟），战国文字延长三角形作①、、、，由再线条化，至篆而写作，战国时或易竖笔为撇笔，再演变为隶书，这个演变轨迹应该说是比较可信的。这是董莲池《说文部首形义新证》“丁”字条下论证的轨迹②。当然，从构图理论上说，甲骨文和金文早期是俯视图，金文晚期则是侧视图或谓正视图，文字演变过程中发生这种视图移位的可能性是存在的，也是合理的。而何琳仪在《战国古文字典》中认为丁原指城邑，从原始构形上说是没有问题的。徐中舒《甲骨文字典》认为指建筑物顶上的窗户，如“宫”字的两方框，从构形上说也是没有问题的。赵诚则认为指人的头顶③，也不是没有道理，因为天字甲骨文即作，从构形上说也是没有问题的。但何、徐、赵的观点在形体演变上都不能获得支持。

对于许慎的说解，学者大多不予信从。如《说文通训定声》在“丁”下说：“此篆当训钉也，象形。今俗以钉为之，其质用金，或从竹若木。”朱骏声的分析，得到文字的证明，因此，马叙伦、张舜徽等都信从他的解释。但是姚孝遂在《甲骨文字诂林》的按语中却否定这个说法：“释‘丁’为‘钉’，不可据。‘丁’字本形本义难以稽考，只能存疑。”确实，以上诸种意见在甲骨文中都不能找到用例，“丁”在甲骨文中目前所见有以下四种用法：一、指天神，二、一种祭礼，三、天干之一，四、先公先王及先妣的庙号④。就是没有“钉”的用法。但是作为“钉”的先造字的推断应该

① 罗福颐主编《古玺文编》“定”所从，文物出版社，1981。

② 董莲池《说文部首形义新证》，作家出版社，2007，375页。笔者引用时杂有何琳仪《战国古文字典》“丁”字条下的形体演变描述。

③ 赵诚《甲骨文简明词典》，中华书局，1988，70页。

④ 徐中舒《甲骨文字典》，四川辞书出版社，1993。

还是站得住脚的，尤其是有字形演变作为支持。当然，“囗”形也许不止作为“钉”的源头，还可能是“围”的源头。如果我们承认“囗”作为“钉”的源头是它的诸多源头中的一个，那么“丁”以“钉”为字头放入金部，也还算可以成立。

从古文字看，“癸”字形体象测量器具，表示丈量的意义。《说文》说：“癸，冬时水土可揆度也，象水从四方流人地中之形。”《说文》释形误，但释义为“可揆度”，倒接近本义。其实“⋇”就是古代两个形制如圆规的木制丈量土地的工具（古人谓步弓，形似弓，有两足，两足间的距离为一步）交错在一起的构图。由于古人丈量时习惯用手足，如双臂舒展为一寻，双足跨开是一步，古人又经常携矢行走，常用矢量度长短，或以射箭可到达的地方的距离作为量度远距离的单位，如一箭之遥，因而到春秋时期字就变成从双止（趾的古字）从矢的“癸”字。又由于借作“壬癸”字，就又加形作“揆”，从而形成一对古今字。总之，“癸”应以“揆”为字头，放进手部。

4.《说文》是据形系联而非据声系联，也即是以形为经，而非以声为经，但有时却有例外。如：

辧，从刀，辡声。（入刀部）
瓣，从瓜，辡声。（入瓜部）
辯，从言，辡声。（却入辡部）

苟，从艸句声。（入艸部）
鸲，从鸟句声。（入鸟部）
朐，从肉句声。（入肉部）
枸，从木句声。（入木部）
斪，从斤句声。（入斤部）
昫，从日句声。（入日部）
佝，从人句声。（入人部）
耇，从老省句声。（入老部）
驹，从马句声。（入马部）
狗，从犬句声。（入犬部）
拘，从手句声。（却入句部）
笱，从竹句声。（却入句部）
鉤，从金句声。（却入句部）

说明《说文》在归字时并没有完全贯彻“据形系联”，以形为经的原则。

四、合理的造字法部首数目的讨论

如前所述，《说文》540部并非部首的最佳数目，因而历来很多学者提出了不少新的部首方案。如：

宋代郑樵在《六书略》中提出了“去其二百十，取其三百三十”的设想。

宋元之际的戴侗分为四百七十九部，也比许慎540部简略。

王宁将小篆进行了系统分析之后，总结出160个构字能度较高的小篆成字形位。其构字频度最少在10次以上，最多的达500次左右，是小篆构成的基础部件，具有表义、示音、示源的功能，承担了生成新字的任务。如果再加上10次以下的一些部件，一共小篆的成字形位是280多个，再加上60多个附加形位，则其形位数为340—350个，比540部首要少多了[①]。

近代日本高田忠周《说文字原谱》分部147。日本岛邦男《殷虚卜辞综类》分甲骨文的基本形体为164。甲骨文形体与小篆虽有区别，但也有联系，这两位日本学者从文字形体的实际出发，很少成见，力图探讨构成中国文字的基本符号。当然，这里面的问题还有很多，如将甲骨文中的“山”和“火”合并，“丁”和“口”合并，是否可取，还有待商榷。照顾了形体的相同，却抹杀了意义的相异，便不能准确反映形义之间的关系了。

尽管540部首还不够完善，有着这样那样的问题，但功在首创，首创的东西在后人看来总是不完美的。既然是首创，当然有其不可磨灭的价值。

---

① 王宁《〈说文解字〉与汉字学》，河南人民出版社，1994，60—62页。

第 2 节　汉字的检字法部首

一、检字法部首产生的原因及其定义

造字法部首立部太多，有些部首统属的字太少，甚至没有统属之字，与“部首”的名称不符。尤其是造字法部首是立足于原始文字构形立部的，文字发展到楷书，形体已发生了很大的变化，人们已很难看出某字是某部首，难以查检。如“奉”，小篆作，《说文》释曰：“承也。从手，从𠬞，丰声。”其字属𠬞部，依据楷书已难看出从手从𠬞，自然难以辨其归属。又如“春”，小篆作“”，《说文》释曰：“推也。从艸，从日，艸春时生也。屯声。”其字入草部。依据楷书形体亦难以看出是从艸了。因此，为了字典辞书具有实用性，有必要根据楷书形体重新确立部首，便于查检，于是检字法部首产生了。所谓检字法部首就是：以便于查检为原则，根据楷书形体所提取出来的相同成分，是统属字类的单位。

二、检字法部首的弊端

由于检字法部首以楷书形体为依据，不论字理，而从原始文字构形的角度看就有可能或不伦不类，或张冠李戴，或指鹿为马，或雌雄莫辨。

不伦不类者：

施（），《说文》释曰：“旗皃。从㫃也声。䜌栾施字子旗，知施者旗也。”（七上，140 页下）

旅（），《说文》释曰：“军之五百人为旅。从㫃从从。从，俱也。，古文旅。古文以为鲁卫之鲁。”（七上，141 页上）甲骨文作，徐灏《段注笺》引戴侗说：“並人在㫃下，‘以旗致民’（《周礼·大司马》语）之义也。”

此二字《说文》入㫃部。在《字汇》《康熙字典》及尔后的诸多字典中皆入方部，把“方”和“𠂉”生生拆开，变得不伦不类了。

张冠李戴者：

萬，小篆作，《说文》释曰：“蟲也。从禸。”

入禸部。又《说文》：“禸，兽足蹂地也。象形，九声。《尔疋》曰：‘狐狸貛貉醜，其足蹞，其迹禸。’凡禸之属皆从禸。蹂，篆文从足柔声。”甲骨文萬作，小篆中的禸实即尾巴的讹变。《说文》于“禸”、于“萬”的说解已见迂曲，其分部也近似无理，但毕竟还未离其本。《字汇》《康熙字典》将其入艸部，便是张冠李戴了。

指鹿为马者：

艱，小篆作，《说文》释曰：“土难治也。从堇艮声。，籀文艱从喜。”（十三下，堇部，290 页下）

堇，小篆作，《说文》释曰：“黏土也。从土，从黄省。凡堇之属皆从堇。”（十三下，堇部，290 页上）

艱是个形声字，以形为经，《说文》入堇部。《字汇》取消了堇部，只好入艮部，将字的声符视为部首，是指鹿为马了。

雌雄莫辨者：

《说文》中王是王，玉是玉，分别划然，而《字汇》将王玉合并，作偏旁时形体相同，是王是玉，难以分别。

《新华字典》《现代汉语词典》为 189 部，《辞海》为 250 部，《汉语大字典》《汉语大词典》皆为 200 部。除《辞海》外均少于 214 部首。部首所反映的字理更少了。如：

騰，本从馬朕声（十上，馬部，201 页下），《新华字典》入月部，将月和龹分开，不伦不类。

黄，甲骨文作，唐兰认为是“尪”字，“突胸仰向疾”之人。郭沫若认为本义为佩玉，则黄为璜的古字，都认为是整体象形字。《说文》释义为“地之色也”（十三下，291 页下），固然不确，但将黄独立一部却是明智的，《字汇》《康熙字典》以及《辞源》都有黄部，《新华字典》删去黄部而入艹部，已是相去太远。

视，以前诸多字典皆入见部，《新华字典》入礻部，以声符作部首，这是指鹿为马。

从《说文》到《辞源》月肉区别甚明，《新华字典》将其合为一部，是月是肉，难以区别。

当然，从检字便查的角度讲，这些合并都很有道理。正是由于在楷书里作偏旁时王玉同形，月肉同形，一般人已很难分清究竟该查王部还是玉部，该查月部还是肉部，故而干脆合为一部，复杂的问题简单化，是有利于大众学习语文的。但是从研究文字的构形规律来讲，则是不能一味省简的。省简是为了实用，繁复是为了研究。繁复有个度，省简也有个度。这两个度都还有待深入研究。尤其是检字法部首，往往要兼顾据义归部和据形归部两种方法，据义归部便于探源纳流，据形归部则利民便用。据形归部也有难处，因汉字字形带有很大的无序性。要弄出一套毫无例外的法则，很难做到，只能是尽量完善。

三、检字法部首分歧的现状

由于汉字的不规则性，决定了汉字的检字法部首如同造字法部首一样人各为数，很难统一。现将明梅膺祚《字汇》之后的主要工具书的部首数列表如下：

字词典名称	时间	作者	部首数
字汇	明	梅膺祚	214
康熙字典	清	张玉书	214
中华大字典	1909 年开始编纂，1914 年编成，1915 年中华书局出版	陆费逵、欧阳溥存等	214
辞源（旧版）	1908 年始编，1915 年商务印书馆出版	陆尔奎、方毅等	214
辞源（新版）	1958 年组织修订，1979 年出版第一册，1983 年出齐四册	吴泽炎、黄秋耘、刘叶秋	208
辞海（旧版）	1915 年秋始编，1936 年由中华书局正式出版	舒新城、沈颐、张相等	214（繁体排版）
辞海（新版）	1958 年开始修订，1965 年出版未定稿，1979 年上海辞书社分三册出版	舒新城、陈望道等	250
新华字典	1953 年初版	新华辞书社	始为 191，后为 189，2004 年第 10 版为 201
现代汉语词典	1958 年 6 月始编，1978 年由商务印书馆正式出版	中国社会科学院语言研究所词典编辑室编	189
汉语大字典	1975 年编，1985 年由湖北辞书出版社、四川辞书出版社陆续出版	汉语大字典编辑委员会	200（繁体排版）

续表

字典名称	时间	作者	部首数
汉语大词典	1975年始编，1994年由汉语大词典出版社出版	汉语大词典编纂处	200（释义简体，例证繁体）
古代汉语词典	1985年始编，1998年由商务印书馆出版	古代汉语词典编写组	194
王力古汉语字典	1984年始编，2000年由中华书局出版	王力主编 王力古汉语字典编写组编写	214（繁体排版）

表9-2 各种字词典部首数目

自从明梅膺祚《字汇》分为214部，《康熙字典》《辞源》沿袭之。此后的字词典的部首数便在214的上下浮动。汉字部首不统一的状况增加了汉字信息检索的难度，不仅给学习汉字带来不便，也不能适应信息时代语言文字规范化、标准化的要求，因此迫切需要为汉字部首制定规范，确定统一的汉字部首表。

四、检字法部首的标准化

1983年由中国文字改革委员会、国家出版局联合制定《汉字统一部首表（草案）》（以下简称《草案》），《草案》由有关部门根据常见的《康熙字典》《辞海》《新华字典》《现代汉语词典》等辞书的部首，斟酌取舍确定部首数目为201个。该表发布后，在辞书编纂、汉字各类标准的制订、计算机信息处理、图书检索等方面得到了广泛应用，《汉语大字典》和《汉语大词典》部首的确定便是《草案》的实践（只是增凿部，删业部、卓部）。2004年5月出版的《新华字典》则是完全按《草案》的201部首编排的。后来又广泛征求语言文字学专家及使用者的意见，在主部首和附形部首的确立、部首排序、部首表的使用规则等方面做了适当的调整和补充，使部首更具科学性和实用性。1983年2月25日教育部召开发布会宣布，由教育部、国家语委发布《汉字部首表》和《字符集汉字部首归部规范》。《汉字部首表》是中国教育部、国家语委组织制定的一部语言文字规范，规定主部首201个，附形部首100个。《字符集汉字部首归部规范》，综合考虑汉字的历史发展和现实需要，给出了20 902个汉字的部首归部表。两个规范均于2009年4月由语文出版社出版，自2009年5月1日实施。

附：汉字部首表[①]

1 范围

本规范规定了汉字的部首表及其使用规则

本规范适用于辞书编纂、汉字信息处理及其他领域的汉字检索，也可供汉字教学参考。

2 规范性引用文件

下列文件中的条款通过本规范的引用而成为本规范的条款。凡是注明日期的引用文件，其随后所有的修改单（不包括勘误的内容）或修订版均不适用于本规范，然而，鼓励根据本规范达成协议的各方研究是否可使用文件的最新版本。凡是不注明日期的引用文件，其最新版本适用于本规范。

GB/T 12200.2—1994 汉语信息处理词汇 02 部分：汉语和汉字

国家语言文字工作委员会、新闻出版署发布《现代汉语通用字笔顺规范》1997 年 4 月

GF 3002—1999 GB 13000.1 字符集汉字笔顺规范

GF 3003—1999 GB 13000.1 字符集汉字字序（笔画序）规范

GF 2001—2001 GB 13000.1 字符集汉字折笔规范

3 术语和定义

下列术语和定义适用于本规范

3.1 部首 indexing component

可以成批构字的一部分部件。含有同一部件的字，在字集中均排列在一起，该部件作为领头单位排在开头，成为查字的依据。

3.2 笔画 stroke

构成楷书汉字字形的最小书写单位。

① 中华人民共和国教育部、国家语言文字工作委员会发布，语文出版社，2009。

3.3　笔顺　stroke order

书写每个汉字时的笔画的次序和方向。

3.4　主部首　principal indexing component

有不同写法的部首中具有代表性的书写形式。

3.5　附形部首　associated indexing component

附属于主部首的书写形式，有繁体（如門、貝、馬）、变形（如刂、氵、辵）和从属（如⺆、⺜、⽇）三种。

4　《汉字部首表》的制定原则

4.1　尊重传统。以现存有代表性、有影响的《康熙字典》《辞海》《新华字典》《现代汉语词典》等辞书的部首表为基础和依据设立部首。主部首没有增加新形体，附形部首根据实际需要作了适当的增设。

4.2　立足现代，兼顾古今。首先考虑现行汉字检索的需要，依据现行汉字的字形特征确立主部首和处理主附关系；同时为适应更大范围汉字楷书字形检索的需要，增设附形部首并允许变通处理。

5　《汉字部首表》说明

5.1　《汉字部首表》主部首共201个，附形部首共100个。

5.2　本部首表的所有部首按GF3002《GB13000.1字符集汉字笔顺规范》和GF3003《GB13000.1字符集汉字字序（笔画序）规范》的规定排序。

5.3　各主部首的序号为固定编号，附形部首的序号与主部首一致。

5.4　本部首表的附形部首在主部首后面用括号列出，附形部首多于一个时，按笔画序依次排列。另外，附形部首也按笔画序排在部首表的相应位置，其序号加［　］，部首本身加（　）。如水部为77水（氵氺），［77］（氵）又排在“47门”和“［98］（忄）”之间，［77］（氺）又排在“104业”和“105目”之间。

5.5　“5 乛”有“㇆、㇇、㇈、㇗、㇙、㇜、㇛、㇁、㇅、㇊、㇉、㇐、㇄、乙、㇌”等15个附形部首，因数量较多，未在部首表中列出。

6　《汉字部首表》使用规则

6.1　使用本部首表时，一般应以主部首为主。

6.2　在某些情况下，对本表的使用可根据需要作变通处理，但部首总数、序号及形体应与本部首表保持一致，并须对变通情况作出具体说明。

a　某些辞书（如大型字、词典，古汉语字、词典）可根据传统和实际需要，用繁体部首或变形、从属部首作为主部首。如“風（风）”“貝（贝）”“艸（艹）”“辵（辶）”“玉（王）”。

b　某些辞书可同时采用主部首和收字较多的附形部首。如王（玉），可将从“王”的字归入“王”部，将从“玉”的字归入“玉”部，两部的序号均为61。又如车（車），简、繁体都收的辞书可将简化字归入“车”部，将繁体字归入“車”部，两部的序号均为68。

c　用于旧印刷字形的检索时，可将本表的部首转换为旧印刷字形，部首序号不变。如“30 艹”转换为“30 ++”，“49 辶”转换为“49 辶”。新旧字形同时存在的字集中，旧字形可归入对应的新字形部首，如“黄”归入“黄”部，“青”归入“青”部。

6.3　在汉字部首排序中，当某些部首下无字时，一般也应将这些无字部首列出，以保持部首表的完整。

7　汉字部首表

一画

1　一
2　丨（亅）
[2]（亅）
3　丿
4　丶
5　乛

二画

6　十
7　厂（⺁）
8　匚
[9]（⺊）
[22]（刂）
9　卜（⺊）
10　冂（⺆）
[12]（亻）
[7]（⺁）
11　八（丷）
12　人（亻入）
[12]（入）
[22]（⺈）
[10]（⺆）
13　勹
[16]（⺇）
14　儿
15　匕
16　几（⺇）
17　亠
18　冫
[11]（丷）
19　冖
[166]（讠）
20　凵
21　卩（㔾）
[175]（阝左）
[159]（阝右）
22　刀（刂⺈）
23　力
24　又
25　厶
26　廴
[21]（㔾）

三画

27　干
28　工
29　土（士）
[29]（士）
[80]（扌）
30　艹（艸）
31　寸
32　廾
33　大
[34]（兀）
34　尢（兀尣）
35　弋
36　小（⺌）
[36]（⺌）
37　口
38　囗
39　山

40　巾
41　彳
42　彡
［66］（犭）
43　夕
44　夂
［185］（饣）
45　丬（爿）
46　广
47　门（門）
［77］（氵）
［98］（忄）
48　宀
49　辶（辵）
50　彐（彐彑）
［50］（彐）
51　尸
52　己（已巳）
［52］（已）
［52］（巳）
53　弓
54　子
55　屮（屮）
［55］（屮）
56　女
57　飞（飛）
58　马（馬）
［50］（彑）
［148］（纟）
59　幺
60　巛

四画

61　王（玉）
62　无（旡）
63　韦（韋）
［123］（耂）
64　木（朩）
［64］（朩）
65　支
66　犬（犭）
67　歹（歺）
68　车（车車）
［68］（车）
69　牙
70　戈
［62］（旡）
71　比
72　瓦
73　止
74　攴（攵）
［98］（⺗）
［75］（⺜）
［75］（曰）
75　日（曰⺜）
［88］（月）
76　贝（貝）
77　水（氵氺）
78　见（見）
79　牛（牜）
80　手（扌龵）
［80］（龵）
81　气
82　毛
［79］（牜）
［74］（攵）
83　长（镸長）
84　片
85　斤
86　爪（爫）
87　父
［34］（⺄）
［86］（爫）
88　月（⺼）
89　氏
90　欠
91　风（風）
92　殳
93　文
94　方
95　火（灬）
96　斗
［95］（灬）
97　户
［100］（礻）
98　心（忄⺗）
［145］（聿）
［45］（爿）
99　毋（毋）

五画

［61］（玉）
100　示（礻）
101　甘
102　石
103　龙（龍）
［67］（歺）
104　业
［77］（氺）
105　目
106　田
107　罒
108　皿
［176］（钅）
109　生
110　矢
111　禾
112　白
113　瓜
114　鸟（鳥）
115　疒
116　立
117　穴
［142］（衤）
［145］（⺻）
［118］（⺪）
118　疋（⺪）
119　皮
120　癶
121　矛
［99］（母）

六画

122　耒
123　老（耂）
124　耳
125　臣
［126］（襾）
126　覀（襾西）
［126］（西）

127 而
128 页（頁）
129 至
130 虍（虎）
131 虫
132 肉
133 缶
134 舌
135 竹（⺮）
[135]（⺮）
136 臼（𦥑）
137 自
138 血
139 舟
140 色
141 齐（齊）
142 衣（衤）
143 羊（⺶⺷）
[143]（⺶）
[143]（⺷）
144 米
145 聿（⺻⺺）
146 艮
[30]（艸）
147 羽
148 糸（纟糹）
[148]（糹）

七画

149 麦（麥）
[83]（镸）
150 走
151 赤
[68]（車）
152 豆
153 酉
154 辰
155 豕
156 卤（鹵）
[76]（貝）
[78]（見）
157 里
[158]（⻊）
158 足（⻊）
159 邑（⻏右）
[136]（𦥑）
160 身
[49]（辵）
161 采
162 谷
163 豸
164 龟（龜）
165 角
166 言（讠）
167 辛

八画

168 青
[83]（長）
169 卓
170 雨
171 非
172 齿（齒）
[130]（虎）
[47]（門）
173 黾（黽）
174 隹
175 阜（⻖左）
176 金（钅）
[185]（飠）
177 鱼（魚）
178 隶

九画

179 革
[128]（頁）
180 面
181 韭
182 骨
183 香
184 鬼
185 食（饣飠）
[91]（風）
186 音
187 首
[63]（韋）
[57]（飛）

十画

188 髟
[58]（馬）
189 鬲
190 鬥
191 高

十一画

192 黄
[149]（麥）
[156]（鹵）
[114]（鳥）
[177]（魚）
193 麻
194 鹿

十二画

195 鼎
196 黑
197 黍

十三画

198 鼓
[173]（黽）
199 鼠

十四画

200 鼻
[141]（齊）

十五画

[172]（齒）

十六画

[103]（龍）

十七画

[164]（龜）
201 龠

第十章

汉字的规范

第1节　汉字规范的历史

汉字的规范化，就是根据汉字自身的发展规律，研究和规定通用汉字形体、读音等方面的统一规范，并因势利导地推广这些规范；同时对一些不符合汉字发展规律或没有必要存在的歧异现象加以适当的处理，使汉字更便于人们的应用，更好地为中文信息处理等方面的现代化服务。① 汉字历史悠久，源远流长，在几千年的流传过程中，汉字的字形、字音就一直存在着单一与繁多、规范与不规范的矛盾。因此，历代政府采取了不少行之有效的措施对汉字进行整理与规范，而历代学者为此也做出了极大的贡献。可以说，汉字的发展史也是一部汉字的规范史。

一、古代的汉字规范

1. 先秦至秦汉时期

传说中的造字之人仓颉其实是第一个整理和规范汉字的人。《荀子·解蔽》："故好书者众矣，而仓颉独传者一也。"仓颉整理和规范汉字，或者于史无徵。而从现存的古代文献记载来看，至少从西周开始，政府就非常重视学校的语文规范化教育了。西周实行"学在官府"的教育制度，在学校开设"六艺"教学，其中"书"即是教授学童识字、写字。相传为周宣王时太史籀所作的《史籀篇》，就是周朝教授儿童识字的课本，这本最早的字书，也奠定了汉字规范最初的基础。同时，西周也非常注重规范汉字的推广工作。《周礼·春官·外史》载有"掌达书名于四方"，"书名"即"文字"，"掌达书名于四方"就是要官员"外史"负责把统一的文字传达到四方各国，这反映出西周政府对文字统一规范的一种措施。殷、周两代，国家统一，社会稳定，再加上文字的使用范围并不是很广，所以汉字的字形变异较小，总体呈稳重渐变的趋势。但到了战国时期，社会正经历着从奴隶制向封建制过渡而带来的剧烈动荡。同

① 李宇明《汉字规范》，华中师范大学出版社，2004，1页。

时，伴随着农业、手工业和商业的发展，文字的应用范围得到扩大，各种新造字、简体字、异体字日渐增多。又加上群雄割据，连年征战，各诸侯国的政治、经济、文化都自成体系，更加深了各国之间的文字差异。这种“言语异声，文字异形”的状况严重妨碍了各地经济、文化的交流，也影响了中央政府政策法令的有效推行。

秦统一中原后，针对战国时期文字使用的混乱局面推行“书同文”政策，将小篆作为官方规范文字，并废除其他异体字，这是通过政府行为进行的一次意义重大、影响深远的汉字规范行动。《说文解字叙》记载：“秦始皇帝初兼天下，丞相李斯乃奏同之，罢其不与秦文合者，斯作《仓颉篇》，中车府令赵高作《爰历篇》，太史令胡毋敬作《博学篇》，皆取《史籀》大篆，或颇省改，所谓小篆者也。”通过废除六国异文，并对秦国原有文字《史籀》大篆进行整理、简化，在这个基础上制定出了小篆作为当时的标准字体。而且，《仓颉》《爰历》《博学》这三部字书的编写，字体都采用小篆，所以它们实际上相当于当时“书同文字”的规范字表。① 从汉字的发展来看，小篆是古文字的终结，它不仅减少了汉字的图画性，简化了笔画，更重要的是结束了长期以来汉字异构丛生、形体杂乱的局面，做到了一字一形。这对增强汉字的社会职能，促进民族团结统一以及文化、经济的发展，都有非常重要的意义。

到了汉代，隶兴而篆衰，隶书取代小篆成为了主要字体，但在西汉初期，隶书还不很成熟，使用过程中还有混乱现象。为此，西汉王朝对于汉字的书写也进行了严格的规范。《说文解字叙》说：“书或不正，辄举劾之。”可见，当时的文武百官字如果写得不好或有误，会遭到弹劾和处罚。这种严厉的措施对当时社会的用字规范起到了积极的作用。西汉末年，今文经学与古文经学之间发生了激烈的交锋，一些学者解说汉字时往往带有很大的随意性，以至牵强附会。比如，不少学者根据汉隶的结构去分析汉字字形结构，认为“马头人为长”“人持十为斗”，这就失去了汉字的根本。“五经无双”的许慎对于当时社会上的解字、用字的混乱现象深恶痛绝，他用了 22 年的时间著成《说文解字》一书，说解文字的形义。该书以小篆为正体，收正字 9353 个，重文 1163 个，说解字共 133 441 个。许慎在书中释形辨义，上溯字源，下追变体，系统整理了汉字的形义，确定了汉字的正字规范，成为汉字规范化历史上一块里程碑。隶书虽然在汉代广为通行，但长期没有形成标准字体，因而形成字无正体，经无定本的混乱现象。② 东汉灵帝熹平年间，议郎蔡邕鉴于当时“文字多谬，俗儒穿凿，贻误后学”，上书要求正订六经文字。皇帝批准后，蔡邕等将《周易》《尚书》《诗经》《礼记》《春秋》《公羊传》《论语》七种经典选定正本、订正文字，用隶书刻于石碑上，

---

① 孙雍长、李建国《秦汉时期的汉字规范》，载《广州大学学报》2005 年第 6 期，36 页。

② 李宇明《汉字规范》，华中师范大学出版社，2004，42 页。

作为经书的标准版本，成为我国第一部官定石刻经本。“熹平石经”上的七部经书是隶书的范本，起到了统一与规范隶书形体的重要作用。

2. 魏晋南北朝时期

魏晋南北朝时期是中国历史由统一到分裂的混乱时期。这一时期，战乱流离虽给社会造成破坏，但却促进民族文化和地域文化的交流与融合，相应的语言文字也发生了重大变化。汉隶为行楷所代替，笔势趋简，新的字、词不断产生。同时，由于南北阻隔，地方割据，社会动荡，社会用字相当混乱，异体字、俗字、讹字、自造字大量出现。正如颜之推在《颜氏家训·杂艺篇》所载：“大同之末，讹替滋生。萧子云改易字体，邵陵王颇行伪字；朝野翕然，以为楷式，画虎不成，多所伤败。至为一字，唯见数点，或妄斟酌，逐便转移。尔后坟籍，略不可看。北朝丧乱之余，书迹鄙陋，加以专辄造字，猥拙甚于江南。乃以‘百’‘念’为‘忧’，‘言’‘反’为‘变’，‘不’‘用’为‘罢’，‘追’‘来’为‘归’，‘更’‘生’为‘苏’，‘先’‘人’为‘老’，如此非一，遍满经传。”[①] 鉴于当时社会用字的混乱局面，学者纷纷编纂字书以期规范社会用字。晋代文字学家吕忱的《字林》和南朝梁武帝时文字学家顾野王的《玉篇》便是这一时期最重要的两部字书。吕忱的《字林》作为以隶书为主体的权威字书，祖述《说文》，收后起字和异体字，并且不排斥通俗用法。以今说古，切于实用。所以，《字林》对文字规范无疑起了重大作用。[②] 顾野王的《玉篇》是第一部为楷书确定规范的字典，促成楷书的正体地位，对促进文字规范作出了重要贡献。其他如江式的《古今文字》、阳承庆的《字统》等对促进当时语言文字的规范使用都起了积极的促进作用。另外，梁武帝大同年间由周兴嗣编纂的《千字文》，在社会上广为流传，作为全国通用的儿童识字课本，对于推广汉字规范也起到了重要作用。这一时期，学者除了关注汉字的字形规范以外，对于字音的规范与标准也提出了卓越的见解。其中，颜之推主张“共以帝王都邑”的语音作为规范语言文字的基础语音，也就是取南方金陵语音和北方洛下语音两相折中，然后“参校方俗，考核古今”，作为南北通用的标准语音。这个主张继承了周秦以来“帝都之音最正”的语言规范观，以南方士大夫即渡江侨居的原中土汉人语音为正，旨在追寻华夏民族共同语的正宗。事实上，在以农业自然经济为主体的封建社会，由于地域分隔，方言复杂，京城作为国家政治、经济、文化的中心，京城的语言以官方语言领导着民族语言的发展，“共以帝王都邑”的语音为规范语音的标准，具有天然的合理性。颜氏的这种主张，成为此后他参与编著《切韵》一书的指导思想，客观上为隋、唐统一中国后的语言规范奠定了

① 颜之推《颜氏家训》，檀作文译注，中华书局，2007，313页。

② 孙雍长、李建国《南北朝隋唐时期的汉字规范》，载《学术研究》2005年第5期，114页。

理论基础。①

3. 隋唐时期

这一时期的文字规范工作主要表现在正字问题上，即所谓的字样之学。唐代称规范文字的统一标准为“字样”，字样之学是专门普及和推广正字法的学问，它主要是制定文字规范，编纂规范字书，辨析文字形体的正俗讹谬，以指导语文教学和社会用字的规范。② 南北朝时期隶书近于末流，行书、草书、楷书盛行，字的写法也比较混乱。如“鼓”写为“皷”，“席”写为“蓆”，都是一些别字讹体。到了隋唐之际，虽仍有讹俗，但由于结束了南北朝分裂局面，国家重新归于一统，而科举考试又成为国家选拔人才的重要途径，所以到隋唐时期，整饬用字的要求越来越迫切，刊正文字终致全面推展，字样之学也因此兴盛起来。隋代曹宪曾著《文字指归》四卷。唐代的字样之学以颜师古、颜元孙为主流，对后世的影响也最大。唐代贞观年间秘书监颜师古作《字样》一卷，以刊订经籍文字。《旧唐书·颜师古传》记：“太宗以经籍去圣久远，文字讹谬，令师古与秘书省考定《五经》，师古多所厘正。”颜师古刊正文字的基本做法是参照篆隶的形体，考察正、俗用字，加以综合考量取舍，来确定楷书的标准写法。“颜氏字样”奠定了唐代正字法的基础。后来他的侄孙颜元孙又效法颜师古的《字样》、杜延业的《群书新定字样》，并扩大规模而作《干禄字书》。该字书按照平上去入四声的次序编排，每字又分为正、通、俗三体。颜元孙特别重视异体字的辨识和易混字的分析，通过对《说文解字》以来汉字的整理，确立楷书样式，提供正字标准，提倡高文典策应当使用正字。其后有唐玄宗作《开元文字音义》、唐代宗大历十一年（776 年）张参作《五经文字》和文宗开成二年（837 年）唐玄度作《新加九经字样》等字书，这些字书进一步确立了楷书的规范。唐朝以楷书统一字形，是一次最为成功、影响最为深远的举措，对汉字形体的统一贡献极大。

4. 宋元明清时期

汉字形体发展到楷书，不仅便于人们书写，而且也利于识别，因此，楷书便成为以后各个朝代正字的基础。宋元以来一千多年，都采取了尊重传统、维护汉字的稳定和统一的正字原则。宋代比较有影响的字书有奉宋仁宗之命由王洙、胡宿等人编纂，并经司马光最后整理而成的《类编》和辽代僧人行均于宋太宗至道三年（997 年）编写的《龙龛手鉴》，这两部字书对于规范社会用字和广大群众学习、掌握规范汉字是有益的。另外，在北宋庆历年间（1041—1048 年），毕昇发明了活字印刷术，从而引发了汉字书写方式和文字载体的变革，这对提高普通百姓的教育水平，促进文化事业

① 孙雍长、李建国《南北朝隋唐时期的汉字规范》，载《学术研究》2005 年第 5 期，118 页。

② 孙雍长、李建国《南北朝隋唐时期的汉字规范》，载《学术研究》2005 年第 5 期，118 页。

的发展，规范书面语言文字都起了重大的作用。

元代在汉字规范方面的工作不多，值得一提的是李文仲编纂的《字鉴》，该书的体例是先注音后释义，最后分析楷体的形、音、义，并指出俗体之讹。

明代在汉字规范方面有两部比较有影响的字书：一是梅膺祚的《字汇》，全书由首卷、正文、卷末三大部分组成，首卷载序文、凡例及目录，并有"运笔、从古、遵时、古今通用、检字"等附录。序文中有"庶备同文之一助焉"，可见此书的宗旨就是规范文字。而附录中的"运笔"讲"运笔先后法"，即写字的笔顺，所以这部字书在推动汉字规范化方面起着重要的作用。还有一部字书是明末张自烈编纂的《正字通》，为订正《字汇》的讹误缺漏，拾遗补阙而作，从文字规范的角度来看，这部字书的价值在于可以明了字体的流变及正俗讹误，确定取舍。

清代由陈廷敬、张玉书等人奉康熙之命编纂的《康熙字典》是清政府对语言文字进行规范的一项重要成果，成为汉字正字的总结之作，为汉字的定音、定形、定义作出了贡献。《康熙字典》正式提出"字典"概念，指出"字典"记录语言文字应有"善兼美具"、合乎"典常而不易"的规格，具有语言文字的示范性质。同时，它揭示了"字典"的社会功能是"昭同文之治"，即为文字规范化服务：一方面它汇释文字，使官府吏民"备知文字之源流"，而"有所遵守"，从而增强人们的规范意识，提高正确理解和使用文字的能力；另一方面它作为文字的范本，具有"垂示永久"的价值。这种建立在对文字发展变化和社会约定俗成之认识的基础上，集合专家学者编纂字典，运用政府行为能动地规范管理文字的做法，无疑是文明进步的表征。① 清代晚期，社会用字又趋混乱，讹误渐多，为规范用字，一些学者也编纂了一批字书，李祕园的《字学七种》和龙启瑞的《字学举隅》是其中比较有影响的两部字书。《字学举隅》分"辨似"与"正讹"两部分，不仅辨析形体近似的字，也辨别正字与错别字、正体字和俗体字，具有很强的针对性。从清代字书的内容可以看出，清代的字学上承唐代的字样之学，却具有更强的实用性和明确性。

可见，我国在汉字规范方面有着悠久的历史和优良的传统，以及不少成熟的做法，这也是汉字系统历经几千年，构形系统日益完善、全社会用字保持统一的重要原因。

二、二十世纪以来的汉字规范

文字的使用随着时代而演进，文字的规范要求也随着时代而不同。因此，尽管汉

① 孙雍长、李建国《宋元明清时期的汉字规范》，载《学术研究》2006年第4期，139页。

字在历史上经过了多次规范，但仍不能符合当代社会的使用要求，汉字笔画的繁复、异体字的繁多给人们学习、使用文字带来诸多不便，进而影响民众文化水平的提高。为此，二十世纪以后，一大批学者从开启民智等角度出发，开展了各种新的文字规范工作，并进而推动政府进行全国性的文字规范。

（一）简化

汉字是借形表义的文字，从识字解义的角度讲，形象丰富，就易于识别；但从书写的便捷来说，就希望笔画简单。从商朝开始，人们为了使汉字便于应用，一直在简化汉字的形体。甲骨文、金文中就已经有了简体字，如甲骨文的“天”字，初形多为“、”等，后有简化的字形“、”等，隶书、楷书中简体字就更多了。唐宋以后，由于印刷术的普遍使用，简体字的传播更为迅速。近代，太平天国将简体字定为通行字体，连玉玺都使用简体字，简体字在中国历史上第一次被官方确定为社会通行文字。如在当时太平天国所颁布的书籍里，“天國”二字即被写成“天国”，其中“天”字中的横划从上短下长被改成上长下短，“国”字里面的“或”字变成“王”字。但是太平天国推行的简体字在当时影响力并不大，自然也不被当时的人们所重视。真正开启近代中国汉字简化运动的则是清末民初的一批知识分子。由于清末国力衰弱，无力抵抗列强的侵略，国内要求自强富国的改革之声汹涌而起，汉字也在改革之列。许多知识分子把普及文化、开发民智作为救国手段，收集研究和提倡简化字，并提出各种简化方案，开展文字简化运动。如沈学在 1896 年提出“删繁就简，畏难趋便”的观点。劳乃宣在 1907 年提出“文字趋而愈简，自然之势也”的观点。1909 年出版家及教育家陆费逵在《教育杂志》创刊号上发表了《普通教育应当采用俗体字》一文，第一次明确提出把简体字用于国民普通教育的观点。到了“五四”时期，语文改革进入了高潮。[①] 1920 年钱玄同撰写了《简省汉字笔画的提议》，1922 年陆费逵又发表论文《整理汉字的意见》，建议采用已在民间流行的简体字，并把其他笔画多的字也简化。1922 年，钱玄同、陆基、黎锦熙、杨树达在国语统一筹备委员会上联名提出了《简省现行汉字笔画案》，这是历史上有关简体字的第一个具体方案，主张把过去只在民间流行的简体字作为正体字应用于一切正规的书面语。1934 年中国图书馆服务社出版杜定友的《简字标准字表》，收简体字 353 个。1935 年 2 月，上海的文字改革工作者组织了“手头字推行会”，发动文化界人士 200 人和 15 个社团，联合发表了《推行手头字缘起》，公布了第一批“手头字”300 字。所谓的“手头字”是指一种在手头上群众都这么写，但在书本印刷上却不这么使用的字，手头字运动其实也就是汉字简化运动。在这种形式的逼迫下，国民政府教育部于 1935 年 8 月公布了《简

① 苏培成《二十世纪的现代汉字研究》，书海出版社，2001，186 页。

体字表（第一批）》共324字。这是第一个由政府部门正式公布的简体字表，惜其公布不到半年，就奉行政院命令“暂缓推行”。不过，简体字运动并没有终止。在抗日战争和解放战争时期，各抗日根据地和解放区的简体字运动得到了广泛和蓬勃的发展，并创造了一些新的简体字，如“价”“学”“机”“义”等。国统区也陆续出版了一些有关简体字的书籍。

新中国成立后，党和政府非常重视语言文字的规范化工作，有计划地进行汉字的整理和简化，全力推行科学适用的正字法，实现了前所未有的长时间的书面用字的规范和统一。1949年10月由吴玉章、黎锦熙、罗常培等发起组织的中国文字改革协会正式成立。1950年7月，吴玉章在协会传达了毛泽东的指示：文字改革应先办“简体字”。1950年，中华人民共和国中央人民政府教育部社会教育司编制《常用简体字登记表》。1951年拟出《第一批简体字表》，收字555个。[①] 1952年中国文字改革研究委员会草拟简化汉字笔画和精简数量的方案，1954年底编成《汉字简化方案（草案）》，并于1955年1月公布及征求意见。草案包括《798个汉字简化表》《拟废除的400个异体字表（草案）》和《汉字偏旁手写简化表（草案）》。1955年9月，中国文字改革委员会根据征求意见结果提出修正草案，删除原草案中的《拟废除的400个异体字表（草案）》和《汉字偏旁手写简化表（草案）》，将798个简化字减为512个，增收简化偏旁56个，修正草案经1955年10月全国文字改革会议讨论，简化字由512个增加为515个，简化偏旁由56个减少为54个。1956年1月，国务院全体会议第23次会议对上述草案进行审定，通过并公布了《汉字简化方案》。方案包括《汉字简化第一表》《汉字简化第二表》和《汉字偏旁简化表》三个部分，《汉字简化第一表》收230个简化字，《汉字简化第二表》收285个简化字，《汉字偏旁简化表》收54个简化偏旁。1964年5月，中国文字改革委员会编辑出版了《简化字总表》，第一表是352个不作偏旁用的简化字，第二表是132个可作偏旁用的简化字和14个简化偏旁，第三表是经过偏旁类推而成的1754个简化字。其中第一表与第三表“签、须”两字重复，实有2236字。1977年12月20日发布《第二次汉字简化方案（草案）》，由于草案中的简化字不够成熟，1978年4月停止使用新公布的简化字。1986年6月24日，国务院废止《第二次汉字简化方案（草案）》，同年10月10日由国家语言文字工作委员会重新发布《简化字总表》，第一表不作简化偏旁使用的简化字350个，第二表可做简化偏旁的简化字132个及14个简化偏旁（部首），第三表为第二表类推简化字1753个，全表共收录2235字，成为现行简化字的规范。在汉字简化的过程中，遵循的总原则是：“约定俗成，稳步推进。”所谓“约定俗成”是指尽量采用社会上已经流行的简化

---

① 吕浩《汉字学十讲》，学林出版社，2006，75页。

字，只做必要的修改和补充。1956 年公布的《汉字简化方案》包括 515 个简化字和 54 个简化偏旁，与国民政府公布的《简体字表（第一批）》相比，全同的有 225 个字，大同小异的有 80 个字，不同的有 19 个字。所谓“稳步推进”是指对需要简化的字分批推出，采取渐进的方式，以配合民众的适应能力。因此在《汉字简化方案》推出八年后，即 1964 年才发布《简化字总表》。

根据李乐毅的统计，这些简化字有 80％始见于 20 世纪 50 年代以前，其中 30％左右见于先秦和秦汉时期。① 李乐毅在《现行简化字中的“古本字”举隅》一文中，根据简化字的渊源与它们的简化方法，将现行简化字分为以下十三类：

1. 古本字。　　例：云［雲］、从［從］、气［氣］、网［網］。
2. 古通用字。　　例：后［後］、个［個箇］、谷［穀］、岳［嶽］。
3. 古异体字。　　例：万［萬］、无［無］、尔［爾］、礼［禮］。
4. 古简体字。　　例：头［頭］、宝［寶］、当［當］、据［據］。
5. 后起形声字。　　例：肤［膚］、毡［氈］、惊［驚］、护［護］。
6. 后起会意字。　　例：笔［筆］、尘［塵］、灶［竈］、灭［滅］。
7. 同音合并字。　　例：干［干幹乾］、几［几幾］、姜［姜薑］、叶［叶葉］。
8. 草书楷化字。　　例：东［東］、报［報］、发［發］、农［農］。
9. 符号代替字。　　例：仅［僅］、聂［聶］、赵［趙］、邓［鄧］。
10. 特征字。　　例：籴［糴］、声［聲］、凿［鑿］、开［開］。
11. 轮廓字。　　例：粪［糞］、卤［鹵］、齐［齊］、盘［盤］。
12. 标音字。　　例：丛［叢］、华［華］、历［歷曆］、毕［畢］。
13. 其他。　　例：儿［兒］、币［幣］、杂［雜］、卫［衛］。

（二）定量、定形、定音

这一时期汉字的规范工作，除了汉字的简化以外，还进行了汉字的定量、定形、定音工作。

1. 定量

定量是指规定现代汉语用字的数量，以便汉字学习和运用，便于汉字信息处理。因为汉字的累积数量与实用字量相差悬殊。在字量上加以规定，可以限制死字、废字、罕用字的复活使用，有利于减轻汉字学习的负担；有利于提高汉字应用的效率；有利于中文信息计算机处理。1988 年 1 月，国家语言文字工作委员会和国家教育委员会联合颁布了《现代汉字常用字表》，共收了 3500 字，其中常用字 2500 字，次常用字 1000 字。1988 年 3 月，国家语言文字工作委员会和新闻出版署联合公布了《现代

① 李乐毅《80％的简化字是“古已有之”的》，载《语文建设》1996 年第 8 期，27 页。

汉语通用字表》，共收7000字。

2. 定形

字形的统一和稳定，是书面交际的必要条件。一个字写法不固定或有几种不同的字形，显然不符合简便、高效的原则。定形是指规定现代汉语用字的标准字形。凡是通用汉字，一个字只能有一种确定的字形，不能有多种字形，特别是中文信息处理技术更需要确定统一的字形标准。汉字定形的任务主要是淘汰异体字、整理异形词、统一新旧字形、规定字形点阵标准等等。1955年12月，文化部、文改会联合公布了《第一批异体字整理表》，收异体字810组，1865字，淘汰了1055字，3月又作了一次小的修订，保留了阪、挫两字，共淘汰1053字。1997年4月，国家语委和新闻出版署公布了《现代汉语通用字笔顺规范》。2001年7月国家语委公布《第一批异形词整理表（草案）》，广泛征求意见，12月19日正式发布，给出了338组异形词的推荐使用词形。

3. 定音

汉字不是拼音文字，读音较困难，容易出现分歧和错误。汉字定音就是指规定现代汉语用字的标准读音。汉字定音要求同一个字，表示同一个意义的读音应该只有一个，不应该有异读。汉字定音的任务就是要纠正古今异读、方音异读、文白异读等。1955年10月中国科学院召开了“现代汉语规范问题学术会议”，会议决定组成“普通话审音委员会”。经过反复修改论证，1963年2月拿出《普通话异读词三次审音总表初稿》，共列出异读词1800多条，审定了标准读音。1982年6月中国文字改革委员会重建“普通话审音委员会”进行修订工作。1985年2月通过了《普通话异读词审音表》，由国家语言文字工作委员会、国家教育委员会、广播电影电视部（现国家广播电影电视总局）正式公布。

2000年10月31日第九届全国人民代表大会常务委员会第十八次会议通过了《中华人民共和国国家通用语言文字法》。这部法律于2001年1月1日起施行。从此，我国的语言文字规范化工作由原来的单纯行政管理转入了依法管理的轨道。

2013年8月19日国务院公布了历经十年研制成功的《通用规范汉字表》。2001年4月，教育部与国家语委为了提升汉字的规范化、标准化水平，让汉字更好地适应当代社会各领域用字的状况与信息时代、网络时代的需要，启动了《通用规范汉字表》的研制工作。2009年7月发布了《通用规范汉字表（征求意见稿）》，广泛听取了各界意见。此次《通用规范汉字表》研制成功与公布，是对50多年来汉字规范整合优化后的最新成果，是新中国成立以来汉字规范的总结、继承和提升，也是信息化时代汉字规范的新起点和新发展。[①] 该表包括主表和附表两部分。主表共收8105字，分

---

① 见http：//www. gov. cn/jrzg/2013－08/27/content_2474971. htm

为三级：一级字表为常用字集，收字 3500 个，主要满足基础教育和文化普及的基本用字需要，也可以作为义务教育阶段的识字标准。二级字表收字 3000 个，常用度仅次于一级字。一、二级字表合计 6500 字，主要满足出版印刷、信息处理等方面和社会生活的一般用字需要。三级字表收字 1605 个，是姓氏人名、地名、科学技术术语和中小学语文教材文言文用字中未进入一、二级字表的较通用的字，主要满足与大众生活密切相关的专门领域的用字需要。附表包括《规范字与繁体字、异体字对照表》和《〈通用规范汉字表〉笔画检字表》两个。① 由于 2009 年征求意见时，人们对改变 44 个汉字字形的争议较大，社会认同度不高，因此，此次公布的正式字表中取消了“整形”附表，这 44 个汉字仍沿用原有的字形规范。北京师范大学王立军教授认为该字表的总体特点表现在：集合多项规范，方便大众使用；消除原有分歧，统一规范标准；运用现代手段，科学定量选字；考虑不同需求，合理划分等级；照顾民众生活，收录专门用字。由于该字表研制中充分运用语料库统计、字频统计等现代技术手段，能真实反映当前社会用字的实际情况，具有很强的实用性，如“喆”“邨”等 45 个异体字被重新确定为规范汉字。同时，该表也针对近期社会中出现的语言热点问题，如汉字的繁简之争作出了明确的回答，进一步确定了简化字的规范汉字地位。《通用规范汉字表》的公布与实施，是贯彻落实《中华人民共和国通用语言文字法》等语言文字法规的重要举措，也是依法管理社会语言生活的强力支撑，必将促进国家教育、文化事业发展，促进汉语的国际传播和国家的信息化建设。

汉语言文字的规范工作伴随着汉语言文字的发展历程，使汉字的构形系统日益完善，社会用字保持着相对统一，维护了汉语言文字的健康和纯洁，保证了文字职能的发挥。

① 见《通用规范汉字表》，语文出版社，2013。

第2节　汉字规范的意义

语言文字规范工作关系到国家的统一、民族的团结、社会的进步和国际的交往。实现语言文字的规范化、标准化，是普及文化教育、发展科学技术、提高工作效率的一项基础工程，对社会主义物质文明建设和精神文明建设具有重要意义，必须给予高度重视。①

一、汉字规范对民族统一的作用

语言文字规范化是国家统一、民族团结的标志。在世界历史上，凡是高度统一的民族，其民族文字都是严格规范的。我国地域辽阔、人口众多、方言纷繁，但汉语并没有像一些欧洲语言一样分化为许多独立的语言，正是汉字以其表意为主的特点，排除了方言的分歧而起到了统一的书面语的作用。瑞典汉学家高本汉对于汉字在维护中国政治统一上所起的作用给予了高度肯定，他说："以中国之大，而能如此结合，实由过去中国文言及文字为一种书写上的世界语作为维系之具。中国有如此精巧之工具，与运用之有方，故中国历代以来，能保持政治上之统一亦不得不归功于此种文言与文字之统一势力。"秦始皇在统一六国后的当年，就采取"书同文"政策，废除六国异文，以小篆作为标准字体，从而增强了汉字的社会职能，增进了民族团结和国家统一。以后的历代政府和众多学者也非常重视汉字的规范化，开展了一系列卓有成效的规范化工作，所以，尽管其后汉字形体经历过巨大的变化，社会经历过激烈的朝代更迭与动荡，但汉字始终作为书面交际工具有力维护了国家的统一。世界上由于语言文字问题导致国家内乱纷争，造成国家分裂隐患的事情屡见不鲜。如加拿大魁北克省因为语言文字问题内部分裂成英裔区和法裔区，并且还曾进行过要求独立的全民投票。比利时官方语言为法语、荷兰语和德语，北部荷语区和南部法语区政治分歧很

① 摘自《国务院批转国家语委关于当前语言文字工作请示的通知》。

大，四成三的荷语区民众和二成的法语区民众赞成比利时“分家”。1993年1月1日捷克斯洛伐克解体，分裂成捷克共和国和斯洛伐克共和国两个国家，虽然因素很多，但语言文字的长期不统一是其中一个重要原因。众多的事实告诉我们，语言文字的功能绝不仅仅在于交流和书写，还关系着国家统一和民族认同。共同的语言文字有助于形成共同的价值观念、风俗习惯、民族情感、历史记忆等，有助于形成共同的文化认同和民族认同，而这也正是维护国家统一、社会稳定的重要基础。语言学家邢福义认为：当前祖国大陆的凝聚力作用越来越突出，应因势利导，加强这一趋势，尽快制定祖国统一的语言文字战略。如制定面向世界华人的语言文字政策；处理好简、繁字和专用名词；实现信息编码的统一和信息资源的共享；研究香港、澳门的语言生活，使之有利于国家的繁荣兴盛；面对台湾陈水扁当局推行的“语言台独”政策，我们更应该制定出有关祖国统一的语言文字战略，加强文化统一的基石，为祖国统一打好语言文字的基础。①

汉字一直是维系国家统一和民族团结的重要纽带，特别是在倡导建设社会主义和谐社会的今天，加强汉字规范，推广国家通用语言文字，对于增进各地区各民族间的交流与沟通，加强各民族的团结，增强中华民族的凝聚力，促进民族地区经济的发展均具有重要的意义。

二、汉字规范对国家文化建设的作用

语言文字是历史与文明的载体，是文化之根。汉字作为记录汉语的书写符号系统，承载着中华民族的悠久历史和璀璨文化。2009年文化部发布了《文化建设主要内容及发展状况》，文中指出了今后文化建设的主要内容：艺术创作、公共文化服务体系、文化产业、文化市场、文物保护、非物质文化遗产保护、对外和对港澳台文化交流与合作、文化科技等。这些内容都涉及汉字规范。因此汉字规范是国家文化建设的基础性工作，对于构建良性的文化市场，促进文化产业的健康发展，提升国家文化实力具有重要意义。

以文化产业为例。改革开放30年，特别是近10年来，我国已基本形成了由文化创意、影视制作、出版发行、印刷复制、广告、演艺、娱乐、文化会展、数字内容和动漫等构成的文化产业体系。据初步统计，截至2007年底，仅文化系统行业管理的经营性文化产业机构就达32万家，2007年文化产业增加值占GDP的比重为2.6%。②

---

① 王斯敏《制定有关祖国统一的语言文字战略》，载《光明日报》，2007-3-3。

② 摘自文化部2009年9月14日发表的《文化建设主要内容及发展状况》。

虽然文化产业这几十年来取得了很大的发展，但也存在不少问题，比如从业人员规范运用汉字的能力就亟待提高。当前规范汉字的应用水平与文化产业的迅猛发展相比，还存在某些滞后现象，如文化创意中对汉字的随意改写；在影视制作、出版发行、广告等行业中，滥用繁体字、乱造简体字、写错别字等现象比较普遍；一些企业热衷于取洋名、洋字号，在营销活动中乱造音译词等。只有大力提升文化产业从业人员的文化素质，消除这些不规范使用汉字的现象，才能真正把中国的文化产业做大做强，真正提升我们国家的软实力，从而在国与国的交往中展示、行销我们的文化精品，抵御西方的文化霸权。

三、汉字规范对普及教育的作用

汉字作为汉语的书写符号，长期以来在促进人们交流、发展与传承中华文化、提高民众的教育水平、促进国家统一等方面担负着重要的作用。但不可否认，由于汉字的一字多形、结构不固定、笔画繁复、讹体等现象确实给人们学习和使用汉字带来了很大的不便。因此，普及教育便成为对汉字进行规范工作的一个非常重要的出发点。历代的汉字规范工作都对普及教育起到了不可低估的作用。但是在封建制度和列强欺辱的社会背景下，这种普及教育不能对国民的素质有根本的改变。新中国成立后，为了提高人口素质，提高全民族的科学文化水平，实现国家的发展与国力的增强，国家花大力气扫除文盲、普及教育，而普及教育的基础工作就是制定一系列的汉字规范。1956 年《汉字简化方案》的发布与实施有力地促进了普通百姓的文化水平的快速提高，有力地促进了教育的普及。正如 1995 年 12 月 25 日时任国务院副总理李岚清在纪念文字改革和现代语文规范化工作 40 周年大会上发表的重要讲话所说的那样：“汉字简化，方便了初学文字的人特别是儿童识字，对于扫除文盲，普及教育，发展文化事业起了促进作用。”① 2006 年 3 月，时任教育部部长周济在纪念国务院《汉字简化方案》发布 50 周年座谈会上指出，我国当前“普九”人口覆盖率已经达到 95%以上，青壮年文盲率控制在 4%。② 由此可见，对汉字进行简化等一系列规范化工作对于普及教育、提高民众的文化水平作出了重要的贡献。

① 李岚清《在纪念文字改革和现代汉语规范化工作 40 周年大会上的讲话》，载《语文建设》1996 年第 2 期，2 页。

② 见中华人民共和国教育部公报 2006 年第 7、8 号。

四、汉字规范对提高文字交际功能的作用

汉字作为记录汉语的书写符号，是汉语最重要的一种交际辅助工具。人们用汉字来交流思想、传递信息、协调社会生产和社会生活。汉字如果没有统一的规范，势必造成社会用字混乱，从而严重削弱汉字的交际功能与社会职能。我们可以想象，如果人人都说一种方言，写一套自己才看得懂的汉字，不但危害国家的统一和建设，而且人与人之间最基本的交流都将难以实现。用字规范，利于语言文字应用的简洁和明白，可以让信息的传播清楚、明确，可以加强交流，提高交际效率，从而使文字更好地担当起协调社会生产和社会生活的职能。用字混乱，必然会削弱文字的基本功能，妨碍工作及人际关系的正常发展。因此，必须有一个为全社会所有成员共同遵守的汉字规范标准，才能充分发挥汉字的交际功能和社会职能。

五、汉字规范对促进国际文化交流的作用

汉字在发展过程中，曾以丰富的内涵及其所承载的博大精深的中华文化对周边国家产生过深刻的影响，形成“汉字文化圈”。朝鲜、韩国、日本、越南等国都曾长时间在本国使用汉字，而今天这些国家的文字往往都是利用汉字元素并结合本国语言创制而成。日本学者西岛定生认为“汉字文化圈”的构成要素是：以汉字为传意媒介，以儒家为思想伦理基础，以律令制为法政体制，以大乘佛教为宗教信仰等等作为共同的价值标准。① 王能宪认为“汉字文化圈”最明显的特征就是汉字的使用。② 可见，汉字在历史上就曾在国际文化交流中发挥过重要的作用。改革开放以后，我国的对外交往不断扩大，汉语言文字在国际上的影响越来越大，使用范围越来越广，地位显著提高。在国外，越来越多的人开始学习汉语言文字，而越来越多的汉语教师走出国门，在国外教授汉语。同时，随着经济一体化的不断加深，外国企业和商品也大量进入我国市场，他们将更大量地使用汉语言文字从事营销和竞争活动。所有这些都对汉字规范化提出了更高的要求。汉语要走向世界，就必须不断提高自身规范化的程度。

---

① ［日］西岛定生《日本历史的国际环境》，东京大学出版会，1985。

② 王能宪《汉字与汉字文化圈》，《光明日报》，2011－1－10。

六、汉字规范对中文信息处理的作用

今天，我们已经进入数字化信息时代，计算机信息处理技术在人们的日常生活工作中正扮演着越来越重要的角色，汉字的规范化、标准化直接影响着中文信息应用的范围和效率。正是由于新中国成立以来对汉字的规范化工作，确立了汉字在数量、字形、字音、笔画、笔顺等方面的标准，才保证和推动了中文信息处理技术的发展和应用，如汉字输入的各种编码方案的制定就有赖于这些汉字规范的成果。而且，随着中文信息处理技术的快速发展以及应用范围的不断扩大，它对汉字规范的要求也越来越高。

但我国现有的语言文字规范，多是面向人的，面向机器的非常少。虽然我们现在已经有了国标作为机器内码，但在汉字输入上，各家的输入法存在较大差异，在部件的拆解与部件的命名、拆字的笔顺、收字多少等方面都没有约定，往往各成体系，为人们的学习和使用带来了不便。比如在办理新的身份证的时候，我们经常会发现许多人名用字在国标中没有，这严重制约了工作的开展。如果这种情况发展下去，势必限制信息处理的适用范围，降低国家的信息化水平。因此，目前我们应特别重视面向机器的汉字规范建设，如规定基本的词汇集、语法集，规定计算机用的汉字部件及汉字部件的名称，规定机器用的各种字表和词表，汉字的各种形、音的键盘编码原则，汉字的存储码和交换码，等等。

中文的信息处理相较于西文而言，更复杂，难度更大，如果汉字的规范化程度不高，将会加大汉字信息处理的难度。为保证中文信息处理的顺利进行与进一步发展，就必须不断提高汉字的规范化水平。

第3节　汉字规范的内容

不同类型文字的规范化，规范的内容和范围、标准和方法可能不完全相同。汉字是一种表意体系的文字，历史悠久，使用人口众多。同其他民族的文字（如英、俄、法、阿拉伯文）相比，汉字的根本特点就在于每一个字都是形、音、义三者的结合体。因此，汉字的规范化就必然包括形、音、义三个方面。从汉字规范的历史来看，历代的字（词）典都是如此。从我国第一部字典——《说文解字》到后来的《玉篇》《字汇》，再到清朝的《康熙字典》，就是根据不同时代的不同标准，对汉字的形、音、义进行规范的。

一、简化汉字笔画

笔画是汉字构形的最小单位，是我们在书写汉字时从落笔到起笔所形成的点或线。汉字的笔画是历史形成的，在古文字阶段，如甲骨文、金文、小篆等书体中没有笔画概念。小篆的线条圆转曲折，很难分出落笔和起笔的位置。从隶书开始逐渐形成了点、横、竖、撇、捺等基本笔画，但有些字究竟写成几笔，并没有定规，直到楷书才完全摆脱图画性的束缚，逐渐形成了著名的“永字八法”，确定了汉字的笔画系统。

汉字突出的问题在于笔画繁多、结构复杂、书写困难。据统计，汉字中7画至18画的字最多，占汉字总数的80%左右，平均每字12画，有的甚至多达几十画，如“龙”字的繁体字“龍”17画，“郁”字的繁体字“鬱”29画，“吁”字的繁体字“籲”32画。这么多的笔画，确实给学习和使用带来了不便。① 因此，对笔画繁多、结构复杂的汉字加以简化，使之变得易认、易学、易写，对于普及教育、提高书写效率以及人际之间的交流效率都大有益处。汉字笔画的简化通常采用以下几种方法：

---

① 林轩《规范汉字的好处》，见中国语文报刊协会规范汉字书写专业委员会官方网站（http://www.gfhz.org/News_View.asp? News_Class_Id=36&News_Id=125）。

（一）改换形旁或声旁。即将原来笔画繁复的形旁或声旁替换为笔画简单的形旁或声旁。

替换形旁的，如：

貓—猫　　牆—墙　　骯—肮　　豬—猪

替换声旁的，如：

遠—远　　釀—酿　　鄰—邻　　階—阶

溝—沟　　艦—舰　　種—种　　犧—牺

（二）同音代替。即选用一个形体简单的字来代替一个或几个与之读音相同或相近的结构繁复的字，使一个字兼有原来几个字的意义。这样不仅简化了笔画，也精简了字数。由同音代替形成的繁简关系往往不是一对一的关系，而是一对多的关系。如：

穀、谷—谷　　醜、丑—丑　　裏、里—里

乾、幹、干—干　　臺、檯、颱、台—台　　後、后—后

（三）草书楷化。即把群众熟悉的草书笔形改为楷书的写法，以减少笔画。这类简化字在《简化字总表》一、二表的 482 个简化字中共有 146 个，占总数的 30.3%。[①] 如：

東—东　　書—书　　樂—乐　　長—长

專—专　　為—为　　堯—尧　　彎—弯

（四）换用简单的符号。即用一个笔画简单的符号来代替繁体字中笔画复杂的偏旁。这个符号既不表意也不表音，只起替代作用。如：

區—区　　對—对　　傷—伤　　僅—仅

聶—聂　　風—风　　劉—刘　　羅—罗

（五）减省部件。即采用繁体字中的一个有特征的部件来代替原字，省去其他部件。如：

聲—声　　虧—亏　　號—号　　麗—丽

兒—儿　　開—开　　掃—扫　　懇—恳

（六）保留原字的轮廓。即把原字中繁难的部分删除，只留下这个字的轮廓，使简化字与原来的繁体字形体相似。如：

愛—爱　　龜—龟　　傘—伞　　貝—贝

齒—齿　　倉—仓　　齊—齐　　糞—粪

（七）另造新字。有些字不便简化，也不便用同音字代替，就全部改造，抛弃繁体字原形，另造一个新字。这些新造的字有以下两种情况。

① 高更生《现行汉字规范问题》，商务印书馆，2002，198 页。

1. 新造字为形声字和会意字。如：

響—响　　驚—惊　　態—态　　憂—忧

塵—尘　　災—灾　　體—体　　淚—泪

2. 新造字为纯粹的符号。如：

頭—头　　萬—万　　辦—办　　義—义

（八）采用古字。即采用笔画比较简单的古字来取代笔画繁复的今字。如：

電—电　　雲—云　　衆—众　　從—从　　鬚—须

（九）偏旁类推。即运用已经简化的繁体字或偏旁去类推简化含有该繁体字或偏旁的繁体字。1986年重新发表的《简化字总表》共分为三个表，其中第一表中的350个简化字是单独简化的，不能用第二表的简化字和简化偏旁类推简化。第二表包括可以作偏旁类推的132个简化字，如“单（單）、门（門）、齿（齒）”等，另外还包括14个不成字的简化偏旁，如“讠（言）、钅（金）、饣（食）”等。该表中的简化字和简化偏旁在构成别的字的偏旁时要类推简化，如“車”简化为“车”，其他的以“車”为偏旁的“軍、陣、庫、轉、載”就可以类推简化为“军、阵、库、转、载”。第三表就是用第二表的简化字作偏旁和14个专用作偏旁的简化偏旁，类推出的1752个简化字。如：

页（頁）——颜（顏）、领（領）、顺（順）、额（額）

专（專）——传（傳）、转（轉）、砖（磚）

贝（貝）——贞（貞）、则（則）、负（負）、贡（貢）

要掌握好简化字，我们必须学会正确的类推简化。

这些简化方法虽然在具体的操作上存有不足之处，如偏旁类推，有些类推并不一致，但这些方法是在研究、总结前人简化汉字的经验的基础上提出来的，为汉字的简化作出了重要的贡献。

二、整理异体字

异体字是汉字特有的文字现象，汉字产生的同时异体便已存在了。周祖谟认为，异体字的产生主要缘于以下几点：有些是由于造字的时间和地域不同，造字的人所采用的表音和表意的符号不一致而产生的。① 因为汉字的使用地域广大，使用人口众多，使用历史悠久，汉字又不可能是一人所造，不同的人、不同的地域在记录同一个词时就可能产生不同的写法，如用来盛饭盛汤的容器，用木头凿刻的称为“椀”；用石质

① 周祖谟《问学集》，中华书局，1966，22页。

材料凿制的称为“碗”。有些异体字是从古代两种字保留下来的不同的写法，如“禮”是篆书，“礼”是古文，“禮礼”同样保存下来。有些是由于要求形体能够更好地表达声音和意义而产生的异体字。例如：“褲子”的“褲”，汉代人写作“絝”，从糸夸声，后来写作“袴”，从衣，不从糸，再后又写作“褲”。从形旁来看，从衣比从糸意义更贴近，从声旁来看，从庫比从夸读音更切合，这就导致一个字有几种不同的写法。另外，还有很多异体字是由要求简化而产生的。例如：“糉”又作“粽”，“筍”又成“笋”，“粽”和“笋”都是简体字。①

异体字撇开其文化功能不论，单从记录功能上讲，可以说是一种消极的文字现象，异体字的存在造成了一字多形，这不仅增加了识字负担，有时还会造成书面交际的障碍。整理异体字，有利于减少字数，逐步消除字形混乱的现象。历代政府、学者对于汉字异体现象已有所认识，并曾有多次的整理，如秦始皇统一六国后所推行的“书同文”、汉代的《说文解字》、唐代的“字样学”等。新中国成立后，我国政府对异体字的整理工作也非常重视，文化部和中国文字改革委员会于 1955 年 12 月公布了《第一批异体字整理表》，较全面地确定了异体的规范，确定正体字 860 个，淘汰异体字 1055 个（“妳”“粇”二字分别出现两次）。这次整理，本着从俗、从简和书写便利的原则进行。

1. 从俗

从俗是指在整理异体字时，应选择那些为群众所熟知，并且使用广泛的字，而废除那些比较生僻、不太常用的字。如：

乃（廼）　　岛（㠀）　　抵（牴）　　筒（筩）

2. 从简

从简是指在整理异体字时，保留那些笔画简单的字，而废除笔画较多的字。如：

你（妳）　　咏（詠）　　臀（臋）　　采（採）

3. 书写便利

书写便利是指在整理异体字时，为便于横行书写，一般选择左右结构的字，而舍弃上下结构的字。如：

群（羣）　　峰（峯）　　略（畧）

只有少数几组异体字，因为照顾群众的使用习惯，仍选用上下结构的字作为正体字。如：

蟹（蠏）　　幕（幙）　　岸（屽）

《第一批异体字整理表》自 1956 年 2 月 1 日起在全国正式实施后，政府对异体字

① 周祖谟《问学集》，中华书局，1966，22 页。

又陆续有一些调整。1986年10月重新发表的《简化字总表》恢复了11个类推简化字为规范字，包括“䜣、䜩、晔、詟、诃、䲣、䌷、刬、鲙、诓、雠”。1988年3月，国家语言文字工作委员会与中华人民共和国新闻出版署在《关于发布〈现代汉语通用字表〉的联合通知》中又将“翦、邱、於、澹、骼、彷、菰、溷、徼、薰、黏、桉、愣、晖、凋”收入《现代汉语通用字表》，作为规范字使用，不再作为淘汰的异体字。1993年9月国家语言文字工作委员会文字应用管理司删除“熔（鎔）”组，再将“鎔”类推简化为“镕”。[①] 经过这些调整，异体字减少为795组，淘汰的异体字减少到1026个。2013年8月最新公布的《通用规范汉字表》又将“喆”“邨”“晳”“蹚”“昇”等45个异体字重新确定为规范汉字，以适应当代社会的用字需要。

三、规范汉字的笔顺

笔顺是指书写汉字时下笔的先后顺序。规范笔顺就是规范汉字书写时的先后顺序。掌握笔顺规则，不仅可以有效地提高书写的效率、避免写错字，使汉字书写得整齐、美观，而且也便于汉字的排序、检索和信息处理。我国政府于1965年发布了《印刷汉字通用字形表》，1988年发布了《现代汉语通用字表》，该表在《印刷汉字通用字形表》的基础上明确规定了7000个汉字的笔顺规范。但由于该字表没有列出汉字的跟随式笔顺，因而并不能清楚地指导人们规范地书写汉字。为满足现代信息社会的需求，进一步促进我国语言文字的规范化，1997年国家语言文字工作委员会和新闻出版署发布了《现代汉语通用字笔顺规范》，该文件将隐性的规范笔顺变成显性的，列出了三种形式的笔顺。同时，明确了字表中难以根据字序推断出规范笔顺的“火”“叉”“鬯”“爽”等一些字的笔顺，调整了“敝”“脊”两个字的笔顺。[②] 这一文件的发布与实施，使汉字的书写有据可依、有法可依，不仅极大方便了人们的使用，而且促进了中文信息处理的研究与规范。同时一些相应的查检汉字笔顺的工具书也应运而生，如《常用汉字笔顺规范字典》《小学生笔顺规范字典》等，对于规范学生的汉字书写起到了重要的作用。

汉字笔顺的基本规则大致有以下几点：

（一）先横后竖。如：十、丰、干。

（二）先撇后捺。如：入、人、八。

---

① 《汉字规范的换位思考》，见中国语言文字网（http：//www.china-language.gov.cn/115/2007_6_25/1_115_1817_0_1182773044828.html）。

② 《现代汉语通用字笔顺规范》，语文出版社，1997。

（三）从上到下。如：军、旦、宝。

（四）从左到右。如：仁、仕、林。

（五）先外后里。如：问、用、闷。

（六）先外后里再封口。如：国、圆、回。

（七）先中间后两边。如：小、水、办。

（八）先中间后加框。如：山、凶、丞。

这些规则较好地解决了绝大部分汉字的笔顺问题。但由于汉字结构比较复杂、形体变化多样，有些字的笔顺也不一定完全符合上述规则。因此，我们在书写汉字时，还是应该遵循《现代汉语通用字笔顺规范》。特别是一些比较特殊，与人们的书写习惯不一致的笔顺规定，我们应注意学习，以纠正错误的书写习惯。如竖心旁（忄），人们的书写习惯一般是先写左点，再写一竖，最后写右点。按规范的规定，应先写点和点，最后写竖。“万”字，人们的书写习惯一般是先写横，再写撇，最后写横折钩。按规范的规定，应先写横，再写横折钩，后写撇。还有“火”字，人们往往写完点，就开始写“人”字的一撇，按规范的规定，应该先写上面两笔，即点和撇，最后写“人”字。“脊”字上半部分的笔顺是先写左边的点、提，再写右边的撇、点，最后再写“人”字。这些都与“从左到右”“先中间后两边”的汉字笔顺的基本规则有差异。还有“车”“牛”两字用作偏旁时，笔顺与它们作为单字书写时有变化，“车”字由横、折、横、竖改为横、折、竖、提，写作 ⻋；“牛”字由撇、横、横、竖改为撇、横、竖、提，写作 ⺧。

四、规范汉字的读音

汉字是表意文字，表音功能较弱。象形、指事、会意字的读音要一个个识记，而占汉字 80%以上的形声字，虽然人们可以借助该形声字的声旁来识读，但由于古今的语音变化很大，又存在着方言的差异，现在大部分的形声字的声旁已不能很好地起到提示读音的作用。即使是现在那些与形声字的读音完全一致的声旁，它们的读音也需要人们识记，而不是拼合。另外，汉字的字数众多，又存在很多同音异体字和同体异音字，再加上方音的影响，这些都导致汉字容易读错。要解决这些问题，我们必须做好汉字读音的规范工作。

（一）推广正音标准

口头交际是人类主要的语言交际活动，在我们这样一个地域辽阔、方言众多的国家如果没有一个统一的语音标准来规范人们的读音，势必会阻隔交际，影响国家的统一和民族的团结。新中国成立后，党和政府也非常重视汉语语音的规范工作。在1955年召开的全国文字改革会议和现代汉语规范问题学术会议上，确立了汉语的共同标准是“以北京语音为标准音，以北方话为基础方言，以典范的白话文著作为语法规范”。从此，北京语音成为汉语普通话的标准音。因为选定一个方言作为标准音，这个方言必定要具有权威性，要在代表性、历史形成、吸收消化、包容集纳等方面超越其他方言。北京是近千年来的政治、文化中心，辽金元明清的首都，是人口杂居、语言交融比较集中的地区，在全国具有巨大的覆射影响，北京话是文人、学士作曲作文的依据，也是官场上较通行的方言，清雍正皇帝曾以此在全国推广，号称“官话”。再加上《红楼梦》等著名文学作品的广泛流传，增强了北京话在全国人民中的地位。北京话经过千年的发展融合已成为一种权威方言。因此，北京语音取得普通话标准音的地位是历史发展的必然结果。①

推广标准音是语音规范化的一项重要任务，同时也是语言规范化的重要内容。要实现语言的规范化，我们就必须掌握正确的读音，发音符合普通话的语音规范。虽然北京语音是标准音，但并不代表北京人说的话都是标准语音，如不少北京人“品质”的“质”读成上声 zhǐ，这与规范的标准音 zhì 并不相符。因此，北京人在说标准音时也必须努力克服土音、方言、异读多方面的影响，而其他方言区的人在学说标准音方面就更应该努力了。

（二）规范多音字

多音字是指一个字有两个或两个以上的读音。多音字不仅容易造成误读，给人们学习普通话语音带来麻烦，也不利于普通话的普及与推广。如“和”字在不同的词中根据意义的不同有 hé、hè、hú、huó、huò 五个不同的读音，非常容易误读。还有一些字在一般词中的读音与在地名等专名中的读音不同，也容易造成误读，如“监”在一般的词中读“jiān”，而在专名“湖北监利”中读“jiàn”。因此，做好多音字的整理和规范，是我们进行汉字读音规范的一项重要工作。

多音字可以分为异读字和多音多义字两类。异读字是指一个字有两个或两个以上的读音，而表示的意义相同。② 例如，“混淆”既可以读作 hǔnxiáo，也可以读作 hùnxiáo，但表示的意义并没有区别。异读字主要包括“方言异读”和“文白异读”。

① 张玉来、程凯《汉语言文字规范化研究与指导》，山东教育出版社，1993，61页。

② 苏培成《现代汉字学纲要》，北京大学出版社，1994，108页。

方言异读是一个字在方言和普通话中的读音不同，在这两个读音中，普通话的读音是正确的、规范的；方言的读音是不规范的。如：

太好了　　tàihǎo le（普通话）　　tuīhǎo le（方音）

酵母　　jiàomǔ（普通话）　　xiàomǔ（方音）

文白异读是指一个汉字既有用于书面语的读书音，又有用于口语的读音。如：

柏树　　bóshù（文读）　　bǎishù（白读）

摘要　　zhéyào（文读）　　zhāiyào（白读）

除了文白异读和方言异读之外，还有讹读形成的异读。一些字被人读错了，人们又以讹传讹，并且影响越来越大，以致正读音和讹读音并存。如“荒谬”的“谬”，正读为 miù，讹读为 niù。“档案”的“档”，正读为 dàng，讹读为 dǎng。

异读字的存在严重影响了人们的交际，加重了人们学习汉语的负担，造成用字的混乱，因此应该在异读中选定一种读音作为规范的标准读音，淘汰另外的读音，这是语言文字规范化的必然要求，也是汉字整理工作的基本任务之一。新中国成立后，国家非常重视语音的规范。1956 年 1 月，中国科学院组成了普通话审音委员会，对普通话的异读词的读音进行审定。普通话审音委员会拟定的审音的标准与规范是：①

（1）一个字的读音在北京话里非常通行而不合北京语音一般发展规律的，这个音还是可以采用，但同时也要考虑到这个音在北方方言里应用得是否广泛。如北京话里的“危”“期”“帆”三个字的读音都不符合语音发展的一般规律，因为这三个字在古代都是浊音声母的平声字，应归入普通话的阳平调类，但是阴平的读法还是被采用了，确定为标准音，就是因为阴平的读法在北京话和北方方言中都比较通行。对那些既不符合语音发展的一般规律，在北京话和北方方言中又不通行的北京读音则不予采用。例如，“暂（zhàn）、酵（xiào）”的北京音就没有被定为标准音。

（2）“开，齐，合，撮”的读法，原则上以符合语音发展规律为准。例如“嫩”的音定为 nèn，而不用 nùn。

（3）古代清声母入声字在北京话里没有异读的，就采用北京已经通行的读法；凡有异读的，假如其中有一个是阴平调，原则上就采用阴平的读法。例如，“息”定为 xī，“击”定为 jī。否则可确定一种比较通用的读法作为标准音。

该委员会随后陆续发表了《普通话异读词审音表初稿》正编、续编、第三编。1963 年，普通话审音委员会又将三次发表的《审音表初稿》辑录在一起，以《普通话异读词三次审音总表初稿》（以下简称《初稿》）为题发表在《中国语文》杂志 1963 年第 1 期上，总共审定异读词 1800 多条和 170 条地名。《初稿》发布以后，成为人们

① 《普通话异读词三次审音总表初稿》，文字改革出版社，1963，8 页。

规范异读的重要依据。但随着社会与语言的发展，不仅《初稿》中原先审定的一些读音需要重新审订，而且作为一种规范标准，《初稿》也急需定稿。因此，国家在1982年又重组了普通话审音委员会，开始对《初稿》进行修订。1985年12月27日，国家语言文字工作委员会、国家教育委员会、广播电视部联合公布了《普通话异读词审音表》(以下简称《审音表》)，并要求普通话异读词的读音、标音要以此表为准。因此，我们在学习普通话异读词读音、编纂语文工具书时也必须以此表为准，否则就容易引起混乱。1995年11月6日的《重庆晚报》以《一场引人关注的官司》为题报道了一起因一个字的读音而引发的一场官司。在一次小升初的语文考试中，有学生将“自作自受”的“作”的读音标为zuò，被扣去一分（标准答案为zuō)，一分之差，失去了正常进入重点中学的机会，而要交赞助费6000元。学生家长不服，把当地教委告上了法庭。原告依据的是《审音表》，而被告依据的是《现代汉语词典》。在新发布的《审音表》中，对“作”的读音重新作了修订，规定除了在“作坊”一词中读阴平外，其他场合一律读去声。而当时的《现代汉语词典》还没有来得及根据《审音表》的规定修改再版，两种权威的标准不一致，导致了混乱。对于那些已经实现了统读的异读字，我们尤其要注意。例如，“脂”统读作了zhī，废除了zhǐ的读音。另外我们还要注意学习《审音表》中仍保持异读的200个异读词，掌握它们的规范读音，如“熟”就保留了文白异读，shú是文读音，如“熟悉”；shóu是白读音，如“饭熟了”。《审音表》是普通话语音的现行国家标准，但从1985年发布至今已历经20多年，我国经济社会快速发展，人们的语言生活也发生了巨大变化，新的形势也需要对这些语音进行修订以适应新的变化。根据人民网的报道，新一届的普通话审音委员会2011年10月28日在北京成立，并同时开通了“普通话语音规范网”，预示着我国将开展第三次普通话审音工作，这必将促进新形势下普通话语音规范化、标准化建设。

多音字往往也是多义字，读音有辨义的作用。如“行”字，在“行走”一词中读xíng，在“行列”一词中读háng。在遇到多音多义字的时候，只有了解意义才能正确地认读，否则就会造成误读。多音多义字与异读字不同，不同的意义对应于不同的读音，在运用适当的前提下，都属于规范的读音。但多音多义字的存在确实给人们认读带来困扰，虽然完全消除多音多义字是不可能的，但是通过改读和改写适当地减少多音多义字是可能的，特别是对群众中有变化趋势的要积极引导。①

① 苏培成《现代汉字学纲要》(增订本)，北京大学出版社，2004，159页。

第 4 节　现代汉字的字形结构分析

早在 20 世纪 50 年代的语言学文献中就出现了“现代汉字”这一术语，但对于现代汉字的理解，迄今为止学界仍未有统一的标准。一般而言，如果从文字记录语言的角度来看，现代汉字是记录现代汉语经过整理规范的汉字，即记录现代汉民族共同语的汉字。当然现代汉字用字大部分是从古代继承下来的，所以现代汉字实际包括古代汉语和现代汉语通用的字及现代汉语专用的字。对于现代汉字字形结构的分析，原有的“六书说”“三书说”已不完全适用。为此，一些学者提出了以笔画、部件和整字三个层次分析现代汉字字形的理论方法。我们认为，在分析现代汉字字形结构时，要特别注意以下几个方面：

一、现代汉字的笔形

笔形指的是笔画的形状。1965 年由文化部和文字改革委员会发布的《印刷通用汉字字形表》规定了汉字的五种主笔形：横（一）、竖（丨）、撇（丿）、点（丶）、折（乛）。汉字“札”中的五个笔画，可以作为这五种笔形的代表。由于基本笔形运笔方向改变和相互联系，又产生了提、捺、钩三种笔形。因此，点、横、竖、撇、捺、提、折、钩是构成现代汉字的八种主要笔形。汉字“永”中的八个笔画，是这八种笔形的代表。这八种主要笔形在具体运用中又衍生出许多更加复杂的变化笔形，例如钩出现了横钩、竖钩、斜钩、弯钩、卧钩等，如“买”“了”“弋”“豖”“心”字中的钩，笔形就各不相同。这些由基本笔形组合而成的笔形，与主笔形对应的从属笔形，称之为附笔形或派生笔形。派生笔形往往都不是由一个点或一条线构成的，要么是一个点和一条线，要么是两条线或多条线，如“又”的第一笔横撇是由两条线构成的派生笔形。

了解并熟练掌握各种笔形，对汉字的笔形进行正确的分类，有助于人们正确书写汉字，开展识字教学，进行汉字信息处理，快速查检汉字等。因此，我们应该不断加深对汉字笔形的研究，以期尽快实现汉字笔形的规范、标准，以适应社会多种需要。

二、现代汉字的偏旁部件

我们在分析汉字字形结构时，经常会提到“偏旁”和“部件”两个术语。汉字有独体字与合体字之分。所谓独体字，是指由不能拆分的单一形体构成的汉字，如“日”“月”“水”“人”“牛”等字。所谓合体字，是指由两个或两个以上独体字组合而成的汉字，如“休”“江”“初”“烘”“说”等字，它们都可以进行拆分分析。“偏旁”是合体字的结构单位，往往指构成合体字中的独体字。从前把合体字左边的分体叫“偏”，右边的分体叫“旁”，现在上下左右内外都可以称偏旁，如“初”的“衤”和“刀”，“息”的“自”和“心”，“闰”的“门”和“王”，都是偏旁。而在形声字中则把表意义范畴的偏旁叫形旁，或叫形符、意符；把标志读音的偏旁叫声旁，或叫声符。如“烘”，从前把左边的“火”叫“偏”，右边的“共”叫“旁”，现在都可以叫偏旁。从形声字的角度又把“火”叫形旁，“共”叫声旁。分析汉字结构的传统方法，就是把汉字的形体结构和汉字的构造原理结合起来，认为合体字是由偏旁构成的，而偏旁是由笔画构成的，笔画、偏旁是汉字的两级构造单位。

汉字的形体经隶变之后发生了很大的变化，汉字的图画性消失，符号性加强，特别是经过简化之后，现代简化汉字已经很难透过汉字的形体去把握汉字的意义了，如“并”字，它的甲骨文形体为“㒳”，像两人并立之形，我们可以很容易分析出该字表示“并列”“并排”的意思，但演变成平直方正的方块字“並”后，特别是简化为“并”后，我们已很难直观地从字形看出它的意义了。而且在简化汉字的过程中，一些字的偏旁也简化成单纯的符号，如“区”中的“乂”、“劝”中的“又”既不表音，也不表意。传统的偏旁分析法已不能完全适应现代汉字的这些特点，因此，不少学者提出应该将汉字的构造单位称作部件。部件与偏旁一样，都是介于笔画和整字之间的构字单位，这是两者一致的地方，但两者并不完全相等。偏旁是合体字的构成成分，属于传统汉字结构学说里的一个术语。部件是由笔画组成的具有组配汉字功能的最基本的结构单位，也称字根、字元、字素。它抛开了汉字形音义的联系，无论是合体字还是独体字，都可以进行部件的拆分。在现代汉字中，偏旁都是部件，但部件未必就是偏旁。如“琇”字，只有“王”“秀”两个偏旁，却可以分析出“王”“禾”“乃”三个部件，这三个部件在“琇”字里，既不表义，也不表音，只是组字的基本结构单位。虽然目前对于汉字构造单位的说法仍有分歧，但我们认为，部件分析方法更适合分析现代汉字，更有利于中文信息处理的规范。

部件可分为成字部件和非成字部件，可以独立成字的部件叫作成字部件。如“另”“吉”“唱”里的“口”。不能独立成字的部件叫作非成字部件。如“钢”“网”“铜”里的“冂”。按层级来分，部件又可分为一级部件、二级部件……直到最后不能再拆分的称为末级部件，也叫基础部件。如“霜”，第一次拆分出“雨”和“相”叫一级部件，“相”拆分出的“木”和“目”叫二级部件。拆分至此，“木”与“目”已不能再进行拆分，所以它们是末级部件。不过第一层级中的“雨”也不能再进行拆分，也是基础部件，所以基础部件可能出现在各个层级中。现代汉字部件之间的关系主要有相离和相接两种类型：“家、高、刘、对、幽、湘”等字由相离关系的部件构成，“克、吊、卢、名、占、单”等字由相接关系的部件构成。人们一般认为，“两、册、事、妻、秉”等字不应进行部件拆分，所以部件之间不存在相交关系。因此，我们在拆分部件时必须遵循以下原则：一是不能违背形体的原则。在进行部件拆分时，相离、相接的部件可以拆分，例如：“明”拆分为“日”“月”（相离）；“名”拆分为“夕”“口”（相接）。而交重的笔画不能拆出部件，极少数不影响结构和笔数的笔画搭挂，按相接处理。例如：“串”不可拆分为“中”“中”（笔画交重）；“孝”可拆分为“耂”“子”（“子”搭挂在“耂”上）。二是遵照结构规律的原则。字形符合理据的，进行有理据的拆分，无法分析理据或形与源矛盾的，依形进行无理据拆分。例如：“给”拆分为“纟”“合”（第一层，有理据拆分）；“合”拆分为“亼”“口”（第二层，有理据拆分）；“亼”拆分为“人”“一”（第三层，无理据拆分）。三是对应关系的原则。因在字中所处的部件不同而产生了笔画变形或比例变化的部件统一处理，有对应关系的简化部件与繁体部件统一处理，主形与变体尽量统一处理。例如：“讠”（简化字言旁）与“言”统一处理，不再拆分。四是适度拆分、合理控制下限的原则。两个以上相离、相接部分，如果其中任何一个部分没有构成其他字的能力，就不再拆分。①

正确认识部件，对汉字进行部件的拆分，对识字教学与中文信息处理有着非常重要的意义。1997 年，国家语委正式发布了《汉字部件规范》，汉字部件的定义、定名、定量等方面有了清晰、明确的标准，对部件的拆分更加科学、规范。

---

① 杨润陆《现代汉字学通论》，长城出版社，2000，140—143 页。

三、现代汉字的构字法

（一）现代汉字的字符

如何分析汉字的字形结构一直是汉字学研究的一个重点。古人很早就开始了对汉字字形结构的分析，但最初这种分析是不成系统的、零散的，直到许慎《说文解字》以“六书说”分析汉字的字形结构之后，这种结构分析法才具有了系统性。这种分析方法，在研究汉字形、音、义的发展变化，辨识古代文献中的字义、词义方面都起过巨大的作用。但在汉字经历隶变之后，汉字的形体、字形结构与古文字有了较大的变化，传统的“六书说”已不能承担分析、解释隶楷阶段的汉字的任务，如“牟”字，小篆字形为，隶变后，“牟”字变成了意义上不相关的两个部件。特别是中文信息处理的技术的发展，也要求对现代汉字的分析更适合汉字信息处理的需要。对于现代汉字，我们可以从外部结构和内部结构着手分析。从外部结构入手分析汉字称为汉字的构形法，从内部结构入手分析汉字称为汉字的构字法。从构字法的角度入手对汉字进行拆分得出的单位是字符，也是组成汉字的基本结构单位。现代汉字的字符，有的同字义关系密切，有的同字音关系密切，有的同字音、字义都没有关系，只是起区别字形的作用。根据字符在现代汉字中组字的不同功能把字符分为意符、音符、记号三类。与整字在字义上有联系的是意符，如“泪”由“水”和“目”两个意符构成表示眼泪，还有如“贿”“赂”“资”等字中的“贝”，就是意符，表示这些字所代表的词的意义与钱财有关。音符是指与整字在读音上有联系的字符，如“织”中的“只”“昭”中的“召”就是音符。一般来说，如果形声字的声旁没有丧失表音功能，就是音符，如“球”“胞”“廊”“笼”“柏”中的声旁。凡是和整字在意义和读音上都没有联系的就是记号，它主要是用来区别字形的。古文字中的记号很少，但隶变后，汉字摆脱了象形、象意的桎梏，符号性加强，特别是现代汉字中，很多古代的象形字不再以形表意，而成为记号。而由于形体的演变以及字音、字义的变化，很多会意字与形声字中的意符与音符由于失去了表意或表音功能而成为记号。另外在简化汉字时通过换用简单符号的方法又产生了一批新的记号。

字符是分析现代汉字结构的基础，但要做到准确的辨析还是有一定的难度。一来由于汉字结构的繁复、语音的古今变化使现代汉字字符与字义、字音的联系非常复杂，二来由于字符身兼多职，同一个字符在不同的结构中经常充当不同的功能。这就加大了现代汉字结构分析的难度，造成人们对字符的不同理解与认识，从而影响分析的结果。

（二）现代汉字的四种基本构型

对现代汉字的构字分析，不同的学者从不同的角度、标准出发得出不尽相同的结论。如苏培成从现代规范汉字的字形、字义与字音出发，认为现代汉字的构字法有6类①，杨润陆根据现代汉字的形体及表意、表音功能，认为现代汉字可以归纳为以下四种基本类型：②

1. 记号字

由记号组成的汉字就是记号字。记号字可以分为独体记号字和合体记号字两个小类。独体记号字是由一个记号组成，形体不能进行拆分，主要来源于古代的象形字。如“人、鱼、皿、女”等。合体记号字由两个或两个以上的记号组合而成。如“所、给、莫、要、射”等。“射”的甲骨文字形是“”，像用手拉弓射箭，后讹变为从身从寸，由此失去了表意功能成为记号。

2. 半记号字

半记号字可分为半意符半记号字和半音符半记号字两个小类。半意符半记号字是由一个意符和一个记号构成，如“疫、送、看、冬、雷、秋、春、鸡、晒”等。“疫”，《说文》：“民皆疾也。从疒，役省声。”“疒”如今仍可示意，但“殳”已不能示音，在该字中成为一个记号。“鸡（雞）”，《说文》：“知时畜也。从隹奚声。”简化汉字时，“奚”换成了简单符号“又”，成为一个记号，而“鸟”如今仍可示意。半音符半记号字是由一个音符和一个记号构成，如“完、廉、球、常、趣、检、职、齿、丛”等。“常”，《说文》：“下裙也。从巾尚声。”“尚”如今仍可示音，但“巾”失去表意功能成为一个记号。“球”本指一种美玉，从玉求声，后引申表示圆形物体。“求”如今仍可示音，但“玉”已失去表意功能成为记号。

3. 表意字

表意字分为独体表意字和合体表意字两个小类。独体表意字由一个意符构成，大体上能从形体知道该字的意义。这种字在现代汉字中数量很少，是残存的尚未失去表意功能的独体象形字和指事字，如“田、井、一、二、三、凹、凸”等。合体表意字

---

① 苏培成《现代汉字学纲要》（增订本），北京大学出版社，2004，93—101页，参见本书第三章第2节“汉字新六书说”。

② 杨润陆《现代汉字学通论》，长城出版社，2000，152—153页。

是由两个或两个以上意符构成，如“杳、尖、棘、籴、牧、明、冰、涉”等。

4. 意音字

意音字是由一个意符和一个音符构成。其中的意符表示字义的类属，音符表示字的读音。这类字大部分是从古代形声字发展而来的，如“吐、帆、址、芳、旱、财、忆、饥、议”等。意音字在汉字的总字数中所占比例最大，达到58%左右。

第 5 节　汉字规范训练

为规范汉字的使用，国家陆续发布了一系列的政策和法规，如《简化字总表》《现代汉语常用字表》《现代汉语通用字表》《现代汉语通用字笔顺规范》《第一批异形词整理表》等，我们在使用汉字时都应当遵循这些规范和标准。在书写规范汉字时，我们要特别注意以下几个方面：

一、容易写错笔画的字

汉字结构复杂，字数众多，区别细微，如果在书写时不重视汉字的笔画结构，不细心观察，书写草率，就容易多写一笔或少写一笔。主要有以下三种情况：

（一）减少笔画

减少笔画是指在书写汉字时少写了汉字的笔画。如："德"字容易少写一横作"德"；"厌"字容易少写一点作"厌"；"真"字容易少写一横作"真"；"初"字容易少写一点作"初"；"底"字容易少写下面一点作"底"；"压"字容易少写一点作"压"；"蒙"字容易少写一横作"蒙"；"贰"字容易少写一横作"贰"。

（二）增加笔画

增加笔画是指在书写汉字时多写了汉字的笔画。如："武"字容易在右边的斜勾多加一撇；"厚"字容易在"曰"加上一撇变成"白"；"染"字容易在"九"上多加一点误写为"丸"；"冠"字上面的部件"冖"容易多加一点，写成"宀"。"挠""饶""烧"中右上角容易多加一点；"县"字中"且"中间容易多加一横；"黎"字的右上半部容易多加一撇，误写为“勿”；“步”字的下边易多加一点，误写为“少”；“预”字左边的“予”易多写一撇，误写为“矛”。

（三）笔形有误或不规范

笔形有误或不规范是指在书写汉字时汉字笔形的书写错误或书写不规范。如：“直”“真”两字的第二笔是竖而不是撇；“不”“杯”“怀”“坏”等字中的中竖没有钩；“秦”字下边的“禾”，首笔是撇，不是横；“牙”第二笔为撇折，不是竖折；“学”“尝”的第四笔为左点，不是撇；“丑”字中间的横在书写时容易穿过横折而误写；“化”字右边的部件容易误写成“匕”；“考”字右下边的“丂”容易写成像“5”形；“号”字下面的“丂”容易写成“亐”；“片”字末笔是横折，一些人在书写时容易断成横、竖（或竖弯钩）两笔；“霈”“肺”“旆”“沛”这四个字的右边是“巿”，一共四笔，竖通上，上面不是点，很多人容易误写为“市”；“冒”字的上面是“⺃”，里面的两横与竖没有相连，一些人容易误写为“日”和“曰”。“冒、瑁、帽、冐、勖、媢”等字同理。

二、容易写错偏旁部件的字

与偏旁相关的一个常用术语是“部首”，它是具有字形归类作用的偏旁。要特别注意的是，一些字在它们用作部首时，笔画有时有所改变。如果不注意这一点，我们在书写偏旁部件时就容易出错。

土——坏、场、塔　　　　车——轻、轨、轮

辛——辣、辨、辫　　　　毛——毡、毯、毽

还有些是由于偏旁部件构形非常相近，容易误写，如：

包——下边的偏旁部件“巳”易误写为“己”或“已”。

蚕——上边的偏旁部件“天”易误写为“夭”。

冬——上边的偏旁部件“夂”易误写为“攵”。

危——下边的偏旁部件“㔾”易误写为“巳”。

却——右边的偏旁部件“卩”易误写为“阝”。

协——左边的偏旁部件“十”易误写为“忄”。

吉——上边的偏旁部件“士”易误写为“土”。

茂——下边的偏旁部件“戊”易误写为“戍”或“戌”。

烹——上边的偏旁部件“亨”易误写为“享”。

贪——上边的偏旁部件“今”易误写为“令”。

喜——中间的偏旁部件“䒑”易误写为“艹”。

三、容易写错笔顺的字

笔顺是指书写汉字时下笔的先后顺序。1997年国家语言文字工作委员会和新闻出版署发布了《现代汉语通用字笔顺规范》，对7000个汉字的笔顺逐个进行了分解，这是当前指导我们书写汉字时的笔顺规范。但由于一些语文工具书、教科书对笔顺的讲解不准确，以及人们的书写习惯等诸多因素的影响，相当多的人还不能完全正确地按汉字的笔顺规范来书写，造成汉字笔顺书写的混乱。虽然笔顺书写错误并不一定会产生错别字，但却妨碍了汉字书写的顺畅与美观。常见的容易写错笔顺的字有：

必　　第三笔是点，不是撇。

毋　　第三笔是撇，不是横。

母　　第三笔是点，不是横。

北　　第四笔是撇，不是竖弯勾。

丹　　第三笔是点，不是横。

方　　第三笔是横折钩，不是撇。

火　　第二笔是右小撇，不是长撇。

老　　第五笔是撇，不是竖弯钩。

鸟　　第三笔是点，不是竖折折钩。

匹　　第二笔是撇，不是竖弯钩。

再　　第四笔是竖，不是横。

为　　第二笔是撇，不是横折钩。

黑　　第六笔是竖，不是横。

卵　　第三笔是点，不是撇；第五笔是横折钩，不是竖；最后一笔是点。

四、容易读错的字

汉字是表意文字，很难从字的形体上推知字的读音，每一个字的读音都需要我们一个个识记。虽然形声字占汉字的绝大多数，形声字的声符可以提示该字的读音，但由于语音的历史演变，现在不少形声字的声符已不能准确地表音，而即使现在仍能表音，该声符的读音也需要人们一个个地识记，再加上汉字数量庞大，形体相近的字非常多，这些都造成了汉字的难读和容易误读。大体来说，易读错字有以下几种情况：

（一）形声字的误读

形声字的声符在造字之初应该说与该字的读音是相同或相近的，但由于古今语音的历史演变，到了现代，形声字的声符大多已不能准确地表音。所以，对于形声字如果按声符的读音去读，大都会读错。如：

发酵 jiào （误读为 xiào）　　矩形 jǔ （误读为 jù）

琵琶 pá （误读为 bā）　　毗邻 pí （误读为 bǐ）

粗糙 cāo （误读为 zào）　　奴婢 bì （误读为 bēi）

有时候，一群形声字共一个声符，其中有的声符与形声字的读音是一致的，但不能以此类推，凡是从这个声符的形声字都与声符的读音是一致的。如“族”与“镞”的读音是一致的，但如果以此类推“族”与“簇”“蔟”的读音也一定一致，就会造成误读。

（二）形近字的误读

汉字数量众多，不少汉字的形体结构非常相似，如“己”“已”“巳”三字的区别就在于竖弯钩的长短不同，这些形体相近的字，如果我们不注意辨识，非常容易误读。如“剌”与“刺”形体非常相近而读“剌（là）”为 cì；“掣”与“擎”字形相近，而读“掣（chè）”为 qíng；“羸”与“赢”字形相近，而读“羸（léi）”为 yíng；又如“戌（xū）”“戍（shù）”“戊（wù）”三字形体非常相似而常常发生误读。

（三）多音字的误读

多音字是有两个或两个以上读音的字。多音字大体上可分为多音多义字与异读字两类。

1. 多义多音字的误读

多音多义字的读音具有辨义的作用，如果人们没有了解字音与字义的对应关系，就容易发生误读。例如：“拗”表示“不顺”的意思时，读 ào，如“拗口”；表示“固执，不驯顺”的意思时，读 niù，如“执拗”。对多音多义字读音的辨识，我们可以将它组成词，或者把这个词放入句子中来看它的意义，通过对意义的理解来正确地识读该字。例如："创"有"开始""开始做""伤"等意思，在"创造""创始""创办"等词中应读为 chuàng；在"创伤""我们重创了敌人"里就应读为 chuāng。

2. 异读字的误读

异读字的读音没有辨义的作用，表示的意义相同。异读主要有文白异读和方言异读。异读字的读音当以 1985 年 12 月 27 日国家语言文字工作委员会、国家教育委员会、广播电视部联合公布的《普通话异读词审音表》为标准。如"作"，该表规定除了在"作坊"一词中读阴平外，其他场合一律读去声。我们要特别注意表中那些已经实现了统读的异读字，例如："脂"统读作了 zhī，废除了 zhǐ 的读音。"械"统读为 xiè，废除了 jiè 音。

(四) 难读字的错读

有些字的字义，根据上下文的意思可以了解，但字音却不好把握，有的字更是找不出一点儿读音的凭依，容易读错。一些笔画繁多、写法复杂的字和不太常用、不太常见的字往往难读，如"蠹""饕餮""氤氲""貔貅""靥""髭""垚""耄耋""罟""汆"等。

五、容易写错的成语

汉语中有大量的成语，由于表达凝练，意蕴深远，人们乐于使用。但一方面因为使用者对相关成语理解不透，另一方面因为汉字同音字、形近字比较多，人们在使用成语时经常会出现写错字的情况。例如："不假思索"的"假"常被误写为"加"。"不假思索"是指不用时间考虑或思索就作出反应，形容说话做事敏捷。"假"是借助、依靠的意思，因此不能写为"加"。由于对"纷至沓来"一词意义理解不透，一些人常把"沓"误写为"踏"，实际上，"沓"是多、重复的意思，"纷至沓来"是形容接连不断地到来，"沓"不能写成"踏"。写错成语主要有以下几种情况：

(一) 因字音相同或相近而写错

按部就班　　"部"容易误写成"步"。"部"是门类的意思，不能写成"步"。

再接再厉　　"厉"容易误写成"励"。"厉"通"砺"，是磨砺的意思，不能写成"励"。

不可名状　　“名”容易误写成“明”。“名”是用言语说出的意思，不能写成“明”。

川流不息　　“川”容易误写成“穿”。“川”指河流，不能写成“穿”。

别出心裁　　“心”容易误写成“新”。“心裁”指心中的筹划、设计，不能写成“新”。

以逸待劳　　“待”容易误写成“代”。“待”是等待的意思，不能写成“代”。

相辅相成　　“成”容易误写成“承”。“成”是促成的意思，不能写成“承”。

诡计多端　　“诡”容易误写成“鬼”。“诡”是欺诈、虚伪的意思，不能写成“鬼”。

（二）因字形相近而写错

脍炙人口　　“炙”容易误写成“灸”。“炙”指烤肉，不能写成“灸”。

神采奕奕　　“奕”容易误写成“弈”。“奕奕”指精神焕发的样子，不能写成“弈”。

饮鸩止渴　　“鸩”容易误写成“鸠”。“鸩”指鸩酒，是一种剧毒的酒，不能写成“鸠”。

连篇累牍　　“牍”容易误写成“赎”。“牍”是古代写字用的木简，不能写成“赎”。

杳无音信　　“杳”容易误写成“沓”。“杳”是无影无声的意思，不能写成“沓”。

鬼鬼祟祟　　“祟”容易误写成“崇”。“祟”原指鬼怪或鬼怪害人，借指不正当的行动，不能写成“崇”。

不寒而栗　　“栗”容易误写成“粟”。“栗”是畏惧、发抖的意思，不能写成“粟”。

如火如荼　　“荼”容易误写成“茶”。“荼”，古代指茅草的白花，不能写成“茶”。

（三）因字音、字形相同或相近而写错

蔚为大观　　“蔚”容易误写成“尉”。“蔚”是茂盛的意思，不能写成“尉”。

趋之若鹜　　“鹜”容易误写成“骛”。“鹜”指野鸭，不能写成“骛”。

心无旁骛　　“骛”容易误写成“鹜”。“骛”指纵横奔驰，又引申为“追求”，不能写成“鹜”。

铤而走险　　“铤”容易误写成“挺”。“铤”指急走的样子，不能写成“挺”。

矫揉造作　　“矫”容易误写成“娇”。“矫”指使弯的变成直的，不能写成“娇”。

伶牙俐齿　　“俐”容易误写成“利”。“俐”是灵活的意思，不能写成“利”。

恰如其分　　“分”容易误写成“份”。“分”指分寸，不能写成“份”。

罄竹难书　　“罄”容易误写成“磬”。“罄”是尽、完的意思，不能写成“磬”。

以上只是简单列举了一部分容易写错的成语，要想真正规范地书写成语、用好成语，我们必须从字音、字形及意义等方面准确地了解成语，加强对成语的学习与识记。

第十一章

汉字信息处理

信息作为一种物质存在，从古至今一直在人类生活中发挥着重要作用。特别是在如今的信息化时代，信息更以多种多样的表现形式存在于我们社会生活的各个领域，如文字、声音、图像、数字等，其中文字信息应用得最为广泛。目前，对信息的存储与加工主要通过计算机来完成，计算机高速的运算速度、超强的处理能力可以提高人们处理信息的效率和质量。我们一般把计算机处理的各种信息称为数据，这些数据可以分为两大类：数值型和非数值型。可以实施数值运算的数据称为数值型数据，否则称为非数值型数据。在多数领域中，非数值型数据的量通常远大于数值型数据的量。计算机由主要用于数值计算，发展到以非数值型数据处理为主，大大拓宽了应用范围，是计算机应用的一个重大突破，也直接催生了中文信息处理这一学科。当前，计算机应用水平的高低已经成为衡量一个国家信息化、现代化水平的重要标志。

我国的通用文字是汉字，汉字也是全世界使用人数最多的文字之一，因此，实现汉字信息处理的计算机化尤为重要，它是构建我们国家信息化、现代化的基石。但是，我国应用计算机处理汉字信息却要比西方发达国家用计算机处理文字信息要晚得多。因为汉字是表意文字，结构复杂，不像英语等西文那样输入方便；汉字字数多，常用汉字 3500 个，通用汉字 7000 个，汉字的总量更是惊人，《中华字海》收录的字数多达 86 000 个，而西文连同大小写、各种标点、数字等不过几十个字符和符号，汉字输入要求计算机有较大的容量储存汉字字库；为了显示和打印汉字，又要求显示器和打印机有较高的分辨率。除此之外，在开发汉字信息处理系统时还必须考虑到中西文兼容问题，因为计算机最初是建立在处理西文字符基础上的，系统的软硬件设施已有相当基础，国际上形成了一系列的标准，具有丰富的软件资源。这些都增加了汉字信息处理系统设计的难度，为了解决这一难题，从 1958 年我国第一台电子管计算机诞生起，我们国家就展开了计算机处理汉字信息的探索和实践。1968 年邮电部门研制成功了汉字电报译码机，它成为我国汉字信息输出设备的最早形式，不仅为早期汉字信息处理系统用作汉字输出设备，而且其印字的基本方法也为现在的汉字点阵式打印机所采用。[①] 七十年代，在“748”工程的推动下研制出了一批新型的汉字输入输出设备。八十年代和九十年代，我们国家在汉字信息处理方面取得了许多重要的成果，如开发出中文操作系统、汉字计算机激光照排系统，开始使用中文文字处理软件，完成了字频和词频的统计，制定了一系列汉字信息处理的国家标准，生产出了各种汉字终端等。这些研究成果极大地推动了我国的信息化建设与信息产业的发展，并且广泛地应用在社会生活的各个领域，如编辑出版、文献检索、机器翻译、计算机辅助教学、办公自动化、古籍文献数据库建设等。汉字信息处理已成为中文信息处理的一个重要

---

① 彭寿全、黄可《汉字信息处理》，电子科技大学出版社，1994，12 页。

组成部分。

尽管目前我国在汉字信息处理的研究方面已经取得了很大的进步，甚至某些研究成果居于世界的领先地位，如汉字激光照排技术、汉字输入等。但是，我们也应该看到，与西文信息处理技术相比，汉字信息处理还存在着许多亟待解决的问题，如汉字输入编码的规范与优选、海峡两岸暨港澳地区汉字机内码的统一等问题。这都需要我们在未来的研究中不断地加以解决。

第1节 汉字的编码

计算机不能直接处理汉字，只能处理二进制代码，要利用计算机处理汉字信息，就必须对汉字字符进行编码。汉字的编码就是按照一定的规则，对指定的汉字集内的元素编制相应的代码。因此，不同的汉字字符需要用不同的汉字代码来表示，这些代码在计算机系统中是以二进制形式存在的。计算机对汉字的处理大致经历三个过程：汉字信息的输入、汉字信息的识别、汉字信息的输出。要实现这三个过程，都必须进行相应的编码，即汉字外部码、汉字内部码、汉字交换码和汉字输出码。

一、汉字外部码

汉字外部码也称汉字输入码，是计算机输入汉字的代码，代表了某一个汉字的一组键盘符号。汉字的字数众多，结构复杂，如何将汉字输入计算机内是计算机汉字信息处理初期的一个技术难题，为此，汉字落后论、汉字灭亡论一时之间又甚嚣尘上。现在，通过我国科研工作者的努力，我们已经较好地解决了汉字快速输入计算机的难题。随着科技的发展，当前汉字信息的输入技术也日新月异，不仅有传统的汉字键盘输入，而且开发出了汉字的字形识别输入与汉字的语音识别输入。在这三种输入方式中，目前仍以汉字的键盘输入应用最为广泛。

（一）汉字键盘输入

汉字的键盘输入使用西文标准键盘进行，因此必须为汉字设计相应的编码才能实现汉字的输入，这比西文输入困难得多。因为英文字母只有 26 个，可以把所有的字符都放到键盘上，但汉字的字数多，仅常用的汉字就有 3500 个，要像西文那样把所有的汉字都放到键盘上，显然是不可能的。汉字信息处理系统必须设计自己的输入码，让汉字与键盘建立起对应关系，从而实现汉字的输入。要想使汉字的输入质量高，速度快，就必须设计科学合理的汉字编码技术，因此，在制定编码规则时应考虑编码的易学性、快速性、兼容性、完备性、一致性、规范性，而且设计的编码要容量大、重码率低，在计算机上易于实现。汉字输入技术仍是目前汉字信息处理研究中最为活跃的一个领域，从最初的单字输入已经发展到词、语句的输入。目前有关的汉字输入编码方案有几百种之多，这些方案大体可以分为数字码、音码、形码和音形码四大类。但不管是哪种汉字输入方法，实际上都是提供了汉字的键盘码与汉字机内码的一张对照表（码表）。汉字系统装入内存后，用户从键盘上输入汉字的编码（外部码）；经过汉字系统输入模块的处理，外部码转换为内部码（与汉字一一对应）；进一步，可以为计算机储存、处理、在屏幕上显示或由打印机输出到纸上。[①] 目前，汉字键盘输入编码主要有以下几种类型：

1. 数字码

数字码是用数字组成的等长编码，即编码的长度相等。数字码输入的优点是无重码，每个汉字对应一个数字串，而且输入码和机内码转换方便。另外，数字码除对汉字进行编码外，还能对字母、数字和符号进行编码，这也是其他几种编码所不具备的。但数字码通常是一种硬性的规定，无理据可言，规律性不强，难以记忆，所以数字码输入在汉字信息输入中使用范围较窄，主要用于生僻字和特殊符号的输入。区位码是目前最常用的一种数字码输入方法。区位码由一个四位的十进制数字构成，前两位是区码，后两位是位码，行号 01～94 代表区号、列号 01～94 代表位号。例如，“去”字位于第 52 区 38 位，区位码为 5238。汉字被有规律地分布在区位码表中。在 94 个分区中，1～9 区为字母、数字、图形符号区；16～55 区为一级汉字区；56～87 区为二级汉字区。由于汉字在区位码中都是一个四位的十进制数，因此，要想准确地输入相关汉字就必须在码表中查找出该汉字对应的代码。

① 董引吾、贾积有、吴筱萌《微型计算机应用基础》，北京大学出版社，1996，79 页。

2. 音码

根据汉字读音组成的编码称音码，如全拼、双拼、微软拼音输入法、搜狗拼音输入法等。音码输入具有使用简便，容易入门等优点，一个人只要会汉语拼音，不需要经过专门的训练即可掌握。例如，全拼输入法是把整个汉字的拼音字母作为汉字编码，因此只要会读这个字就可以输入汉字。但由于汉语中同音字太多，采用音码输入汉字会出现较高的重码，在拼音输入后往往还要进行同音字选择，影响输入速度。为了提高音码的输入速度，人们不断为音码输入融入了更多的智能化因素，使音码输入的重码大为减少，速度得到了很大的提高，如现今国内主流的音码输入法——搜狗拼音输入法由于将字、词组按照使用频率重新排列，大大提高了输入速度。

3. 形码

根据汉字的字形结构特征组成的编码称形码。汉字总量虽大，但每个汉字都具有清晰直观的形状，通过分析汉字字形，总结出所有汉字的基本构件，并将这些构件用字母或数字按一定规则进行编码，按笔画书写的顺序依次输入，就能表示一个个汉字。由于对汉字形体拆分的角度、方法不同，因而产生出各种各样的形码，如五笔字型码、表形码、郑码等。其中最为流行，使用最广泛的形码是王永明发明的五笔字型码，它已成为专业打字人员的标准输入法。形码具有重码少、输入速度快的特点，如熟练的专业打字人员采用五笔字型码输入汉字可以达到每分钟二百多字，已远远超过了西文的输入速度。但形码的编码规则往往比较复杂，各种形码的编码方案也不尽相同，每一种形码都需要识记一些基本的规则，还要经过较长时间的学习与训练才能掌握，入门较难，不利于普及到普通群众，如五笔字型码就要熟练地记住130个字根，还要掌握这些字根在键盘上的位置分布，否则根本无法完成五笔字型的输入。而且，为了进一步提高汉字的输入速度，人们还需要熟练地记住一级简码和二级简码，记忆量很大。

4. 音形码

结合汉字的语音与字形结构而组成的编码称音形码，包括反映汉字读音的编码和表现汉字本身结构的字根编码。音形码的种类很多，目前比较著名的音形码有智能ABC和自然码。音形码具有字形代码少、记忆量小、重码率低等特点，但由于音形码的编码模式是由字音码与字形码结合而成，因此在输入时既要知道汉字的读音又要拆解汉字的字形，不仅容易疲劳，也会影响输入的速度。

目前汉字输入编码仍在不断发展，特别是以搜狗为代表的音码输入取得了长足的进展。研究人员在开发汉字输入编码时结合原有的音、形码，采用智能联想技术，实现了汉字输入时字词联想、词语联想等功能，实现汉字的智能输入。根据2011年6

月清华大学（计算机系）——搜狐搜索技术联合实验室联合发布的中国首份《汉字输入发展报告》，中文汉字输入发展趋势将朝着智能化、个性化、平台化方向发展。我们也有理由相信，汉字的输入将会越来越智能和便捷。

（二）汉字字形识别输入

汉字的字形识别是指用计算机将书写或印刷的汉字图像自动转换为表示该汉字的计算机代码（例如汉字国标码等）的过程、方法和技术。汉字识别包括汉字图像信号获取、汉字的分割、汉字特征提取和选择、基于汉字特征的汉字分类判决，以及利用上下文对分类判决结果的验证处理等。基本上可分为印刷体汉字识别、联机手写汉字识别、脱机手写汉字识别 3 种。中国自 20 世纪 70 年代末开始研究汉字识别技术，20 世纪 90 年代末趋于成熟。目前，汉字识别已在数字图书馆、电子出版、数据库建设等众多领域广泛应用。联机手写汉字识别是便携式信息设备输入汉字的重要手段之一。①

（三）汉字语音识别输入

汉字的语音识别输入方法是利用汉字的读音来识别汉字，并把其对应的代码（汉字内部码）记入系统内。语音识别技术是人工智能与模式识别相结合的产物，它将成为新一代计算机的听觉系统的关键技术。语音识别工作的研究在国外开始于上世纪 50 年代中期，60 年代，能够识别 10 个数字语音的语音识别系统问世，随后又研制出能识别 100 多个限定单词语音的语音识别系统，并能达到实用程度。进入 80 年代以后，已经研制出了能识别数千个单词语音的语音识别系统，并强化了系统的适应能力，力图形成实用的商业化识别系统，特别是 IBM 公司针对汉语开发的语音识别系统在我国使用较为广泛。我国对语音识别的研究开始于 70 年代，但进展不快。90 年代以后，中国科学院声研究所开发的汉语孤立字全音节实时识别系统和北京四达技术开发中心和哈尔滨工业大学合作研制的汉语语音识别系统取得了较好的识别效果。汉语的语音识别和其他语言的语音识别在原理上基本相同。汉字是单音节文字，汉语中全部带调汉字音节数为 1200 多个。汉语的语音比较规范，这比较有利于用计算机进行语音识别。但汉字字数多，同音字多，再加上我国方言多，个人发音往往带有很强的方音，

---

① 《交通大辞典》编辑委员会《交通大辞典·增补本》，上海科学技术出版社，2008，152 页。

造成语音的不规范，这些都给计算机的语音识别带来了困难。①

二、汉字内部码

汉字内部码也称汉字机内码，是计算机系统中用来存储、处理和传输汉字的代码。西文内码采用单字节的 ASCII 码，而汉字字数多，字形点阵复杂，字模库大，用一个字节的内码无法区分。汉字内码采用双字节编码，一个汉字用两个字节（16 位二进制码）来表示。由于 ASCII 码采用 8 位二进制码表示，最高位为 0，为了不产生二义性，汉字内码将每个字节的最高位置 1，这样的机内码也称为变形国标码。根据这一原则，既做到中西文兼容又做到易于区别，也使机内码与国标码具有简单的对应关系。总之，一个汉字的机内码、国标码和区位码之间有着一一对应的关系，它们都可以唯一地确定一个汉字，是汉字编码的不同方法。机内码是最基本的编码，不管是什么汉字系统和汉字输入方法，输入的汉字到机器内都要变成机内码才能被存储和进行各种处理。②

三、汉字交换码

汉字交换码是指不同的汉字信息处理系统之间或者汉字信息处理系统与其他通信系统之间交换汉字信息时使用的代码。计算机的信息处理是采用二进制代码进行的，但这种代码使用不便，需要采用信息交换码。由于计算机已经融入了社会生活的各个方面，计算机进行汉字信息处理，与其他系统和终端设备进行数据交流非常频繁，为了提高处理的效率，要求在进行信息交换时所传送的汉字代码完全一致。也就是说，只有有了统一的汉字交换码，才能保证信息资源的共享与信息的快速处理。我们国家标准的汉字交换码是 1981 年 3 月公布的 GB2312 - 80《信息交换用汉字编码字符集——基本集》，该集收录了 6763 个汉字以及 682 个各种符号和字母，共计 7445 个图形字符。为了扩展计算机处理汉字的能力，在随后又公布了第二辅助集和第四辅助集，收录汉字有所增加，方便了用字量较大的用户使用。特别是后来公布的 GB18030 - 2000《信息交换用汉字编码字符集、基本集扩充》国家标准以及 GB18030 - 2005 标准中收录的汉字已比较接近汉字总量，很好地满足了诸如出版等行业的用字需要。

① 钱培德《计算机中文信息处理技术》，电子科技大学出版社，1992，23—24 页。

② 董引吾、贾积有、吴筱萌《微型计算机应用基础》，北京大学出版社，1996，77 页。

四、汉字输出码

汉字输出码是将汉字字形通过点阵数字化形成的一串二进制数，又称汉字字形码或汉字字模，它的作用是输出汉字。字形码是汉字的输出码，通常采用点阵和矢量函数等方式表示。目前大多数汉字系统采用点阵字模来存储和输出汉字。点阵就是将字符（包括汉字图形）看作一个矩形框，这个矩形框由一些小方格组成，一个小方格就是一个基点，凡笔画经过的小方格就用黑点表示，没有笔画经过的小方格就用白点表示。如果用 0 表示白点，用 1 表示黑点，那么在计算机中就可以用一组二进制数表示点阵。所谓汉字点阵字形是指以点阵形式表示规范化汉字字形的一种形式。[①] 当前的汉字信息处理系统中，汉字点阵字形结构主要有 16×16 点阵、24×24 点阵、32×32 点阵和 48×48 点阵等。以 24×24 点阵为例，一个汉字需要 576 个点来描述，存储汉字时，每行 24 个点，存为 3 字节，一共存储 24 行，因此一个汉字需要 72 字节来保存，即占 72B 存储空间。下面是“字”的 16×16 点阵和 24×24 点阵字样图：

16×16 点阵

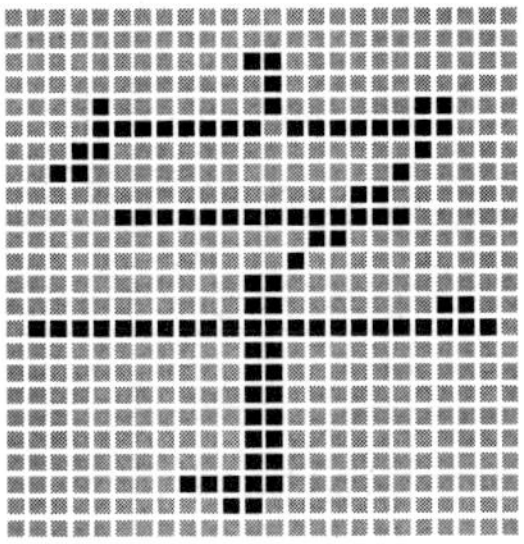

24×24 点阵

图 11－1

如果用 24×24 点阵来存放两级汉字，这个汉字库需要 486 936 字节，大约 476KB 的存储空间，如果用 32×32 点阵来存放两级汉字，这个汉字库需要 865 664 字节，大约 845KB 的存储空间。可见，点阵数字越大，需要的存储空间也就越多，汉字精度越高，显示和打印的效果也就越好。

五、汉字编码的规范标准

随着计算机的普及和广泛应用，以及巨量信息的交换与处理，对于汉字编码的规

① 彭寿全、黄可《汉字信息处理》，电子科技大学出版社，1994，59 页。

范与标准提出了更高的要求。倪光南院士说，到 2000 年，中国已制定了 70 个与中文信息相关的国家标准。因此，研究与完善汉字编码方案的时候应严格按照已有的国家标准与规范进行，并结合社会经济的发展与计算机技术的进步进一步修改、完善我们的国家标准。

（一）汉字输入码的规范

虽然目前的汉字输入编码方案有几百种之多，但这些汉字输入编码并没有一个统一的规范与标准，每位研究者在设计自己的汉字输入编码方案时基本上是以自己的角度来分析、解决汉字的输入的。比如一段时间以来，很多的编码方案设计者为了追求更快的汉字输入速度，而忽视了编码方案的易学性。特别是一些形码的设计者，在分析解构汉字时脱离了汉字本身的字形结构特征，部件的选取和拆分没有严格遵循现行的汉字部件规范，而是以自己的编码方案为考量依据，不仅给学生学习汉字造成困惑，也造成了形码输入编码的混乱局面。因此，汉字输入编码不仅要追求汉字输入速度，也要考虑编码的易学性，更应讲究规范。规范的音码编码方案应符合国家颁布的《汉语拼音方案》；规范的形码方案应符合汉字结构规律和国家语委颁布的有关语言文字规范；音码和形码方案的实现均应遵循国家技术监督局（前国家标准总局）发布的《信息交换用汉字编码字符集》的有关规定。①

（二）汉字内部码的规范

汉字内部码是汉字在汉字信息处理系统内部最基本的表达形式，供存储、处理、传输汉字用，通常简称为汉字内码。对西文处理而言，内部码就是交换码，而对汉字而言，汉字交换码是汉字内部码的基础，但不是内部码本身。长期以来汉字内部码结构比较混乱，采用不同的代码体系，其内部码不相同，就是同一种体系内也有不同的内部码格式。多种内部码格式共存的危害性在单用户和单机应用场合没有明显地暴露出来，但随着从单机到网络、单用户向多用户发展，各种数据日积月累地迅速增长，各种信息系统的建立，系统与系统之间、机种之间互不相认，资源不能共享的严重性就会暴露出来。因此，汉字内部码的标准化是极其重要的。

1987 年 10 月，我国成立了“中文内部码与数据类型标准化工作组”，工作组的任务就是研究汉字内码的标准化问题，制定汉字内部码规范。经过三年的调查研究，对

① 何克抗《面向中小学的汉字编码性能指标分析》，载《中文信息学报》1996 年第 1 期，53 页。

大量的方案进行了论证，在广泛征求意见的基础上，于 1990 年 5 月最终产生了 ASCⅡ代码体系和 EBCDIC 代码体系的汉字内部码推荐方案。两种方案都有各自的优点，如 ASCⅡ体系的汉字内部码采用双字节等长码，码长最短；17672 个内部码位置能满足大多数用户较长时间的需求；与国标汉字基本集交换码的排序兼容性好，并与基本集交换码有简明的对应关系，易于实现代码转换等。在两种方案产生的同年，美国一些公司推出了一种称作 Unicode 的字符编码方案。1993 年国际标准化组织发布了《信息技术·通用多八位编码字符集（UCS）国际标准——ISO10646.1》。新代码体系实现后，就不再存在汉字内部码的问题了。①

（三）汉字交换码的规范

汉字交换码是用于汉字信息处理系统之间或者信息处理系统与通信系统之间进行汉字信息交换的代码。随着我们国家社会经济的发展与计算机技术的进步，汉字信息处理技术已广泛应用于社会生活的各个领域，汉字信息的交换也日趋频繁。这就要求所采用的汉字代码应该完全一致，否则，就会阻碍信息的顺畅交换。如果汉字代码不统一，在交换时就必须频繁地进行转码工作，不仅费时，给维护使用带来不便，也会带来生产成本的上升。因此，制定统一的国家标准汉字信息交换码是非常必要的。目前已经公布的汉字信息交换码的国家标准主要有以下几种：

1. GB2312－80《信息交换用汉字编码字符集——基本集》

该标准于 1981 年公布实施，共收录了 6763 个汉字字符和 682 个符号和字母，总共 7445 个图形字符，这些图形字符被排列在 94×94 个编码位置所组成的代码表中。其中，1～9 区是符号和字母等非汉字图形字符，16～55 区是 3755 个按音序排列的一级汉字，56～87 区是 3008 个按部首排列的二级汉字。该代码表中，行称为“区”，列称为“位”，任何一个图形字符都可以用它所在的区号和位号来表示，从而可以构成汉字的国标区位码。例如汉字“顺”在第 43 区、第 19 位，所以区位码为 4319，这个代码就清楚地表示了“顺”字在代码表中的位置。该集所收录的汉字以文化部和中国文字改革委员会公布的《印刷通用汉字字形表》为准，并参考了《新华字典》《现代汉语词典》及《辞海》等。该标准的制定与颁布，使我国的汉字信息处理系统有了统一的汉字交换码，免去了系统间的汉字代码转换，它是我国汉字信息处理中最主要、最基础的标准，是制定其他汉字信息处理标准的基础，是设计、研制、生产汉字信息处理系统及其他汉字设备必须遵循的准则。该标准实施以来，由于它与计算机技术的

① 傅永和、刘连元、陈敏、王翠叶《中文信息处理》，载《中国语言学现状与展望》，1996，278—279 页。

国际标准和国家标准有良好的兼容性和先进性，在汉字编码上的唯一性（一码一字，一字一码，字、码一一对应）和灵活性（可用空白位置扩充汉字代码或增加辅助集），以及实际运用中的实用性和规律性（如汉字分组排序），使得现在所有汉字系统及汉字设备的设计、研制和生产几乎都贯彻并采用了这个标准。因此，国家标准GB2312-80在汉字信息处理技术的发展中有着重要的指导意义。①

2. 五个辅助集

为了扩展计算机处理汉字的能力，方便用字量较大的用户使用，有关部门在1984年又提出了繁体字与简化字对应编码原则，并制定出五个辅助集。它们是GB12345-90《信息交换用汉字编码字符集——第一辅助集》、GB7589-87《信息交换用汉字编码字符集——第二辅助集》、《信息交换用汉字编码字符集——第三辅助集》、GB7590-87《信息交换用汉字编码字符集——第四辅助集》、《信息交换用汉字编码字符集——第五辅助集》。第二、四辅助集是规范字集，收字比基本集有所增加，分别为7237和7039个。第一、三、五辅助集是与基本集、第二、四辅助集相对应的繁体字集。

3. GB18030-2000《信息交换用汉字编码字符集、基本集扩充》

随着社会经济的发展，原有的标准所包含的字符已不能满足使用的需要。2000年3月17日，信息产业部和国家质量技术监督局联合发布了GB18030-2000《信息技术和信息交换用汉字编码字符集、基本集的扩充》，该标准作为国家强制性标准于2001年1月1日正式执行。GB18030-2000收录了27533个汉字（包括部首、部件等），同时还收录了藏文、蒙文、维吾尔文等主要的少数民族文字。该标准的强制执行，有利于解决相关信息系统生僻汉字的输入，有利于促进汉语言文字研究与古代文献的整理，也为少数民族语言文字信息处理奠定了重要的基础。该标准与现有的绝大多数操作系统、中文平台的计算机内码具有良好的兼容性，支持现有的各种汉字信息处理系统，因此该标准更适用于未来国际间的信息交换。2005年又发布了GB18030-2005，该标准在GB18030-2000基础上增加了42711个汉字和一些少数民族文字，因此，GB18030-2005也成为一种超大型中文编码字符集，收录汉字达70244个，已非常接近汉字的总量。

---

① 彭寿全、黄可《汉字信息处理》，电子科技大学出版社，1994，53—54页。

第 2 节　汉字字形存储

计算机处理汉字时，首先通过汉字输入码输入计算机，并在计算机内部以内码形式存储，但在显示和打印汉字时不能直接输出这些数字代码，而要显示和打印汉字字形，否则人们无法看懂。因此，汉字信息处理系统必须建立一个汉字字形存储系统，用于产生或直接存储汉字字形及必要的图形符号信息，这种字形存储系统称作汉字字形库或称为汉字字模库。由于汉字字形结构复杂、字数众多，汉字库的设计要考虑的因素也有很多，如存取的速度、存储空间、显示输出的质量等。通过我国科研工作者的努力，目前我们国家已经很好地解决了这一问题，取得了很多重要的成果，广泛应用于社会的各个行业和领域。汉字库主要有以下几种类型：

一、点阵字库和轮廓字库

根据字形信息的构成，可以把汉字库分为点阵字库和轮廓字库两类。

（一）点阵字库

汉字都是方块字，无论字样大小、笔画多少，都可以写在同样大小的方块中。因此，我们可以把汉字看作一个由 M 行 N 列构成的矩阵，简称点阵。每个点阵中细分许多的小方格，有笔画经过的小方格用黑点表示，没有笔画经过的小方格用白点表示，所有黑点所描绘出来的汉字字形就称为点阵字形。当前的汉字信息处理系统中，汉字点阵字形结构主要有 16×16 点阵、24×24 点阵、32×32 点阵和 48×48 点阵等。点阵数字越大，汉字的字形精度越高，显示输出的效果越好。16×16 点阵属于简易型点阵，输出的字形质量不高，仅供显示用。24×24 点阵的字形比较美观，是当前用得最多的普及型汉字点阵。40×40 及其以上点阵属于高级点阵或精密点阵，它们能够很好地表现字体风格，笔画丰满流畅，适用于激光照排系统和各种印刷系统，广泛用于报纸、书刊的出版。

点阵字库简单、方便，存储较快，具有较高的字形质量。但笔画容易产生锯齿、比例失调等现象，特别是低点阵字形或打印较大字形时，打印效果较差。

（二）轮廓字库

轮廓字库是一种新型的字模技术，它是用数学的方法把汉字的笔画轮廓用一组直线或曲线进行描述而形成的字形信息集合。一个汉字在输出之前，必须先经过数学运算处理，再转换成点阵形式输出。轮廓字库又可以分为矢量字库和曲线字库。矢量字形技术是北大王选教授发明的，他把汉字看成由许多直线段组成，撇、捺则由小段直线逼近而成，这样将汉字描述成封闭的曲线，而只存储各直线段的端点坐标矢量，因此，汉字的轮廓可以用矢量来表示。① 矢量轮廓字解决了点阵字库缩放后失真的问题，可以方便地进行平移、缩放、倾斜等变换，而不会影响汉字的输出质量，字形效果比点阵字库有了明显改观，但矢量轮廓字只是近似描述字形，提取的字形轮廓采样点较少，还不够精细，因此在还原成大字时，轮廓有折线感，字形不够美观。曲线字库已经成为当前使用的最主要的字库类型，它通过二次曲线和三次曲线逼近字形的方法来描述汉字。这种方法的优点是字形精度高，且可以任意放大、缩小而不产生锯齿现象，并且存储空间相对较小。当前市场上采用的曲线字库主要有三种：PostScript 字库、TrueType 字库、OpenType 字库。PostScript 字库是 Adobe 公司推出的利用 PostScript 页面描述语言描述字形的代码库。它采用三次曲线拟合汉字轮廓，比较完整地保留了文字的原有字形信息，可以很好地保留汉字原有的字形，因此，无论显示、打印多大的字也不会失真变形。TrueType 字库是由 Apple 公司与 Microsoft 公司联合开发的一种曲线轮廓字描述技术。它采用曲线来描述字形轮廓，具有兼容性好、随意缩放而不失真变形的特点，但精度比 PostScript 字库稍差。OpenType 字库是 1995 年 Adobe 公司与 Microsoft 公司合作推出的一种新的字体格式。OpenType 字库既可以采用二次曲线方式，也可以采用三次曲线方式，实际上是在 TrueType 字库的基础上加入了对 PostScript 字库的支持。该字库不仅一样能随意缩放而不失真变形，而且字库信息小，兼容性强，支持超大字符集，具有丰富的排版特性，已经成为当前国际上流行的字库格式。②

---

① 崔来堂《汉字信息处理》，载《电子 & 电脑》1994 年第 7 期，20 页。

② 周世生《谈谈当前流行的字库技术》，载《印刷世界》，2008 年第 2 期，38 页。

二、软字库和硬字库

按存储方式的不同，汉字字库又可以分为软字库和硬字库。

（一）软字库

软字库是将汉字字库数据存储在磁盘（软盘或硬盘）上，系统启动时再装入内存。这种方式不需要对硬件有任何改动，就可以实现汉字操作。由于字库容量大，如果把字库全部调入内存，就会挤占内存宝贵的空间；如果不完全调入内存，在输出汉字时就必须频繁地访问外存，而影响读取的速度。现在由于计算机科学的发展，通常把字库置于扩充内存，而不占用基本内存。

（二）硬字库

硬字库又称汉卡，它是把汉字字库数据固化在只读存储器 ROM 或 EPROM 中，做成接口卡插入机器的扩充槽中，从而实现汉字的操作。像方正系列汉卡就是国内比较著名的汉卡。使用硬字库可以节省机器的内存空间，提高汉字的输出速度，但造价比较高，人们大多使用软字库。

第3节　汉字信息处理系统的应用

随着社会信息化进程不断加深，汉字信息处理技术不断发展，汉字信息处理技术已经在社会生活的各个领域得到了广泛的应用，如出版印刷、中文信息检索、人工智能、机器翻译、语言研究、办公自动化等。

一、汉字信息处理系统在语言研究中的应用

汉字信息处理系统是语言研究的重要基础，有力地拓展了语言研究的广度与深度。在语言研究中，研究者往往务求能穷尽地占有语言材料，并借由翔实的语言材料的分析与比较得出令人信服的结论。在传统的语言研究中，研究者往往只能依靠自己的阅读，采用手工的方法来收集各种语料，但古今文献浩如烟海，仅凭研究者自身的精力与时间是很难做到语料的全面收集与处理的，虽然中国学术研究有一个传统法则，强调“例不过十不立，反例不过十不破”，但在浩如烟海的古今文献面前，有时候仅以十例来决定“立”与“破”，最终的结论也是值得怀疑的。随着汉字信息处理技术的发展，用计算机储存、检索汉字成为可能，于是，人们把各种书面的、口语的语言材料用电子形式保存下来，利用计算机丰富的检索功能去收集、分析语言材料，研究语言规律。目前，以汉字信息处理系统为支撑的语料库已成为人们开展语言理论研究、应用研究、语言工程的支柱。

在汉语词汇、语法研究方面，汉语语料库的建设有力地促进了各项研究的开展。北京航空航天大学建立了2000万字的现代汉语语料库。北京语言大学建立了182万字的现代汉语词频统计语料库，发现了两种不同的分词歧义字段：交集型歧义字段和多义组合型歧义字段。中国传媒大学以及其他多所大学建立起来的大规模真实文本语料库为我们进行汉语同类词短语的研究、汉语插入语的研究、网络语言研究、汉语熟语标记研究、汉语“有”字句研究、汉语“吧”字研究、汉语“然后”研究、主持人

韵律特点研究等提供了丰富的语料。[①] 徐大明、高海洋通过利用北京语言大学的北京话口语语料库全面考察了北京口语中用来对请求和建议表示赞同或应允的应答语“行”和“成”一百年的变异情况。研究发现：语言变化具有不确定性，并不总是朝着一个既定方向直线前进，有时甚至会发生逆转；20 世纪 80 年代以后北京口语中“行”取代“成”是一个新的发展趋势。

在词典编纂方面，利用汉字信息处理系统可以完全抛弃以往传统的手工操作模式，极大地提高编纂的效率。我们还可以运用计算机进行机编目录的工作，可以用计算机编制各种各样的索引，如武汉大学的《骆驼祥子》采用的逐字索引。还可以运用计算机编制词表，编制频率词典。近年来在这方面出版的一些字典有：傅永和主编，语文出版社 1989 年出版的《汉字属性字典》；上海交通大学汉字编码组、上海汉语拼音文字研究组编著，科学出版社 1988 年 12 月出版的《汉字信息字典》；北京图书馆编，书目文献出版社 1988 年 12 月出版的《汉字属性字典》。

在方言学研究方面，汉字信息处理系统也发挥着重要作用，如建立汉语方言语料库，制作方言地图，开展方言关系的计量研究、方言分区等。汉语方言历史悠久、材料丰富，特别是一些非常珍贵的语料急需进行数字化保存。人们利用建成的方言语料库已经取得了一些重要的研究成果，如王士元、郑锦全利用 60 年代末美国伯克莱加州大学建立的“汉语方言计算机字典”论证了“词汇扩散”理论，郑锦全、陆致极利用该语料库对汉语方言间亲疏关系展开了计量描写研究。利用计算机绘制方言地图准确而省力，而且可以随时根据调查的新结果绘制新地图。1985 年，熊正辉把一张陕北地图先存入计算机内，然后输入方言分布信息，根据指令，计算机打印出了一张令人满意的方言地图。[②]

总而言之，以汉字信息处理系统为支撑的语料库在当前的语言研究中发挥着越来越重要的作用，有力地推动了语言研究的发展。

二、数字化编辑出版

中国人很早就进入了印刷的历史，早在隋唐时，就有了雕版印刷，这种方法是用刀在一块木板上雕刻出凸出来的反写字，然后上墨，印到纸上。每印一种新书都必须重新雕版，非常不易。后经北宋毕昇的改良完善，发明了泥活字印刷术。毕昇把字反

① 冯志伟《〈应用语言学中的语料库〉导读》，载 S. Hunston 著 Corpora in Applied Linguistics（《应用语言学中的语料库》），世界图书馆出版公司、剑桥大学出版社，2006。

② 姚亚平《中国计算语言学》，江西科学技术出版社，1997，219—226 页。

刻在一个用泥做成的四方形长柱体上，然后放入土窑用火烧硬，形成活字。印刷时将一个个活字按文章的内容依序排好放在一个铁框上做成印版，再用火加热压平，就能印刷了。这种方法与现代的铅字排版印刷的原理是一样的，下次印刷时这些已有的活字仍可再用。活字印刷术是中国古代的四大发明之一，推动了中国古代政治、经济、文化的发展，对世界文明史也产生了重要的影响。

随着计算机的出现，作为信息主要载体的文字成为了计算机处理的主要对象。随着汉字输入、存储、输出技术的不断深入，作为中文信息处理技术的重要组成部分的汉字信息处理技术也获得了巨大的发展。汉字信息处理技术的发展也直接推动了编辑出版工作的数字化转型。2007 年中国出版科学研究所公布的《2005—2006 中国数字出版产业年度报告》中认为数字出版是指用数字化的技术手段从事的出版活动。编辑工作的数字化表现在从传统处理纸介质转而处理大量的电子介质，编辑通过智能编辑软件和数字化编辑工作平台参与出版的整个流程。汉字信息处理技术对出版业的革新是巨大的，随着 GB2312 - 80《信息交换用汉字编码字符集——基本集》、GB18030 - 2000《信息交换用汉字编码字符集、基本集扩充》国家标准的公布，特别是 GB18030 - 2005 作为一种收字达 70244 个的超大型中文编码字符集的发布，已能很好满足出版业对计算机汉字用量的需求。另外，由于高精密字库的出现，也很好地解决了汉字字形高质量输出的需要。特别是汉字激光照排技术的发明与运用更是引发了出版业的革命，采用这套系统可以快速地在电脑上编排、校对图文，然后通过激光照排照出每页的底片，再由底片制版。由于编辑校对都在电脑上完成，省去了清样校对、人工检字排版等工作，极大缩短了制作周期，减少了人为错误。随着激光照排技术的使用，传统的铅字排版印刷基本绝迹，显示随着计算机技术的发展，数字化出版将是今后出版业的发展方向。

三、中文信息检索

信息检索从广义理解包括信息的储存与检索，即先将信息通过一定的方式储存起来，再按客户的需求从中找出相关信息的过程，狭义的信息检索仅指检索信息的过程。在计算机出现之前，人们主要是手工来进行检索工作。1946 年 IBM 公司发明了计算机后，计算机很快就被运用于信息检索。1954 年美国海军兵器中心图书馆利用 IBM701 机开发计算机信息检索系统，这是计算机用于信息检索领域的开始，信息检索进入了计算机时代。计算机信息检索具有速度快、方式灵活、输出样式多样等特点，大大提高了人们获取信息的能力。

在我国，人们对于信息的检索历来就非常重视，编纂了不少重要的书目、索引工具书，如清代纪昀等编纂的《四库全书总目提要》，20 世纪 80 年代由叶圣陶编纂的《十三经索引》等。中文信息的计算机检索是伴随着汉字信息处理技术的发展而不断发展的，因为不解决汉字的计算机输入、存储、输出，计算机就不能处理汉字，当然也就不能用于汉字信息的存储与检索。1974 年 8 月，由四机部、一机部、中国科学院等部门联合发起的“748”工程（汉字信息处理系统工程）开启了汉字信息处理的研究工作，这其中就有汉字情报检索。通过科研攻关，我们国家很快解决了汉字的计算机输入、存储与输出，制定了各种汉字编码规范，为中文信息检索的计算机化打下了坚实的基础。随着计算机技术、汉字信息处理技术、通信技术、网络技术的不断发展，计算机中文信息检索技术也获得了飞速的发展。现在，计算机中文信息检索不仅能检索文本数据，也能检索各种影音等多媒体数据。计算机中文信息检索也伴随着计算机信息检索技术的发展经历了脱机检索、联机检索、光盘检索与网络化检索四个阶段。特别是处于互联网时代，网络中文信息检索已经深深融入了人们的生活，人们可以从百度、谷歌等搜索引擎随时获取所需的各种信息，人们也可以利用一些专业网络引擎来从事学术研究，如全球最大的中国传统文化检索引擎——国学宝典网络版、瀚堂典籍数据库系统等。中文信息检索技术起步比西文晚，而且中文具有自己独特的特点，中文信息检索还必须解决一些难题才能更好地满足人们对中文信息检索的需求。如海峡两岸暨香港、澳门的汉字机内码还不统一，给中文信息检索带来了不便。还如中文的词语切分不如西文那样明确，也会影响检索结果的准确率。这都是以后中文信息检索研究中应该努力解决的难题。

在信息化社会，信息已经成为一种重要的资产，成为科技发展与创新的动力。我们每一个人，特别是青年学生都应该养成良好的信息素养。美国图书馆协会认为信息素养是一种知道何时需要信息，并能确定、评估和有效利用信息的能力。因此，我们在这样一个高度发达的信息社会，必须掌握好、利用好信息检索这一工具，来提高自己的工作与管理能力、学术研究能力、知识更新能力。

参考文献

传统文献

〔汉〕许慎．说文解字．北京：中华书局，1981．

〔南唐〕徐锴．说文解字系传．北京：中华书局，1987．

〔宋〕郑樵．通志．北京：中华书局，1987．

〔宋〕王柏．《正始之音》序//四部丛刊续编·程氏家塾读书分年日程：卷三．上海：商务印书馆，1934．

〔宋〕戴侗．六书故//四库全书．上海：上海古籍出版社，1987．

〔元〕杨桓．六书统//四库全书．上海：上海古籍出版社，1987．

〔元〕周伯琦．说文字原//四库全书．上海：上海古籍出版社，1987．

〔明〕赵古则．六书本义//四库全书．上海：上海古籍出版社，1987．

〔明〕杨慎．丹铅续录//四库全书．上海：上海古籍出版社，1987．

〔明〕杨慎．转注古音略//丛书集成初编．北京：中华书局，1985．

〔明〕赵宧光．说文长笺//胡朴安．中国文字学史．上海：上海书店，1984．

〔明〕吴元满．六书总论//六书总要：卷一．1584（万历十二年）．

〔清〕顾炎武．音论下·六书转注之解//音学五书．北京：中华书局，1982．

〔清〕黄生．字诂义府合按．北京：中华书局，1984．

〔清〕卢文弨．抱经堂文集．北京：中华书局，2006．

〔清〕江声．六书说//丛书集成初编．北京：商务印书馆，1936．

〔清〕戴震．答江慎修先生论小学//戴震文集．北京：中华书局，1980．

〔清〕钱大昕．潜研堂文集//四部丛刊．上海：商务印书馆．

〔清〕孔广居．说文疑疑·论象意//丛书集成初编．北京：中华书局，1985．

〔清〕段玉裁．说文解字注．上海：上海古籍出版社．1981．

〔清〕孙星衍．岱南阁集//丛书集成初编．上海：商务印书馆，1937．

〔清〕王筠．说文释例．武汉：武汉市古籍书店，1983．
〔清〕朱骏声．说文通训定声．武汉：武汉市古籍书店，1983．
〔清〕阮元．十三经注疏．北京：中华书局，1980．

专著

陈梦家．殷墟卜辞综述．北京：中华书局，1988．
陈梦家．中国文字学．北京：中华书局，2006．
党怀兴．宋元明六书学研究．北京：中国社会科学出版社，2003．
丁福保．说文解字诂林．北京：中华书局，1988．
董莲池．说文部首形义新证．北京：作家出版社，2007．
董引吾，贾积有，吴筱萌．微型计算机应用基础，北京：北京大学出版社，1996．
傅斯年．傅斯年全集．长沙：湖南教育出版社，2003．
高更生．汉字研究．济南：山东教育出版社，2000．
高更生．现行汉字规范问题．北京：商务印书馆，2002．
高明．中国古文字学通论．北京：北京大学出版社，1996．
古敬恒．汉字趣谈．郑州：河南文艺出版社，1991．
顾实．中国文字学．上海：商务印书馆，1925．
郭沫若．郭沫若全集．北京：科学出版社，1982．
国家语委标准化工作委员会．现代汉语通用字笔顺规范．北京：语文出版社，1997．
何丹．图画文字说与人类文字的起源：关于人类文字起源模式重构的研究．北京：中国社会科学出版社，2003．
何九盈．中国汉字文化大观．北京：北京大学出版社，1995．
何九盈．汉字文化学．沈阳：辽宁人民出版社，2000．
何琳仪．战国文字通论．南京：江苏教育出版社，2003．
胡朴安．中国文字学史．上海：上海书店，1984．
胡朴安．文字学常识．北京：中华书局，2010．
华东师范大学古籍整理研究室．历代书法论文选．上海：上海书画出版社，1979．
黄德宽．汉字阐释与文化传统．北京：中国科学技术出版社，1995．
黄德宽．汉语文字学史．合肥：安徽教育出版社，2006．
黄德宽．汉字理论丛稿．北京：商务印书馆，2006．
黄天树．古文字论集．北京：学苑出版社，2006．
蒋善国．中国文字之原始及其构造．上海：商务印书馆，1930．

李孝定．汉字的起源与演变论丛．台北：联经出版事业公司，1987．
李宇明．汉字规范．武汉：华中师范大学出版社，2004．
李运富．汉字学新论．北京：北京师范大学出版社，2012．
梁东汉．汉字的结构及其流变．上海：上海教育出版社，1959．
刘钊．古文字构形学．福州：福建人民出版社，2006．
刘志诚．汉字学．成都：天地出版社，2001．
鲁迅．鲁迅全集．北京：人民文学出版社，1957．
陆宗达．说文解字通论．北京：北京出版社，1981．
吕浩．汉字学十讲．北京：学林出版社，2006．
吕叔湘．吕叔湘全集．沈阳：辽宁教育出版社，2002．
罗振玉，王国维．流沙坠简．北京：中华书局，1999．
马叙伦．说文解字六书疏证．上海：上海书店，1985．
马叙伦．说文解字研究法．北京：中国书店，1988．
孟蓬生．上古汉语同源词语音关系研究．北京：北京师范大学出版社，2001．
彭寿全．汉字信息处理．成都：电子科技大学出版社，1994．
普通话审音委员会．普通话异读词三次审音总表初稿．北京：文字改革出版社，1963．
启功．古代字体论稿．北京：文物出版社，1999．
钱培德．计算机中文信息处理技术．成都：电子科技大学出版社，1992．
钱玄同．钱玄同文集．北京：中国人民大学出版社，1999．
裘锡圭．文字学概要．北京：商务印书馆，1988．
裘锡圭．古文字论集．北京：中华书局，1992．
瞿秋白．瞿秋白文集．北京：人民文学出版社，1986．
苏培成．现代汉字学纲要．北京：北京大学出版社，1994．
苏培成．二十世纪的现代汉字研究．太原：书海出版社，2001．
苏培成．现代汉字学纲要（增订本）．北京：北京大学出版社，2004．
孙中运．论“六书”转注．北京：学林出版社，1999．
唐兰．古文字学导论．济南：齐鲁书社，1981．
唐兰．中国文字学．上海：上海古籍出版社，2001．
唐生周．训诂论稿．长沙：岳麓书社，2001．
王国维．观堂集林．北京：中华书局，1959．
王国维．王国维遗书．上海：上海古籍书店，1983．

王国维．古史新证：王国维最后的讲义．北京：清华大学出版社，2000.
王宁．《说文解字》与汉字学．郑州：河南人民出版社，1994.
王宁．汉字学概要．北京：北京师范大学出版社，2001.
王宁．汉字构形学讲座．上海：上海教育出版社，2002.
王宁．古代汉语．北京：北京出版社，2002.
王世征．古文字学指要．北京：中国旅游出版社，1997.
王宇信．甲骨学通论．北京：中国社会科学出版社，1999.
徐中舒．徐中舒历史论文选辑．北京：中华书局，1998.
许嘉璐．古代汉语．北京：高等教育出版社，1992.
许嘉璐．中国语言学现状与展望．北京：外语教学与研究出版社，1996.
杨润陆．现代汉字学通论．北京：长城出版社，2000.
杨树达．增订积微居小学金石论丛．北京：中华书局，1983.
杨树达．积微居小学述林．北京：中华书局，1983.
杨树达．积微居金文说．北京：中华书局，1997.
杨树达．中国文字学概要．长沙：湖南人民出版社，2010.
杨五铭．文字学．长沙：湖南人民出版社，1986.
姚亚平．中国计算语言学．南昌：江西科学技术出版社，1997.
殷焕先．汉字三论．济南：齐鲁书社，1981.
殷寄明．《说文解字》精读．上海：复旦大学出版社，2006.
于省吾．殷契骈枝全编．台北：艺文印书馆，1975.
于省吾．甲骨文字释林．北京：中华书局，1979.
于省吾．双剑誃群经新证·诗经新证．上海：上海书店出版社，1999.
于省吾．甲骨文字诂林．北京：中华书局，1999.
于省吾．泽螺居诗经新证．北京：中华书局，2003.
袁晓园，徐德江．当代语言文字理论的新构想．北京：科学出版社，1992.
詹鄞鑫．汉字说略．沈阳：辽宁教育出版社，1991.
詹鄞鑫．华夏考：詹鄞鑫文字训诂论集．北京：中华书局，2006.
张桂光．汉字学简论．广州：广东高等教育出版社，2004.
张舜徽．说文解字约注．郑州：中州书画社，1983.
张玉来，程凯．汉语言文字规范化研究与指导．济南：山东教育出版社，1993.
张宇平．普通话与汉字规范．济南：山东教育出版社，2004.
赵元任．语言问题．北京：商务印书馆，1980.

赵振铎．中国语言学史．石家庄：河北教育出版社，2000．

中华人民共和国教育部，国家语言文字工作委员会．汉字部首表．北京：语文出版社，2009．

中央文明办，国家语委．国家通用语言文字规范知识读本．北京：学习出版社，2001．

周秉钧．古汉语纲要．长沙：湖南人民出版社，1981．

周祖谟．问学集．北京：中华书局，1966．

朱德熙．语法丛稿．上海：上海教育出版社，1990．

朱芳圃．殷周文字释丛．北京：中华书局，1962．

〔苏联〕契科巴瓦．语言学概论．北京：高等教育出版社，1954．

〔英〕汤因比．历史研究．上海：上海人民出版社，1966．

〔日〕西嶋定生．日本歷史の国際環境．東京：東京大学出版会，1985．

〔苏联〕伊斯特林．文字的产生和发展．北京：北京大学出版社，1987．

〔瑞典〕高本汉．中国语与中国文．张世禄，译．北京：商务印书馆，1993．

〔美〕布龙菲尔德．语言论．北京：商务印书馆，1997．

〔美〕亨廷顿．文明的冲突与世界秩序的重建（中译本）．北京：新华出版社，1998．

〔瑞士〕索绪尔．普通语言学教程．北京：中华书局，1999．

〔英〕汤因比，〔日〕池田大作．展望二十一世纪．北京：国际文化出版公司，1999．

〔英〕赫·乔·韦尔斯．世界史大纲·生物和人类的简明史．吴文藻，谢冰心，费孝通，等，译．桂林：广西师范大学出版社，2001．

析出文献

班吉庆，张亚军．汉字部件的定义．扬州大学学报，2004（4）．

陈龙国．试论汉字的规范．井冈山师范学院学报，2001（4）．

崔来堂．汉字信息处理．电子 & 电脑，1994（7）．

杜定友．方块字的怪组织．中国语文，1954（12）．

费锦昌．现代汉字的规范的两个热点问题．渤海大学学报，2007（3）．

冯玉涛，赵兵战．《说文解字》无从属字部首评析．宁夏大学学报，2001（6）．

冯志伟．《应用语言学中的语料库》导读//S. Hunston. Corpora in Applied Linguistics. Beijing：World Book Press Co.，2006．

傅斯年．汉语改用拼音文字的初步谈．新潮，1919，1（3）．

傅小丽．浅析汉字编码的标准．晋中师范高等专科学校学报，2003（2）．

何九盈.《说文》省声研究. 语文研究，1991（1）.
何克抗. 面向中小学的汉字编码性能指标分析. 中文信息学报，1996（1）.
胡韫玉. 六书浅说//国学汇编. 上海：商务印书馆.
李岚清. 在纪念文字改革和现代汉语规范化工作40周年大会上的讲话. 语文建设，1996（2）.
李乐毅. 80%的简化字是“古已有之”的. 语文建设，1996（8）.
李行健. 汉字的规范和改革. 百科知识，1994（7）.
梁晓玲. 汉字偏旁、部件辨析. 呼兰师专学报，2001（3）.
刘精盛. 一部有特色的训诂力作. 吉首大学学报：社科版，2003（1）.
刘精盛. 对汉字构形进行逻辑阐释的历史和现状. 唐都学刊，2005（4）.
刘精盛. 论汉字造字中的逻辑思维. 内蒙古社会科学，2005（5）.
罗君惕. 中国文字产生的时代和构造的方法//吴文祺. 语言文字研究专辑（下）. 上海：上海古籍出版社，1986.
毛泽东. 1955年5月1日致蒋竹如信//中共中央文献研究室. 毛泽东书信选集. 北京：人民出版社，1983.
潘文. 现代汉字的定义及其结构方式. 南京师范大学文学院学报，2001（4）.
钱玄同. 给陈独秀的信. 新青年，1918，4（4）.
裘锡圭. 40年来文字学研究的回顾. 语文建设，1989（3）.
裘锡圭. 推动古文字学发展的当务之急//学术史与方法学的省思. 台北：乐学书局，2000.
孙雍长. 汉字构形的思维模式. 湖北大学学报，1990（4）.
孙雍长，李建国. 秦汉时期的汉字规范. 广州大学学报，2005（6）.
孙雍长，李建国. 南北朝隋唐时期的汉字规范. 学术研究，2005（6）.
孙雍长，李建国. 宋元明清时期的汉字规范. 学术研究，2006（4）.
苏培成. 现代汉字的构字法. 语言文字应用，1994（3）.
覃勤. 先秦古籍字频分析. 语言研究，2005（3）.
唐生周. 文字的变异义略说. 北京师范大学学报，2001（2）.
王能宪. 汉字与汉字文化圈. 光明日报，2005-01-10.
王宁.《汉字构形史丛书》总序//王立军. 宋代雕版楷书构形系统研究. 上海：上海教育出版社，2003.
王斯敏. 制定有关祖国统一的语言文字战略. 光明日报，2007-03-03.
夏自由. 字库知识浅谈. 印刷技术，2006（13）.

姚孝遂．古文字的形体结构及其发展阶段∥古文字研究：第四辑．北京：中华书局，1980.
于建坤．语言文字界知名人士指出——二十一世纪将是汉语汉字发挥威力的时代．汉字文化，1989（3）.
曾宪通．我和古文字研究（代序）∥康乐集——曾宪通教授七十寿庆论文集．广州：中山大学出版社，2006.
詹鄞鑫．20世纪汉字性质问题研究评述．华东师范大学学报：哲学社会科学版，2004（3）.
张万有．汉字部件小议．赤峰学院学报，2005（3）.
章太炎．论语言文字之学．国粹学报，1906，2（12）；1906，2（13）.
周世生．谈谈当前流行的字库技术．印刷世界，2008（2）.
周有光．文字演进的一般规律．中国语文，1957（7）.
周有光．关于比较文字学研究．中国语文，2000（5）.
朱岩．中国古籍用字字频与分布统计分析．国家图书馆学刊，2004（3）.

工具书

辞海编辑委员会．辞海·语言文字分册．上海：上海辞书出版社，1978.
汉语大词典编辑委员会，汉语大词典编纂处．汉语大词典．上海：汉语大词典出版社.
《汉语大字典》字形组．秦汉魏晋篆隶字形表．成都：四川辞书出版社，1985.
汉语大字典编辑委员会．汉语大字典．武汉：湖北辞书出版社，成都：四川辞书出版社，1993.
何琳仪．战国古文字典．北京：中华书局，2004.
《交通大辞典》编辑委员会．交通大辞典（增补本）．上海：上海科学技术出版社，2008.
罗福颐．古玺文编．北京：文物出版社，1981.
马文熙，张归璧等编著．古汉语知识详解辞典．北京：中华书局，1996.
王今铮，等．简明语言学词典．呼和浩特：内蒙古人民出版社，1985.
徐中舒．甲骨文字典．成都：四川辞书出版社，1989.
赵诚．甲骨文简明词典．北京：中华书局，1988.
中国大百科全书总编辑委员会《语言文字》编辑委员会，中国大百科全书出版社编辑部．中国大百科全书·语言文字．北京：中国大百科全书出版社，1988.

简明大不列颠百科全书编辑部. 简明大不列颠百科全书. 北京：中国大百科全书出版社，1995.

〔英〕R. R. K. 哈特曼，F. C. 斯托克. 语言与语言学词典. 黄长著，等，译. 上海：上海辞书出版社，1981.

电子文献

汉字点阵字库原理. http：//wenku. baidu. com/ view/eacb72d284254b35eefd34cd. html? from=rec&pos=4&weight=3&lastweight=3&count=5.

汉字规范的换位思考. 中国语言文字网，2005 - 07 - 08. http：//www. china-language. gov. cn/115/2007_6_25/1_115_1817_0_1182773044828. html.

林轩. 规范汉字的好处. 中国语文报刊协会规范汉字书写专业委员会. http：//www. gfhz. org/News_View. asp? News_Class_Id=36&News_Id=125.

浅谈 Open Type 字库. http：//www. idea168. cn/ article/graphic/font/info_2009011811400946. html.

附录一　文字学要籍选介

一、说文解字

《说文解字》是我国第一部系统地分析字形、依形说义和兼考字源的文字专书，可以说是我国第一部字典。此书大约开始编于东汉和帝永元八年（公元96年），草就于永元十二年（公元100年），定稿于建光元年（公元121年）。

编者许慎（约58—147年），字叔重，东汉时期汝南郡召陵（今河南郾城）人。许慎曾从学于名儒贾逵，是东汉著名的古文经学大师，在当时有“五经无双许叔重”之誉。他纂著《说文解字》，一方面是为了搞清古文字的源流，从而准确训解儒家经典，另一方面是为了从根本上纠正当时人们随意说解文字的混乱现象，分析文字形体结构，探究原始意义，从而正确解释文字的由来与发展。

“说文解字”中的“文”和“字”原来是有区别的：独体为文，合体为字。将“文”和“字”的解说合起来就是全书的内容，也是该书命名之由。“文”和“字”的区别到了后来已不被人重视，因此经常简称为《说文》。

《说文》原书一共十五卷，一至十四卷是正文，最后一卷是叙目。全书共收正篆9353，重文1163，连同《说解文字》共133441字。

《说文》在编排方法上首创了部首排列法。许慎分析小篆形体的偏旁构造，把所解说的9353个小篆“分别部居”，划归540部，并于每一部取一字为部首，使纷纭复杂的文字初步有了门类可归。这种以偏旁分部来编排文字的方法，在当时是首创，之后的字典几乎都沿用此法，从工具书的角度来说，很有体制上的创造性。另外，受当时阴阳五行学说“万物皆生于‘一’，毕终于‘亥’”的影响，这540部按“始一终亥”排列，即第一个部首是“一”，最后一个部首是“亥”。“一”和“亥”之外各部排列的原则是“据形系联”，即以小篆部首的笔画和形体结构是否接近为准则，将笔画结构相近或相关的部首尽量排在一起。而收入各部的字，以义相属，一般是按先实后虚，先美后恶（褒义词放在前面，贬义词放在后面）等原则顺次安排，如遇到本朝皇帝名讳，则必排于本部开头。

《说文》根据“六书”理论解释文字，为后代文字学研究奠定了基础。关于汉字的形体结构，传统有“六书”的说法。六书是象形、指事、会意、形声、转注和假借。它出现得较早，但在许慎之前，只有“象形”“指事”等名目，没有人给以系统的解说。许慎给“六书”下了具体的定义并举了例字：“一曰指事，指事者，视而可识，察而见意，上下是也；二曰象形，象形者，画成其物，随体诘诎，日月是也；三曰形声，形声者，以事为名，取譬相成，江河是也；四曰会意，会意者，比类合谊，以见指撝，武信是也；五曰转注，转注者，建类一首，同意相受，考老是也；六曰假借，假借者，本无其字，依声托事，令长是也（许慎所举假借例字当今学术界认为不妥）。”他还将“六书”理论运用到对具体文字的说解上，他对于每个字都是先训字义，然后释形，偶尔也释音。可以说，到许慎撰《说文》，“六书”的理论才算真正成熟，而他的《说文解字》的问世标志着中国汉字学的正式创立。

《说文》还保存了大量小篆及其以前的古文字资料。一般说来，《说文解字》以小篆为主体，如果这个字还有古文或籀文、或体、俗体等不同写法，就把这些形体（即“重文”）列在后面。它们成为我们今天辨识和研究先秦古文字的重要依据。

此外，《说文》还保存了汉代及汉以前的音韵训诂及历史文化材料，为今天人们了解上古汉语的词汇面貌和古代语音系统，研究古代社会及历史情况，提供了方便。

《说文》价值虽高，原本却已亡佚，我们现在所能见到最早版本是唐代的写本，通行的版本则是唐末宋初徐铉的《说文》校订本（大徐本）及徐锴的《说文系传》（小徐本）。

《说文解字》对后世影响巨大，研究者代不乏人，乃至形成“许学”或“说文学”。清朝时研究之风尤盛，有说文研究著述近二百种。段玉裁的《说文解字注》、朱骏声的《说文通训定声》、桂馥的《说文解字义证》、王筠的《说文句读》最为突出，四人也因此被尊为“说文四大家”。

［参考文献］

［1］文蛟．青年文史知识手册．兰州：甘肃教育出版社，1990.

［2］郑师渠，许殿才．中国文化通史：秦汉卷．北京：中共中央党校出版社，2000.

［3］周信炎．训诂学史话．北京：中国大百科全书出版社，2000.

［4］刘志成．汉字学．成都：天地出版社，2001.

二、说文解字注

清段玉裁撰。凡三十卷，书后附有《六书音均表》五篇，标示了各字在十七部中的归属。是书创始于乾隆四十一年（公元 1776 年），先为长编，名《说文解字读》，后来因为文字过繁，简练成注，到嘉庆十二年（公元 1807 年）才次第完成，前后用了 31 年的时间。是清代注《说文》最早而成就最高的一部，被公认为是解释《说文解字》的权威性著作。

段玉裁（1735—1815），字若膺，又字懋堂，江苏金坛人。乾隆举人。早年师事戴震，是乾嘉学派中的著名学者，在文字、音韵、训诂等方面均有深刻的研究。段氏认为向来治《说文解字》者多不能通其条贯、考其文理，未得许书之要旨，所以他立志为《说文解字》作注。他用其所长来注解《说文》，不仅能淹贯全书，发其义蕴，而且开创了系统的考究字义的方法，以《说文》为基点揭示出汉语文字、音韵、训诂互为贯通的一系列重要的、基本的规律，所以大为学者所推重。

段玉裁在大量参考典籍的基础上，根据许书的体例对《说文》传本和刻本作了精审的校订。段玉裁校勘所依据的不仅有各种宋刻大徐本，而且有小徐本及隋唐以来类书、字书、韵书；与此同时，他还佐以许书通例以正是非，“以许校许，以许注许”，以订正《说文》传抄翻刻中的文字讹误。

《说文注》的主要工作在于博引群书以阐述许慎之说解，推求许说所本。段氏注《说文》所采用的方法是首先融会全书，以许解许；其次则援引经传子史，推求许说所本；间或引用今方言与许说相证。他广泛征引了三百多种古籍，“以字考经，以经考字”，把字书和训诂书的训解和书传文句中实际表现的词义联系起来考察，贯串全书，详加注释，对读者领悟原著旨意有极大的帮助和启发。

在对许慎的训解之外，段玉裁还从历史发展的高度说明字义的引申和变迁，指出字有古今，义也有古今。这样就把问题深化一步，使人们从意义的发展变化之中能更深刻地领会字的本义。此外，段玉裁对同义词也进行了辨析，他在注中阐发了“统言/析言”的理论，在词义的研究上作出了卓有成效的贡献。

更难能可贵的是，段玉裁的《说文注》研究采取了形音义通观的方法，用形音义互求的原则来研究词义。汉字本来就是形音义的统一体，段氏对语言与文字的关系已经有了较为科学的理解。他说：“小学有形、有音、有义，三者互相求，举一可得其二。有古形，有今形；有古音，有今音；有古义，有今义。六者互相求，举一可得其五。”（《广雅疏证序》）他将形音义作为一个互为联系与制约的整体，不囿于文字的形体，而以音韵为骨干进行训释，超越了许慎以字形说音义的旧制，解决了不少古籍阅读中的疑难问题。

当然，《说文注》也有不完善的地方，如有时过于拘泥于《说文解字》，曲为辩护，流于穿凿；有时擅改《说文》的篆文与说解，未免有武断之处。但段注《说文》作为《说文》研究的“正注”地位是不可动摇的，它体现了中国古代语言学的最高成就。

［参考文献］

［1］洪湛侯．徽派朴学．合肥：安徽人民出版社，2005.

［2］刘志成．汉字学．成都：天地出版社，2001.

［3］申小龙．语言文字学志．上海：上海人民出版社，1998.

三、说文通训定声

清朱骏声撰。此书是清代研究《说文》的四大专著之一，也是研究古汉语文字、词义和音韵的重要参考书。

本书虽是《说文》的注本之一，但其主要目的却不在解释许书原文，而在于阐明意义和声音之间的关系。所以它打破《说文》据形系联的体例，不按《说文》的五百四十部而是以音为纲，按字的韵部和形声声符编排。在《说文》9000余字基础上又增附7000余字，从中分析形声声符1137个，凡声符相同的字，书中都系联在一起，构成一个“声系”。然后再确定某字在古音系统中的声韵地位，把它们分别归到他所定的古韵十八部里，这十八部名都取自《周易》卦名：丰、升、临、谦、颐、孚、小、需、豫、随、解、履、泰、乾、屯、坤、鼎、壮。整个《说文通训定声》就是这样以古韵分部来作为大类，在每一韵部之中又按形声字的声符作为小类，依次编排。这种编排方式有助于认识词的音义之间的关系和词与词的族属关系，方便学者“因声以求义”。

朱氏释义时，往往在书中每个字头之下先举《说文》原文，解释字本义，再引古书文句和传注作为例证，然后分列“转注”“假借”“别义”“声训”“古韵”“转音”等项（不一定每个字条都具备这六项内容）。

可见，本书每一字条既以《说文》为本分析了文字的形体结构，即“说文”；又通释了字（词）的各种义训，即“通训”；还分析了这个字在古音系统中的声韵地位，即“定声”，所以书名为《说文通训定声》。

朱骏声认为段玉裁、桂馥等人对《说文解字》已经研究得很精深了，但是六书之中的转注、假借二义还没有明确的解释，所以他在“通训”里就特别重视文字的转注义（实为引申义，他对“转注”的理解与许慎不同）和假借义。他认为转注（即引申）是意义方面的问题，假借是声音方面的问题。所以他以“说文”之本义为基础阐发引申义，以“定声”之音韵关系为基础阐发假借义。将“说文”“定声”“通训”三者有机结合来阐发字义，并将研究重点由形义关系转入了声义关系。王力先生说：“朱骏声则在词义的综合研究上应该坐第一把交椅，他的主要贡献不在《说文》的研究上，而在全面地研究了词义。”（见《中国语言学史》）

当然，此书也存在一些不足，如由于朱氏对假借的理解不全面，以为凡假借都有本字，曲为之说也很多等。但不容否认，本书体例完善，内容丰富，无论是阅读古代文献，还是研究训诂、音韵，它都能给我们很大的帮助。

［参考文献］

［1］汪耀楠．朱骏声《说文通训定声》的假借理论与实践//词典学研究．成都：四川辞书出版社．1990.

［2］薛安勤．《说文通训定声》说略//马景仑等《朴学之路：徐复教授 90 寿辰学术讨论会论文集》．南京：江苏教育出版社，2004.

［3］路广正．训诂学通论．天津：天津古籍出版社，1996.

［4］刘志成．汉字学．成都：天地出版社，2001.

四、金文编

《金文编》，古文字学工具书，容庚编著。

容庚（1894—1983）字希白，号颂斋，广东东莞人，古文字学家。他幼年读经书，十五而孤，从四舅邓尔雅治《说文》。1913 年就读东莞中学。1915 年辍学，采集篆籀诸体，编就《金文编》《甲骨文编》等八书。1922 年就读于北京大学研究所国学门。以《金文编》请正于罗振玉，假观罗振玉《集古遗文》、盛昱《郁华阁金文》、方濬益《缀遗斋彝器款识考释》，后经罗振玉、王国维两先生，沈兼士、马衡两教授订其谬误，于 1925 年写定印行。1926 年毕业，主编《燕京学报》。不久，兼任北平古物陈列所鉴定委员。1946 年赴广州，任岭南大学中文系教授兼系主任，主编《岭南学报》。1952 年院系调整，任中山大学中文系教授。为中国语言学会理事、中国古文字学术研究会理事。

该书书前有王国维、马衡两先生的序言。诚如王国维所说，此书有两大特点：一是“祖述中丞（吴大澂）而补正中丞处甚多，是能用中丞之法而光大之者。”二是能尊奉孔子的“阙疑”之说。马衡序也提及：“其赅博矜慎之处，视吴书有过之而无不及也。”后容庚又遍览故宫所藏以及热河两行宫所藏，编就《宝蕴楼彝器图录》《武英殿彝器图录》，并应中央研究院历史语言研究所之请，重订《金文编》，加入《殷文存》《周金文存》《攈古斋金文》《贞松堂集古遗文》，编就《金文续编》。又补入《三代吉金文存》内容，1927 年 9 月告成。共收殷周金文一千八百零四文，重文一万二千七百三十六，附录一千一百六十五文，重文九百六十六，共得一万六千六百七十三文，比初版增加六千三百五十二字。1939 年由商务印书馆在香港印行。不久香港沦陷，该书大部分被毁，传世者不过百部。

新中国成立以后作者对第二版又进行了大量的校补工作，1959 年由科学出版社以考古学专刊乙种第 9 号出版。该版共收金文 18028 个，其中字头 1894 个，重文 13950 个，附录 1199 个，附录重文 985 个。

此后由于商周青铜器的大量出土和考释工作的不断发展，作者晚年对此书又做了最后一次增补修订。至 1978 年底作者新增字头比第三版多 370 多个，增补的重文近 3000 余个。由于作者年事已高，增订工作先后由马国权、张振林二位同志协助进行。1983 年作者去世，最后书稿由张振林同志完成，1985 年由中华书局第四次出版。第四版引用器目共 3902 器，正编字头 2420，重文 19357 个，附录 1352 个，附录重文 1132 个。全书所收字以许慎《说文解字》部首及字序排列，每一字头皆编有顺序号。

凡《说文》已收之字，于书眉开端标注小篆字体；《说文》所无而见于其他字书者或金文中已经出现且有形声可识者，皆附于《说文》各部之末。书眉开端标注楷书字体，使人一目了然。每一字头下面列有该字的若干金文形体，每一形体都注明出自何器，有的还收录了包含该字的铭文辞例，以明该字在句中的意义和用法。每字金文形体的排列大致以时代先后为序，从而可以看出该字形体的演变轨迹，凡一字多形者，尽量收全。此外该书中列为字头的字有的并无本字而所收录者为该字之假借字，其目的在于告诉读者尽管这一形体的字当时尚未出现，但语言中的这个词当时已经存在，收录字头的标准不在于笔下的字形而是语言中的这个词。这种现象在该书中一种径称为假借，一种则称为孳乳（即在一个字的形体上添加形符，从而造成新的形声字）。

该书主要是一本金文字形字典，解释字义并非本书的主要任务，由于其分部一依《说文解字》，所以读者可以与《说文解字》对照参看，来了解一个字的结构和意义。但对于金文中值得注意的一些文字现象，作者往往仍要加上一些简洁的说明，或析形体、或释意义、或述演变、或证前人之讹，寥寥数语，给人以启迪。

该书正编后列有一附录，分上下两部分，“图形文字之不可识者为附录上；形声之不可识者，考释犹待商榷者为附录下”。书后附有笔画检字索引，笔画相同者则按《说文》部首排列。此外书后还附有引用书目表、引用器目表。该书体例严谨，摹写精确，内容宏富，集金文研究之大成，对学习和研究金文者有较高的参考价值。

［参考文献］

［1］刘凌，吴士余．中国学术名著大词典：近现代卷．上海：汉语大词典出版社，2001.

［2］骈宇骞，王铁柱．语言文字词典．北京：学苑出版社，1999.

五、汉语古文字字形表

《汉语古文字字形表》由徐中舒主编，四川人民出版社出版（1980）。

此书是一本谱表类的汇编古文字字形的工具书。编辑的目的主要在为编纂《汉语大字典》服务，《汉语大字典》是汉语楷书单字的大汇编，在楷书单字条目下，收列能够反映形体演变关系的、有助于讲明字义的殷、周、秦、汉文字形体，并加以简要解说。该字表虽是为《汉语大字典》编写所做的准备工作，但也提供了认识汉语古文字形态的重要资料。

此书搜集各种古文字字形资料，特别是新中国成立以后出土的古文字资料，进行较全面的整理。所收古文字以音义明确为限，共收列甲骨文、金文和战国文字字头约3000个左右，共有形体1万多个，每个形体都注明出处。编排依《说文》部首为序，《说文》所有的，以小篆为字头，《说文》所无的，则写成楷书，注明所见材料。表中选用的古文字，绝大多数从原拓本或原件照片中摹取，字表大体按文字发展历史层次分三栏排列，依次为殷代、西周、春秋战国，分别录取于出土的甲骨、金文、竹帛、陶玺的原拓本或原件照片，可以帮助查找其他工具书上所查不到的古文字，对“形训”有启示作用。

此书字形排列既显示形体演变的对应关系，又照顾到时代先后的次序。在释字上吸收了一些新的考释成果，如释暴、释馆等。对一些有争论的问题，则择善而从，如释陶文祈、释古玺董、释甲文蔡、释金文牙等。有的考释则反映作者的独创见解，如释古玺胙，释中山器的陟等，都相当精彩。

此书本是为编写《汉语大字典》时交代字形演变而搜集编纂的，收字比较谨慎，以音义明确的为限，避开了“待问字”，故而辑录的形体较少，战国文字的字形尤少。另外，有些著录的材料辗转而来，初源不明，摹写失真，但它为认识汉语古文字形态提供了重要资料的功劳不可磨灭。

［参考文献］

［1］祝鸿熹，洪湛侯．文史工具书词典．杭州：浙江古籍出版社，1990.

［2］严修．二十世纪的古汉语研究．太原：书海出版社，2001.
［3］王英明．古汉语书目指南．济南：齐鲁书社，1988.

六、两周金文辞大系图录考释

《两周金文辞大系图录考释》，郭沫若编撰，1957年由科学出版社出版。

该书的初版《两周金文辞大系》1932年在日本印行，手写影印，只有考释，没有图版。1934年郭沫若汇集铭文及器形照片，编为《两周金文辞大系图录》，共五册。次年又撰成《两周金文辞大系图录考释》，共3册，均在日本出版。

上世纪50年代，郭沫若对《图录》《考释》两书作了修改补充，抽换并增加了部分材料，于1957年由科学出版社将两书合并出版，统称《两周金文辞大系图录考释》，前5册为图录，后3册为考释，共8册。

图录部分分为图编和录编。图编专门辑印青铜器器形，或为照片，或为摹本，共263件。录编专门辑录铭文，分上下两卷，上卷收宗周器铭250件，下卷收列国器铭261件，或为拓本，或为临摹本。考释部分分为上下两编，与录编两卷相应。对各器铭文考释时，不仅训释文字，还着重阐发与古代社会历史有关的重要材料。

书中收有《彝器形象学试探》（作为图编之序说）和考释部分的《初序》，这两个单篇反映了作者研究金文的基本观点。书首有《诸家著录目表》《目录表》《列国标准器年代表》。书末有英文导言一篇，简介全书的内容和要点。

《列国标准器年代表》将各国标准器及其年代列成对照表格，以这些标准器作为考订铭器年代先后的标尺，将众多的铜器系之于年代与国别之下，使得庞杂的资料构成了一个系统，具备了更高的学术价值。关于标准器系联法，郭沫若曾有一个说明："我是先选定了彝铭中已经自行把年代表明了的作为标准器或联络站，其次就这些彝铭里面的人名事迹以为线索，再参证以文辞的体裁，文字的风格，和器物本身的花纹形制，由已知年的标准器便把许多未知年的贯串了起来。……我用这个方法编出了我的《两周金文辞大系》一书。……即使没有选入大系中的器皿，我们拿着也可以有把握判定它的相对的年代了。因为我们按照它的花纹形制及至有铭时的文体字体，和我们所已经知道的标准器相比较，凡是相近的，年代便相差不远。这些是很可靠的尺度，我们是可以安心利用的。……周代的彝器，我自信是找到了它的历史的串绳了。"（《青铜时代》）郭沫若运用标准器系联法研究青铜器是一项重要发明，这种标准器系联法是一种比较科学的方法，它奠定了青铜器断代基础，对中国古代社会研究和古文字研究都具有重大意义。这种标准器系联法后来被许多学者采用，陈梦家撰《西周铜器断代》，唐兰撰《论周昭王时代的青铜器铭刻》《西周青铜器铭文分代史征》等文，都是运用了郭沫若的标准器系联法来进行断代的。

另外，郭沫若1932年著有《金文丛考》，与《西周金文辞大系》为姊妹篇。其中包括《金文丛考》8篇，《金文余释》释字16篇，《新出四器铭考释》4篇，《金文韵读补遗》40器。1954年郭氏将《金文余释之余》《古代铭刻汇考》正续编中有关金文部分，与《金文丛考》汇集成为一书，书名仍旧称作《金文丛考》。《金文丛考》与《西周金文辞大系图录考释》互为补充，有许多新发现、新观点，对古文字学、历史学、考古学的研究有重要贡献。

［参考文献］

严修．二十世纪的古汉语研究．太原：书海出版社，2001.

七、甲骨文编

《甲骨文编》，中国科学院考古研究所编。1965年，中华书局出版。

1934年，孙海波出版了14卷本甲骨文字典《甲骨文编》附《检字备查》，这是一部较有影响的甲骨文工具书。其中所收甲骨文来源于1933年以前出版的《铁云藏龟》《铁云藏龟之余》《铁云藏龟拾遗》《殷墟书契前编》《殷墟书契后编》《殷墟书契菁华》《龟甲兽骨文字》《戬寿堂殷虚文字》8种书籍，全书18卷，其中正编14卷，合文1卷，附录1卷，检字1卷，备查1卷。有唐兰、容庚、商承祚的《序言》及《自序》。收录单字2116个，皆依原形精摹，每字下皆注明出处。正编14卷收录已被认识或可按偏旁隶定的1006个字，其中见于《说文》的有813个字，依《说文》部首次序编排，余下的193个不见于《说文》的字，就附在同部首之后，各字条一般均收有较多的异体。合文卷收录156个字。附录卷收录未识之字1110个。备查卷注明甲骨文资料中的常用字未被收录的字形的出处。收入正编的字有简明注释。

从1956年开始，中国科学院考古研究所在初编本《甲骨文编》的基础上进行了改订。较之初编本，改订本在体例上得到进一步改进；材料上充分利用了甲骨文出土后已经著录的资料；考订上采纳了许多新的研究成果。改订本《甲骨文编》是一部比较完备的殷墟甲骨刻辞的字典。

本书所录以同文异体字为主，正编收1723字（另有合文371字）；附录收2949字，共计4672个单字（其中有些字还可以归并），甲骨刻辞中所见的已释和未能释定的单字，大致已经收齐。

本书的编排，按部归类，顺序依《说文》，也是“始一终亥”。每字之首，冠以

《说文》篆文。为了便于检字和引用，单字之下，注明了此编的顺序数。

正编仍分 14 卷，放置在全书的前半部，正编中的字，目前已能辨认九百多个，比以前只能辨认五六百个增益许多。

甲骨文中合文甚多，别为合文一卷，附于正编之后。

不能辨识的字，或其字虽经考释而尚未定论者，略依其偏旁所从分类，收入《附录上》；校改时，从正编和附录中所抽出来的字，及写定本书后又补收的新字，均列入《附录下》。

本书使用了一些符号，例如《卷一・一》有：一铁一四八，一，一前四，四六，六，一佚四三四……从书后的《引书简称表》可知："铁"代表《铁云藏龟》，"前"代表《殷虚书契前编》，"佚"代表《殷契佚存》等；而书名简称之后的号码，则是此书所著录的龟甲的编号。

本书最后附有《甲骨文编检字》，把甲骨文字按正楷笔画多少排列，《检字》的用途主要是已知正楷查甲骨文的形体。至于已知甲骨文的形体，要从《甲骨文编》查到读音和解释，是比较麻烦的。首先得确定这个甲骨文大体是什么部首，然后确定此字大体在本书的卷数，如果在本书中查到了此字的小篆，然后可到《说文》中再去查读音。

［参考文献］

［1］梁信义，李钟诚．文史工具书 200 种．哈尔滨：黑龙江人民出版社，1986.

［2］严修．二十世纪的古汉语研究．太原：书海出版社，2001.

八、甲骨文合集

《甲骨文合集》，郭沫若为主编，胡厚宣为总编辑，中国社会科学院历史研究所《甲骨文合集》编辑组编纂。该书早在 1956 年我国制订 12 年科学研究规划时就被列为历史科学资料整理重点项目之一，1959 年正式成立《甲骨文合集》编辑工作组，广泛收购甲骨著录图书，1961 年 4 月正式开展编辑工作，后因种种原因工作时断时续，直到 1976 年以后工作才又转入正常。编辑工作组在编辑过程中认真仔细地进行辨伪、去重、缀合、分期、分类等工作，直到 1977 年方才定稿。由中华书局于 1979 年至 1983 年陆续出版。图版共 13 册，前十二册均为拓本，第十三册为摹本。

《甲骨文合集》共选收甲骨 41956 片，包括了中央研究院殷墟发掘所得及国内外收藏的甲骨和拓本，其中有一部分是第一次发表。所选收的甲骨有严格标准，须符合下列条件：1. 骨片保存完整，面积较大者；2. 刻辞比较完全或字数较多者；3. 虽属小片残字，但卜辞内容对古文字或殷商社会史的研究颇有价值者。

该书资料宏富，检索方便，是甲骨文发现以来的甲骨文资料总汇和甲骨文研究的总结。国务院古籍整理出版规划小组组长李一氓同志认为“这部书是建国以来文化上最大的一项成就”，它“对古文字的研究，殷代社会史的研究，作出了相当完备的学术贡献”，是“自清末发现殷墟甲骨文以来划时代的一部甲骨文汇编”。据不完全统计，目前国内外收藏甲骨实物约有 15 万片以上，国内约有 10 万片。著录甲骨的书刊约有 180 余种。作者从 10 万多片甲骨拓本、摹本、照片中精选出这 4 万多片分期分类编纂成册。

作者首先将所收甲骨按历史顺序分五期编排，即第一期为武丁时期，第二期为祖庚、祖甲时期，第三期为廪辛、康丁时期，第四期为武乙、文丁时期，第五期为帝乙、帝辛时期。然后又在每期中按阶级关系、生产发展、科学文化以及其他杂纂等分为四大类 22 小类：1. 奴隶和平民；2. 奴隶主贵族；3. 官吏；4. 军队、刑罚、监狱；5. 战争；6. 方域；7. 贡纳；8. 农业；9. 渔猎；10. 手工业；11. 商业、交通；12. 天文、历法；13. 气象；14. 建筑；15. 疾病；16. 生育；17. 鬼神崇拜；18 祭祀；19. 吉凶梦幻；20. 卜法；21. 文字；22. 其他。

该书取材范围相当广泛，几乎包括了从 1899 年甲骨文首次出土以来 80 年间国内外的藏品、照片、拓片、著录之精品。几乎甲骨文的重要材料在该书中都可以查到。该书集 80 年来甲骨文发现和研究之大成，给古文字学古代史特别是商史的研究提供了极大的方便，为日后甲骨学、商史、古文字学的研究和发展奠定了坚实的基础。

［参考文献］

［1］严修．二十世纪的古汉语研究．太原：书海出版社，2001.

［2］骈宇骞，王铁柱．语言文字词典．北京：学苑出版社，1999.

［3］王宇信．中国甲骨学．上海：上海人民出版社，2009.

九、古文字类编

《古文字类编》，高明编撰。本书原是作者为北京大学历史系考古专业学生讲授古文字学时，编写的《讲义》中的第二章——《古文字表》。《古文字学讲义》包括理论、字表和专题三部分。“理论”部分在唐兰《古文字学导论》基础上有所补充发挥，“专题”部分着重介绍甲骨文、金文有代表性的原材料，“字表”部分是通过分栏字表来学习古文字的基本字汇，是《古文字学讲义》最有特色之处。《古文字学讲义》于 1974 年由北京大学影印，经过高校数年的试用，反映良好。高氏将《古文字学讲义》

中的“字表”抽出，加工修订，扩充成为《古文字类编》，1980 年由中华书局正式出版。《讲义》中的理论和专题部分则扩充为《中国古文字学通论》（上下编）由北京大学出版社出版。

《古文字类编》是一部集录古文字形的字典。该书书前有作者序、凡例。本书分为三编，第一编分四栏，第一栏为商周时代的甲骨文，第二栏为商代和两周时代的金文，第三栏为春秋、战国时期文字（石刻、竹简、帛书、载书、符节、金印、陶器以及泉货等文字），第四栏为秦篆。四栏之外，眉端标注该字楷书。共收单字 3056 字，有些单字同时和不同时的异体可多达一二十个，最少的也有三四个，连同重文统计，共计 17 005 个形体。第二编为合体文字，合体文盛行于商代和西周，延续至秦即被淘汰，故此编共收合体文 304 个，连同重文共计 536 个。第三编为徽号文字，多是由一个或几个单字组合而成，字形皆较古老，仅出现在商代和西周，故此编仅分二栏，共收 598 个，连同重文共计 942 个形体。“徽号文字”收录了早期铜器铭文中的象形意味鲜明的一些形体，其性质目前学术界尚无定论，该书把这些材料集中起来，并与形体相近的甲骨文作比较，便于进一步深入研究。本书仅收已识古文字，不收待问字。所收之字，主要据实物照片或拓本以及各家著录所附影本摹录，必要时用照相将字体适当放大或缩小。每字下附有小字简注，说明其出处和时代。本书后附引书目录、引器目录及按笔画检字索引。

该书内容丰富，体例新颖，一字之下，数体并见，包涵古文字全面演变过程，便于读者了解汉字的历史变化，是一本很实用的工具书。另外，此书虽然是专为古文字学研究而作，但对研究古代字体变迁与学习书法有重要参考价值，也是中国书法史研究的重要参考材料。本书以字表的形式按时代先后分栏排列古文字各种形体，以说明各字从甲骨文到小篆的演变情况，注意吸收古文字的新材料和研究的新成果，对商代甲骨文和西周金文断代较细，颇便初学。但摹写欠精，编字规律不强，读者只能靠检字索引去查字，使用不便。

[参考文献]

[1] 严修. 二十世纪的古汉语研究. 太原：书海出版社，2001.

[2] 马文熙，张归璧，等. 古汉语知识辞典. 北京：中华书局，2004.

[3] 祝鼎民. 中文工具书及其使用：增订本. 北京：中华书局，2008.

[4] 祝鸿熹，洪湛侯. 文史工具书词典. 杭州：浙江古籍出版社，1990.

[5] 陈滞冬. 中国书学论著提要. 成都：成都出版社，1990.

十、中国文字学

《中国文字学》，唐兰著。1949年由开明书店出版，后多次重印。该书是一部用新的观点系统地研究汉字字形的理论性专著，可以说汇集了唐兰先生毕生研究汉字的心血，完整地展示了他的文字学理论体系。作为《古文字学导论》的姐妹篇，两部著作有着密切的联系。

《中国文字学》由五部分构成。

第一部分：前论。着重说明了文字学的特点、范围，简略叙述了文字学的发展情况。他认为文字学的研究对象应以字形为主，这就更进一步明确了文字学和语言学之间的关系。

第二部分：文字的发生。先推测了中国原始语言的基本面貌，随后论述汉字的起源。认为关于文字起源的“结绳说”“八卦说”“仓颉造字说”都是没有根据的，文字的前驱是绘画，最初的文字是可以读出来的图画；其后，文字跟图画渐渐分离，才成了可以书写的符号。当然，文字的来源应该是多元的，其主要的源流是图画，但也不应该忽视其他原始的记事方式对文字产生的影响。关于文字发生的时代，唐兰先生认为：“文字的发生，总远在夏以前，至少在四五千年以前，我们的文字已经很发展了。”

第三部分：文字的构成。批判了传统的“六书说”，提出了“三书说”，即把文字分为象形、象意和形声三类。在他看来：“象形、象意、形声足以范围一切中国文字，不归于形，必归于意，不归于意，必归于声。”唐兰先生的三书说打破了中国文字学研究千余年来的六书框架，这种大胆创新的学术精神是值得我们学习的，它对文字学理论的进步是有积极意义的。然而，受时代条件的制约，唐兰先生的三书说理论也存在着许多不足。例如：假借字、记号字、合音字等不能纳入“三书”；象形和象意界限不明等。尽管如此，我们仍不能抹杀三书说的成就，中国的汉字是一种极其复杂的书写符号系统，再加上数千年发展历程中的变异，要想找出一种构造理论来包括尽一切中国文字，这几乎是不可能的。唐兰先生敢于弃旧图新，提出三书说，这本身就是一个重大的创举和突破。

第四部分：文字的演化。唐兰先生把汉字的演化的原因概括为：1. 绘画·契刻·书写·印刷。2. 行款·形式·结构·笔画。3. 趋简·好繁·尚同·别异。4. 致用·观美·创新·复古。5. 混淆·错误·改易·是正·淘汰·选择。以往研究中国文字演化时，许多学者都从文字本身来追寻原因，唐兰先生却独辟蹊径从书写规范、书写工具和书写者主观因素等方面来探求文字的演变，这是很有创新精神的。

唐兰先生对文字演化问题的论述是比较完备的，但显得有一些冗繁，没有形成完整严密的结构。例如，趋简、好繁、尚同、别异、致用、观美、创新、复古等主要是由于文字的简化和繁化造成的，混淆、错误、改易、是正、淘汰、选择主要是由文字的讹变造成的。这些原因本可以融合，分得过细显得很杂乱。而且，唐兰先生在分析文字演变的原因时，也忽略了声化这一个重要的文字演变原因。

第五部分：文字的变革。详细介绍了六国古文字及篆、隶、楷、草、行、真及俗字、简体字的源流、特点，最后提出了创制新形声文字的思想。在汉字变革问题上，唐兰先生的态度是谨慎的，他主张“推翻汉字不如改革汉字”。

[参考文献]

[1] 俞允海，岳凤翔. 中国语言文字学名著题解. 北京：中国青年出版社，1999.

[2] 王英明. 古汉语书目指南. 济南：齐鲁书社，1988.

[3] 傅修才. 对《中国文字学》文字理论的探究和质疑——评唐兰《中国文字学》. 国学网. http://www.guoxue.com/wk/000469.htm.

十一、古文字学导论

《古文字学导论》，唐兰著。此书本为作者在北京大学讲授古文字的讲义，撰于1934—1935年，手写石印，除随堂发给学生外，曾加印了100部，由来薰阁书店公开发行，流传不广。1963年中央党校历史教研室作为教材影印，由作者加了一篇跋。1981年齐鲁书社重新影印，补齐图版，并收入作者1936年的改订本（未完稿），成为定本。

此书分上下两编。上编内容：1. 古文字学的范围和历史；2. 汉字的起源和演变过程。上编中，唐兰把古文字分为四系，即：殷商系文字、两周系文字、六国系文字和秦系文字。认为这四系文字既有密切的联系，又有各自的特点。作者认为从春秋至汉是古文字学的创始时期，许慎是这一时期中的成功者；但许慎的成就并不突出。汉至清初是古文字学的衰落时期，清乾嘉以后至现在是复兴时期。关于汉字的起源，唐兰认为“八卦说”“结绳说”“仓颉造字说”都是没有道理的。认为“最初的文字，决不是一手一足之烈”，而是经千万人之手，由图画逐渐演变而来的。作者在论述古文字演变过程中，采用象形、象意、形声的三书说代替传统的六书说，认为象形文字的产生至少已有一万年以上，象意文字的完备至少在五六千年以前，形声文字的产生至少在三千五百年以前。

下编内容：1. 为什么要研究古文字和怎样去研究它；2. 一个古文字学者所应当研究的基本学科：甲、文字学，乙、古器物铭学；3. 古文字的蒐集和整理；4. 怎样去认识古文字；5. 研究古文字的戒律；6. 应用古文字学。下编中，作者提出了研究古文字的四种方法：对照法、推勘法、偏旁的分析和历史的考证。认为前两种方法虽然十分有用，但有它们的局限和不足，“假使没有可供对照的材料和孤文只字无法推勘的时候，就丝毫没有办法了”。因此特别推崇偏旁分析法，认为“这种方法最大的效验，是我们只要认识一个偏旁，就可以认识很多的字”，比如释出了“斤”字，就可以认识“斫”“兵”“新”“炘”等二十多个从“斤”的字。用这种方法去整理甲骨文，可以使可识之字增加一倍之多。历史的考证法重在探求文字发展演变的规律。唐兰指出：“偏旁分析法研究横的部分，历史考证法研究纵的部分。这两种方法是古文字研究里的最重要部分。”对古文字的分类，唐兰打破了《说文解字》的540部，提出了“自然分类法”。该法以象形为部首，由象形字分化出来的单体象意字隶属于“部”，复体象意字隶属于“科”，由象形、象意孳乳出来的形声字隶属于“系”，使得由一个原始象形所孳乳出来的文字组成一个系统。

《古文字学导论》是第一部系统地阐述古文字学理论的著作，在古文字学界有重大影响。此书的问世，有力地推动了古文字学的发展。尽管书中有些地方还不够完善和严谨，但作为我国第一部阐述古文字学理论的著作，至今仍具有指导古文字研究的现实意义。

［参考文献］

［1］俞允海，岳凤翔. 中国语言文字学名著题解. 北京：中国青年出版社，1999.

［2］陈海洋. 中国语言学大辞典. 南昌：江西教育出版社，1991.

［3］黄德宽，陈秉新著. 汉语文字学史. 合肥：安徽教育出版社，1990.

［4］张政烺. 张政烺文史论集. 北京：中华书局，2004.

十二、文字学概要

《文字学概要》，裘锡圭著，1988年由商务印书馆出版。本书系作者在北京大学中文系讲授汉字课的讲稿的基础上编写而成的。本书比较详细地论述了汉字的形成、发展、性质、形体演变以及汉字的整理和简化等内容。全书分为十三章：一、文字形成的过程；二、汉字的性质；三、汉字的形成和发展；四、形体的演变（上）：古文字阶段的汉字；五、形体的演变（下）：隶楷阶段的汉字；六、汉字基本类型的划分；

七、表意字；八、形声字；九、假借；十、异体字、同形字、同义换读；十一、文字的分化和合并；十二、字形跟音义的错综关系；十三、汉字的整理和简化。

该书虽然是文字学的通论性著作，但有许多内容涉及古文字学，所以也可视为古文字研究的理论著作。裘氏是当代著名的古文字学家，他充分利用20世纪新发现的古文字资料，为文字理论的阐述奠定了坚实的基础。他从实际出发，破除陈规旧说，书中创见纷呈，观念大大超越了前人。由于作者多年从事古文字研究和汉字教学工作，又接触过很多新出土的古文字实物资料，所以在书的论述中多所创见，是一部有较高学术价值的教科书，无论对初学文字学者或文字研究工作者都有较高的参考价值。

例如在论述文字的形成过程时，作者认为在文字产生之前，人们曾经用画图画和作图解的办法来记事或传递信息。这种文字画是作用近似文字的图画，而不是图画形式的文字。文字的产生是需要一定的社会条件的，在社会生产和社会关系还没有发展到使人们感到必须用记录语言的办法来记事或传递信息之前，他们只可能直接用图画来代表事物，而不会想到用它们来记录事物的名称——语言里的词。通常要到阶级社会形成前夕，文字才有可能出现。在论述汉字形体演变时，作者没有用传统的甲骨文、金文、隶书等形式展现，而是从纵的历史过程中来分析文字形体的变化，分为商代文字、西周春秋文字、六国文字、秦系文字、隶书的形成五节来详细论述不同时代或地域的文字形体变化；在隶书形成之后，作者又根据出土实物资料来分节论述汉代隶书的发展、隶书对篆文字形的改造、汉代的草书、新隶体和早期行书和楷书的形成和发展、草书和行书的演变等。本书的第六章是论述汉字基本类型的划分，作者认为不可拘泥于传统的“六书说”，既肯定“唐兰先生批判六书说，对文字学的发展起了促进作用”，又指出“他的三书说却没有多少价值”。陈梦家在《殷虚卜辞综述》中批评了唐兰“三书说”（象形、象意、形声）的缺点，用新的“三书说”（象形、假借、形声）以取代之。裘氏认为“陈氏的三书说基本上是合理的，只是象形应该改为表意（指用意符造字）”。“这样分类，眉目清楚，合乎逻辑，比六书说要好得多。”裘氏还进一步完善陈氏的“三书说”，指出：“三书并不能概括全部汉字。……汉字里还有少量不能纳入三书（同样也不能纳入六书）的文字。”这种不能纳入三书的文字有记号字、半记号字、变体表音字、合音字、两声字五类。“总的看来，在那些由于形体演变等原因而形成的记号字和半记号字之外，不能包括在三书里的字是为数不多的。如果只是想说明一般汉字的本来构造，三书说基本上是适用的。”书中许多地方都是这样，在继承、吸收前人研究成果的基础上，再加以修正、补充和发展。在第七、八、九章中，作者着重对表意字、形声字、假借字的问题作了深入的考察。总之，该书的最大特点是充分利用现有的出土文字资料来论述汉字的形成、发展、性质等。该书对传统的文字学理论有进一步发挥者，也有批判者，在很多方面作者提出了自己的观点，是目前研究文字学者的重要参考书之一。

《文字学概要》一书是古文字学运用于文字学一般理论的丰硕成果，是继唐兰《中国文字学》之后又一部最有影响的著作，反映了当代中国文字学理论研究的最高水平。

［参考文献］

［1］严修．二十世纪的古汉语研究．太原：书海出版社，2001.

［2］骈宇骞，王铁柱．语言文字词典．北京：学苑出版社，1999.

附录二 《说文解字》部首及字例选析

一、选字原则

1. 收常用部首字 474 个。

有些部首非常用部首，但其属字是常用字，收。如“丵”非常用部首，但“業”是常用字，收“業”字，部首“丵”亦收。

部首非常用部首，其属字也非常用字，不收。如“甾”非常用部首，甾的属字皆非常用字，且皆为形声，故甾不收。“夰”今已不用，其属字今亦不用，不收。

部首非成字部首，且下无属字，不收。凵（kǎn）是非成字部首，下无属字，不收。

部首虽是常用字，但构形理据不明，如辰，不收。

部首非成字部首，但其属字是常用字，收。如凵（qū）非成字部首，但“去”从此，“去”是常用字，故收。

属字是常用字，但部首辗转皆非成字部首者，部首不收。如“鄉”字《说文》隶属𨛜部，𨛜又隶属邑部，𨛜部邑部皆注“阙”，意即阙其音，可见这两部都是为“鄉”字而设的。并无意义和读音，因而本表收“鄉”字，不收𨛜、邑，“鄉”字姑按《说文》顺序隶于邑部之下。

2. 收入绝大部分象形字、指事字、会意字。部分构形理据不明的字不收，如“弋”“弗”“哭”。由于不收哭，则部首“吅”亦不收。

3. 原则上不收形声字和亦声字，但部首字是形声字的，收。如“風”“放”等字。部分亦声字其会意特点很突出的，收。如“执”“字”等字。有的《说文》标为形声字，但据甲骨文、金文当释为象形、会意字者，收。如“覃、复、舞、韋”等。

4. 有些字的造意或本义不是很明确，但因所从之部首下别无例字可收，故酌情收录，其造意或本义择其一说或引数说。如“差”字。造意无从推测者，则直言“造意不明”，如“兮”字。

5.《说文》认为是会意字，现当代学者认为是形声字的，不收。如“舍”等。

二、释字原则

1. 先列《说文》解释（用繁体），以【说文】标记。对《说文》的解释加以标点，但不作诠释。《说文》解释以中华书局大徐本为准，偶尔参照段注本、小徐本等。徐铉小字注和反切不引。

2. 次列编者对其形义关系（或谓构形理据）的解释（用简体，需用繁体时用繁体），以【新释】标记。

3.【新释】尽量采用为一般人接受的结论，尽量不出数说。倘几说之间实在无从取舍，则数说并出。倘尚无理想说法，则下以己意。倘编者亦不能为说，则直言构意不明。于前哲时贤的说法，为节省篇幅，一般不在诠释语中交代出处（亦有交代者），而在表末出以参考文献。专书俱在，不敢掠美。限于水平，取舍不一定得当，读者可参阅诸书是正。己意更未必允当，愚者千虑，冀有一得而已。表后附有拼音索引，方便查找。

三、《说文解字》部首及字例选析

序号	字头	小篆	《说文解字》解释与新释
1	一	一	【说文】惟初太始，道立於一，造分天地，化成萬物。凡一之屬皆从一。弌，古文一。【新释】甲骨文一、金文一均为一横画，表数字的起始。
2	元	元	【说文】始也。从一，从兀。【新释】甲骨文作元元，金文作元元，画一人而大其首，表示人头。
3	天	天	【说文】顛也。至高無上。从一大。【新释】甲骨文作天天，金文作天。本义为人的头顶，夸大人的头部，以示其义。
4	上	丄	【说文】高也。此古文上。指事也。凡丄之屬皆从丄。上，篆文丄。【新释】上下之上。甲骨文作二二。长画为参照，短画在长画之上，表示一物在另一物之上。其形易与数词二相混淆，春秋时代异化为丄。小篆上字的竖笔屈曲文饰，写作上。

序号	字头	小篆	《说文解字》解释与新释
5	帝	帝	【说文】諦也。王天下之號也。从丄，朿聲。帝，古文帝。古文諸丄字皆从一，篆文皆从二。二，古文上字。辛示辰龍童音章皆从古文丄。【新释】甲骨文作帝帝帝帝等形，乃蒂之初文。郭沫若说："王（王国维）谓象花萼全形者是也。分析而言之，其▽若▽象子房，⊢⊣象萼，∧象花蕊之雄雌。"
6	旁	旁	【说文】溥也，从二。闕，方聲。旁，古文㫄。旁，亦古文㫄。旁，籀文。【新释】甲骨文作旁旁旁，金文作旁旁旁，据《说文》"央"下"央旁同意"之说，央从大，以正面之人会中央之义，旁从人，以侧立之人会侧旁之义。
7	下	丅	【说文】底也。指事。下，小篆丅。【新释】上下之下。甲骨文作⌒二。长画为参照，短画在长画之下，表示一物在另一物之下。后与"上"的演化同步，演化为丅、下。
8	示	示	【说文】天垂象，見吉凶，所以示人也。从二；三垂，日、月、星也。觀乎天文，以察時變。示，神事也。凡示之屬皆从示。示，古文示。【新释】甲骨文作丅丅示等，象神主之形，作偏旁的時候，往往加小点作示示示示示等，象征祭祀拜祷时灌酒之状。
9	祭	祭	【说文】祭祀也。从示以手持肉。【新释】祭祀。甲文作祭祭。金文作祭祭祭。甲骨文象持酒肉于示前之形。金文、篆文皆手持肉而无酒。
10	祝	祝	【说文】祭主贊詞者。从示，从人口。一曰：从兑省。《易》曰：兑爲口爲巫。【新释】祭祀时司祭礼的人，即男巫。甲骨文祝象人跪于神前灌酒之形，祝则特写其口，表示念念有词。
11	社	社	【说文】地主也。从示土。《春秋傳》曰："共工之子句龍爲社神。"周禮，二十五家爲社，各樹其土所宜之木。社，古文社。【新释】社为土地之神的神主。以示、土会意。古文社字加木会意。
12	三	三	【说文】天地人之道也，从三數。凡三之屬皆从三。弎，古文三，从弋。【新释】甲骨文作三，金文作三，表数名。
13	王	王	【说文】天下所歸往也。董仲舒曰："古之造文者，三畫而連其中謂之王。三者，天、地、人也，而參通之者王也。"孔子曰："一貫三爲王。"凡王之屬皆从王。王，古文王。【新释】甲骨文作王王王等形。金文作王。造意为以斧钺之形象征权力。
14	闰	閏	【说文】餘分之月，五歲再閏，告朔之禮，天子居宗廟，閏月居門中。从王在門中。《周禮》曰："閏月，王居門中，終月也。"【新释】闰指闰月。有闰月的年份为闰年，共有十三个月。周朝制度，明堂有十二室，天子月居一室以听朝政，闰月则闭其前月所居室之左扉而居，因闰月为岁月之余而不另制室。

序号	字头	小篆	《说文解字》解释与新释
15	皇	皇	【说文】大也。从自，自，始也。始皇者，三皇，大君也。自讀若鼻，今俗以始生子爲鼻子。【新释】金文作皇皇皇。煌之初文，其形象油灯放出光芒。字形后来牵合引申义“帝王”而成“皇”。
16	玉	王	【说文】石之美。有五德：潤澤以温，仁之方也；䚡理自外，可以知中，義之方也；其聲舒揚，尃以遠聞，智之方也；不橈而折，勇之方也；銳廉而不技，絜之方也。象三玉之連。丨，其貫也。凡玉之屬皆从玉。𤣩，古文玉。【新释】玉。甲文作丰丰，象玉块相连之形。
17	玨	玨	【说文】二玉相合爲一珏，凡珏之屬皆从珏。瑴，珏或从㱿。【新释】玨为量词，两串玉合在一起称一珏，字形为两玉相并。
18	班	班	【说文】分瑞玉。从珏，从刀。【新释】班是将原本为一的玉质的信物分开，各执其一，以作凭证。
19	气	气	【说文】雲气也。象形。凡气之屬皆从气。【新释】云气。甲骨文作三，易与数字三混，至金文上下两笔各折而成气。
20	士	士	【说文】事也。數始於一，終於十。从一从十。孔子曰：“推十合一爲士。”凡士之屬皆从士。【新释】金文士作士士。一说认为象斧钺，与“王”同，后分化而为“王”“士”；一说据甲骨文“牡”作牡牡，士作丄，象男性生殖器而认为士指男性。
21	丨	丨	【说文】上下通也。引而上行讀若囟，引而下行讀若退。凡丨之屬皆从丨。【新释】丨表示上下通彻。此字因用笔的不同，读音有异。从下起引长笔画往上运笔，读音同囟；从上起引长笔画往下运笔，读音同退。当是一个表义宽泛不定的抽象性符号。
22	中	中	【说文】内也。从口丨，上下通。中，古文中。中，籀文中。【新释】甲骨文作中，氏族社会之徽帜，甲骨文恒于竖画中加点，点画变而为口。
23	屮	屮	【说文】艸木初生也。象丨出形，有枝莖也。古文或以爲艸字。讀若徹。凡屮之屬皆从屮。尹彤説。【新释】甲骨文作屮。屮、艸本一字，初生为屮，蔓延为艸。
24	屯	屯	【说文】難也。象艸木之初生，屯然而難。从屮貫一，一，地也。尾曲。《易》曰：“屯，剛柔始交而難生。”【新释】艰难，危难。甲骨文作屯屯，象艸木初生时曲折而又艰难的形状。音 zhūn。
25	熏	熏	【说文】火煙上出也。从屮从黑，屮黑，熏黑也。【新释】金文作熏熏，象火烧成束香艸之形。

序号	字头	小篆	《说文解字》解释与新释
26	艸		【说文】百卉也。从二屮。凡艸之屬皆从艸。【新释】小艸为屮，二屮为艸。经传多作草，草的本义是栎实，因借为艸，乃另造皁字。
27	苗		【说文】艸生於田者。从艸从田。【新释】指艸本植物得生于田中者，即禾苗、秧苗。
28	若		【说文】擇菜也。从艸右；右，手也。一曰：杜若，香艸。【新释】择菜之义，经传未见。甲骨文作，金文作，象人跪坐双手理发之形。金文亦作，加口，合理乱发使顺和以言语疏导使顺二义为之。亦为“诺”之本字。
29	折		【说文】斷也。从斤斷艸。譚長說。，籀文折，从艸在仌中，仌寒，故折。，篆文折从手。【新释】甲骨文作，金文作，示断口。折义为弄断，字形为以斤断草。
30	卉		【说文】艸之總名也。从艸屮。【新释】卉为百艸的总称，字从三屮以会意。
31	茻		【说文】眾艸也。从四屮。凡茻之屬皆从茻。讀與冈同。【新释】从四屮，以会艸密而深，经传草茻字皆以莽为之。
32	莫		【说文】日且冥也。从日在茻中。【新释】甲骨文作，日在草莽之中，表黄昏，与小篆取意同。
33	葬		【说文】藏也。从死在茻中；一其中，所以薦之。《易》曰：“古之葬者，厚衣之以薪。”【新释】掩埋尸体。古人丧葬简易，将尸体（即“死”）用草席、柴薪之类（即“一”）垫起来，丢入艸茻之中即可。
34	小		【说文】物之微也。从八，丨見而八分之。凡小之屬皆从小。【新释】甲骨文作，三小点以示物体微小之义。
35	少		【说文】不多也，从小丿聲。【新释】甲骨文作，以四小点示物之微小之义，与“小”本为一字。金文作，与“小”分为二字。
36	八		【说文】别也。象分别相背之形。凡八之屬皆从八。【新释】“别”义于文献无征。甲骨文作，象两斜线不相交状，表数字的符号，当为刻契符号之遗留。
37	分		【说文】别也。从八，从刀。刀以分别物也。【新释】甲骨文作，金文作，小篆与其形近，以刀分物之形。
38	介		【说文】畫也。从八，从人；人各有介。【新释】甲骨文作，象人着介（甲）形。中为人，象联革形，或省作。故其本义为铠甲。

序号	字头	小篆	《说文解字》解释与新释
39	公		【说文】平分也。从八，从厶。八猶背也。韓非曰："背厶爲公。"【新释】甲骨文作，上象瓮口，下为瓮底，为大瓮之象形，其后以为王公之称，继而以为公私之称，构形理据亦变而为"背私为公"。
40	釆		【说文】辨别也。象獸指爪分别也。凡釆之屬皆从釆。讀若辨。，古文釆。【新释】甲骨文作，金文作，本义为兽爪，引申义为辨别。
41	番		【说文】獸足謂之番。从釆，田象其掌。，番或从足从煩。，古文番。【新释】本义为兽足，"蹯"之初字。金文作，上象羊、猪、鹿、鸡、狗等动物的脚印，成枝状；下象马、骡、驴、大象等动物的脚印，成团状。
42	宷		【说文】悉也；知宷諦也。从宀从釆。，篆文宷从番。【新释】详尽地了解，審的初文。宀，覆盖；釆，分别，包覆着却能分别之，说明了解详尽周密。
43	悉		【说文】詳盡也。从心，从釆。，古文悉。【新释】详尽。釆为分别，用心辨别，而致详细、穷尽。
44	半		【说文】物中分也。从八；从牛，牛爲物大，可以分也。凡半之屬皆从半。【新释】整体物的一半。八表示将物一分为二。万物皆可分，不止于牛，特举牛以概万物。
45	胖		【说文】半體肉也。一曰廣肉。从半，从肉，半亦聲。【新释】古时祭祀用的半体牲，即半只猪（牛、羊）的肉，故从肉从半。音 pàn。
46	牛		【说文】大牲也。牛，件也；件，事理也。象角頭三、封、尾之形。凡牛之屬皆从牛。【新释】牛。甲骨文作，是牛头正面的线条化写法，《说文》释形不确。
47	牢		【说文】閑。養牛馬圈也。从牛，冬省。取其四周帀也。【新释】闲即栏，是畜养牛马的栏圈。甲骨文作，为栏，栏里牛、羊、马皆可。金文作，牛、羊皆可。小篆固定为牛，并加一横木。
48	告		【说文】牛觸人，角箸横木，所以告人也。从口，从牛。《易》曰："僮牛之告。"凡告之屬皆从告。【新释】甲骨文作或，造意不明，徐中舒认为甲骨文中告、舌、言无别，皆可训为告，本为一字。或云指牛叫，与吠、鸣造意同。
49	口		【说文】人所以言食也。象形。凡口之屬皆从口。【新释】人口，象人口的形状。甲金亦如是。
50	吹		【说文】嘘也。从口，从欠。【新释】吐出气流。甲骨文作，金文，从欠、从口会意，象人张口吹气之形。欠即呵欠。欠部重见，释为"出气"。

序号	字头	小篆	《说文解字》解释与新释
51	名		【说文】自命也。从口，从夕。夕者，冥也。冥不相見，故以口自名。【新释】自己喊自己的名字。从口从夕者，古者严男女之防，夜行以烛，无烛则止，若需冥行，则必自呼其名，使人知之，所以厚别远嫌。
52	君		【说文】尊也。从尹發號，故从口。，古文象君坐形。【新释】甲骨文作，从又持笔从口。从又持笔即为尹，治事之人，君、尹古本一字。君主需发号施令，故从口。
53	命		【说文】使也。从口，从令。【新释】差使别人做事。甲骨文作，金文加口作，甲骨文中令命同字，今义有微殊。
54	启		【说文】開也。从户从口。【新释】甲骨文作，以手持户，开门之义。楷化即攺，后增口作，对应启发之义，楷化为啟，继而省又作，楷化为启。
55	咸		【说文】皆也；悉也。从口从戌。戌，悉也。【新释】全、都的意思。言“戌，悉也”，是说从戌犹如从悉，造字假借之理。从口悉者，谓口皆能言。
56	右		【说文】助也。从口，从又。【新释】帮助、辅助、佑助之义。甲骨文中作，即又，金文始加口，手不足，以口助之。后作佑。
57	吉		【说文】善也。从士口。【新释】甲骨文作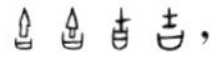，口象征兵库，象刀兵入库，战争平息，故为吉善、吉利。
58	周		【说文】密也。从用口。，古文周字从古文及。【新释】甲骨文作，金文作，本象田地中普遍有所种植，后有行事周密之意，故增以口。
59	各		【说文】異辭也。从口夂。夂者，有行而止之，不相聽也。【新释】甲骨文作，与出作相对，字义亦当与出相对，由外入内之意，当是“来格”之“格”的初文。所谓“异辞”，盖假借之义。
60	局		【说文】促也。从口在尺下，復局之。一曰：博，所以行棊。象形。【新释】局促，即受拘束。口以言说，尺以象规矩。有限而不得畅言。另一说谓局即棋盘，是用来走棋的器具，象棋盘纵横之形。
61	走		【说文】趨也。从夭止。夭止者屈也。凡走之屬皆从走。【新释】跑，疾趋。金文作。上面是甩开两臂向前奔跑的人形，下面的止代表脚，表示行动之意。
62	止		【说文】下基也。象艸木出有址，故以止爲足。凡止之屬皆从止。【新释】甲骨文作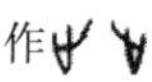，象人足趾，趾的初文。
63	歬		【说文】不行而進謂之歬。从止在舟上。【新释】向前行进。甲骨文作。站在船上不用行走却能前进。

序号	字头	小篆	《说文解字》解释与新释
64	癶		【说文】足刺癶也。从止少。凡癶之屬皆从癶。【新释】刺癶，形容两足分张，足跟相对而行，动止不自然之状。
65	登		【说文】上車也。从癶豆，象登車形。，籀文登，从収。【新释】登谓上车。豆为置于车下用来垫脚乘车的石头，癶在豆上，即会乘车之意。古时有乘石或谓上马石，其形似豆，作。
66	步		【说文】行也。从止𣥂相背。凡步之屬皆从步。【新释】行走。甲骨文作，金文作，象前进时左右足一前一后形。
67	歲		【说文】木星也。越歷二十八宿，宣徧陰陽，十二月一次。从步，戌聲。律書名五星爲五步。【新释】甲骨文作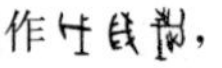，金文类似，原与戉同字，后借以表木星。
68	此		【说文】止也。从止从匕。匕，相比次也。凡此之屬皆从此。【新释】“此”义为止，指说话者所止之处。匕是相并列，足相并列，故有停止之意。而人足所止之处便是此。
69	正		【说文】是也。从止，一以止。凡正之屬皆从正。，古文正从二，二，古上字。，古文正，从一足，足者亦止也。【新释】甲骨文作，本义为走向城邑，即征的初文。
70	乏		【说文】《春秋傳》曰：“反正爲乏。”【新释】乏义为不正。以“乏”形“反正”，表与“正”字义相对立。引申为匮乏。
71	是		【说文】直也。从日正。凡是之屬皆从是。，籀文是从古文正。【新释】是，正直。以日为正，阳光普照大地，天下之物没有比日更公正的，古人确定方位的时候亦以日之视位置为据。
72	辵		【说文】乍行乍止也。从彳从止。凡辵之屬皆从辵。讀若《春秋公羊傳》曰“辵階而走”。【新释】忽行忽止。甲骨文作，表示人在路上走。
73	進		【说文】登也。从辵閵省聲。【新释】甲骨文作，从鸟从止，止代表脚，指运动，鸟行走时只能进，不能退，故以鸟止会前进、登升之义。
74	送		【说文】遣也。从辵，倂省。，籀文不省。【新释】送行。人部：“倂，送也。”倂今作媵，义为送女陪嫁。
75	逐		【说文】追也。从辵从豚省。【新释】追上。甲骨文作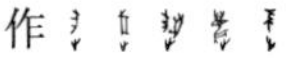等形，分别从豕、犬、鹿、马等，不独从豕。今日之逐为赶走，古时之逐为追上。
76	彳		【说文】小步也。象人脛三屬相連也。凡彳之屬皆从彳。【新释】甲骨文作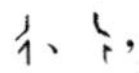，为“行（）”的左边或右边，皆为“行走”义。

序号	字头	小篆	《说文解字》解释与新释
77	退（復）		【说文】却也。一曰：行遲也。从彳、从日、从夊。，復或从内。，古文从辵。【新释】復，退却。另一义谓行步迟迟、走得慢。从彳、日、夊者，谓行而日日迟曳，就是退。
78	後		【说文】遲也。从彳、幺、夊者，後也。，古文後从辵。【新释】行动迟缓，落后。彳谓行走。幺，有排行最末之义。夊，有行动迟缓义。或云：夊，脚也；幺，系也。脚有所系，故后不得进。
79	得		【说文】行有所得也。从彳㝵聲。，古文省彳。【新释】获得，得到。甲骨文作，手持贝，或行走中手持贝形，即有所得。
80	御		【说文】使馬也。从彳从卸。，古文御从又从馬。【新释】驾驭车马。从彳从卸，以小篆为释，卸是卸车，把马匹从车上解下；彳表示驱车前进。或行或卸，皆御者之职。甲骨文作，为御马之辔，为其变形；和之乃是策形。其形或人持策于道中，或人持鞭策马。
81	亍		【说文】步止也。从反彳。讀若畜。【新释】谓停止行进。从彳的反文示意。彳亍皆为“行”的省写，甲骨文中作为字的构件都指道路或行走，后分化为二字。又彳亍连合，即今“踯躅”“踟蹰”“蹢躅”。
82	廴		【说文】長行也。从彳引之。凡廴之屬皆从廴。【新释】彳的变文，由彳字引长末笔而成。未见于甲金文，或为汉人臆改彳字而设，由延之甲骨文作可证。
83	建		【说文】立朝律也。从聿从廴。【新释】建立朝廷法律。金文作，“从聿”或当为“从律省”；从辵，欲其行远。
84	行		【说文】人之步趨也。从彳，从亍。凡行之屬皆从行。【新释】甲骨文作，象四达之衢，人所行也。彳、亍是行省变的结果。
85	齒		【说文】口齗骨也。象口齒之形，止聲。凡齒之屬皆从齒。，古文齒字。【新释】甲骨文齿作，金文作。齿为张口即见的牙龈中长出的骨头，即门牙，亦泛称牙齿。
86	牙		【说文】牡齒也。象上下相錯之形。凡牙之屬皆从牙。，古文牙。【新释】大牙，臼齿，或谓腮牙。“牡齿也”当为“壮齿也”。金文作，象其上下交错之形。
87	足		【说文】人之足也。在下。从止口。凡足之屬皆从足。【新释】人体膝关节以下的部分。又特指踝骨以下者。止即趾，口指膝盖，或谓膝下踝上者。部属字皆形声字。

序号	字头	小篆	《说文解字》解释与新释
88	疋		【说文】足也。上象腓腸，下从止。《弟子職》曰："問疋何止。"古文以爲《詩·大疋》字，亦以爲足字，或曰胥字。一曰：疋，記也。凡疋之屬皆从疋。【新释】疋足一字。甲骨文作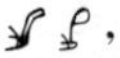，正象腓肠（指小腿肚）和脚趾之形。疋为初文，足乃变体。
89	品		【说文】眾庶也。从三口。凡品之屬皆从品。【新释】众多。人三为众，故从三口，或口非指口舌之口，乃指物象。
90	喿		【说文】鳥羣鳴也。从品在木上。【新释】群鸟鸣叫之声，三口在木，意谓群鸟栖息于树而鸣叫。俗作噪。
91	册		【说文】符命也。諸侯進受於王也。象其札一長一短；中有二編之形。凡冊之屬皆从冊。【新释】简册。甲骨文作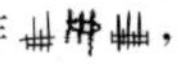，象编简之形，不过，出土简册皆由大小长短相同之扎编结而成，并非长短参差不齐。
92	扁		【说文】署也。从户冊。户冊者，署門户之文也。【新释】扁谓在门户上题字。户是门户，册是简册、书册，此表文辞。户册，就是题写在门户牌扁上的文字，诸如户主的姓名、所属郡县乡里等，将这类门扁用绳索贯穿起来就是编户，即户籍册。其字今亦可作匾。
93	㗊		【说文】眾口也。从四口。凡㗊之屬皆从㗊。讀若戢，又讀若呶。【新释】㗊，从四口以喻众多之口。
94	囂		【说文】聲也。氣出頭上，从㗊，从頁。頁，首也。，囂或省。【新释】㗊谓众口，页谓人首。以人首周围口多声杂会意。
95	器		【说文】皿也。象器之口，犬所以守之。【新释】金文作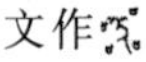。构意不明。按《说文》解释，器，器皿。口为器皿，犬以守之。
96	舌		【说文】在口，所以言也，别味也。从干从口，干亦聲。凡舌之屬皆从舌。【新释】口中用来说话和辨别滋味的器官。甲骨文作，小点表示唾液。为口中伸出之舌，呈两截者，说明可以伸缩；呈叉状者，说明可以左右摆动。
97	干		【说文】犯也。从反入，从一。凡干之屬皆从干。【新释】一种简易武器，甲骨文作，象有椏杈的木棒形。引申为侵犯、触犯、冒犯。
98	只		【说文】語已詞也。从口，象气下引之形。凡只之屬皆从只。【新释】句末语气词。八象气下行的形状。语音拖长，渐长渐低。
99	㕯		【说文】言之訥也。从口从内。凡㕯之屬皆从㕯。【新释】㕯，言语迟钝。从口从内，表示言人于内而不能出于外。
100	丩		【说文】相糾繚也。一曰：瓜瓠結丩起。象形。凡丩之屬皆从丩。【新释】相纠缠。甲骨文作，金文作，象两物交结纠缠之形。

序号	字头	小篆	《说文解字》解释与新释
101	糾		【说文】繩三合也。从糸丩。【新释】多股绞合而成的绳索。
102	古		【说文】故也。从十口，識前言者也。凡古之屬皆从古。，古文古。【新释】甲骨文作，本义难晓，或以为是“固”的本字，上为毌，实为盾牌，下为隘口，以盾守关塞之口，即为固，固则长久，故有往昔、久远的年代之引申义。
103	十		【说文】數之具也。一爲東西，丨爲南北，則四方中央備矣。凡十之屬皆从十。【新释】甲骨文作丨，数字起于一，终于十，故将一竖起以表数之终，金文中间加点或小短横成。
104	丈		【说文】十尺也。从又持十。【新释】杖之初文。从又，象持杖（谓）形。隶变（zhī，从手持半竹）为支，故不得不变支（zhàng）为丈。
105	千		【说文】十百也。从十从人。【新释】十百曰千。从十从人不可解，故或以为人是声符，古千人同音，但十仍不得解。于省吾认为是在人上加一画，表示千，横画只是区别符号。
106	博		【说文】大，通也。从十从尃。尃，布也。【新释】博为广大、精通。十为四方和中央，尃为分布。表示分布甚广，四方中央无所不至。
107	廿		【说文】二十并也。古文省。【新释】二十。甲骨文作，金文作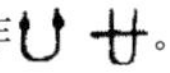。将两个十字并连。或以为由表二十的绳结发展而来。
108	卅		【说文】三十并也。古文省。凡卅之屬皆从卅。【新释】三十。甲骨文作，金文作。由三个十字合并而成。或以为由表三十的绳结发展而来。
109	世		【说文】三十年爲一世。从卅而曳長之，亦取其聲也。【新释】金文作，当为叶（葉）之古文，象茎及叶之形。草木之叶重累百叠，故引申为世代之世。三十年一世。
110	言		【说文】直言曰言，論難曰語。从口，䇂聲。凡言之屬皆从言。【新释】甲骨文作，徐中舒认为甲骨文中与舌、告无别，皆可训为告，本为一字。
111	信		【说文】誠也。从人从言，会意。，古文从言省。，古文信。【新释】真实可信，诚实不欺。《说文》以为会意，即人言为信，但因金文有作者，从千，作会意不可解，故或以为信当为形声，人、千皆为声符。
112	計		【说文】會也。筭也。从言从十。【新释】计算。十者，数之全，故以言十会意。
113	設		【说文】施陳也。从言从殳。殳，使人也。【新释】陈列。殳，兵器，用以使人。陈列须以言教人，以殳使人，故从言从殳。
114	討		【说文】治也。从言从寸。【新释】寸，法也。奉辞伐罪，故从言从寸。

序号	字头	小篆	《说文解字》解释与新释
115	誩		【说文】競言也。从二言。凡誩之屬皆从誩。讀若競。【新释】争论。从二言者，犹二人直持其说，各不相让。
116	譱		【说文】吉也。从誩，从羊。此與義美同意。，篆文善从言。【新释】吉祥，美好。義、美均从羊，均有美好之意。辩论者，为公理而辩则美，为私利而辩则恶。善字从羊，羊有美义，故所从之誩义取其美。
117	競		【说文】彊語也。一曰：逐也。从誩，从二人。【新释】竞争。甲骨文作，象两人相逐之形。
118	音		【说文】聲也。生於心，有節於外，謂之音。宫商角徵羽，聲；絲竹金石匏土革木，音也。从言含一。凡音之屬皆从音。【新释】甲骨文中言音无别，皆指口中发声，盖后来言指语言，音泛指声音、乐音。或以为音是在言的基础上口中加一标志性符号短横而成。
119	章		【说文】樂竟爲一章。从音从十。十，數之終也。【新释】本义难晓。《说文》认为即乐章，音乐一曲为一章。后移指文章之章节。然金文作等形，皆不从音从十，或以为獐之象形，或以为盾之象形。
120	竟		【说文】樂曲盡爲竟。从音，从人。【新释】按《说文》所释指乐曲终止，则其本义是终极，最后。甲骨文作，其义难晓。
121	䇂		【说文】辠也。从干二。二，古文上字，凡䇂之屬皆从䇂。讀若愆。張林說。【新释】甲骨文作，金文作。所像之物不明，本义难晓。或认为是“剞劂”（雕刻用的曲刀）之形，古人对俘虏行黥刑时亦用之，故引申为罪愆、辛酸。或认为上部只是头饰。
122	妾		【说文】有辠女子，給事之得接於君者。从䇂从女。《春秋》云：“女爲人妾。”妾，不娉也。【新释】甲骨文作，其上之▽为头饰。以甲骨文例论，妾是妻字、母字的同义语，并无女奴之义，乃泛指配偶。妻妾之别贵贱，当属后起。
123	丵		【说文】叢生艸也。象丵嶽相竝出也。凡丵之屬皆从丵。读若浞。【新释】丛生的草。丵岳，叠韵，争高竞长之状。谓丵象丛生杂草奋力争高一起向上生长之形。
124	業		【说文】大版也。所以飾縣鐘鼓。捷業如鋸齒，以白畫之，象其鉏鋙相承也。从丵，从巾，巾象版。《詩》曰：“巨業維樅。”，古文業。【新释】古代乐器架子上方放在横木上的大块木板，周围刻成向上翻卷的锯齿形，用以装饰横木（栒）并悬挂钟鼓。金文作。

序号	字头	小篆	《说文解字》解释与新释
125	對		【说文】譍無方也。从丵，从口，从寸。對，對或从士。漢文帝以爲：責對而爲言，多非誠對，故去其口，以从士也。【新释】甲骨文作，金文作，从又持丵（小树苗）种植于土壤之中，为“蓺”的古字。表茂盛之意。
126	廾		【说文】竦手也。从𠂇，从又。凡廾之屬皆从廾。𢪒，楊雄說，廾从兩手。【新释】甲骨文作，金文作，拱手，象两手相拱之形。即今“拱”字。
127	丞		【说文】翊也。从廾，从卩，从山。山高，奉承之義。【新释】甲骨文作，金文作，象人落于陷阱中有拯之者，故从，象拯者之手。其义当为拯救。后写作“拯”。
128	奐		【说文】取奐也。一曰大也。从廾，夐省。【新释】金文作，甲以手授乙，乙以双手受之。“换取”之意。后作“换”。
129	弇		【说文】蓋也。从廾，从合。，古文弇。【新释】甲骨文作，象双手持巾掩物形，即“掩”之本字。
130	弄		【说文】玩也。从廾持玉。【新释】甲骨文作，金文作，象双手持玉形，本义为两手捧玉摩挲玩赏。
131	戒		【说文】警也。从廾持戈，以戒不虞。【新释】甲骨文作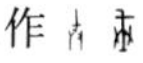，金文作，两手持戈，戒备、警戒。
132	兵		【说文】械也。从廾持斤，并力之皃。，古文兵，从人、廾、干。，籒文。【新释】甲骨文作，金文作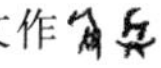，双手持斤（斧子），表兵器。
133	具		【说文】共置也。从廾，从貝省。古以貝爲貨。【新释】甲骨文作，金文作，甲骨文为两手持鼎，金文或持貝（古文字中“鼎”“貝”因形近恒互代用）。表供置、备办。
134	共		【说文】同也。从廿、廾。凡共之屬皆从共。，古文共。【新释】甲骨文作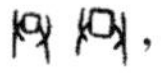，金文作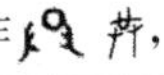，象两手奉物形，表供给，具备，后写作“供”。
135	異		【说文】分也。从廾，从畀。畀，予也。凡異之屬皆从異。【新释】甲骨文作，金文作，为人头戴物，两手扶之之形，盖“戴”之初文。
136	舁		【说文】共舉也。从臼，从廾。凡舁之屬皆从舁。讀若余。【新释】汗简作，象四手，二人共举之象，表“抬”“举起”。
137	與		【说文】黨與也。从舁，从与。𠔤，古文與。【新释】金文作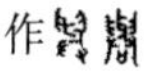，四手交错，从牙（或牙的变体），有的形体还另外加“口”，盖多人商讨，本义为“参与”。

序号	字头	小篆	《说文解字》解释与新释
138	興		【说文】起也。从舁，从同。同力也。【新释】甲骨文作，金文作，字形为四手各执物之一角而共举之。盖初起时必一人发令而众人并作，故字或从口。本义为“兴起”。
139	臼		【说文】叉手也。从𦥑、彐。凡臼之屬皆从臼。【新释】汗简作，双手捧物之形，现写作“掬”。
140	要		【说文】身中也。象人要自臼之形。从臼，交省聲。，古文要。【新释】金文作，汗简作，从女，从囟（细），从臼，会女子腰细可束之意，“腰”之初文。小篆则以手叉腰指示腰之所在。
141	晨		【说文】早昧爽也。从臼，从辰。辰，時也。辰亦聲。丮夕爲㚏，臼辰爲晨，皆同意。凡晨之屬皆从晨。【新释】甲骨文作，金文作，象两手持“辰”之形。辰，“蜃”之初文。蜃，大蚌片，用为薅器。古人“日出而作”，故为“早晨”的“晨”。
142	爨		【说文】齊謂之炊爨。臼象持甑，冂爲竈口，廾推林内火。凡爨之屬皆从爨。，籀文爨，省。【新释】睡虎地秦简作，汗简作，以双手推木（柴）入灶口，并引火，灶上或置甑或否，表炊爨。
143	釁		【说文】血祭也。象祭竈也。从爨省，从酉。酉，所以祭也。从分，分亦聲。【新释】古时器物在投入使用之前要以血涂之，谓之衅，如衅庙、衅钟、衅鼓、衅灶，小篆釁即取祭灶为象，中间的冂象灶，为双手端着饭甑搁到灶上，合起来表示灶；酉即酒，祭灶时要用血和酒，字中以酉为象；分即分布，即将血分散涂抹在灶上。
144	革		【说文】獸皮治去其毛，革更之。象古文革之形。凡革之屬皆从革。，古文革，从三十。三十年爲一世，而道更也。臼聲。【新释】金文作，象兽头角足尾之形，象手治之。表除去兽皮之毛。
145	鬲		【说文】鼎屬，實五觳。斗二升曰觳。象腹交文，三足。凡鬲之屬皆从鬲。，鬲或从瓦。，《漢令》鬲从瓦，厤聲。【新释】甲骨文作，金文作，古代烹调器具，似鼎，大腹三足。
146	爪		【说文】丮也。覆手曰爪。象形。凡爪之屬皆从爪。【新释】甲骨文作，金文作，以手抓拿之形。
147	孚		【说文】卵孚也。从爪，从子。一曰信也。，古文孚，从禾。禾，古文保。【新释】甲骨文作，金文作，从爪持子，为以手逮人之形，即今“俘虏”之“俘”。

序号	字头	小篆	《说文解字》解释与新释
148	爲		【说文】母猴也。其爲禽好爪。爪，母猴象也。下腹爲母猴形。王育曰：“爪，象形也。”，古文爲，象兩母猴相對形。【新释】做，劳作。，金文作，从爪从象，以手牵象以助劳。
149	丮		【说文】持也。象手有所丮據也。凡丮之屬皆从丮。讀若戟。【新释】甲骨文作，金文作，象人伸两手持物之形，表持执。
150	埶		【说文】種也。从坴、丮。持亟種之。《书》曰：我埶黍稷。【新释】甲骨文作，金文作，从木，从丮，会人双手植树之意。表种植。典籍作“蓺”或“藝”。
151	鬥		【说文】兩士相對，兵杖在後，象鬥之形。凡鬥之屬皆从鬥。【新释】甲骨文作，象两人徒手相博形，表争斗。
152	鬩		【说文】恒訟也。《詩》云：“兄弟鬩于牆。”从鬥从兒。兒，善訟者也。【新释】争吵，不和。小儿不知友恭，好争讼，故从鬥从兒会意。
153	又		【说文】手也。象形。三指者，手之列多，略不過三也。凡又之屬皆从又。【新释】甲骨文作，金文作，右手的象形。列三指以表手。
154	右		【说文】手口相助也。从又，从口。【新释】佑助，金文作，手不足，以口助之，故为右助。后写作“佑”。字又入《说文·口部》，释为：“助也。从口，从又。”
155	厷		【说文】臂上也。从又，从古文。，古文厷，象形。，厷或从肉。【新释】甲骨文作，从，尾上翘，象曲肱形，于臂上加指示肱之所在。为“肱”初文。
156	叉		【说文】手指相錯也。从又，象叉之形。【新释】甲骨文作，象手形，指示手指错人之处。表手指相交错，也泛指一般的交错、交叉。
157	父		【说文】矩也。家長率教者。从又舉杖。【新释】甲骨文作，金文作，为以手持炷（柱形的可燃物）之形，持炷者必为家主，故引申为一家之主。一说甲骨文亦“父”字，为“斧”之初文，石器时代，男子手持石斧以事操作，孳乳为“父母”之“父”。
158	叟（叜）		【说文】老也。从又，从灾。闕。，籒文从寸。，叜或从人。【新释】甲骨文作，从又持炬火在宀下，为手举炬火在屋下索物，表搜求之意，是“搜”的初文。

序号	字头	小篆	《说文解字》解释与新释
159	尹		【说文】治也。从又、丿，握事者也。，古文尹。【新释】甲骨文作，金文作，从又持丨，丨象笔形，象以手执笔形。表执笔之人。官名。
160	㕞		【说文】拭也。从又持巾在尸下。【新释】“尸”象屋形，以手持巾在屋下为洒扫之事，表拂拭、清扫之意。同“刷”。
161	及		【说文】逮也。从又，从人。乁古文及。秦刻石及如此。弓亦古文及。亦古文及。【新释】甲骨文作，金文作，从人从又，会一人用手逮及另一人之意，本义是赶上。
162	秉		【说文】禾束也。从又持禾。【新释】甲骨文作，金文作，以手握持禾束，本义为禾一把。
163	反		【说文】覆也。从又，厂反形。，古文。【新释】甲骨文作，金文作，从又从厂，“厂”为山石崖岩，谓人以手攀崖，是“扳（pān，即攀）”的初文。
164	𠬝		【说文】治也。从又，从卪。卪，事之節也。【新释】甲骨文作，金文作，从又（手）从（下跪的人形），象一人用武力使另一人屈服的形状，是“征服”“使之屈服”的意思。在古文献中，“𠬝”“服”通用无别。
165	叔		【说文】拾也。从又，尗聲。汝南名收芌爲叔。，叔或从寸。【新释】甲骨文作，象矰（短矢）带缴（系在箭上的生丝绳），整字为人身上扎弓箭之形，执缯缴以弋猎凫雁，方便拾取。表“拾取”之义。金文作，金文、小篆皆从又从尗，以手拾豆。郭沫若则认为金文之形是“从又持戈以掘芋也”。
166	𠬛		【说文】入水有所取也。从又在回下。回，古文回。回，淵水也。讀若沬。【新释】回为旋水，由“又”（手）在回下会意，表入水取物。今或作“溲”“没”。
167	取		【说文】捕取也。从又，从耳。《周禮》獲者取左耳。《司馬法》曰：載獻聝。聝者，耳也。【新释】甲骨文作，金文作，手拿一只耳朵之形。古代武士割取俘虏左耳以计战功，称“获聝”。
168	彗		【说文】掃竹也。从又持𡳿。，彗或从竹。，古文彗，从竹，从習。【新释】甲骨文作，象扫帚之形，下或加手，从手持帚。表“扫帚”，亦有扫除之义。

序号	字头	小篆	《说文解字》解释与新释
169	叚		【说文】借也。阙。，古文叚。，譚長說，叚如此。【新释】金文作，象在厂下取物，两手相付之形。借人所有为己所用，意为借。
170	友		【说文】同志爲友。从二又，相交友也。，古文友。，亦古文友。【新释】甲骨文作，金文作，两手相交，表示互相帮助。
171	𠂇		【说文】𠂇手也。象形。凡𠂇之屬皆从𠂇。【新释】甲骨文作，金文作，左手的象形，表左手。
172	卑		【说文】賤也，執事者。从𠂇、甲。【新释】金文作，朱骏声："此字即椑之古文。圆榼也。酒器，象形。𠂇持之，如今偏提，一手可携者。其器椭圆，有柄。"
173	史		【说文】記事者也。从又持中。中，正也。凡史之屬皆从史。【新释】甲骨文作，金文作，从又持。，或以为簿书，或以为简册，或以为盛筭之器，或以为笔。总之，史是掌管文书之官。
174	事		【说文】職也。从史，之省聲。，古文事。【新释】甲骨文作，金文作，为旗𣃘，手执简，立于旗下，是史臣奉命出使之义。按：古文字"事""使""史""吏"本为一字，后分化。
175	支		【说文】去竹之枝也。从手持半竹。凡支之屬皆从支。，古文支。【新释】离开竹茎的竹枝。手持半竹会意。手可持者，会离开竹茎之意；半竹，非全竹。支之本义当即旁生的枝条，后作"枝"。
176	聿		【说文】手之疌巧也。从又持巾。凡聿之屬皆从聿。【新释】金文作，右手执笔之形。本义为"书写"，动词。按：古"聿""聿"同字。
177	肅		【说文】持事振敬也。从聿在𣶒上，戰戰兢兢也。，古文肅，从心从卪。【新释】金文作，从聿从𣶒者，与小篆同，会执事如临深渊，恭敬谨慎之意。从竹从𣶒，则不得解，疑从竹为从笃省，从笃从𣶒，临渊而恭谨笃诚之意。
178	聿		【说文】所以書也。楚謂之聿，吴謂之不律，燕謂之弗。从聿，一聲。凡聿之屬皆从聿。【新释】甲骨文作，金文作，象手持笔形，表用来书写的笔，即"筆（笔）"之初文。

序号	字头	小篆	《说文解字》解释与新释
179	筆		【说文】秦謂之筆。从聿，从竹。【新释】“筆”是“聿”后起俗字，宜为“聿”下重文。盖秦以竹制笔，故在“聿”上加竹。
180	畫		【说文】界也。象田四界，聿所以畫之。凡畫之屬皆从畫。，古文畫省。，亦古文畫。【新释】甲骨文作，金文作，邹晓丽认为字形上半是以手执笔，下半是两脚规（笔者按：即丈量田地的步弓，金文中间的尤像）。金文则加“田”更明确地指明是划田地之界，本义为划分界限。
181	隶		【说文】及也。从又，从尾省。又持尾者，从後及之也。凡隶之屬皆从隶。【新释】捕获。金文作，右手抓住了尾巴，后写作“逮”。
182	臣		【说文】牽也。事君也。象屈服之形。凡臣之屬皆从臣。【新释】甲骨文作，金文作，象一竖目之形。人首俯则目竖，是驯服之态。表古之奴隶。
183	殳		【说文】以杸殊人也。《禮》：殳以積竹，八觚，長丈二尺，建於兵車，車旅賁以先驅。从又，几聲。凡殳之屬皆从殳。【新释】甲骨文作，金文作，象右手持（殳）之形。“殳”为古兵器名，长柄勾头，以竹木为之，长丈二，有棱而无刃，其特点是能及远。
184	役		【说文】戍邊也。从殳。从彳。，古文役，从人。【新释】甲骨文作，从人从殳，象以手执殳驱人以戍。表服兵役，戍守边疆。
185	寸		【说文】十分也。人手卻一寸動衇，謂之寸口。从又，从一。凡寸之屬皆从寸。【新释】右手下加一个指示符号，指出离手掌一寸动脉所在之处，因而作“尺寸”之“寸”讲。
186	寺		【说文】廷也，有法度者也。从寸，之聲。【新释】金文作，从又从（之），手之所之（活动的地方），为“持”的初文。
187	皮		【说文】剥取獸革者謂之皮。从又，爲省聲。凡皮之屬皆从皮。，古文皮。，籀文皮。【新释】金文作。，象兽头角尾之形；，象其皮；，象手剥取之。其本义为剥（皮）。
188	攴		【说文】小擊也。从又，卜聲。凡攴之屬皆从攴。【新释】小击。甲骨文作，金文作，以手执棍敲打之形。作偏旁时也写作“攵”。

序号	字头	小篆	《说文解字》解释与新释
189	徹		【说文】通也。从彳，从攴，从育。，古文徹。【新释】甲骨文作，金文作，以手持鬲，盖食毕撤去饭食。表撤除、撤去之意。
190	改		【说文】更也。从攴、己。【新释】甲骨文作，从巳，即《说文》“攺”字，甲骨文无从己之改。罗振玉认为甲骨文本一字，无二形。盖是。巳即子，执鞭惩戒其子，以令其改。
191	攸		【说文】行水也。从攴，从人，水省。，秦刻石繹山文，攸字如此。【新释】甲骨文作，金文作，甲骨文从支从人，即“修”之古文，象手里拿着修饰的东西。金文增加意符“彡”作，从彡（彡，饰也），所谓“水省”即“彡”之形讹；或作，从丨。“修”字复从“彡”，是为蛇足。本义为修饰、装饰。
192	敗		【说文】毁也。从攴、貝。敗、賊皆从貝會意。，籒文敗从䀠。【新释】甲骨文作，金文作，右手持棍扑打貝之形。古“貝”“鼎”通用，故字形可写作“敗”也可写成“鼽”，后仅流传“敗”形。本义为毁坏。
193	寇		【说文】暴也。从攴，从完。【新释】金文作，从宀，从元，从攴，会在室内以杖击人首之意。本义为暴乱、劫掠。
194	畋		【说文】平田也。从攴、田。《周書》曰：畋尒田。【新释】甲骨文作，在“田”中捕猎野兽之形，表打猎。字亦作“田”。
195	牧		【说文】養牛人也。从攴，从牛。《詩》曰：牧人乃夢。【新释】放牧。甲骨文作，金文作，象手持鞭以驱牛羊。
196	教		【说文】上所施，下所效也。从攴，从孝。凡教之屬皆从教。，古文教。，亦古文教。【新释】甲骨文作，金文作，从支从子，爻声，为以强制手段（从支）教育后代之意。
197	卜		【说文】灼剥龜也。象灸龜之形。一曰象龜兆之從横也。凡卜之屬皆从卜。，古文卜。【新释】甲骨文作，金文作，商人卜法：先在甲或骨的背面钻凿或形孔洞，目的是使甲骨变薄，易于见兆，使兆璺（裂纹）纵横整齐。然后在孔中灸之。裂纹在甲骨正面出现，然后根据裂纹断吉凶。故“卜”是龟甲兽骨经灼烧呈现的裂痕之形。

序号	字头	小篆	《说文解字》解释与新释
198	貞		【说文】卜問也。从卜，貝以爲贄。一曰鼎省聲。京房所說。【新释】卜问、占卜。甲骨文作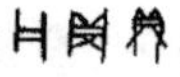，金文作，郭沫若《卜辞通纂考释》："古乃假'鼎'为'貞'，后益之以'卜'而成'鼎'（貞）字，以'鼎'为声。""'鼎''貝'形近，故鼎乃讹变为'貞'也。"
199	占		【说文】視兆問也。从卜，从口。【新释】甲骨文作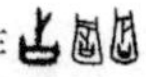，从卜从口，会占卜之意。即问卜时察看甲骨上坼裂的兆象以揣度吉凶的行为。
200	用		【说文】可施行也。从卜，从中。衛宏說。凡用之屬皆从用。，古文用。【新释】甲骨文作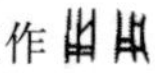，金文作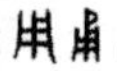，象有柄之桶形，"桶"之初文。
201	庸		【说文】用也。从用，从庚。庚，更事也。《易》曰：先庚三日。【新释】金文作，从庚，从用，用亦声。"庚"象栒虡（古代用来悬挂钟或磬的架子），"用"象钟悬，整体表一大型单个敲击乐器，即"镛"的初文，为古乐器，大钟，悬挂，敲击发声。
202	爻		【说文】交也，象《易》六爻頭交也。凡爻之屬皆从爻。【新释】甲骨文作，金文作，用几个交叉表示事物错杂混淆，故"爻"的本义是《周易》中述说世界万物变化的符号。"—"称阳爻，"－－"称阴爻。
203	目		【说文】人眼。象形。重童子也。凡目之屬皆从目。，古文目。【新释】甲骨文作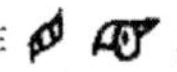，金文作，象睁开的眼睛。卜辞作为名词，即指眼睛；作为动词，则是用眼睛观看。
204	相		【说文】省視也。从目，从木。《易》曰：地可觀者莫可觀於木。《詩》曰："相鼠有皮。"【新释】甲骨文作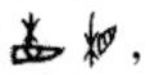，金文作，从目视木，工师用木，必相视其长短、曲直、阴阳、刚柔之所宜。表省视、察看。
205	看		【说文】睎也。从手下目。，看或从倝。【新释】以手加额遮目而望。
206	睡		【说文】坐寐也。从目、垂。【新释】睡时眼垂，表坐着打瞌睡。
207	眉		【说文】目上毛也。从目，象眉之形。上象額理也。凡眉之屬皆从眉。【新释】眉毛。甲骨文作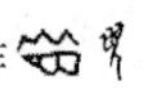，金文作，为目上之眉的象形。
208	省		【说文】視也。从眉省，从屮。，古文，从少，从囧。【新释】甲骨文作，金文作，孙雍长认为甲骨文中"相""省"本一字，从木从中无别，后乃分化为二字。"屮"为"草木初生"，草木初生之象微而不著，以目视之必须仔细察看才能有所见。本义为视察、观察。

序号	字头	小篆	《说文解字》解释与新释
209	盾		【说文】瞂也。所以扞身蔽目。象形。凡盾之屬皆从盾。【新释】盾牌。甲骨文作，金文作，甲骨文象虎士执盾形，金文从人持盾。
210	自		【说文】鼻也。象鼻形。凡自之屬皆从自。，古文自。【新释】甲骨文作，金文作，象鼻形。“自”“鼻”为古今字。
211	白		【说文】此亦自字也，省自者，詞言之气从鼻出，與口相助也。凡白之屬皆从白。【新释】金文作，乃“自”作之省。表“鼻子”。与“白”（bái，颜色）异。
212	皆		【说文】俱詞也。从比，从白。【新释】甲骨文作，金文作，甲骨文像两虎相并偕之形，金文为之省文，表“都”“俱”，统括之意。
213	智（𥏼）		【说文】識詞也。从白，从亏，从知。，古文𥏼。【新释】智慧，聪明。甲骨文作，金文作，从知从（或），“智”与“知”音义相同，故二字多通用。
214	百		【说文】十十也。从一、白。數：十百爲一贯，相章也。古文百，从自。【新释】数词，表十的十倍。甲骨文作，金文作，是取（白）字为声，于字中部加作为区别符号造成的一个字，其上加“一”者，初为“一百”合文。
215	鼻		【说文】引气自畀也。从自、畀。凡鼻之屬皆从鼻。【新释】甲骨文作，即“自”，后来“自”为语词所专，于是为“鼻子”另造一字，在象形字“自”下加一声符“畀”来表示。故“自”“鼻”为古今字。
216	習		【说文】數飛也。从羽从白，凡習之屬皆从習。【新释】甲骨文作，郭沫若认为从羽从日。唐兰认为当从日声，非羽，乃彗字。本义当为曝干，为“熭”之义。后世误为羽，又牵合《月令》“鹰乃学习”之文而作“数飞”之训。
217	羽		【说文】鳥長毛也。象形。凡羽之屬皆从羽。【新释】甲骨文作，金文作，鸟毛和虫翼的象形。
218	隹		【说文】鳥之短尾緫名也。象形。凡隹之屬皆从隹。【新释】甲骨文作，金文作，即鸟的象形。罗振玉：“盖隹、乌古本一字，笔画有繁简耳。”

序号	字头	小篆	《说文解字》解释与新释
219	隻		【说文】鳥一枚也。从又持隹。持一隹曰隻，二隹曰雙。【新释】甲骨文作，金文作。手中有鸟，古“獲”字。《说文》所释为当代形义联系。
220	雀		【说文】依人小鳥也。从小隹。讀與爵同。【新释】小鸟也。甲骨文作，金文作。以小、隹会意。
221	奞		【说文】鳥張毛羽自奮也。从大，从隹。凡奞之屬皆从奞。讀若睢。【新释】金文作。鸟展翅飞翔，毛起身大。以大、隹会意。
222	奪		【说文】手持隹失之也。从又，从奞。【新释】丧失。金文作。上为衣服裹着之雀，下为手，手失振翅之鸟。
223	奮		【说文】翬也。从奞在田上。《詩》曰：“不能奮飛。”【新释】奋飞。金文作。被衣包裹之鸟奋力冲出包裹展翅于田野之上之象。
224	丫		【说文】羊角也。象形。凡丫之屬皆从丫。讀若乖。【新释】羊角，象羊角之形。
225	乖		【说文】戾也。从丫而兆；兆，古文别。【新释】乖违。以羊角相背离表违背、乖舛之义，兆之形𠀁也具分别之义。
226	苜		【说文】目不正也。从丫，从目。凡苜之屬皆从苜。莧从此。讀若末。【新释】眼睛不正。甲骨文作，与眼睛有关。丫训羊角，乖从之而有戾义，是丫有戾义，以羊角不正喻目之不正。
227	蔑		【说文】勞，目無精也。从苜，人勞則蔑然；从戍。【新释】甲骨文作，金文作。人持戈戍守，因劳累而两眼无神，以苜、戍会意。一说与伐同义，为以目代首。
228	羊		【说文】祥也。从丫，象頭角足尾之形。孔子曰：牛羊之字以形舉也。凡羊之屬皆从羊。【新释】甲骨文作，金文作。象羊头形。
229	芈		【说文】羊鳴也。从羊，象聲气上出。與牟同意。【新释】羊叫声。甲骨文作，丨，羊之声气从口出。
230	羔		【说文】羊子也。从羊，照省聲。【新释】甲骨文作，从羊从¦¦，¦¦即小，义为小羊，以小、羊会意。金文作。

序号	字头	小篆	《说文解字》解释与新释
231	美		【说文】甘也。从羊，从大。羊在六畜主給膳也。美與善同意。【新释】美丽。甲骨文作[字形]，金文作[字形]。象人头上有角形装饰品之形。
232	雔		【说文】雙鳥也。从二隹。凡雔之屬皆从雔。讀若醻。【新释】金文作[字形]。成对的鸟。
233	雙		【说文】隹二枚也。从雔，又持之。【新释】双。战国简作[字形]。手持二鸟为双。
234	雥		【说文】羣鳥也。从三隹。凡雥之屬皆从雥。【新释】嘈杂。甲骨文作[字形]，群鸟纷沓之形，后作“雜”。
235	集（雧）		【说文】羣鳥在木上也。从雥，从木。[字形]，雧或省。【新释】群鸟聚集。甲骨文作[字形]，金文作[字形]。群鸟栖于树上。
236	鳥		【说文】鸟。長尾禽緫名也。象形。鳥之足似匕，从匕。凡鳥之屬皆从鳥。【新释】甲骨文作[字形]，金文作[字形]。象鸟之形，突出其喙。
237	鳴		【说文】鳥聲也。从鳥，从口。【新释】甲骨文作[字形]。金文作[字形]。鸟张开喙啼叫。以鸟、口会意。
238	烏		【说文】孝鳥也。象形。孔子曰：“烏，盱呼也。”取其助气，故以爲烏呼。凡烏之屬皆从烏。[字形]，古文烏，象形。[字形]，象古文烏省。【新释】乌鸦。金文作[字形]。象乌啼叫之形。因乌纯黑，不见其眼珠，故小篆省乌之睛。
239	舄		【说文】誰也。象形。[字形]，篆文舄，从隹、昔。【新释】喜鹊。金文作[字形]。象鸟张开两翼。
240	焉		【说文】焉鳥，黄色，出於江淮。象形。凡字：朋者，羽蟲之屬；烏者，日中之禽；舄者，知太歲之所在。燕者，請子之候，作巢避戊己。所贵者，故皆象形。焉亦是也。【新释】金文作[字形]。象鸟之形。《禽经》：“黄凤谓之焉。”
241	華		【说文】箕屬。所以推糞之器也。象形。凡華之屬皆从華。官溥說。【新释】甲骨文作[字形]。象有长柄的簸箕类器具。徐中舒认为与畢为一物，皆为象长柄有网以覆鸟兽之狩猎工具。
242	畢		【说文】田罔也。从華，象畢形，微也。或曰：由聲。【新释】周原甲骨文作[字形]，金文作[字形]。田猎用的长柄网。象形。

序号	字头	小篆	《说文解字》解释与新释
243	糞（華）		【说文】棄除也。从廾推華棄采也。官溥説：似米而非米者，矢字。【新释】抛弃、扫除。甲骨文作。象手持簸箕类器具除秽之形。
244	棄		【说文】捐也。从廾推華棄之；从𠫓。𠫓，逆子也。，古文棄。，籀文棄。【新释】抛弃、扔掉。甲骨文作，金文作。象手持装有小孩的箕，将小孩抛弃之形。
245	冓		【说文】交積材也。象對交之形。凡冓之屬皆从冓。【新释】甲骨文作，金文作。象两鱼相遇亲吻之形，有遘遇媾合之义。
246	再		【说文】一舉而二也。从冓省。【新释】甲骨文作，金文作。象鱼向上游动之形，鱼向上游动之时，常进而复退，退而复进，加二以示其动作之重复。表两次。
247	爯		【说文】并舉也。从爪，冓省。【新释】手举物。甲骨文作，金文作。象手提鱼之形。
248	幺		【说文】小也。象子初生之形。凡幺之屬皆从幺。【新释】甲骨文作，金文作、。象一束丝。细小之义。
249	幼		【说文】少也。从幺，从力。【新释】甲骨文作，金文作。（幺）有小义，幺力，小力，年少之义。
250	𢆶		【说文】微也。从二幺。凡𢆶之屬皆从𢆶。【新释】微小。甲骨文作，金文作。象两束丝之形。
251	幾		【说文】微也；殆也。从𢆶，从戍。戍，兵守也。𢆶而兵守者危也。【新释】细微的迹象，事情的苗头或征兆。金文作。𢆶，细丝，以细丝悬戈于人之上，寓征兆、危殆之义。
252	叀		【说文】專小謹也。从幺省；屮，財見也；屮亦聲。凡叀之屬皆从叀。，古文叀。，亦古文叀。【新释】甲骨文作，金文作。象纺砖之形。
253	惠		【说文】仁也。从心，从叀。，古文惠，从芔。【新释】甲骨文作，金文作。小心谨慎、专一。以心、叀会意。义为仁爱。
254	玄		【说文】幽遠也。黑而有赤色者爲玄。象幽而入覆之也。凡玄之屬皆从玄。，古文玄。【新释】金文作，与幺同形，或小篆始别，象丝形。周谷城以为即古“悬”字，以小篆为释，象所悬之果，象蒂，象叶。金文则或仅取象悬挂之物。

序号	字头	小篆	《说文解字》解释与新释
255	予		【说文】推予也。象相予之形。凡予之屬皆从予。【新释】给予。甲骨文作，象用手推物给人之形。战国印作，战国古陶作。
256	幻		【说文】相詐惑也。从反予。《周書》曰："無或譸張爲幻。"【新释】欺诈、惑乱。金文作。以倒予之象寓说予却不予。
257	放		【说文】逐也。从攴，方聲。凡放之屬皆从放。【新释】放逐、流放。金文作。手持棍子扑打。
258	敖		【说文】出游也。从出，从放。【新释】金文作，从攴、从中、从，非从出、放会意，后讹变为，仍无从出、放之象，本义或与戏谑有关。
259	受		【说文】物落；上下相付也。从爪，从又。凡受之屬皆从受。讀若《詩》"摽有梅"。【新释】付与。汗简作。象两手交付之形。
260	爰		【说文】引也。从受，从于。籀文以爲車轅字。【新释】援引。甲骨文作，象两手执绳牵引之形。金文作，、取象不明，或为小篆"从于"之肇始。小篆"于"多以为声。
261	𤔔		【说文】治也。幺子相亂，受治之也。讀若亂同。一曰：理也。，古文𤔔。【新释】治理。金文作，象两手治丝之形。用手（）将（）绕于互（）之上，则丝不致乱作一团不能解。
262	受		【说文】相付也。从受，舟省聲。【新释】授予、接受。甲骨文作，金文作。象两手授受（所授受之物为何物不明）之形。
263	争		【说文】引也。从受、厂。【新释】争夺。甲骨文作。象两手牵引争夺之形。
264	𣦼		【说文】殘穿也。从又，从歺。凡𣦼之屬皆从𣦼。讀若殘。【新释】穿透。甲骨文作。象手持物穿过残骨。
265	叡		【说文】深明也；通也。从𣦼，从目，从谷省。，古文叡。，籀文叡，从土。【新释】明智、通达。金文作。段玉裁认为从叡省，叡即壑，考之金文、籀文，信然。目如壑之深邃则睿智。
266	歺		【说文】列骨之殘也。从半冎。凡歺之屬皆从歺。讀若櫱岸之櫱。，古文歺。【新释】甲骨文作。象剔掉肉的残骨。

序号	字头	小篆	《说文解字》解释与新释
267	死		【说文】澌也，人所離也。从歺，从人。凡死之屬皆从死。，古文死如此。【新释】死亡。甲骨文作，金文作，象人俯首跪弔死者之形。《说文》释为“澌也”，谓人死如水之流尽。
268	冎		【说文】剔人肉置其骨也。象形。頭隆骨也。凡冎之屬皆从冎。【新释】割肉离骨。甲骨文作。象剔掉肉的骨架。后作剮。
269	骨		【说文】肉之覈也。从冎有肉。凡骨之屬皆从骨。【新释】带肉的骨头。战国印作，冎而有肉者。
270	肉		【说文】胾肉。象形。凡肉之屬皆从肉。【新释】甲骨文作。象肉块之形。义为大块肉。
271	胃		【说文】穀府也。从肉；，象形。【新释】胃，六腑之一。金文作。象穀在胃中之形，为肉，示与肉有关，非别物。
272	肩		【说文】髆也。从肉，象形。，俗肩从戶。【新释】肩膀。石鼓作。象肩胛骨连臂之形。
273	肘		【说文】臂節也。从肉，从寸。寸，手寸口也。【新释】上臂与前臂间之节。甲骨文作。象手肘之形。
274	胤		【说文】子孫相承續也。从肉，从八，象其長也；从幺，象重累也。，古文胤。【新释】子孙相延续，后代，后嗣。金文作。从肉者，谓骨肉相连；从八者，八为分，谓子孙分支繁多；从幺者，幺，丝也，言子孙象丝之重累相续无穷。
275	肰		【说文】犬肉也。从犬、肉。讀若然。，古文肰。，亦古文肰。【新释】狗肉。以犬、肉会意。
276	肯（肎）		【说文】骨間肉，肎肎箸也。从肉，从冎省。一曰：骨無肉也。，古文肎。【新释】附着在骨头间的肉。金文作。为从冎（）省，表示骨头，下有肉。后作肯。
277	肥		【说文】多肉也。从肉，从卪。【新释】肥胖。肉过多则肥，须节，故从卪。
278	筋		【说文】肉之力也。从力，从肉，从竹。竹，物之多筋者。凡筋之屬皆从筋。【新释】肌腱或附着在骨上的韧带。有筋，人体各部分才能相连属，才能发力，故从多筋之竹。筋在肉之间、骨之间，故从肉。

序号	字头	小篆	《说文解字》解释与新释
279	刀		【说文】兵也。象形。凡刀之屬皆从刀。【新释】刀，兵器。甲骨文作，古陶文字作。象刀形。
280	利		【说文】銛也。从刀。和然後利，从和省。《易》曰："利者，義之和也。"，古文利。【新释】锋利。甲骨文作，金文作。犁之初文，象以耒剌地种禾之形，耒锋利则便于事。
281	初		【说文】始也。从刀，从衣。裁衣之始也。【新释】甲骨文作。金文作。裁衣之始。
282	則		【说文】等畫物也。从刀，从貝。貝，古之物貨也。，古文則。，亦古文則。，籀文則，从鼎。【新释】金文作。用刀刻画鼎文，或以为"刻"字；或以为刻于钟鼎之文字皆重要之文字，故为法则、规则之义。
283	删		【说文】剟也。从刀、冊。冊，書也。【新释】削除。以刀削除简牍之册上的文字内容。
284	制		【说文】裁也。从刀，从未。未，物成，有滋味，可裁斷。一曰：止也。，古文制如此。【新释】裁断。金文作。象以刀截割木材之形。
285	罰		【说文】辠之小者。从刀，从詈。未以刀有所賊，但持刀罵詈，則應罰。【新释】惩罚，处分。对犯罪较轻之人的处置。金文作。网者，法网。对未以刀施暴，仅持刀骂詈者当以法惩罚之。
286	刵		【说文】斷耳也。从刀，从耳。【新释】古代割去耳朵的刑罚。从刀耳会以刀割耳。
287	刃		【说文】刀堅也。象刀有刃之形。凡刃之屬皆从刃。【新释】刀锋。甲骨文作。指出刀锋之处。
288	丯		【说文】艸蔡也。象艸生之散亂也。凡丯之屬皆从丯。讀若介。【新释】金文作。象契刻竹木所刻之齿。丯即契。
289	耒		【说文】手耕曲木也。从木推丯。古者垂作耒梠以振民也。凡耒之屬皆从耒。【新释】金文作。象手耕曲形掘土农具。
290	角		【说文】獸角也。象形。角與刀魚相似。凡角之屬皆从角。【新释】甲骨文作，金文作。象兽角之形。

序号	字头	小篆	《说文解字》解释与新释
291	解		【说文】判也。从刀判牛角。一曰：解廌，獸也。【新释】分解。甲骨文作，金文作。象两手解牛角之形。
292	竹		【说文】冬生艸也。象形。下垂者，箁箬也。凡竹之屬皆从竹。【新释】竹。金文作，象竹竿有叶之形。子和子釜中的“節”作，所从之竹作，犹象竹叶之形。
293	筭		【说文】長六寸，計歷數者。从竹，从弄。言常弄乃不誤也。【新释】古代计数的竹筹，即“算筹”。从弄者，谓计算能力需经常玩习、训练。
294	算		【说文】數也。从竹，从具。讀若筭。【新释】计数。计数需算筹，算筹竹制，故从竹；计数需用所有的数字概念，故从具。
295	箕		【说文】簸也。从竹；，象形。下其丌也。凡箕之屬皆从箕。，古文箕省。，亦古文箕。，亦古文箕。，籒文箕。，籒文箕。【新释】甲骨文作，金文作。象簸箕之形。
296	丌		【说文】下基也，薦物之丌。象形。凡丌之屬皆从丌。讀若箕同。【新释】垫物之具，底座。金文作，平而有足，可以荐物。
297	典		【说文】五帝之書也。从冊在丌上，尊閣之也。莊都說：“典，大冊也。”，古文典，从竹。【新释】典册。甲骨文作，金文作。象手捧简册之形。
298	奠		【说文】置祭也。从酋；酋，酒也。下其丌也。《禮》有奠祭者。【新释】甲骨文作，金文作。象酒樽在荐上。义为置酒祭祀神灵或祖先。
299	左		【说文】手相左助也。从𠂇工。凡左之屬皆从左。【新释】甲骨文作。金文作。与（又、右）相对，以左手表佐助，金文加表曲尺之工，工为手之助，故为佐助。金文又有加言、加口者，与加口为表右助同理。后加人成佐。
300	差		【说文】貳也，差不相值也。从左，从𠂹。，籒文𢀩，从二。【新释】金文作，前形从𠂹，后形从犬，构意不明。或以为常人右手便左手不便，故左右有差；草木枝叶垂垂，参差上下，亦显物之不齐，正见出差等之义。或以为从𠂹声。古“左”字，佐助之义。

序号	字头	小篆	《说文解字》解释与新释
301	工		【说文】巧飾也。象人有規榘也。與巫同意。凡工之屬皆从工。，古文工，从彡。【新释】甲骨文作。金文作。象曲尺之形。
302	巨		【说文】規巨也。从工，象手持之。，巨或从木矢；矢者，其中正也。，古文巨。【新释】甲骨文作。金文作。象手持曲尺之形。木工靠曲尺求材料之方正，故为规矩。
303	㠭		【说文】極巧視之也。从四工。凡㠭之屬皆从㠭。【新释】工为曲尺，曲尺用以取直角，四工，意谓四角皆直，四角皆直，形状规则，故㠭当指形状规则之物。形状规则或即“巧”之义，故𡫳下云“㠭犹齐也”，齐则巧。
304	塞（𡫳）		【说文】窒也。从㠭，从廾；窒宀中。㠭猶齊也。【新释】填塞。象双手持物塞人室中。将规则之物填入室中就会紧凑而无缝隙，故合填塞之义。
305	巫		【说文】祝也。女能事無形，以舞降神者也。象人兩褎舞形。與工同意。古者巫咸初作巫。凡巫之屬皆从巫。，古文巫。【新释】甲骨文作，金文作，两工交错，工象巫者所用的法器，后有讹为者，继而讹为人。或以为象两玉交错之形。巫以玉事神，故为巫祝。
306	覡		【说文】能齋肅事神明也。在男曰覡，在女曰巫。从巫，从見。【新释】男巫。能見神之巫。
307	甘		【说文】美也。从口含一；一，道也。凡甘之屬皆从甘。【新释】甲骨文作，象口中含有食物。义为味美。
308	猒		【说文】飽也。从甘，从肰。，猒或从目。【新释】满足。金文作。犬肉味美，容易饱足。
309	甚		【说文】尤安樂也。从甘，从匹，耦也。，古文甚。【新释】金文作，从甘从匕，匕指女性，或指女性生殖器，从甘从匕，即沉湎于女色。
310	曰		【说文】詞也。从口，乙聲，亦象口气出也。凡曰之屬皆从曰。【新释】言说。甲骨文作，金文作。象人口发出声气。
311	沓		【说文】語多沓沓也。从水，从曰。遼東有沓縣。【新释】话多。语多沓沓，若水之流。
312	曹		【说文】獄之兩曹也。在廷東。从棘，治事者；从曰。【新释】诉讼的原告、被告。许慎按汉制为说，汉分曹治事，有东曹西曹之分，重东者，举其一偏。甲骨文作，金文作，改口为甘，甲骨文、金文构意不明。李孝定认为字形当为�卢盛两橐之象。

序号	字头	小篆	《说文解字》解释与新释
313	乃		【说文】曳詞之難也。象气之出難。凡乃之屬皆从乃。 ，古文乃。 ，籀文乃。【新释】甲骨文作 ，金文作 ，象乳形。“奶”之初文。
314	丂		【说文】气欲舒出，勹上礙於一也。丂，古文以爲亏字，又以爲巧字。凡丂之屬皆从丂。【新释】甲骨文作 ，金文作 。甲骨文之形与 （斤）中的 形同，象斧柯之形。“柯”之初文。义为斧柄。
315	可		【说文】肎也。从口 ， 亦聲。凡可之屬皆从可。【新释】肯许，许可。《说文》释为“从口 ”， 为反丂，丂为气欲舒出而碍于一未能出，反丂则无滞碍，气得以出，故可表肯许之义。甲骨文作 。金文作 。或以为可之甲骨文、金文当从口 （柯）声。
316	哥		【说文】聲也。从二可。古文以爲謌字。【新释】歌唱之歌的古字。可为允答之词，气通方允答，二可则气畅通，气通则畅，畅则歌。
317	兮		【说文】語所稽也。从丂、八。象气越亏也。凡兮之屬皆从兮。【新释】《说文》释为表语气停留的语气词。甲骨文作 ，金文作 ，造意不明。
318	乎		【说文】語之餘也。从兮，象聲上越揚之形也。【新释】甲骨文作 ，金文作 ，造意不明。乎为呼之初文。
319	号		【说文】痛聲也。从口，在丂上。凡号之屬皆从号。【新释】呼叫。號之简体，初文作 ， 象声气自虎口而出，以虎之号啸会呼叫意。后追加意符口作 ，简而为号。
320	號		【说文】呼也。从号，从虎。【新释】呼叫。兽声以虎叫为大，故从虎。形之变化见“号”。
321	亏		【说文】於也。象气之舒亏。从丂，从一。一者，其气平之也。凡亏之屬皆从亏。【新释】甲骨文有 ，疑即竽之象形初文，介词“于”由此简化而来，初简作 ，再简作 ，金文作 ，由 变而为小篆 之形，隶变作于。小篆的隶定字形和今“吃亏（虧）”之“亏”字同形。
322	平		【说文】語平舒也。从亏，从八。八，分也。爰禮說。 ，古文平如此。【新释】《金文编》“平”下收 等形，又于“坪”下收 等形，并说“坪，假为平”。张舜徽认为“平”的本义即治土， 即 字的后增字。张说本义可信，只是 如何表示平治水土之义，则无说。梁东汉认为是借 之音，改 之形而成。

序号	字头	小篆	《说文解字》解释与新释
323	旨		【说文】美也。从甘，匕聲。凡旨之屬皆从旨。，古文旨。【新释】美味。甲骨文作，金文作（从人从匕）。以美味在人的口中会意，一说以匕（勺子）送食物入口会意美味。
324	喜		【说文】樂也。从壴，从口。凡喜之屬皆从喜。，古文喜从欠，與歡同。【新释】甲骨文作，金文作，从，即鼓之初文；从口。奏乐以鼓，高歌以口，喜乐之至。
325	壴		【说文】陳樂立而上見也。从屮，从豆。凡壴之屬皆从壴。【新释】甲骨文作，金文作。鼓之初文，象形，下是鼓架子，中间是鼓，上部是装饰物。
326	彭		【说文】鼓聲也。从壴，彡聲。【新释】击鼓发出的声音，拟声。甲骨文作，金文作。壴，鼓之初文，甲骨文、金文右边的点画和小篆的彡均为鼓声飞扬之象。
327	鼓		【说文】郭也。春分之音。萬物郭皮甲而出，故謂之鼓。从壴，支象其手擊之也。《周禮》六鼓：靁鼓八面，靈鼓六面，路鼓四面，鼖鼓、皐鼓、晉鼓皆兩面。凡鼓之屬皆从鼓。，籒文鼓，从古聲。【新释】击鼓。甲骨文作，金文作。手持槌击鼓之形。
328	岂		【说文】還師振旅樂也。一曰：欲也，登也。从豆，微省聲。凡岂之屬皆从岂。【新释】凯旋的军乐，后作凱、愷。下为壴省（非豆），上为装饰。
329	豆		【说文】古食肉器也。从口，象形。凡豆之屬皆从豆。，古文豆。【新释】甲骨文作，金文作。一种形似高足盘的食器。中口象器之容，上横象器之盖，两竖象器之脚，下横为器所置之案板。
330	豊		【说文】行禮之器也。从豆，象形。凡豊之屬皆从豊。讀與禮同。【新释】甲骨文作，金文作，禮的本字，象二玉在豆器之形。豊豐古盖一字。豆实丰美，所以事神。以言事神之事则为禮；以言事神之器则为豊；以言牺牲玉制之腆美则为豐。
331	豐		【说文】豆之豐滿者也。从豆，象形。一曰：《鄉飲酒》有豐侯者。凡豐之屬皆从豐。，古文豐。【新释】丰满。甲骨文作，豆器所盛很丰满的样子。
332	虍		【说文】虎文也。象形。凡虍之屬皆从虍。【新释】甲骨文作，古陶文作。虎头。象虎的脑袋。

序号	字头	小篆	《说文解字》解释与新释
333	虎		【说文】山獸之君。从虍，虎足象人足。象形。凡虎之屬皆从虎。，古文虎。，亦古文虎。【新释】甲骨文作，金文作，老虎，独体象形。
334	彪		【说文】虎文也。从虎，彡象其文也。【新释】虎纹。金文作，彡即虎纹。
335	皿		【说文】飲食之用器也。象形。與豆同意。凡皿之屬皆从皿。讀若猛。【新释】甲骨文作，金文作，象盆、碗之竖截面图，古代饮食器之通称。
336	益		【说文】饒也。从水、皿，皿益之意也。【新释】水溢出。甲骨文作，金文作，象水溢出器皿之外，是“溢”的本字。
337	盈		【说文】滿器也。从皿、夃。【新释】充盈。夃为市贾多得，器满为盈。
338	𥁕		【说文】仁也。从皿，以食囚也。官溥說。【新释】董莲池引刘钊、刘启益、刘桓等说，认为小篆所从之并非《说文》所释之“囚”，而是截取甲骨文所见象腹内有人形之中的，以表包裹蕴含之义，后加皿而成𥁕。张舜徽认为当为温器，即取暖之器，其上作团形者，象火气之蘊積不散。
339	盥		【说文】澡手也。从臼水臨皿。《春秋傳》曰：“奉匜沃盥。”【新释】洗手。甲骨文作，金文作，由两手（臼）承水临于皿之上会意。
340	凵		【说文】凵盧，飯器，以柳爲之。象形。凡凵之屬皆从凵。，或从竹，去聲。【新释】盛饭之器，象饭箩之形。
341	去		【说文】人相違也。从大，凵聲。凡去之屬皆从去。【新释】张口。甲骨文作，战国作，“呿”之初文，张开口的意思。人张口，双唇即相离，故有离开意。
342	血		【说文】祭所薦牲血也。从皿，一象血形。凡血之屬皆从血。【新释】祭祀时献给神明的牲畜的血。甲骨文作，器皿中的代表血。小篆以“一”表示。
343	盇		【说文】覆也。从血、大。【新释】覆盖之盖的本字，隶变作“盍”，借为语辞，本义则为后增体“蓋”所专。“蓋”隶变作“蓋”，今简化作“盖”。非大小之大，亦非表人之大，而是盖子。下面中之短横也不指血，而指器皿中所盛之酒浆。
344	丶		【说文】有所絶止，而識之也。凡之屬皆从。【新释】古主字，见下主字。象火炷形。

序号	字头	小篆	《说文解字》解释与新释
345	主		【说文】鐙中火主也。从，象形；从；亦聲。【新释】，火炷之形。，灯座的象形。是的增繁形体。
346	丹		【说文】巴越之赤石也。象采丹井，一象丹形。凡丹之屬皆从丹。，古文丹。，亦古文丹。【新释】甲骨文作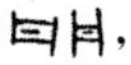，金文作，“丹”是一种作颜料的矿石，即朱砂。赤色。“”象穴，俗称为“丹井”，“”“”“”是矿石。
347	彤		【说文】丹飾也。从丹，从彡。彡，其畫也。【新释】金文作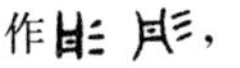，用红色涂饰器物。从丹彡会意。从彡之字往往有修饰之义。
348	青		【说文】東方色也。木生火，从生、丹。丹青之信，言必然。凡青之屬皆从青。，古文青。【新释】石之青者。从丹、生声。
349	井		【说文】八家一井，象構韓形，·，罋之象也。古者伯益初作井。凡井之屬皆从井。【新释】水井。甲骨文作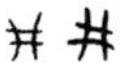，金文作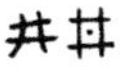。周围为井栏，中间一点是取水工具（水桶）。
350	阱		【说文】陷也。从𠂤，从井，井亦聲。，阱，或从穴。，古文阱从水。【新释】甲骨文有，商承祚认为即阱，是陷兽的井。因阱一般在高岸下，故从𠂤。
351	刱		【说文】罰辠也。从井，从刀。《易》曰：“井，法也。”井亦聲。【新释】刑罚。金文作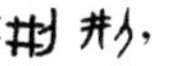，字从井从刀者，对有罪之人或打入大牢（即井，古时将监狱谓“圜土”，疑即以土坑为牢狱，北朝尚有地牢），或截其肢体。同“刑”。
352	皀		【说文】穀之馨香也。象嘉穀在裹中之形；匕，所以扱之。或說，皀，一粒也。凡皀之屬皆从皀。又讀若香。【新释】簋。甲骨文作，簋（盛食物的容器）的象形文，上为簋中食物，是画簋连带而及者。
353	即		【说文】即食也。从皀，卪聲。【新释】趋就，靠近。甲骨文作，象一人跽于簋前就食之形。
354	既		【说文】小食也。从皀，旡聲。《論語》曰：“不使勝食既。”【新释】吃完，吃饱。甲骨文作，象一人跽于盛有饭食的簋前回头之形，表示食毕。

序号	字头	小篆	《说文解字》解释与新释
355	鬯		【说文】以秬釀鬱艸，芬芳攸服，以降神也。从凵，凵，器也；中象米；匕，所以扱之。《易》曰："不喪匕鬯。"凡鬯之屬皆从鬯。【新释】甲骨文作，金文作，酒器所盛的香酒。
356	鬱		【说文】芳艸也。十葉爲貫，百廾貫築以煮之爲鬱。从臼、冂、缶、鬯，彡，其飾也。一曰：鬱鬯，百艸之華。遠方鬱人所貢芳草。合釀之以降神。鬱，今鬱林郡也。【新释】郁金香草。金文作，以手采摘花草之象。以小篆为释，则为：以双手（臼）将香花置于缶中捣之，以物覆之（冂），令香气畅达（鬯），缶并饰之（彡）。后鬱行而鬱废。
357	爵（爵）		【说文】禮器也。象爵之形，中有鬯酒，又持之也。所以飲。器象爵者，取其鳴節節足足也。，古文爵，象形。【新释】甲骨文作，金文作，模仿鸟雀形状制作的爵（酒器）。
358	食		【说文】一米也。从皀，亼聲。或說：亼皀也。凡食之屬皆从食。【新释】甲骨文作，金文作，象簋中盛着食物，A象盖。本义为米，《说文》"一"字衍，今日通言粮食。
359	飤		【说文】糧也。从人、食。【新释】拿食物给人吃。金文作，从人、食会意。
360	亼		【说文】三合也。从入、一，象三合之形。凡亼之屬皆从亼。讀若集。【新释】集合。象三面合围成一体。举三以喻其多。
361	合		【说文】合口也。从亼，从口。【新释】相合。甲骨文作，金文作，象器皿与其盖相合之形。
362	僉		【说文】皆也。从亼，从吅，从从。《虞書》曰："僉曰伯夷。"【新释】皆。金文师同鼎"劔"所从"僉"作，为二人，故僉当为集二人以会皆义。
363	侖		【说文】思也。从亼，从冊。，籒文侖。【新释】编纂。金文作，集群言而纂之，既尚条理，又劳思考，故《说文》释为"思也"。纂集必依其次第、求其文理，故引申为伦次、条理之义。
364	今		【说文】是時也。从亼，从フ。フ，古文及。【新释】闭口不言。甲骨文作，金文作，曰（）的倒文，出言为曰（），不能言为今（），裘锡圭认为乃唫（吟、噤）之初文。

序号	字头	小篆	《说文解字》解释与新释
365	會		【说文】合也。从亼，从曾省。曾，益也。凡會之屬皆从會。，古文會如此。【新释】金文作，当为“燴”之本字，中为炊器，里面的点画代表各种菜类，上下亼和▽合而为“合”，是声符。后借为会合之义而造字，即[illegible]。或以为“膾”“繪”之本字。
366	倉		【说文】穀藏也。倉黄取而藏之，故謂之倉。从食省，口象倉形。凡倉之屬皆从倉。，奇字倉。【新释】储藏谷物的方形的仓库。甲骨文作，金文作，上象仓盖儿，中间是仓门，下象仓基。
367	入		【说文】内也。象从上俱下也。凡入之屬皆从入。【新释】进入。甲骨文作，金文作，字象锐端之形，形锐乃可入物。
368	内		【说文】入也。从冂，自外而入也。【新释】里面。甲骨文作，金文作，《说文》释形当作“从冂、入，自外而入也”，冂谓门户，门户开则可入。
369	仝（全）		【说文】完也。从入，从工。，篆文仝从玉，純玉曰全。，古文仝。【新释】从工犹从玉。入为藏入，玉为易碎之物，必入之于内以藏之乃得完全。经典用全不用仝。
370	缶		【说文】瓦器。所以盛酒漿。秦人鼓之以節謌。象形。凡缶之屬皆从缶。【新释】甲骨文作，金文作，其形并不像缶，其中的等形当为午，即杵之初文，下为容器，疑缶为匋之初文，其字形则如拿着杵一类的东西在容器中捣泥做坯，进而成为盆罐一类器皿的通称。
371	矢		【说文】弓弩矢也。从入，象鏑栝羽之形。古者夷牟初作矢。凡矢之屬皆从矢。【新释】甲骨文作，金文作，上象其锋，下象其尾。
372	躲		【说文】弓弩發於身而中於遠也。从矢，从身。，篆文躲。从寸；寸，法度也，亦手也。【新释】甲骨文作，金文作，甲骨文象搭箭于弓欲射发之形，金文象手搭于箭于弓欲射发之形。今作射。
373	矦		【说文】春饗所躲侯也。从人，从厂，象張布，矢在其下。天子躲熊虎豹，服猛也；諸侯躲熊豕虎；大夫躲麋，麋，惑也。士躲鹿豕，爲田除害也。其祝曰：“毋若不寧矦，不朝于王所，故伉而躲汝也。”，古文矦。【新释】甲骨文有，金文有，均是医字，张布为的之义。善射者可为侯，引申为诸侯之义，遂加人成矦以区别于医，矦行而医废。后将人置于旁成侯。

序号	字头	小篆	《说文解字》解释与新释
374	知		【说文】詞也。从口，从矢。【新释】知道，了解。知理之速，如矢之疾，必了然于心，而后能无隘于口，是之谓知。故从口从矢。
375	高		【说文】崇也。象臺觀高之形。从冂，口與倉舍同意。凡高之屬皆从高。【新释】甲骨文作，金文作，象楼台层叠形。亼象上屋，冂象下屋，口象上下层之户牖。
376	冂		【说文】邑外謂之郊，郊外謂之野，野外謂之林，林外謂之冂。象遠界也。凡冂之屬皆从冂。冋，古文冂从口。象國邑。坰，冋或从土。【新释】杨树达认为乃扃之初文，左右二画象门左右柱，横画象门扃之形，但于冋之口、坰之土无解。若以城邑管辖区的边界标志释之，或更贴切。
377	市		【说文】買賣所之也。市有垣，从冂，从乁。乁，古文及，象物相及也。之省聲。【新释】货物交易的场所，犹今之集贸市场。金文作。以小篆为释，冂为市场入口处门墙，屮为门墙上方装饰，乁为不规则的商贾货摊。
378	央		【说文】中央也。从大在冂之内，大，人也。央旁同意。一曰：久也。【新释】甲骨文作，金文作，以人在门之中央会中央之义。参“旁”字说解。
379	隺		【说文】高至也。从隹上欲出冂。《易》曰：“夫乾隺然。”【新释】确定之“确”。所从之冂，则以樊笼为界画也。隹在笼中，时思远举，奋飞之意至为坚定。
380	郭（𩫏）		【说文】度也，民所度居也。从回，象城𩫏之重。兩亭相對也。或但从口。凡𩫏之屬皆从𩫏。【新释】甲骨文作，金文作，百姓居住地方的外城，象形。今写作“郭”。
381	京		【说文】人所爲絶高丘也。从高省，丨象高形。凡京之屬皆从京。【新释】高高的台观之形。甲骨文作，金文作，下象支撑之基。
382	就		【说文】就高也。从京，从尤。尤異於凡也。，籀文就。【新释】往高的地方去。古代洪水横流之时，高丘之异于凡者，故人就之。
383	亯		【说文】獻也。从高省，曰象進孰物形。《孝經》曰：“祭則鬼亯之。”凡亯之屬皆从亯。，篆文亯。【新释】甲骨文作，金文作，象建筑在以墓葬封土为台基上的宗庙之形，上亼为享堂，下口为台基。后分化为亨（烹）、享二字，“亨”借为亨通字，又以增体“烹”表饪物义。于是一字分化而为亨、享、烹三字。

序号	字头	小篆	《说文解字》解释与新释
384	𦎧		【说文】孰也。从亯，从羊。讀若純。一曰：鬻［鬻］也。，篆文。【新释】甲骨文作，金文作，亯当为亨（烹），字从亨羊，故义为熟也。杨树达认为即今之炖，段玉裁认为即今之纯或醇。
385	㫗		【说文】厚也，从反亯。凡㫗之屬皆从㫗。【新释】当为金文（厚）之省（省厂），将厚所从之中的与下面象城楼的部分比合而成，本义当和城郭厚固有关。
386	厚		【说文】山陵之厚也。从㫗从厂。，古文厚。从后土。【新释】郭垣的厚固。金文作，从石，下象城楼。
387	畐		【说文】滿也。从高省，象高厚之形。凡畐之屬皆从畐。讀若伏。【新释】丰满。甲骨文作，金文作，其形象一种长颈鼓腹盛酒器，以“十”画于腹部，示内中满盛酒浆，以之象征丰满。
388	㐭		【说文】穀所振入。宗廟粢盛，倉黄㐭而取之。故謂之㐭。从入，回象屋形，中有户牖。凡㐭之屬皆从㐭。，㐭或从广从禾。【新释】仓廪。甲骨文作，上为覆，下为圆形土台，象露天的谷堆之形。
389	稟		【说文】賜穀也。从㐭，从禾。【新释】赐给粮食。金文作，上为米，下为㐭，小篆从禾，亦犹从米。
390	啚		【说文】嗇也。从口、㐭；㐭，受也。，古文啚如此。【新释】都鄙之鄙的本字。甲骨文作，国都之外的边疆地区。表示区域，表示有仓廪，即有人居住，以此表示这是一个行政区域。
391	嗇		【说文】愛濇也。从來，从㐭。來者，㐭而藏之。故田夫謂之嗇夫。凡嗇之屬皆从嗇。，古文嗇从田。【新释】收获。甲骨文作，上为来（麦），下为廪，穑之初文，收麦子入仓库。
392	來		【说文】周所受瑞麥來麰。一來二縫，象芒朿之形。天所來也，故爲行來之來。《詩》曰：“詒我來麰。”凡來之屬皆从來。【新释】麦的本字。甲骨文作，金文作，麦子的象形。
393	麥		【说文】芒穀，秋穜厚薶，故謂之麥。麥，金也。金王而生，火王而死。从來，有穗者；从夊。凡麥之屬皆从麥。【新释】麦子。甲骨文作，金文作，来的繁化形体，人们认为“来”是“天所来”，故于下加（夊，倒趾，表示降临）。

序号	字头	小篆	《说文解字》解释与新释
394	夂		【说文】行遲曳夂夂，象人兩脛有所躧也。凡夂之屬皆从夂。【新释】甲骨文作，倒趾的象形文，参与构字常表示降、来、复等义。
395	复（复）		【说文】行故道也。从夂，畗省聲。【新释】甲骨文作，金文作，象穴居之两侧有台阶上出之形，为（夂：倒趾）常出入往返之故道，会意往复。今写作复。
396	致		【说文】送詣也。从夂，从至。【新释】甲骨文作，金文作，从带足趾之人形、从至会意。本义为自此致彼。
397	夏		【说文】中國之人也，从夂，从頁，从臼。臼，兩手；夂，兩足也。，古文夏。【新释】金文作，象太阳当头之形，一年四季唯夏季太阳在高天，人仰之如在头上，其本义为夏季之夏。
398	舛		【说文】對卧也。从夂中相背。凡舛之屬皆从舛。，楊雄說，舛从足春。【新释】两足相背为“舛”，故有乖逆不顺的意思。
399	舞		【说文】樂也。用足相背，从舛；無聲。，古文舞从羽亡。【新释】甲骨文作，象人两手持牦尾起舞，今隶作“無”，乃舞之初文。金文作，象两脚相背起舞，小篆“”字所本。
400	韋		【说文】相背也。从舛，口聲。獸皮之韋，可以束枉戾相韋背，故借以爲皮韋。凡韋之屬皆从韋。，古文韋。【新释】甲骨文作，金文作，口（指国邑）的四周有很多脚，或两只或三只，表示围绕的意思。古韋、圍、衛同字。
401	弟		【说文】韋束之次弟也。从古字之象。凡弟之屬皆从弟。，古文弟。从古文韋省，丿聲。【新释】甲骨文作，金文作，象绳索束弋之形。绳之束弋（木橛），展转围绕，势如螺旋，而次第之义生焉。
402	罤		【说文】周人謂兄曰罤。从弟，从眔。【新释】兄长。以弟、眔会意。弟表次弟；眔，义为从后面跟上，有顺从之意。后写作昆。
403	夊		【说文】从後至也。象人兩脛後有致之者。凡夊之屬皆从夊。讀若黹。【新释】倒趾的象形文，与“夂”为一字，只是“夂”参与构字常在字的下部，“夊”参与构字常在字的上部，写法稍异。
404	夅		【说文】服也。从夊中相承，不敢竝也。【新释】两脚相承向下，从上往下走之象，当是下降的降的本字。“降服”为其引申之义。

序号	字头	小篆	《说文解字》解释与新释
405	久	𥿺	【说文】从後灸之，象人兩脛後有距也。《周禮》曰："久諸牆以觀其橈。"凡久之屬皆从久。【新释】灸之初文。所从之乃卧人形，其下之象用燃艾灼体，古人以此法疗疾，故其本义应是灸灼。
406	桀		【说文】磔也。从舛在木也。凡桀之屬皆从桀。【新释】象木上有两脚。人登于木曰乘，鸡栖于杙为桀。
407	乘（椉）		【说文】覆也。从入、桀；桀，黠也。軍法曰乘。，古文乘从几。【新释】甲骨文作，金文作，象人乘木上之形，表登乘义。
408	木		【说文】冒也。冒地而生。東方之行。从屮，下象其根。凡木之屬皆从木。【新释】甲骨文作，金文作，上象树木之枝、中象其干、下象其根，为树木的象形字。
409	某		【说文】酸果也。从木，从甘。闕。，古文某从口。【新释】金文作，从木，从甘，当为美味之果，本义即酸果，后写作"梅"。
410	本	𣎵	【说文】木下曰本。从木，一在其下。，古文。【新释】金文作，圆点表示树木根柢之所在，树之根柢为其本义。
411	朱		【说文】赤心木，松柏屬。从木，一在其中。【新释】树干。甲骨文作，金文作，中间的圆点或短横指示树干之所在。
412	末		【说文】木上曰末。从木，一在其上。【新释】树梢。金文作，上圆点或短横指示树梢之所在。
413	果		【说文】木實也。从木，象果形在木之上。【新释】甲骨文作，金文作，本义当为果实之果，倚木上画，象果实在树之形。
414	枚		【说文】榦也。可爲杖。从木，从攴。《詩》曰："施于條枚。"【新释】甲骨文作，金文作，手执斧头取木为杖之意。
415	朵（朶）		【说文】樹木垂朵朵也。从木，象形。此與采同意。【新释】花朵。从木，树木上的花朵之形。
416	杲		【说文】明也。从日在木上。【新释】明亮，光明。甲骨文作，日升起于木之上。
417	杳		【说文】冥也。从日在木下。【新释】昏暗。甲骨文作，日落木下。莫为日且冥，杳为全冥。
418	臬		【说文】射準的也。从木，从自。【新释】箭靶。甲骨文作，臬以木为之，故从木；射者之鼻，与臬相直，则可以命中，故从自（鼻）。

序号	字头	小篆	《说文解字》解释与新释
419	樂		【说文】五聲八音總名。象鼓鞞。木，虡也。【新释】音乐。甲骨文作，从丝附木上，成琴瑟之象，金文加白作，似白而非，乃调弦之器。
420	采		【说文】捋取也。从木，从爪。【新释】甲骨文作，金文作，爪在木上，会以手采摘之意。
421	析		【说文】破木也。一曰折也。从木，从斤。【新释】甲骨文作，金文作，会以斧斤破木之意。破木为析，断草为折，并有分义。
422	枼		【说文】楄也。枼，薄也。从木，卋聲。【新释】甲骨文作，象树木有叶形，即“树葉”之“葉”的初文，金文讹而为，再讹为小篆的样子，已无树叶之痕迹。故《说文》形义皆误。
423	休		【说文】息止也。从人依木。，休或从广。【新释】休息。甲骨文作，金文作，象人倚木而息之形。
424	梟		【说文】不孝鳥也。日至捕梟磔之。从鳥頭在木上。【新释】猫头鹰（又名鸮）。食母而后能飞，因其不孝，磔（肢裂）之而悬于木上。
425	東		【说文】動也。从木。官溥說，从日在木中。凡東之屬皆从東。【新释】橐。甲骨文作，金文作，有底曰囊，无底曰橐，字原象实物囊中，括其两端之形，中间短画示其空可以囊物。后世借为东西之东，久借不归，乃另造橐。
426	林		【说文】平土有叢木曰林。从二木。凡林之屬皆从林。【新释】树林。甲骨文作、，金文作、，非云只有二木，取木与木连属不绝之意。
427	無（橆）		【说文】豐也。从林奭。或說規模字，从大；，數之積也。林者，木之多也。與庶同意。《商書》曰：“庶草繁無。”【新释】甲骨文作，金文作，象人执舞具以舞蹈之形，舞之初文。参“舞”字说解。
428	森		【说文】木多皃。从林，从木。讀若曾參之參。【新释】树木丛生的样子。甲骨文作，当言“从三木”，极言其多。
429	才		【说文】艸木之初也。从丨上貫一，將生枝葉。一，地也。凡才之屬皆从才。【新释】草木初生。甲骨文作，金文作，草木初生形，象种子，一，地也。
430	叒		【说文】日初出東方湯谷，所登榑桑，叒木也。象形。凡叒之屬皆从叒。，籀文。【新释】《说文》所说之义当为假借，其字甲骨文作，金文作，象一女子跽足而举两手顺其头发之形，取其顺。参“若”字说解。

序号	字头	小篆	《说文解字》解释与新释
431	桑		【说文】蠶所食葉木。从叒木。【新释】甲骨文作，象桑木婀娜之形，繁体加爪作，表示采摘之意，小篆将甲骨文木上的三屮变为三又，且独立出来，已非其旧，故《说文》宜误。
432	之		【说文】出也。象艸過屮，枝莖益大，有所之。一者，地也。凡之之屬皆从之。【新释】甲骨文作，金文作，从止从一，人所之也，本义为往。或以为之是草长出地面之形。
433	帀		【说文】周也。从反之而帀也。凡帀之屬皆从帀。周盛說。【新释】甲骨文作，金文作，即将（之）倒写表示从出发点又回到出发点，即绕一个圈之意，故为周帀之帀。古帀与师同字。
434	師		【说文】二千五百人爲師。从帀，从𠂤。𠂤、四帀，眾意也。，古文師。【新释】军队或军队的一种建制。从𠂤从帀，甲、金文中都有用作師的，金文中帀也有用作師的，甲、金文中二者合在一起作，这是两个意义相同的字组合成一个新字，新字的意义同各部件的意义相同，犹如虫与它组合成“蛇”一样。
435	出		【说文】進也。象艸木益滋，上出達也。凡出之屬皆从出。【新释】由里到外，出去。甲骨文作，金文作，表坎穴，是一只向外的脚，以人自坎穴中走出会“出”意。
436	賣		【说文】出物貨也。从出，从買。【新释】出售。从出，从买，买者复出，会卖出之意。
437	𣎵		【说文】艸木盛𣎵𣎵然。象形，八聲。凡𣎵之屬皆从𣎵。讀若輩。【新释】草木茂盛的样子。“屮”象草木上出形，“八”摹枝叶扶疏状，物盛则枝茎四出，其貌纷披婆娑不已。
438	索		【说文】艸有莖葉，可作繩索。从𣎵糸。杜林說：“𣎵亦朱木字。”【新释】索本象绳索形，其上端或上下端岐出者，象束端之余，古作，象左右手持索形。
439	孛		【说文】㪍也，从𣎵；人色也，从子。《論語》曰：“色孛如也。”【新释】变脸色。人色勃然，如草木之茂，故从𣎵从子。
440	南		【说文】艸木至南方有枝任也。从𣎵，羊聲。，古文。【新释】甲骨文作，金文作，是一种瓦制乐器的象形文，象其饰，象倒置而中空的瓦器，可击之为乐。或以为乃行军帐篷之象，如蒙古包，中央竖木为柱，内有二横梁，帐门向南，遂以为南北字。

序号	字头	小篆	《说文解字》解释与新释
441	生		【说文】進也。象草木生出土上。凡生之屬皆从生。【新释】生长之生。甲骨文作，金文作，象生地上，周人于下复加一点，旋又变为一横成土字。
442	丰		【说文】艸盛丰丰也。从生，上下達也。【新释】甲骨文作，金文作，象草木生土上枝叶繁茂之形，下象其根蟠结。
443	乇		【说文】艸葉也。从垂穗，上貫一，下有根。象形。凡乇之屬皆从乇。【新释】草叶。象垂穗，往上贯穿一，即长出地面，表示地下有根。
444	𠂹		【说文】艸木華葉𠂹。象形。凡𠂹之屬皆从𠂹。，古文。【新释】草木的花叶下垂。甲骨文作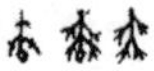，金文作，象花木生土上而花叶下垂之形，去（土）存𠂹，尚可见其下垂意。
445	𠌶		【说文】艸木華也。从𠂹，亏聲。凡𠌶之屬皆从𠌶。，𠌶或从艸，从夸。【新释】草木的花。金文作，草木之花形，下有花蒂，象一蒂五瓣之形。与下面的“華”为一字。
446	華		【说文】榮也。从艸，从𠌶。凡華之屬皆从華。【新释】花朵。象全枝之花，𠌶上加艸，𠌶的繁体。统言之，花、荣皆指草木之花；析言之，木谓之华（花），草谓之荣。
447	皣		【说文】艸木白華也。从華，从白。【新释】草木的白花。构件“白”“華”可组合成偏正短语：白色的花。
448	禾		【说文】木之曲頭，止不能上也。凡禾之屬皆从禾。【新释】从木而阻其末不能上，故义为留止。
449	稽		【说文】留止也。从禾，从尤，旨聲。凡稽之屬皆从稽。【新释】停留，延迟。，木之曲头止不能上者，此留止之义。尤，色之美者；旨，食之美者，此二者留止之因。
450	巢		【说文】鳥在木上曰巢，在穴曰窠。从木，象形。凡巢之屬皆从巢。【新释】鸟窝。甲骨文作，金文作，树上有鸟巢之形。臼，巢形也；巛，三鸟也。
451	桼		【说文】木汁，可以髤物。象形。桼如水滴而下。凡桼之屬皆从桼。【新释】漆木之汁。木之左右各三笔和象漆木两侧漆汁溢出之状。后加水成“漆”。

序号	字头	小篆	《说文解字》解释与新释
452	束		【说文】縛也。从口木。凡束之屬皆从束。【新释】甲骨文作，金文作，木上加O，象用绳捆住，表束缚义。
453	柬		【说文】分别簡之也。从束，从八。八，分别也。【新释】选择，挑选。金文作，于束所加两点（）为八，八即分开，分开捆缚的东西来选择，就是柬。
454	囗		【说文】回也。象回帀之形。凡囗之屬皆从囗。【新释】围绕，周围。象四围环绕之象，今字为围。
455	回		【说文】轉也。从囗，中象回轉形。，古文。【新释】旋转。甲骨文作，金文作，以回旋的线条表示绕圈运转之意。
456	圖		【说文】畫計難也。从囗，从啚。啚，難意也。【新释】金文作，啚之本义指国都以外的边疆地区，绘制国家地域之图必须将边疆画明才足以显示其域界状况，囗则象图之四周，其本义表地域之图。
457	國		【说文】邦也。从囗，从或。【新释】国，封地。甲骨文作，金文作，，像邦域形，从戈以守之，字原作或，后加囗表示国家的范围则是后起的字。
458	壼		【说文】宫中道。从囗，象宫垣、道、上之形。《詩》曰："室家之壼。"【新释】宫中的道路，或指内宫。象外阙宫垣，象宫中道，象房屋之形。
459	囷		【说文】廩之圜者。从禾在囗中。圜謂之囷，方謂之京。【新释】圆形谷仓。囗象谷仓，禾在囗中，会储藏禾谷之意。
460	因		【说文】就也。从囗大。【新释】甲骨文有作的，金文作，都象人（）在衣（）中，甲骨文又有作的，金文作，衣形变作，构意仍是人在衣中，义为凭借或依靠，楚简有作的，中间的大变成了（裘锡圭）。或说甲骨文的是西的讹变，西甲骨文作，象竹席形（《说文》"席"下有古文，夙下有古文，其中与同意，特别是甲骨文中宿字作即以下在旁会住宿之义，或径以在上之形来表示住宿之义，可见表席义是可以成立的），本义即有花纹的席子，是"茵"的初文。字中间两道花纹纵向连接即，就是人（徐中舒）。既然中的大可以变成（），则中的也可以变成大。因此是否可以认为"因"形有两个来源，一来自于，衣变为囗，表达的本义是凭借；一来自于，变成了大，表达的本义是席子。

序号	字头	小篆	《说文解字》解释与新释
461	囚		【说文】繫也。从人在囗中。【新释】甲骨文作，人被四面围住，示其囚禁义。
462	困		【说文】故廬也。从木在囗中。，古文困。【新释】门槛。甲骨文作，从囗者，象门之四旁，上为楣，下为閾，左右为棖，其中之木即所谓橜（门槛）。为梱之初文。
463	圂		【说文】厠也。从囗，象豕在囗中也。會意。【新释】猪圈。甲骨文作，金文作，象豕在囗中。
464	員		【说文】物數也。从貝，口聲。凡員之屬皆从員。，籀文从鼎。【新释】甲骨文作，金文作，鼎上加O表示鼎口为圆形，为圆之初文。
465	貝		【说文】海介蟲也。居陸名猋，在水名蜬。象形。古者貨貝而寶龟，周而有泉，至秦廢貝行錢。凡貝之屬皆从貝。【新释】海贝。甲骨文作，金文作，象海贝之形，古代作为货币。
466	贄		【说文】見也。从貝，从兟。【新释】进见。兟，进也。贝为货币，进见以贝为礼。
467	負		【说文】恃也。从人守貝，有所恃也。一曰受貸不償。【新释】倚恃，倚仗。人守着贝，财大气粗，有所倚仗。
468	買		【说文】市也。从网貝。《孟子》曰："登壟斷而网市利。"【新释】购买。甲骨文作，金文作，以网网贝之形，夏则资皮，冬则资絺，买以待乏，以求大利，故买犹网贝。
469	貶		【说文】損也。从貝，从乏。【新释】减少，损减。乏者，匮乏，乏贝为损。
470	貧		【说文】財分少也。从貝，从分，分亦聲。，古文从宀分。【新释】贫穷。合则见多，分则见少，去贝则贫，故从分贝会意。
471	邑		【说文】國也。从囗；先王之制，尊卑有大小，从卪。凡邑之屬皆从邑。【新释】甲骨文作，金文作，囗表示区域，是跪坐人形，合起来表示人所居之处，本义指人口聚居之地。
472	郵		【说文】境上行書舍。从邑垂。垂，邊也。【新释】传递文书、供应食宿和车马的驿站，如今之旅馆。垂，边陲。有了郵，朝廷就能将政令布达于所有城邑、边地，故从邑、垂会意。今简化与地名邮同形。

序号	字头	小篆	《说文解字》解释与新释
473	鄉		【说文】國離邑，民所封鄉也。嗇夫别治。封圻之内六鄉，六鄉治之。从𨛜，皀聲。【新释】享用，享受。甲骨文作，象二人相向对簋而食。后作饗。
474	日		【说文】實也。太陽之精不虧。从囗一，象形。凡日之屬皆从日。⊖，古文象形。【新释】太阳。甲骨文作，金文作，○又表方圆之圆，为示区别，于表日的○中加一点，后被拉成横画。
475	早		【说文】晨也。从日在甲上。【新释】早晨。金文作，从日棗声。小篆从日在甲上，甲者，草木之种子萌芽时的外皮，以种子破浮甲而出以喻太阳冲破黑暗而出，故本义为破晓。
476	晉		【说文】進也。日出萬物進。从日，从臸。《易》曰："明出地上，晉。"【新释】插。甲骨文作，金文作，象两矢插入器中之形，上象二矢，下为插矢之器，搢的本字。小篆变二矢为臸，变器形为日。
477	曄		【说文】光也。从日，从𠌶。【新释】光明灿烂的样子。草木之花，当日则盛，阴雨则萎，故从日𠌶以表义。
478	昏		【说文】日冥也。从日，氐省。氐者，下也。一曰民聲。【新释】傍晚。甲骨文作，从氐从日；金文作，从日从下，甲金文构意同，皆以日处于下会昏暗之时。
479	昌		【说文】美言也。从日，从曰。一曰日光也。《詩》曰："東方昌矣。"，籀文省。【新释】甲骨文作，金文作，从日从口，会日出讴歌之意，疑唱之初文；或说从日，口为分化符号，本义为日光。
480	㬎		【说文】衆微杪也。从日中視絲。古文以爲顯字。或曰衆口皃，讀若唫唫。或以爲繭，繭者，絮中往往有小繭也。【新释】显明。金文作，日中视丝则微妙皆见。
481	暴（㬥）		【说文】晞也。从日，从出，从収，从米。，古文㬥，从日，麃聲。【新释】曝晒。以小篆释之，日出后以两手持米置之日下，形义吻合。
482	昔		【说文】乾肉也。从殘肉，日以晞之。與俎同意。，籀文从肉。【新释】往昔。甲骨文作，金文作，象洪水，构形之旨是以上古时洪水滥衍成灾之日为昔。
483	昆		【说文】同也。从日，从比。【新释】同。金文作，从日从比，会日日比同连续之意。

序号	字头	小篆	《说文解字》解释与新释
484	普		【说文】日無色也。从日，从竝。【新释】日无色。日无色则天地并暗，故从日并。引申有普遍义。古籍未见本义用例，今言“普蓝”，即浅蓝，色不艳者谓之普，湖南方言中有“灰普”之说，亦指颜色不艳。
485	旦		【说文】明也。从日見一上。一，地也。凡旦之屬皆从旦。【新释】甲骨文作，金文作，象日初出于海，日的下缘与海面相接的瞬间，水下日之倒影与水上之日相连之象，后来倒影写成一横，与太阳分开成“旦”。
486	倝		【说文】日始出，光倝倝也。从旦，㫃聲。凡倝之屬皆从倝。，闕。【新释】日出时光闪耀的样子。盖光之闪耀如旗之猎猎，飘拂闪烁不定，故以旦与㫃会意。
487	朝（倝）		【说文】旦也。从倝，舟聲。【新释】甲骨文作等，象早晨日出于草莽而残月尚存，以会朝意。西周金文作，改从月为从川，继而改为舟，再将变为。
488	㫃		【说文】旌旗之游㫃蹇之皃。从屮，曲而下垂，㫃相出入也。讀若偃。古人名㫃，字子游。凡㫃之屬皆从㫃。，古文㫃字，象形，及象旌旗之游。【新释】旌旗飘扬的样子。甲骨文作，金文作，象旗杆飘游形，象旌旗之杆，为杆上之饰，象杆上之游。
489	旋		【说文】周旋，旌旗之指麾也。从㫃，从疋。疋，足也。【新释】转动。甲骨文作，金文作，上从㫃，下从足，或从止，士兵之足悉从旌旗所指以为转移。
490	旅		【说文】軍之五百人爲旅。从㫃，从从。从，俱也。，古文旅。古文以爲魯衛之魯。【新释】甲骨文作，金文作，二人（即师众）立于旗下之形，示其本义为军旅。
491	族		【说文】矢鋒也。束之族族也。从㫃，从矢。【新释】甲骨文作，金文作，从㫃从矢，丁山认为矢所以杀敌，㫃所以标众，本义应是军旅之组织。
492	冥		【说文】幽也。从日，从六，冖聲。日數十，十六日而月始虧幽也。凡冥之屬皆从冥。【新释】昏暗。甲骨文作，象两手覆物之形。
493	晶		【说文】精光也。从三日。凡晶之屬皆从晶。【新释】甲骨文作，星之象形初文，象星三三两两之形。
494	月		【说文】闕也。太陰之精。象形。凡月之屬皆从月。【新释】月亮。甲骨文作，金文作，缺月是月的常态，故以象之。

序号	字头	小篆	《说文解字》解释与新释
495	朏		【说文】月未盛之明。从月出。《周書》曰："丙午朏。"【新释】新月始生，阴历初三日。金文作，会月始出未盛明之意。
496	有		【说文】不宜有也。《春秋傳》曰："日月有食之。"从月，又聲。凡有之屬皆从有。【新释】拥有。金文作，从肉从又，会手持肉之意。
497	明（朙）		【说文】照也。从月，从囧。凡朙之屬皆从朙。，古文朙，从日。【新释】甲骨文作，金文作，甲骨文及古文由日月会意，盖因日月皆能普洒光明。金文左为窗，右为月，夜间室暗，月光入窗，以会明意。
498	囧		【说文】窻牖麗廔闓明。象形。凡囧之屬皆从囧。讀若獷。賈侍中說，讀與明同。【新释】明亮貌。甲骨文作，金文作，窗之初文，象窗牖中有交文之形。丽廔，指墙壁窗户的疏孔，有这些疏孔，方能闿明（开阔明朗）。
499	夕		【说文】莫也。从月半見。凡夕之屬皆从夕。【新释】甲骨文作，金文作，象半月之形，古月夕一字。
500	外		【说文】遠也。卜尚平旦，今夕卜，於事外矣。，古文外。【新释】内外之外。甲骨文作，金文作，初文用卜字的形体表示兆枝的部分朝外来表示内外的外的意思，西周时在卜形无兆枝的一侧加注月声作形，后讹变为从夕的外。《说文》就夕加卜之形体说解，意谓占卜当在清晨，现在晚上才卜，可见并非急事，故为远、为外。
501	夙（夙）		【说文】早敬也。从丮。持事雖夕不休，早敬者也。，古文夙，从人西。，亦古文夙，从人西。宿从此。【新释】早。甲骨文作，金文作，从丮从月，以拂晓残月在天而早起劳作会早意。古文夙（）之即席子之象形，象人离开席子，表示早起劳作。
502	多		【说文】重也。从重夕。夕者，相繹也，故爲多。重夕爲多，重日爲疊。凡多之屬皆从多。，古文多。【新释】甲骨文作，金文作，从二肉，本义当为多少之多。
503	毌		【说文】穿物持之也。从一横貫，象寳貨之形。凡毌之屬皆从毌。讀若冠。【新释】甲骨文作，金文作，象盾形，以丨穿绑方形物而成，战斗时持之护身，为一种防卫性兵器。引申为贯穿义。
504	贯		【说文】錢貝之貫。从毌、貝。【新释】穿钱的绳子。毌之后起字，毌由贯穿义引申为名词穿钱的绳子。

序号	字头	小篆	《说文解字》解释与新释
505	卣		【说文】草木實垂卤卤然。象形。凡卤之屬皆从卤。讀若調。，籀文三卤爲卤。【新释】甲骨文作，金文作，本是一种果实的形象，上小下大形如梨。有一种盛物的器皿形状象卤称为卣，卤卣古同字，后来才分化为两个字。
506	栗		【说文】木也。从木，其實下垂，故从卤。，古文㮚，从西，从二卤。徐巡說，木至西方戰㮚。【新释】甲骨文作，金文作，象木实有芒之形，以其形与卤近，故篆误从卤。
507	粟		【说文】嘉穀實也。从卤，从米。孔子曰："㮚之爲言續也。"，籀文㮚。【新释】粟米。甲骨文作，象禾有实之形。
508	齊		【说文】禾麥吐穗上平也。象形。凡亝之屬皆从亝。【新释】整齐。甲骨文作，金文作，象禾麦吐穗远远看去十分整齐的样子。古人造字有以特指之意象表泛指之意义者，齐字即是。欲表整齐之义，需选择具体之意象，整齐之物多，唯禾麦吐穗之象人们习见，且易画，故取其象，需以立体之图像视之。
509	朿		【说文】木芒也。象形。凡朿之屬皆从朿。讀若刺。【新释】甲骨文作，金文作，象矛类兵器置于架上之形，刺之初文。
510	棗		【说文】羊棗也。从重朿。【新释】金文作，按棗木多刺，棘树短而密故从并朿，棗树高而疏故从重朿。今作枣。
511	棘		【说文】小棗叢生者。从並朿。【新释】酸枣树。金文作。树多刺，故以两朿相并会意。参棗字说解。
512	片		【说文】判木也。从半木。凡片之屬皆从片。【新释】木的一半。甲骨文作，小篆犹象。的一半即或，古文一字可以反正互写，片、爿（pán）当是一字。
513	鼎		【说文】三足兩耳，和五味之寶器也。昔禹收九牧之金，鑄鼎荆山之下，入山林川澤，螭魅蝄蜽莫能逢之，以協承天休。《易》卦：巽木於下者爲鼎，象析木以炊也。籀文以鼎爲貞字。凡鼎之屬皆从鼎。【新释】甲骨文作，金文作，古代用青铜铸成的炊器，多为圆腹三足两耳。
514	克		【说文】肩也。象屋下刻木之形。凡克之屬皆从克。【新释】本义及造意不明。甲骨文作，金文作，或以为象人下蹲以承负物之形。

序号	字头	小篆	《说文解字》解释与新释
515	彔		【说文】刻木彔彔也。象形。凡彔之屬皆从彔。【今释】本义及造意不明。甲骨文作，金文作，象吊着一个盛物之囊以滤水之形，当是"漉"的本字。一讹再讹而至小篆之形，遂不可解。
516	禾		【说文】嘉穀也。二月始生，八月而熟，得時之中，故謂之禾。禾，木也。木王而生，金王而死。从木，从𠂹省。𠂹，象其穗。凡禾之屬皆从禾。【新释】谷子。甲骨文作，金文作，皆为禾谷成熟之时谷穗下垂之形，非从木从𠂹省。
517	穗（采）		【说文】禾成秀也，人所以收。从爪、禾。穗，采或从禾，惠聲。【新释】谷穗。甲骨文作，从字形看应是动词，引取稻穗之义；从《说文》的解释看，应是秀或穗的初文，为簇生在稻麦等禾本植物茎的顶端的花或果实部分，裘锡圭即认为是秀的初文。
518	年（秊）		【说文】穀熟也。从禾，千聲。《春秋傳》曰：大有秊。【新释】谷物成熟丰收。甲骨文作，金文作，从人背禾，会谷物成熟进行收获之意，人兼表声。因此应从禾，从人，人亦声。
519	秋		【说文】禾穀孰也。从禾，𤋮省聲。龝，籀文不省。【新释】秋季。甲骨文作，象蟋蟀，蟋蟀鸣于秋，故以表秋天；大火（星）西向则秋始，故又加火为以表秋天；秋季是庄稼成熟的季节，籀文龝则加禾，小篆则省蟋蟀之形，剩下火和禾。
520	秦		【说文】伯益之後所封國。地宜禾。从禾，舂省。一曰：秦，禾名。𥝩籀文秦，从秝。【新释】地名。甲骨文作，金文作，甲金文从廾（双手）持午（杵）舂禾，会舂捣收打禾麦之意。本义当为收禾舂捣。后用为国名。
521	科		【说文】程也。从禾，从斗。斗者，量也。【新释】计量东西多少的标准。诸种计量标准或取于禾，从禾；斗为计量标准之一，故从斗。
522	秝		【说文】稀疏適也。从二禾。凡秝之屬皆从秝。讀若歷。【新释】甲骨文作，从二禾，会禾苗种植稀疏合宜之义。
523	兼		【说文】并也。从又持秝。兼，持二禾。秉，持一禾。【新释】一手持有两禾。金文作，以手持二禾会兼得、兼行之义。
524	黍		【说文】禾屬而黏者也。以大暑而穜，故謂之黍。从禾，雨省聲。孔子曰：黍可爲酒，禾入水也。凡黍之屬皆从黍。【新释】黄黏米。甲骨文作，从黍的象形文，从水（下垂如流水），非从禾从雨，金文作𣎆，改从禾。

序号	字头	小篆	《说文解字》解释与新释
525	香		【说文】芳也。从黍，从甘。《春秋傳》曰：黍稷馨香。凡香之屬皆从香。【新释】芳香。甲骨文作，象黍香四溢。小篆则以黍、甘会黍味甘美。
526	米		【说文】粟實也。象禾實之形。凡米之屬皆从米。【新释】粟米，俗称小米。甲骨文作，象一段有米粒的谷穗，中间一长横是穗中之梗。秦简作，与小篆近。
527	臼		【说文】舂也。古者掘地爲臼，其後穿木、石。象形。中，米也。凡臼之屬皆从臼。【新释】舂米的臼。最初挖在地上，不能移动。后穿木凿石而为之。外象器，中象米。
528	舂		【说文】擣粟也。从廾持杵臨臼上。午，杵省也。古者雝父初作舂。【新释】用杵捣去谷类的皮壳。象两手拿着杵在臼里捣杵。午乃杵之初文，非杵省。
529	臿		【说文】舂去麥皮也。从臼，干所以臿之。【新释】用干在臼中捣去麦皮。
530	舀		【说文】抒臼也。从爪、臼。《詩》曰："或簸或舀。"，舀或从手，从冗。，舀或从臼、冗。【新释】伸手到臼中把捣好的米挖取出来。
531	臽		【说文】小阱也。从人在臼上。【新释】陷入。甲骨文作，金文作，象人掉入坑中。
532	凶		【说文】惡也。象地穿交陷其中也。凡凶之屬皆从凶。【新释】不吉祥。凵为捕兽陷阱，×为交错之树枝掩其上，令野兽过此不疑而深陷井中。
533	兇		【说文】擾恐也。从人在凶下。《春秋傳》曰："曹人兇懼。"【新释】恐惧声。凶下加人以会意，凶乃捕兽之陷阱，人不慎落其中，则众皆惊乱而恐惧。
534	尗		【说文】豆也。象尗豆生之形也。凡尗之屬皆从尗。【新释】豆类作物，同"菽"。上为豆荚，下为豆根，中间一横，其地。后加手成叔，表拾捡，"叔"加艸成菽以表尗。
535	耑		【说文】物初生之題也。上象生形，下象其根也。凡耑之屬皆从耑。【新释】顶端，一端，端的初文。甲骨文作，金文作，上象其芽端，下象其根，中间一横，其地。甲骨文中的点指水之滋润。
536	韭		【说文】菜名。一種而久者，故謂之韭。象形，在一之上。一，地也。此與耑同意。凡韭之屬皆从韭。【新释】韭菜。一，其地。上为韭菜割之不尽，生生不息之象。后加艸作"韮"，今简化回韭。

序号	字头	小篆	《说文解字》解释与新释
537	瓜		【说文】胍也。象形。凡瓜之屬皆从瓜。【新释】瓜果之瓜。金文作，为所结之瓜，为藤蔓，以使主体示义明确。
538	瓠		【说文】匏也。从瓜，夸聲。凡瓠之屬皆从瓠。【新释】葫芦。瓜类，故从瓜。
539	宀		【说文】交覆深屋也。象形。凡宀之屬皆从宀。【新释】甲骨文作，本义为古代的一种简易房屋。或认为是宅的初文。
540	家		【说文】居也。从宀，豭省聲。，古文家。【新释】甲骨文作，金文。所列甲骨文的第一个形体从从，即豭，尚有势，即。《说文》："豭，牡豕也。"即公猪。女子以嫁人为归宿，古人又常将雄性牲畜比作男性配偶，故以宀下有豭表示女子之家。或以为家即嫁的初文。
541	室		【说文】實也。从宀，从至。至，所止也。【新释】房间，内室。甲骨文作，金文作。从至者，是说室是人们休息的场所。是所止息之处。或以为至亦表声。
542	向（宀）		【说文】北出牖也。从宀，从口。《詩》曰："塞向墐户。"【新释】朝北开的窗户。甲骨文作，金文作。或以为是响（響）的初文。
543	安		【说文】静也。从女在宀下。【新释】安静，安定。甲骨文作，金文作，女子安然坐于室中之象。
544	實		【说文】富也。从宀，从貫。貫，貨貝也。【新释】富裕。金文作，屋子（宀）里有钱贯。
545	宂		【说文】椒也。从宀，人在屋下，無田事。《周礼》曰："宫中之宂食。"【新释】闲散。有田事则居于野，无田事则居于家。
546	宦		【说文】仕也。从宀，从臣。【新释】金文作，臣指俯首顺从的俘虏，故本义当为做贵族的奴仆。或以为本义当为做官。
547	宰		【说文】辠人在屋下執事者。从宀，从辛。辛，辠也。【新释】充当家奴的罪人，辠即今之罪字。甲骨文作，金文作，甲金文与篆文略同，罪人在屋下执事，是为人宰制；反之，宰制人亦谓之宰。
548	守		【说文】守官也。从宀，从寸。寺府之事者。从寸；寸，法度也。【新释】前期金文作，从又不从寸，后期金文才从寸作，寸亦守。本义或当为守护。

序号	字头	小篆	《说文解字》解释与新释
549	宜		【说文】所安也。从宀之下，一之上，多省聲。古文宜。亦古文宜。【新释】甲骨文作，为且，即俎，则为叠放在俎上的肉。金文作，与甲骨文构形同，均为陈肉于俎上之形，唯最后一形的开始近于宀，当是小篆从宀之所本。本义为置肉于俎上进行祭祀。与且、俎同源。
550	寡		【说文】少也。从宀，从頒。頒，分賦也，故爲少。【新释】丧偶。金文作，屋中只一人，或颠沛见于颜面之形。本义或为鳏寡之寡。
551	寒		【说文】凍也。从人在宀下，以茻薦覆之，下有仌。【新释】寒冷。金文作，茻当为二艸，上艸用以盖（覆），下艸用以垫（荐），下加以冰（仌），寒凉之至。
552	宋		【说文】居也。从宀，从木。讀若送。【新释】木屋。甲骨文作，金文作，以木为之的宀（木屋）。
553	宗		【说文】尊祖廟也。从宀，从示。【新释】祖庙，祭祀祖先的地方。甲骨文作，金文作，皆为祖先灵位之象形。
554	宫		【说文】室也。从宀，躳省聲。凡宫之屬皆从宫。【新释】宫室，房屋。甲骨文作，金文作，吕即宫之初形，象屋室比并毗连之状，加宀为繁文。
555	吕		【说文】脊骨也。象形。昔太嶽爲禹心吕之臣，故封吕侯。凡吕之屬皆从吕。，篆文吕，从肉，从旅。【新释】脊骨。甲骨文作（与宫为同形字），金文作，先秦货币文作，秦简作，象脊骨相连之形。
556	躬（躳）		【说文】身也。从身，从吕。，躳或从弓。【新释】身体。身指躯体，躯体以脊骨为柱，故从吕。
557	穴		【说文】土室也。从宀，八聲。凡穴之屬皆从穴。【新释】土室。八将土穴分隔成数间，八非声。
558	窦		【说文】深也。一曰竈突。从穴，从火，从求省。【新释】灶。即火字，春秋以后火常作，再变为，穴中有火，故为灶。《说文》言“一曰灶突（灶上烟囱）”，或已疑此字为灶字。且从火无以会深义。“深”战国时作，或以手深入有水之穴不能探其底而会其意。
559	穿		【说文】通也。从牙在穴中。【新释】穿透。鼠牙咬啮器物使通透成洞。

序号	字头	小篆	《说文解字》解释与新释
560	突		【说文】犬从穴中暫出也。从犬在穴中。一曰：滑也。【新释】甲骨文，狗从洞中猛地窜出。
561	竄		【说文】匿也。从鼠在穴中。【新释】逃匿。鼠逃于穴中匿藏。
562	㝱		【说文】寐而有覺也。从宀，从疒，夢聲。《周禮》："以日月星辰占六㝱之吉凶：一曰正㝱，二曰咢㝱，三曰思㝱，四曰悟㝱，五曰喜㝱，六曰懼㝱。"凡㝱之屬皆从㝱。【新释】人睡在床上做梦。甲骨文作，是带有眉形之目（即象形的"眉"字）的人形，手上举拂眉目，示恍惚不明意，以表"寐而有觉"（睡中有知觉，即做梦），"眉"又表示字的读音。人后的是床的象形文，表示人寝卧在床上。因为梦发生在寝卧中，寝卧多在室内，又常在夜间，后来追加"宀"旁、"夕"旁。
563	疒		【说文】倚也。人有疾病，象倚箸之形。凡疒之屬皆从疒。【新释】甲骨文作，象人有疾病寝卧于床之形，、象床形；两点者，汗滴之形。或以为疾的初文。
564	疾		【说文】病也。从疒，矢聲。，古文疾。，籀文疾。【新释】疾病。甲骨文，金文，从大从矢，大即人，矢为箭，古时伤亦可言病，以箭着人体会伤病义。
565	冂		【说文】覆也。从一下垂也。凡冂之屬皆从冂。【新释】象巾覆物两边下垂形。本义为覆盖。
566	冠		【说文】絭也。所以絭髮，弁冕之總名也。从冖，从元，元亦聲。冠有法制，从寸。【新释】帽子。冖为帽子，元即首，寸表示法度，即按照一定的法度将帽子加于首。或以为寸即手，即用手将帽子加于首。
567	冣		【说文】積也。从冖，从取，取亦聲。【新释】聚积。从冖（表蒙覆），从取（表收取），会聚积到一块之意，取兼表声。楷书当作冣，因与最形近，南北朝后俗亦作"最"。
568	冃		【说文】重覆也。从冂、一。凡冃之屬皆从冃。讀若艸莓莓。【新释】重复。谓有冖复又加一，故为重复。
569	同		【说文】合會也。从冃，从口。【新释】甲骨文作，金文作，是"箭"的象形初文，因与凡（其形作）形近，故加口。

序号	字头	小篆	《说文解字》解释与新释
570	冡		【说文】覆也。从冃、豕。【新释】覆盖。甲骨文作，以冖或以冃覆隹。小篆则作以冃覆豕。今作蒙。
571	冃		【说文】小兒蠻夷頭衣也。从冂；＝，其飾也。凡冃之屬皆从冃。【新释】帽子。冖为覆，实即帽子之形，＝为装饰花纹。其实均为一字，笔画有繁简之别而已。
572	胄		【说文】兜鍪也。从冃，由聲。，《司馬法》胄从革。【新释】头盔。金文作，象头盔在目之上。小篆去掉了目，头盔部分变成了由，连着头盔蒙护眼睛上面头盖的部分变成了冃。
573	冒		【说文】冡而前也。从冃，从目。古文冒。【新释】帽子。金文作，后加巾为帽。《说文》"冡而前"即蒙着眼睛往前走，当是引申义，犹如今之小孩子蒙着眼睛捉迷藏。
574	最		【说文】犯而取也。从冃，从取。【新释】上等军功。从冃，犹从冒，即冒死以犯敌人；从取，指割取敌人左耳作为考核军功的凭据。
575	㒳		【说文】再也。从冂，闕。《易》曰：參天㒳地。凡㒳之屬皆从㒳。【新释】金文，截取甲骨文、金文中"車"字象车辕前部着双轭形的部分而成，即截取的部分，左右成双，引申之凡成对并列之物都可称两。是两的初文。
576	兩		【说文】二十四銖爲一兩。从一；㒳，平分。㒳亦聲。【新释】与㒳为一字。一非意符，乃饰笔。
577	网		【说文】庖犧所結繩，以漁。从冂，下象网交文。凡网之屬皆从网。，网或从亡。，网或从糸。，古文网。，籀文网。【新释】用绳、线结成的用于渔猎的器具。甲骨文作，金文作，象张开的网形。
578	羅		【说文】以絲罟鳥也。从网，从維。古者芒氏初作羅。【新释】用网捕鸟，网罗。甲骨文作，象以网捕隹之形。篆文另加义符糸。
579	罷		【说文】遣有辠也。从网、能，言有賢能而入网，而貫遣之。《周禮》曰："議能之辟。"【新释】疲困。张舜徽认为，能，熊属，字形为以网捕能，能在网下则疲惫，犹兔在网下为冤屈，故罷的本义当为疲惫，休罢义乃其引申。按《说文》则以休罢义为本义，认为能指贤能，谓有贤能者入法网，则当赦免释放。则疲惫为引申义。

序号	字头	小篆	《说文解字》解释与新释
580	置		【说文】赦也。从网、直。【新释】赦免。置有建置、弃置二义。按《说文》所释则取弃置义。置犹罢，网直犹网能，谓正直之人入了法网，当赦免释放。按，古时捕猎下网之后因故（如：行人、开垦、种植等）需撤网，置或即指撤网。由撤网可引申出赦免、废弃等义。然亦可指下网，由下网则可引申为建置、置办等义。
581	詈		【说文】罵也。从网，从言。网辠人。【新释】责骂。从网者，以法判之；从言者，以言责之。
582	羈（罣）		【说文】馬絡頭也。从网，从馽。馽，馬絆也。，馽或从革。【新释】甲骨文作，从（廌）从，象网络形，则象以糸络廌之形，或从，则象以糸络牛之形，皆会羁縻之意，为羈之初文。小篆从网，从馽，馽，围其马足，亦络马之一法。或体从革。
583	襾		【说文】覆也。从冂，上下覆之。凡襾之屬皆从襾。讀若晋。【新释】覆盖，包裹。“冂”表示自上覆下，“凵”表示自下覆上，故冎表示上下反覆之意。冎上从“一”，一以止之，表示包覆终迄。
584	巾		【说文】佩巾也。从冂，丨象糸也。凡巾之屬皆从巾。【新释】佩戴在身上可以随手擦拭的佩巾。甲骨文作，金文作，本义为佩巾。象一块系在身上下垂的佩巾。
585	帥		【说文】佩巾也。从巾、𠂤。，帥或从兑。又音稅。【新释】将帅。金文作，帥之从𠂤犹師之从𠂤，𠂤为師之初文，从𠂤犹从師，師者，军队；巾者，徽帜，区别于不同军队之标志。二者正能会将帅之义。
586	帶		【说文】紳也。男子鞶帶，婦人帶絲。象繫佩之形。佩必有巾，从巾。【新释】系在腰间的用皮、革、布等制成的长条状饰物，束在腰间衣外。上象系结，下象佩巾。
587	帚		【说文】所以糞也。从又持巾埽冂内。古者少康初作箕帚、秫酒。少康，杜康也，葬長垣。【新释】笤帚。甲骨文作，金文作，象笤帚之形。上面的象铺开的用高粱穗、黍子穗做成的笤帚苗，下面的象将高粱秆捆扎在一起形成的笤帚柄，中间的表示笤帚使用时是需要移动和摆动的。小篆中的“又”是笤帚苗的讹误，“巾”是笤帚柄的讹误。
588	市		【说文】韠也。上古衣蔽前而已，市以象之。天子朱市，諸侯赤市，大夫葱衡。从巾，象連帶之形。凡市之屬皆从市。，篆文市，从韋，从犮。【新释】古代遮蔽身体前面的原始服饰，后成为朝觐或祭祀时遮蔽在衣裳前面的一种礼服，以存古意。金文作，一为系在腰间的藤一类的带子，冂为遮蔽物，丨以连接遮蔽物和腰间的藤带。

序号	字头	小篆	《说文解字》解释与新释
589	帛		【说文】繒也。从巾，白聲。凡帛之屬皆从帛。【新释】未染的白色丝织品。甲骨文作，金文作，应该是从巾，从白，白亦声。
590	白		【说文】西方色也。陰用事，物色白。从入合二。二，陰數。凡白之屬皆从白。，古文白。【新释】甲骨文作，金文作，本义及造意不明。或以为是人首之形；或以为象白米粒；或以为如日之始出，天色白。
591	㿟		【说文】際見之白也。从白，上下小見。【新释】本义为墙缝。际，两墙相接处，"际见之白也"谓两墙的缝隙处可以见到光亮。从小者，两头皆可小见光亮。㿟、隙，古今字。
592	㡀		【说文】敗衣也。从巾，象衣敗之形。凡㡀之屬皆从㡀。【新释】破旧衣服。象衣服破败的样子。
593	敝		【说文】帗也。一曰：敗衣。从攴，从㡀，㡀亦聲。【新释】破旧衣服，㡀的古字。甲骨文作，加支以表破败之因，以手拿棍击打衣服以使衣服破败。或以为本义为打掉或拂去衣服上的灰尘，小点表示扬起的灰尘，击打的意思，是擎的初文，而㡀又是敝的初文。
594	人		【说文】天地之性最貴者也。此籒文。象臂脛之形。凡人之屬皆从人。【新释】人。甲骨文作，金文作，象人的侧面形。
595	保		【说文】養也。从人，从䀆省。䀆，古文孚。，古文保。，古文保不省。【新释】负子于背。甲骨文作，金文作，象负子于背之形。
596	仁		【说文】親也。从人，从二。古文仁，从千、心。，古文仁，或从尸。【新释】仁爱。甲骨文作，金文作，从二者，人非一，多人相处，须亲近、友善，故以人二会仁爱之义。
597	企		【说文】舉踵也。从人，止聲。，古文企，从足。【新释】踮起脚后跟。甲骨文，人下加止，表示翘起脚跟之意。
598	仕		【说文】學也。从人，从士。【新释】学习。金文，与篆文构意相同。只是学习的内容当非后人所谓政事，而是稼穑等基本的生活能力。
599	佼		【说文】交也。从人，从交。【新释】本义为与人交往、交际。
600	佩		【说文】大帶佩也。从人，从凡，从巾。佩必有巾，巾謂之飾。【新释】金文，从人从从巾，非凡，而是大带，革系于大带，巾系于革。古人佩饰非一，有珠、玉、容刀、帨巾、觿之类，诸多饰物不必尽有，但巾必备，故从巾。在小篆里变成了凡，表无所不佩之意。

序号	字头	小篆	《说文解字》解释与新释
601	伊		【说文】殷聖人阿衡，尹治天下者。从人，从尹。【新释】甲骨文，金文。伊从人、从尹会意。尹是手持针类之物，伊本义是为病人作针刺治疗。
602	位		【说文】列中庭之左右，謂之位。从人、立。【新释】甲骨文，金文。古者"立""位"同文，表示站立和站立的位置。
603	付		【说文】与也。从寸，持物對人。【新释】金文。本义以物与人。寸者，手也。
604	伍		【说文】相參伍也。从人，从五。【新释】五人为伍，即由五人组成的最小的军事编制单位。
605	什		【说文】相什保也。从人、十。【新释】什，以十户或十人所组成的单位。
606	佰		【说文】相什伯也。从人、百。【新释】佰，以百户或百人所组成的单位。
607	敳		【说文】妙也。从人、从攴，豈省聲。【新释】甲骨文，金文，从攴、长。长为头髮字初文，髮是细小之物，攴之则断，因此"敳"有微小之意。"豈省声"乃许慎误解"长"形所致。一说从攴、从耑（古耑作）会意，耑者，物之初生之题。
608	作		【说文】起也。从人，从乍。【新释】起立，从人，从乍会意，乍亦声。作为乍之后起字，乍，甲骨文作，金文作，构形不明。
609	侵		【说文】漸進也。从人、又。持帚，若埽之進。又，手也。【新释】甲骨文，金文。本义以又（手）持帚拍击牛马，引申为渐进。
610	似（佀）		【说文】象也。从人，目聲。【新释】金文。目隶变作以，佀即似，本义为像，引申为好像、仿佛。
611	便		【說文】安也。人有不便，更之。从人、更。【新釋】金文。象手持鞭击打人背，会使人服帖之意。
612	伏		【说文】司也。从人，从犬。【新释】金文，本义为犬趴伏伺机袭人。
613	伐		【说文】擊也。从人持戈。一曰：敗也。【新释】甲骨文，金文。本义为砍头，从戈置人颈之上，击、败均是其引申义。

序号	字头	小篆	《说文解字》解释与新释
614	弔		【说文】問終也。古之葬者厚衣之以薪，从人持弓，會敺禽。【新释】甲骨文，金文。从人持缯缴而射。
615	僊		【说文】長生僊去。从人，从䙴，䙴亦聲。【新释】长生不老，登天离世。会意兼形声。
616	仚		【说文】人在山上。从人，从山。【新释】人入山修行成仙，后人移人旁于左成“仙”。
617	件		【说文】分也。从人，从牛。牛大物，故可分。【新释】本义为人把牛分解成小块。
618	匕		【说文】變也。从到人。凡匕之屬皆从匕。【新释】从倒人，用以表变化之意。“化”之本字。
619	真		【说文】僊人變形而登天也。从匕，从目，从乚（音隱）；八，所乘載也。【新释】甲金作。从匕，从鼎，表从鼎中取食美味，乃珍之初文。
620	匕		【说文】相與比敘也。从反人。匕，亦所以用比取飯，一名柶。凡匕之屬皆从匕。【新释】甲骨文，象饭匙之形。
621	皁		【说文】相次也。从匕，从十。鴇从此。【新释】皁是保甲之保的本字。古代五家为比，故从匕，二五为十，故从十。
622	頃		【说文】頭不正也。从匕，从頁。【新释】头不正，引申为倾仄不正之称。
623	卬		【说文】望，欲有所庶及也。从匕，从卩。《詩》曰：“高山卬止。”【新释】本义为翘首仰望，仰之本字。
624	卓		【说文】高也。早匕爲皁。匕卩爲卬，皆同義。【新释】金文。从匕，早声。匕为比较之比，物相比则高者现。
625	艮		【说文】很也。从匕目。匕目，猶目相匕，不相下也。《易》曰：“皀其限。”匕目爲皀，匕目爲真也。【新释】金文。小篆见作，艮为见之变，见为前视，艮为扭头后视。
626	从		【说文】相聽也。从二人。凡从之屬皆从从。【新释】甲骨文，金文。由两个人字相随，会意。

序号	字头	小篆	《说文解字》解释与新释
627	并		【说文】相从也。从从，幵聲。一曰：从持、二爲並。【新释】甲骨文，金文。本义二人合并，从字的下部附加一或两个横划，以示二人相连，非从幵声。
628	比		【说文】密也。二人爲从，反从爲比。凡比之屬皆从比。，古文比。【新释】甲骨文，金文。本义当为相亲密。一说从二匕（非二人）。
629	北		【说文】乖也。从二人相背。凡北之屬皆从北。【新释】甲骨文，金文。两人背对着背，本义为违背，借为北方之北。
630	丘		【说文】土之高也，非人所爲也。从北，从一。一，地也。人居在丘南，故从北。中邦之居，在崐崘東南。一曰：四方高中央下爲丘。象形。凡丘之屬皆从丘。，古文。从土。【新释】甲骨文，金文。象土丘高起，独体象形，并非从北。
631	㐺		【说文】衆立也。从三人。凡㐺之屬皆从㐺。【新释】甲骨文，金文。众人并立。人三为众，三表多。
632	眾		【说文】多也。从㐺、目，衆意。【新释】甲骨文，金文。从日从三人会意，金文中“日”讹变为“目”，或讹为“罒”。
633	𡈼		【说文】善也。从人、士。士，事也。一曰：象物出地挺生也。凡𡈼之屬皆从𡈼。【新释】甲骨文。本义为象人挺立地上，即挺字初文。
634	徵		【说文】召也。从微省。𡈼爲徵，行於微而文（聞）達者即徵之。，古文徵。【新释】金文。本义始有形象而微，表事物初起之苗头、迹象、征兆。从𡈼从微省，会意。
635	朢		【说文】月滿與日相朢，以朝君也。从月，从臣，从𡈼。𡈼，朝廷也。，古文朢省。【新释】甲骨文，金文。本义象人登高举目远瞩。
636	㸒		【说文】近求也。从爪、𡈼。𡈼，徼幸也。【新释】寻求之寻的本字，从爪从𡈼会意。𡈼有徼幸之意。
637	重		【说文】厚也。从𡈼，東聲。凡重之屬皆从重。【新释】金文作，象橐形，以人负橐会其意。后将人形的腿部笔画与橐的中部笔画重合，复于腿部加两短画，遂成小篆之形。轻重之重，非厚重之重，许释义不确。
638	量		【说文】稱輕重也。从重省，曏省聲。，古文量。【新释】金文。构意不明，“曏省声”不可信。或谓小篆、古文、金文上面的等符号为量器，或可信。

序号	字头	小篆	《说文解字》解释与新释
639	卧		【说文】休也。从人、臣，取其伏也。凡臥之屬皆从臥。【新释】金文。象人伏身下视以表卧意，臣乃竖目象形（体横则目竖），和人臣的臣无关。郭沫若以为，人臣伏而侧视，故为竖目。
640	監		【说文】臨下也。从臥，䘓省聲。，古文監。从言。【新释】甲骨文，金文。鉴的本字，象一人俯盆照面。临下为引申义，亦非䘓省声。
641	臨		【说文】監臨也。从臥，品聲。【新释】金文。本义为从上往下看众物，品表众物之义。
642	身		【说文】躳也。象人之身。从人，厂聲。凡身之屬皆从身。【新释】甲骨文，金文。在人字基础上突出腹部，表示身躯之身，独体象形。或以为“身娠”古今字。
643	㐆		【说文】歸也。从反身。凡㐆之屬皆从㐆。【新释】“㐆”即“身”字异体。许训“归”，不确。
644	殷		【说文】作樂之盛稱殷。从㐆，从殳。《易》曰：“殷薦之上帝。”【新释】金文。构形为一手持针给人治疗，会病重之意。
645	衣		【说文】依也。上曰衣，下曰裳。象覆二人之形。凡衣之屬皆从衣。【新释】甲骨文，金文。上衣，象形。许说“象覆二人之形”不确。
646	表（衰）		【说文】上衣也。从衣，从毛。古者衣裘，以毛爲表。，古文表，从麃。【新释】本义为毛朝外面的裘（裘）衣。会意。
647	被		【说文】寑衣。長一身有半。从衣，皮聲。【新释】被子，长度为身体的一又二分之一。
648	衰		【说文】艸雨衣，秦謂之萆。从衣，象形。，古文衰。【新释】蓑衣。金文，与同。后者为合体象形。上象笠，中象人面，下象衰形。后世加艸为蓑。
649	卒		【说文】隸人給事者衣爲卒。卒，衣有題識者。【新释】甲骨文，金文。有题识的衣服（丿象题识），隶役衣此，故谓之卒。从商周文字以至秦汉简帛可以看出，卒为衣加一画而成。
650	製		【说文】裁也。从衣，从制。【新释】裁剪，制作衣物。由衣、制会意。
651	裘（裘）		【说文】皮衣也。从衣，求聲。一曰：象形。與衰同意。凡裘之屬皆从裘。【新释】甲骨文，象毛朝外的皮裘之形。西周金文加又聲，作；复以求声换又声，且改义符为衣而成“裘”。

序号	字头	小篆	《说文解字》解释与新释
652	老		【说文】考也。七十曰老。从人、毛、匕，言須髮變白也。凡老之屬皆从老。【新释】老人。甲骨文，金文，秦简。象长发老人伛偻其背手中扶杖之形。许云“从人、毛、匕”会意，不确。“”乃手杖之形的讹变。
653	耋		【说文】年八十曰耋。从老省，从至。【新释】甲骨文。从老从至，从至者，至有至达义，有高义，至意兼声。
654	孝		【说文】善事父母者。从老省，从子；子承老也。【新释】甲骨文，金文。善于奉侍老人的人。从老省，从子，会意。
655	毛		【说文】眉髮之屬及獸毛也。象形。凡毛之屬皆从毛。【新释】金文。象毛形。
656	毳		【说文】獸細毛也。从三毛。凡毳之屬皆从毳。【新释】金文。鸟兽的细毛，从三毛会意。
657	尸		【说文】陳也。象卧之形。凡尸之屬皆从尸。【新释】甲骨文，金文。许说不确，尸象人蹲踞之形。商周时期“尸”“夷”常相假为用。后将尸借予“尸体”之尸。
658	居		【说文】蹲也。从尸、古者，居从古。【新释】居，蹲踞。从尸，从古，古亦声。蹲踞是从古代而来的习俗。
659	屈		【说文】行不便也。一曰：極也。从尸，凷聲。【新释】从尸，从凷，凷亦声。用人行遇到土块，会行动不便之意。
660	屋		【说文】居也。从尸。尸，所主也。一曰尸象屋形。从至。至，所至止。室、屋皆从至。，籀文屋从厂。，古文屋。【新释】止息之所在。从尸、从至会意。
661	尺		【说文】十寸也。人手卻十分動脈爲寸口。十寸爲尺。尺，所以指尺規榘事也。从尸，从乙。乙，所識也。周制，寸、尺、咫、尋、常、仞諸度量，皆以人之體爲法。凡尺之屬皆从尺。【新释】金文尺作，乇作。有学者认为尺与乇为异体关系。据考证甲骨文中已见“乇”，而“尺”用于战国，无疑是“尺”借了“乇”字。许云“从尸，从乙”，不可信。
662	尾		【说文】微也。从到毛在尸後。古人或飾系尾，西南夷亦然。凡尾之屬皆从尾。【新释】甲骨文，战国作。正毛作，倒毛为。由倒着的“毛”在“尸”后会尾巴之意。

序号	字头	小篆	《说文解字》解释与新释
663	尿		【说文】人小便也。从尾，从水。【新释】甲骨文。人小便。象形。篆文形变后，从尾、从水会意。
664	履		【说文】足所依也。从尸，从彳，从夊，舟象履形。一曰尸聲。凡履之屬皆从履。，古文履，从頁，从足。【新释】金文，象一人乘舟而行之形，本义当是践、行。后引申为穿鞋之义，再由穿鞋之义引申为所穿之鞋。篆文经过形变，增表行义之“彳”旁与“夊”旁，而有了现在的履。“舟象履形”“尸声”均不确。
665	舟		【说文】船也。古者共鼓、貨狄刳木爲舟，剡木爲楫，以濟不通。象形。凡舟之屬皆从舟。【新释】甲骨文，金文作，象舟形。
666	般		【说文】辟也。象舟之旋。从舟，从殳。殳，所以旋也。古文般。从支。【新释】甲骨文，金文。会意。即盘，右从支，以手持物朝向盘中状。后金文讹为。许谓“从殳”实乃“从支”之讹。
667	方		【说文】併船也。象兩舟省緫頭形。凡方之屬皆从方。，方或从水。【新释】甲骨文，金文。农具，象耒耜之形。徐中舒认为当即“一臿土谓之坺”的坺字初文。许氏“并船”之说不可从。
668	儿		【说文】仁人也。古文奇字人也。象形。孔子曰：在人下，故詰屈。凡儿之屬皆从儿。【新释】儿，即人的异体字。象人形。儿作部件用在其他部件的下面，故作人之诘屈状。许曰“仁人也”，段注以为俗人妄添。
669	兀		【说文】高而上平也。从一在人上。讀若敻。茂陵有兀桑里。【新释】甲骨文，金文。兀与元形音义皆同，当训首。许把兀元分成二字，所释形义均不确。
670	兒		【说文】孺子也。从儿，象小兒頭囟未合。【新释】甲骨文，金文。婴儿，从儿，臼象小儿脑盖顶门未合拢之形。
671	兄		【说文】長也。从儿，从口。凡兄之屬皆从兄。【新释】甲骨文，金文。从儿、从口会意。诸子之中，长者当其事，故谓男子先生为兄。杨树达认为，兄为祝之初文，像人张口向天念念有词有所祷告。
672	先		【说文】首笄也。从人，匕象簪形。凡先之屬皆从先。，俗先，从竹，从朁。【新释】先，头上的簪子。从人，匕象簪子的形状。古言笄，汉言先。
673	皃		【说文】頌儀也。从人，白象人面形。凡皃之屬皆从皃。【新释】容貌。从人，上象人之头面。颂即容貌之容。

序号	字头	小篆	《说文解字》解释与新释
674	兜		【说文】廱蔽也。从人，象左右皆蔽形。凡兜之屬皆从兜。讀若瞽。【新释】遮蔽。从人，象左右耳目被遮之形。
675	兜		【说文】兜鍪，首鎧也。从兜，从皃省。皃象人頭也。【新释】头盔。从兜、从皃省会意，头盔就是为了遮蔽人头的。
676	先		【说文】前進也。从儿，从之。凡先之屬皆从先。【新释】先，前进，从儿、从之会意。甲骨文，金文。古"之"与"止"为一文，龟甲骨文"先"字多从止，止为人足，人举足则前进。
677	秃		【说文】無髮也。从人，上象禾粟之形，取其聲。凡秃之屬皆从秃。王育說，蒼頡出，見秃人伏禾中，因以制字。未知其審。【新释】没有头发。《说文》"粟"当为"秀"，乃取其声。盖古时秀、秃一词，造字之时乃取禾秀之象以谐其音，故许言"上象禾秀之形，取其聲"，秀与秃古无二字，小篆始分。
678	見		【说文】視也。从儿，从目。凡見之屬皆从見。【新释】甲骨文，金文。从儿、从目会意。
679	得（㝵）		【说文】取也。从見，从寸。寸，度之，亦手也。【新释】甲骨文，从又持贝，构形为贝在手，有所得之意。见乃贝之讹变。彳部作古文得。
680	欠		【说文】張口氣悟也。象氣从人上出之形。凡欠之屬皆从欠。【新释】甲骨文。象人张着大口舒气之形。
681	次		【说文】慕欲口液也。从欠，从水。凡次之屬皆从次。，次或从侃。，籀文次。【新释】因羡慕、想要得到而流口水。从欠、从水会意，今字作涎。
682	羡		【说文】貪欲也。从次，从羑省。羑呼之羑，文王所拘羑里。【新释】贪婪，想要得到。字当从次、从羊，羊为肉之美者，会垂涎羊肉之意。
683	盗		【说文】私利物也。从次，次欲皿者。【新释】将他人之物据为己有。皿代表食物，见人之食物即垂涎而欲据为己有，从次、从皿会意。
684	旡		【说文】㱃食氣屰不得息曰旡。从反欠。凡旡之屬皆从旡。，古文旡。【新释】甲骨文，象人张大嘴巴之形。气申为欠，气逆为旡。故从反欠。

序号	字头	小篆	《说文解字》解释与新释
685	頁		【说文】頭也。从𦣻，从儿。古文䭫首如此。凡頁之屬皆从頁。𦣻者，䭫首字也。【新释】头。甲骨文作，金文作，为表示人头连带画出了人身，字当直接以象形为释，不应作“从𦣻，从儿”分析。
686	顺		【说文】理也。从頁，从巛。【新释】巛即川，金文，或从页，或从心，谓人之顺从如水之循川。故本义当为顺从。
687	顥		【说文】白皃。从頁，从景。《楚詞》曰：“天山顥顥。”南山四顥，白首人也。【新释】当云“白首皃”，白头发的样子。頁即首，景即日光，发之白如日光之白。
688	煩		【说文】熱頭痛也。从頁，从火。一曰焚省聲。【新释】头痛。从頁、从火会意。另一说，焚省林为声。
689	頪		【说文】難曉也。从頁、米。一曰鮮白皃。从粉省。【新释】相似难以分别。《六书故》引唐本《说文》从迷省，迷有“难晓”义。或然。一说，鲜而白的样子，偏旁米是粉字的省略。后作類。
690	𦣻		【说文】頭也。象形。凡𦣻之屬皆从𦣻。【新释】象头形。为脸之轮廓，首是𦣻的初文，𦣻为首省形。实际上，𦣻、首、页古为同一字。
691	面		【说文】顏前也。从𦣻，象人面形。凡面之屬皆从面。【新释】颜面。甲骨，为脸的轮廓，为目，目为面部最传神者，故从之，篆文易目为𦣻，无义可讲。
692	丏		【说文】不見也。象壅蔽之形。凡丏之屬皆从丏。【新释】被遮挡而不能看见。上一象额端，中丨象鼻准，左画右回，右画左转，象左右壅蔽之形。
693	首		【说文】𦣻同，古文𦣻也。巛象髮謂之鬊，鬊即巛也。凡𩠐之屬皆从𩠐。【新释】人头。甲骨文作，巛象头发。
694	県		【说文】到首也。賈侍中說，此斷首倒縣県字。凡県之屬皆从県。【新释】象人头倒悬之形。
695	縣		【说文】系也。从系持県。【新释】悬挂。从系持県，即以系悬人头。因县衙为断案之处，故以指州县（縣）之县（縣）。
696	須		【说文】面毛也。从頁，从彡。凡須之屬皆从須。【新释】甲骨文作。脸上的须毛，象形。后写作“鬚”。

序号	字头	小篆	《说文解字》解释与新释
697	彡		【说文】毛飾畫文也。象形。凡彡之屬皆从彡。【新释】甲骨文作彡彡。毛饰画文，分属四事，有属毛者，有属饰者，有属画者，有属文者。
698	㐱		【说文】稠發也。从彡从人。《诗》曰：“㐱髪如雲。”【新释】甲骨文作，金文作，其上为人，其下为彡，象长发稠密而披垂的样子。
699	弱		【说文】橈也。上象橈曲，彡象毛氂橈弱也。弱物並，故从二𢎘。【新释】柔曲。弓象弯曲，彡象毛柔。
700	彣		【说文】䘢也。从彡，从文。凡彣之屬皆从彣。【新释】彩色花纹。文即交错的花纹，彡亦指文饰。会意兼形声。
701	文		【说文】錯畫也。象交文。凡文之屬皆从文。【新釋】甲骨文作，金文作。象人正立之形，胸前刻画有文饰。后写作纹。
702	髟		【说文】長髮猋猋。从長，从彡。凡髟之屬皆从髟。【新释】头发长而下垂的样子，从長、彡会意。
703	后		【说文】繼體君也。象人之形，从口。《易》曰：“后以施令告四方。”凡后之屬皆从后。【新释】甲骨文作，同毓，金文作。甲骨文从（女）从（倒置之子），字象产子之形。讹变而成形。后来，产子之义专用“育毓”二形，君主之义专用“后”形。
704	司		【说文】臣司事於外者。从反后。凡司之屬皆从司。【新释】本义及构意不明。甲骨文作，金文作。《说文》释形为“从反后”，就金文、小篆之形或可为说，但甲骨文却非“从反后”。构意既不明，则本义“臣司事於外者”亦可疑。
705	詞		【说文】意内而言外也。从司，从言。【新释】意义寄托在语词之内而通过声音表达于外，从言从司会意。
706	卮		【说文】圜器也。一名觛。所以節飲食。象人，卪在其下也。《易》曰：“君子節飲食。”凡卮之屬皆从卮。【新释】传统观点认为是一种酒器，从卮之字“䏝”“𦤍”均为酒器。林义光则认为：人下卪，无酒器之义，卮当为“支持”之“支”的本字，卪亦人形，象二人相支拄形。
707	卪		【说文】瑞信也。守國者用玉卪，守都鄙者用角卪，使山邦者用虎卪，土邦者用人卪，澤邦者用龍卪，門關者用符卪，貨賄用璽卪，道路用旌卪，象相合之形。凡卪之屬皆从卪。【新释】甲骨文作，象人跽坐之形，即人字，后用作符节之节。

序号	字头	小篆	《说文解字》解释与新释
708	令		【说文】發號也。从亼卪。【新释】甲骨文作，金文作。林义光以为从口从人，亼象倒口，卪即“人”字，口在人上，象口发号，人跽伏以听。甲、金文令、命同字。
709	印		【说文】執政所持信也。从爪，从卪。凡印之屬皆从印。【新释】甲骨文作，反正无别，金文作，甲金文皆象以手抑人而使跪，其义为“抑”字，后动词化名词，为印章之义，字形亦作分化，以手在左者爲印，在右者爲归，归再加手成抑。参归字说解。
710	抑（归）		【说文】按也。从反印。，俗从手。【新释】甲骨文作，反正无别，皆为“抑”之初文，有印玺之后以手在左者爲印，在右者爲归。参印字说解。
711	色		【说文】顔氣也。从人，从卪。凡色之屬皆从色。【新释】人的气色。构形之旨不明。
712	卯		【说文】事之制也。从卪、𠂎。凡卯之屬皆从卯。闕。【新释】甲骨文。罗振玉谓，卜辞中卯为二人相向状，为“嚮”的本字，许说不可据。
713	卿		【说文】章也。六卿：天官冢宰、地官司徒、春官宗伯、夏官司馬、秋官司寇、冬官司空。从卯，皀聲。【新释】甲骨文作，金文作。饗食時宾主相欢的样子，古之公卿之卿，乡党之乡（鄉），饗食之饗为同一字源，后分化，卿为表彰真善，明辨是非之人，为官职。一说君之试食者为卿。
714	辟		【说文】法也。从卪，从辛，節制其辠也；从口，用法者也。凡辟之屬皆从辟。【新释】甲骨文作，金文作。罗振玉以为，甲骨文辟从辛、人，象对人用刑，辛为刑具之一，表示人有罪，则加以法。中间的“○”即法律所规定的范围，不可越雷池一步。《说文》谓“从口”，乃是“○”的讹变。
715	勹		【说文】裹也。象人曲形，有所包裹。凡勹之屬皆从勹。【新释】包裹。象人弯曲的样子，字空中，故为包意。于省吾认为，甲骨文（）象人侧面俯伏之形，即伏之初文。
716	匊		【说文】在手曰匊。从勹、米。【新释】金文作。米至散，用两手兜而聚之，故为匊，为捧握在手之意。段玉裁、王筠谓，“在手”恐“两手”之误。经传注皆谓“两手曰匊”，后作掬。
717	匀		【说文】少也。从勹、二。【新释】金文作。凡物分则少，二犹分，故为（物因分而）少之意。

序号	字头	小篆	《说文解字》解释与新释
718	旬		【说文】徧也。十日为旬。【新释】甲骨文作。古以天干记日，十日一周遍，故为一旬。
719	包		【说文】象人裹妊，巳在中，象子未成形也。元氣起於子。子，人所生也。男左行三十，女右行二十，俱立於巳，爲夫婦。裹妊於巳，巳爲子，十月而生。男起巳至寅，女起巳至申。故男年始寅，女年始申也。凡包之屬皆从包。【新释】胞之初文。甲骨文作，象人被包裹之状，即怀孕。小篆为包裹，为子未成形者，合起来正象胎儿蜷伏于母腹之中，犹显怀孕之义。后分化，加肉成胞。
720	胞		【说文】兒生裹也。从肉，从包。【新释】胎儿胞衣。以衣包胎儿，故从肉从包。
721	茍		【说文】自急敕也。从羊省，从包省、口。口猶慎言也。从羊，羊與義、善、美同意。凡茍之屬皆从茍。【新释】构形之旨不明。由其甲骨文写法，或以为象狗两耳上翘，蹲踞警惕之形，为儆之初文，警惕之意。
722	敬		【说文】肅也。从攴茍。【新释】金文作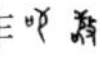。吴大澂谓，金文之“敬”，象人拱手致敬。郭沫若则认为，“敬即警之初文，自来用狗以警卫”（郭谓“茍为狗之象形文”），后为严肃之意。
723	鬼		【说文】人所歸爲鬼。从人，象鬼頭。鬼陰氣賊害，从厶。凡鬼之屬皆从鬼。【新释】甲骨文作，为人之全体象形，甶为人之所戴面具。
724	甶		【说文】鬼頭也。象形。凡甶之屬皆从甶。【新释】甲骨文作。甶非实象鬼头之形，乃象面具之形。
725	畏		【说文】惡也。从甶，虎省。鬼頭而虎爪，可畏也。【新释】甲骨文作。罗振玉谓从鬼，手持卜（棍棒之类）。鬼持械，至可畏。马叙伦以为畏鬼本一字。
726	禺		【说文】母猴屬。頭似鬼。从甶，从禸。【新释】金文作。象长尾猴，头似人，有足尾。
727	厶		【说文】姦衺也。韓非曰：“蒼頡作字，自營爲厶。”凡厶之屬皆从厶。【新释】奸邪，自私之意。其字为自环之象，即围着自己考虑。厶是公私之私的本字，私行而厶废。
728	山		【说文】宣也。宣氣散，生萬物，有石而高。象形。凡山之屬皆从山。【新释】甲骨文作，象形。许云宣也，乃声训。

序号	字头	小篆	《说文解字》解释与新释
729	广		【说文】因厂爲屋也。从厂，象對剌高屋之形。凡广之屬皆从廣。讀若儼然之儼。【新释】甲骨文作广。依山傍崖架屋。
730	庫		【说文】兵車藏也。从車在广下。【新释】搁战车、武器的仓库，以广里有车会意。
731	庶		【说文】屋下衆也。从广、炗。炗，古文光字。【新释】于省吾谓，甲骨文庶（）从火、石，以火燃石而煮，乃煮之本字，后借为正庶之庶。
732	厂		【说文】山石之厓岩，人可居。象形。凡厂之屬皆从厂。【新释】甲骨文作𠂆，金文作厂。象石厓之形。厂、岸，古为一字。
733	仄		【说文】側傾也。从人在厂下。仄，籒文从矢，矢亦聲。【新释】甲骨文作。倾斜，人在崖石之下，不得安处，故而倾斜。
734	丸		【说文】圜，傾側而轉者。从反仄。凡丸之屬皆从丸。【新释】小而圆的物体。此字不见于先秦古文字，构形之旨未明。今姑依《说文》说解作一推测，仄为倾斜、不平，而如丸一类的球状物无所谓倾斜，无论哪一点着地，都是一个形态，且通体光滑圆润，亦无不平之状，故其字反“仄”而为之。
735	危		【说文】在高而懼也。从产，自卪止之。凡危之屬皆从危。【新释】上下皆为人字，中为厂字。人在厂下厂上，尽皆危地。
736	石		【说文】山石也。在厂之下；口，象形。凡石之屬皆从石。【新释】山上的石头，甲骨文作石。厂，山崖，口象石块。
737	磊		【说文】衆石也。从三石。【新释】很多石头，会意。
738	長		【说文】久遠也。从兀，从匕。兀者，高遠意也。久則變化。亾聲。𠂆者，倒亾也。凡長之屬皆从長。【新释】甲骨文作長。象人头发很长的样子，引申为长久之义。
739	勿		【说文】州里所建旗。象其柄，有三游。雜帛，幅半異。所以趣民，故遽稱勿勿。凡勿之屬皆从勿。㫃，勿或从㫃。【新释】甲骨文作勿。孙海波以为象以耒翻土，土粒箸于刃上，土色黧黑，故勿训杂色。物本训杂色牛，亦从勿生义。
740	昜		【说文】開也。从日一勿。一曰：飛揚。一曰：長也。一曰：彊者衆皃。【新释】甲骨文作昜昜，李孝定认为，象日初生之形（日在柯上）。

序号	字头	小篆	《说文解字》解释与新释
741	冄		【说文】毛冄冄也。象形。凡冄之屬皆从冄。【新释】甲骨文作。高鸿缙以为冄象髯，后作髯，为累加偏旁字。
742	而		【说文】頰毛也。象毛之形。《周禮》曰："作其鱗之而。"凡而之屬皆从而。【新释】甲骨文作。象形，脸旁之毛。段玉裁据《礼运正义》改颊毛为"须"。
743	耏		【说文】罪不至髡也。从而，从彡。【新释】轻度的刑罚（剃除两鬓之发）。
744	豕		【说文】彘也。竭其尾，故謂之豕。象毛足而後有尾。讀與豨同。桉：今世字，誤以豕爲彘，以彘爲豕。何以明之？爲啄琢从豕，蠡从彘，皆取其聲，以是明之。凡豕之屬皆从豕。【新释】猪。甲骨文作，象形。
745	豖		【说文】豕絆足行豖豖。从豕繫二足。【新释】甲骨文作。猪足绊绳，行走艰难之状。
746	㣇		【说文】脩豪獸。一曰河内名豕也。从彑，下象毛足。凡㣇之屬皆从㣇。讀若弟。【新释】象形，长毛野兽，河内称之为猪。
747	豚		【说文】小豕也。从彖省，象形。从又持肉，以給祠祀也，凡豚之屬皆从豚。𧱓，篆文从肉豕。【新释】小猪，甲骨文作，从豕从肉作，金文增"又"（手）。
748	豸		【说文】獸長脊，行豸豸然，欲有所司殺形。凡豸之屬皆从豸。【新释】甲骨文作。上象兽头，下象足尾，为嗜杀之兽。宋育仁谓，猛兽扑杀，都是先曲身拟度，然后伸脊向前直搏，即"豸豸然"之义。
749	𤉡		【说文】如野牛而青。象形。與禽、離頭同。凡𤉡之屬皆从𤉡。【新释】犀牛的一种，象形，上象其头，下象足尾。
750	易		【说文】蜥易，蝘蜓，守宫也。象形。《祕書》說：日月爲易，象陰陽也。一曰：从勿。凡易之屬皆从易。【新释】甲骨文作。象两酒器相倾注承受之形，故有赐予的意思，引申为更易。
751	象		【说文】長鼻牙，南越大獸，三年一乳，象耳牙四足之形。凡象之屬皆从象。【新释】甲骨文作。南越所产长鼻长牙巨兽，象形。
752	馬		【说文】怒也；武也。象馬頭髦尾四足之形。凡馬之屬皆从馬。【新释】甲骨文作，兽名，象形。"怒也""武也"，声训。

序号	字头	小篆	《说文解字》解释与新释
753	縶（馽）		【说文】絆馬也。从馬，口其足。《春秋傳》曰：“韓厥執馽前。”讀若輒。縶，或从糸。【新释】绊住马脚，其上为马，其下为口，表示用绳索围绕马腿。
754	廌		【说文】解廌獸也，似山牛，一角。古者决訟，令觸不直。象形，从豸省。凡廌之屬皆从廌。【新释】甲骨文作。一种像牛一样的神兽，当为独体象形，非从豸省。
755	薦		【说文】獸之所食艸。从廌，从艸。古者神人以廌遺黃帝。帝曰：“何食？何處？”曰：“食廌；夏處水澤，冬處松柏。”【新释】野兽吃的草，由廌和艸会意。初为神兽廌所食之草，后用为所有野兽吃的草。
756	灋		【说文】刑也。平之如水，从水；廌，所以觸不直者，去之，从廌去。【新释】刑法。从水、廌、去会意（法律像水一样平正，廌是神兽，用以抵触不正直之人，使不正直的离开它，所以其下为去）。
757	鹿		【说文】獸也。象頭角四足之形。鳥鹿足相似，从匕。凡鹿之屬皆从鹿。【新释】甲骨文作。兽名，象形。上象枝角，次象头及身尾，下象四足。
758	麤		【说文】行超遠也。从三鹿。凡麤之屬皆从麤。【新释】远跳。甲骨文作，由三鹿会意。
759	塵（𪋻）		【说文】鹿行揚土也。从麤，从土。【新释】细土，由三鹿及土会意（群鹿疾行，尘土飞扬）。
760	㲋		【说文】獸也。似兔，青色而大。象形。頭與兔同，足與鹿同。凡㲋之屬皆从㲋。【新释】兽似兔而形体过之，象形。
761	兔		【说文】獸名。象踞，後其尾形。兔頭與㲋頭同。凡兔之屬皆从兔。【新释】长耳短尾之兽。甲骨文作，象形。
762	逸		【说文】失也。从辵、兔。兔謾訑善逃也。【新释】逃跑。兔善逃，故从辵从兔会意。
763	冤		【说文】屈也。从兔，从冂。兔在冂下，不得走，益屈折也。【新释】屈缩不伸，以兔子在覆罩之下难以逃脱，曲折不伸会意。
764	犬		【说文】狗之有縣蹏者也。象形。孔子曰：“視犬之字如畫狗也。”凡犬之屬皆从犬。【新释】甲骨文作，犬类象形，泛称则为狗之通名。

序号	字头	小篆	《说文解字》解释与新释
765	尨		【说文】犬之多毛者。从犬，从彡。《詩》曰："無使尨也吠。"【新释】多毛的狗，甲骨文作。
766	犮		【说文】走犬皃。从犬而丿之。曳其足，則剌犮也。【新释】使狗跑的样子。"丿"即用绳系于狗脚。
767	戾		【说文】曲也。从犬出戶下。戾者，身曲戾也。【新释】弯曲。从犬从户，犬弯曲着身子出于户下。
768	臭		【说文】禽走，臭而知其跡者，犬也。从犬，从自。【新释】嗅的初文，泛指气味，甲骨文作，由犬、自（鼻子）会意。
769	猋		【说文】犬走皃。从三犬。【新释】狗跑的样子，从三犬会意，引申为疾速的意思。
770	㹜		【说文】兩犬相齧也。从二犬。凡㹜之屬皆从㹜。【新释】两狗互咬。犬性不喜群，两犬相遇，往往相咬，故从二犬。
771	狱		【说文】确也。从㹜，从言。二犬所以守也。【新释】监狱，坚牢。金文作，林义光谓：从二犬守言。言实辛之讹变。辛，罪人也。
772	鼠		【说文】穴蟲之緫名也。象形。凡鼠之屬皆从鼠。【新释】凡穴居者皆通名鼠，象形，上象其齿，下象其腹、爪、尾。
773	能		【说文】熊屬。足似鹿。从肉，㠯聲。能獸堅中，故稱賢能；而彊壯，稱能傑也。凡能之屬皆从能。【新释】熊之初文，后假借为贤能之能。甲骨文作，象形。
774	熊		【说文】獸。似豕，山居，冬蟄。从能，炎省聲。凡熊之屬皆从熊。【新释】徐灏谓，熊之本义为火光，从火能声，假借为能，即熊罴字。
775	火		【说文】燬也。南方之行，炎而上。象形。凡火之屬皆从火。【新释】甲骨文作，象火焰之形。
776	灰		【说文】死火餘𦥑也。从火，从又；又，手也。火既滅，可以執持。【新释】灰烬，从火、又会意。又即手，火熄，故可握持。
777	尉		【说文】从上案下也。从𡰥；又持火，以尉申繒也。【新释】字今作熨。"以尉申缯"谓加热并按压绢帛，使之伸展。按，篆文未见缯，故"以尉申缯"说恐难成立。篆文中尸即人，二指多层物，字当表达用手将多层热物平铺于人身以治病，《说文》所释为引申义。

序号	字头	小篆	《说文解字》解释与新释
778	光		【说文】明也。从火在人上，光明意也。【新释】光明。甲骨文作，“火”在“人”上，会光明之意。
779	炎		【说文】火光上也。从重火。凡炎之屬皆从炎。【新释】甲骨文作。火光向上升腾的样子，由重叠的两个火构成，火飞扬而光上出。
780	粦		【说文】兵死及牛馬之血爲粦。粦，鬼火也。从炎舛。【新释】古人所谓鬼火，甲骨文作。林义光谓：舛象二足迹形。鬼火宵行逐人。
781	黑		【说文】火所熏之色也。从炎上出。，古窗字。凡黑之屬皆从黑。【新释】金文作。象正面人形（或戴面具，或遭黥首），黑色当为引申义，许说不可据。
782	囱		【说文】在牆曰牖，在屋曰囱。象形。凡窗之屬皆从囱。窗，或从穴。【新释】在墙壁上的叫牖，在屋顶上的叫囱，象形，外象木框，中象木条交疏之形。
783	焱		【说文】火華也。从三火。凡火之屬皆从焱。【新释】甲骨文作。火花的意思，由三火会意。
784	炙		【说文】炮肉也。从肉在火上。凡炙之屬皆从炙。【新释】把肉放在火上烧烤，从肉从火会意。
785	赤		【说文】南方色也。从大，从火。凡赤之屬皆从赤。【新释】红色。甲骨文作，从火从大会意。
786	赫		【说文】火赤皃，从二赤。【新释】火红的样子，从二赤会意。
787	大		【说文】天大，地大，人亦大。故大象人形。古文大也。凡大之屬皆从大。【新释】甲骨文作，象人正面形状，扬其两手，张其两足。王筠谓：“天地之大，无由象之以作字，故象人之形以作大字。”
788	夾		【说文】持也。从大俠二人。【新释】挟持。甲骨文、金文字形为两人相向夹一人之形。
789	奄		【说文】覆也。大有餘也。又，欠也。从大，从申；申，展也。【新释】覆盖。其上为大，其下为申，覆盖于其上而使之不得舒展。
790	契		【说文】大約也。从大，从。《易》曰：“後世聖人易之以書契。”【新释】契刻大的约定，甲骨文作，左为刀，象所刻之契。
791	夷		【说文】平也。从大，从弓。東方之人也。【新释】平。从大、弓会意（人持弓以平定异族），假借为夷狄字。

序号	字头	小篆	《说文解字》解释与新释
792	亦		【说文】人之臂亦也。从大，象两亦之形。凡亦之屬皆从亦。【新释】腋的初文。甲骨文作，“大”象人形，左右两点为指事符号。
793	夾		【说文】盜竊褱物也。从亦，有所持。俗謂蔽人俾夾是也。弘農陝字从此。【新释】偷窃东西藏在怀里，意为有所持。
794	夨		【说文】傾頭也。从大，象形。凡夨之屬皆从夨。【新释】甲骨文作，象头部倾侧的样子，泛指倾侧。
795	吴		【说文】姓也。亦郡也。一曰：吴，大言也。从夨口。【新释】甲骨文作。段玉裁认为，哗为此字本义，由大言会意。
796	夭		【说文】屈也。从大，象形。凡夭之屬皆从夭。【新释】弯曲。甲骨文作，象行走时两臂摆动之形状。
797	奔		【说文】走也。从夭，賁省聲。與走同意，俱从夭。【新释】快跑。金文作，从夭，与走同意，其下象足迹，疾走故迹多，是为奔。
798	交		【说文】交脛也。从大，象交形。凡交之屬皆从交。【新释】交互。甲骨文作，象两腿相交的样子。
799	尣		【说文】曲脛也，从大，偏曲之形，凡尣之屬皆从尣。【新释】跛腿。象人一腿弯曲之形。
800	壺		【说文】昆吾圜器也。象形。从大，象其蓋也，凡壺之屬皆从壺。【新释】圆形器皿。象形，上为盖，旁有耳。
801	幸		【说文】所以驚人也。从大、从䇂。一曰：大聲也。凡㚔之屬皆从㚔。一曰：讀若瓠。一曰：俗語以盜不止爲㚔。㚔讀若籋。【新释】用来使人惊骇的刑具，即手铐。大，象人形。《说文·干部》：“䇂，撴也。”撴，刺。古罪人受刺配。按许慎说，㚔是会意字。㚔字甲骨文写作，于省吾认为：㚔字本象施于手腕的械（手铐）形。刑具剖为两半，将人的两腕纳入械中，以绳缚其两端。按于省吾说，㚔字甲骨文为合体象形字。
802	執		【说文】捕罪人也。从丮，从㚔，㚔亦聲。【新释】拘捕罪人。《说文》：“丮，持也。”幸，戴枷锁之人，即罪人。会意字。
803	圉		【说文】囹圄，所以拘罪人。从㚔，从囗。一曰：圉，垂也。一曰：圉人，掌馬者。【新释】圉，囹圉，同囹圄，监狱。囗，围的古字。围罪人于牢狱中。会意字。垂，陲的初文，监狱拘禁罪人防止其逃跑，边陲须防守，故圉有边陲义。圉人的职责是守护苑囿的马，圉以围囚徒，囿以围禽兽，其造字原理同。当以监狱义为圉的本义。

序号	字头	小篆	《说文解字》解释与新释
804	報		【说文】當罪人也。从㚔、从𠬝。服罪也。【新释】审判罪人。当，审判。𠬝，古服字，使罪人服罪是审判罪人的目的。
805	亢		【说文】人頸也。从大省，象頸脈形。凡亢之屬皆从亢。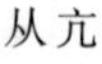，亢或从頁。【新释】喉咙、咽喉，頏的初文。颈内为咽喉。大，象人，省去颈以突出此部位。
806	夲		【说文】進趣也。从大，从十。大十猶兼十人也。凡夲之屬皆从夲。讀若滔。【新释】疾进。夲为会意字。大即人，十人即一人而兼十人之力，故为疾进。
807	奏		【说文】奏進也。从夲、从𠬞、从屮。屮，上進之義。，古文。，亦古文。【新释】进奉。进奉不能怠慢，故从夲、从廾，夲，疾速，廾，拱，拱手进奉。屮，艸向上生长，有进之义。
808	亣		【说文】籀文大，改古文，亦象人形。凡大之屬皆从大。【新释】“大”字在参与构形时位于其他偏旁之下时的一种写法。参见“大”（）字。
809	奚		【说文】大腹也。从大，𦃃省聲。𦃃，籀文系字。【新释】罗振玉认为本义为奴隶。从爪、系（幺即系，丝，丝绳）、大（人也），象以手提持带发辫之人或被绳索捆绑之人形。甲骨文有从大、从女两种写法。
810	夫		【说文】丈夫也。从大，以象簪也。周制以八寸爲尺，十尺爲丈。人長八尺，故曰丈夫。凡夫之屬皆从夫。【新释】成年男子。大字上加一短横以象簪。男子行冠礼之后需将簪从冠的小孔中插入将冠和头发固定。
811	規		【说文】有法度也。从夫，从見。【新释】规矩、法度。夫之所见为规。
812	立		【说文】住也。从大，立一之上。凡立之屬皆从立。【新释】站立。指事字。一，象征大地。住，驻也，站住。
813	竦		【说文】敬也。从立，从束。束，自申束也。【新释】肃敬、恭敬。卑者侍于尊者侧或者行庄重之事，约束自己不失敬意，竦然肃立，故字从束、立会敬肃之义。
814	竝		【说文】併也。从二立。凡竝之屬皆从竝。【新释】并列。同文会意字。与合并之并古形、音、义有别。并属于清音帮母，竝属于浊音並母。
815	囟		【说文】頭會𡿺蓋也。象形。凡囟之屬皆从囟。，或从肉、宰。，古文囟字。【新释】脑囟门。象其形。

序号	字头	小篆	《说文解字》解释与新释
816	思		【说文】容也。从心，囟聲。凡思之屬皆从思。【新释】思想的思。“容”为“睿”之误。睿者，深通川也，思能深通，故为睿。按许说，思从心，囟声，为形声字。《孟子·告子上》：“心之官则思。”官，官能。故思字以心为形符。囟字既为脑盖，指代脑，则亦表义。
817	心		【说文】人心。土藏，在身之中。象形。博士説以爲火藏。凡心之屬皆从心。【新释】心脏。象心脏之形。藏，脏器。所谓土藏，阴阳五行说认为心属土，土位于中央，心脏在人体中央。
818	息		【说文】喘也。从心，从自。自亦聲。【新释】呼吸。自，鼻子。气自外经鼻达于心，又由心经鼻达于外。
819	意		【说文】志也。从心，察言而知意也。从心、从音。【新释】意志。音，言自口出发而为声音。意从心、音会意，察其言，知其心意。
820	德（悳）		【说文】外得於人，内得於己也。从直，从心。，古文。【新释】道德之德。甲骨文作，从彳或行，从目，木上一竖为视线之象，会道中行走，视正行直，即目不斜视。
821	慶		【说文】行賀人也。从心，从夊。吉禮以鹿皮爲贄，故从鹿省。【新释】金文作，其形为鹿或廌，或从心。甲骨文有字，从鹿从文，表示有花纹的鹿，《甲骨文编》以为是麐，即麟的异体字。今疑金文的即甲骨文的，心即由文变化而来。甲骨文中的，以及金文的，中间的花纹状都酷似金文的心（）。后鹿尾或廌尾讹为夊，许慎又宥于“吉礼以鹿皮为贽”，故以为“从鹿省”。本是有花纹的鹿，后用以表庆贺，鹿谐音禄，表示吉庆。
822	忘		【说文】不識也。从心，从亡，亡亦聲。【新释】忘记。亡，遗忘，心中所记遗忘。識（识），记。
823	水		【说文】準也。北方之行。象衆水並流，中有微陽之氣也。凡水之屬皆从水。【新释】雨水之水。中长笔为主流，两边之短笔表支流或谓浪花。用准字释水，是声训，言水至平。
824	衍		【说文】水朝宗于海也。从水，从行。【新释】水循河道流会于海。从水在行中。行，本为四通八达的道路，此处指河道。
825	淵		【说文】回水也。从水，象形。左右，岸也。中象水皃。，淵或省水。，古文从囗水。【新释】回水，深潭。回水、深潭义相成，水流流到尽头回荡而成回水，驻之即为深潭。为象形字，左右为岸，中为水。亦为象形字，四周为岸。

序号	字头	小篆	《说文解字》解释与新释
826	沙		【说文】水散石也。从水，从少。水少沙見。楚東有沙水。，譚長說沙或从尐。【新释】沙子。水少则沙见（出现，能看见）。
827	派		【说文】别水也。从水，从𠂢。𠂢亦聲。【新释】流派，水分出的支流。派是在𠂢字的基础上加注形符而造的字。
828	休		【说文】没也。从水，从人。【新释】溺水之溺的本字。人在水下，会沉溺之义。
829	没		【说文】沈也。从水，从。【新释】沉溺。沈，古沉字。，沉没，上面是回字，回，渊水也；下面又，手也，表示人沉没于湍急的水涡中。后加注形符而为没。
830	瀕		【说文】水厓。人所賓附，频蹙不前而止。从頁，从涉。凡瀕之屬皆从瀕。【新释】水濒、水边。字从页、涉会意。页本义为头，人涉水蹙额而担心。
831	𡿨		【说文】水小流也。《周禮》："匠人爲溝洫，相廣五寸，二相爲耦；一耦之伐，廣尺、深尺謂之𡿨。"倍𡿨謂之遂，倍遂曰溝，倍溝曰洫，倍洫曰巜。凡𡿨之屬皆从𡿨。，古文，从田，从川。，篆文，从田，犬聲。六畎爲一畝。【新释】畎（甽）的初文，田间沟洫。
832	巜		【说文】水流澮澮也。方百里爲巜，廣二尋，深二仞。凡巜之屬皆从巜。【新释】浍（澮）的古字。田间排水道，亦水流汇聚貌。从二𡿨会意。
833	川		【说文】貫穿通流水也。《虞書》曰："濬𡿨巜距川。"言深𡿨巜之水會爲川也。凡川之屬皆从川。【新释】河流。象河川之形。
834	邕		【说文】四方有水，自邕城池者。从川，从邑。，籀文邕。【新释】城郭四面有水成池。段玉裁认为"自邕城池"当为"自擁城池"。
835	灾（巛）		【说文】害也。从一雝川。《春秋傳》曰："川雝爲澤凶。"【新释】灾害。"一"象征河川堵塞而成灾。甲骨文象洪水泛滥之形。后有災、灾等字。
836	侃		【说文】剛直也。从㐰。㐰，古文信。从川，取其不舍晝夜。《論語》曰："子貢，侃侃如也。"【新释】侃侃，刚直貌。从㐰、川会意。
837	州		【说文】水中可居曰州。周遶其旁，从重川。昔堯遭洪水，民居水中高土。故曰"九州"。《詩》曰："在河之州。"一曰：州，疇也。各疇其土而生之。，古文州。【新释】洲之古字，河流中的陆地，"从重川"谓从二川相重，实当为水绕州渚环流之状。象州渚。

序号	字头	小篆	《说文解字》解释与新释
838	泉		【说文】水原也。象水流出成川形。凡泉之屬皆从泉。【新释】泉水。原为源的初文。甲骨文作，象泉水从穴中流出之形。
839	灥		【说文】三泉也。闕。凡灥之屬皆从灥。【新释】众多泉流，此字阙其义。同文会意字。
840	源（厵）		【说文】水泉本也。从灥出厂下。【新释】水泉的本源。源的古字，众多泉水出山厓下而会聚。厂，山厓。三泉表示多。
841	永		【说文】長也。象水巠理之長。《詩》曰："江之永矣。"凡永之屬皆从永。【新释】江水之长，引申长远、永远。中为主流，他为支流，主流发源之后，又有其他支流汇入，源远流长，故能成其永。一说为"泳"之初文，象人在水中潜泳。
842	𠂢		【说文】水之衺流别也。从反永。凡𠂢之屬皆从𠂢。讀若稗縣。【新释】水的支流，即流派之义。水长分出支流，故从反永见意。𠂢是派的古字。
843	衇		【说文】血理分衺行體者。从𠂢，从血。，衇或从肉。，籀文。【新释】脉。𠂢为支流，人之血管脉络遍布全身，故从𠂢、血会意。
844	谷		【说文】泉出通川爲谷。从水半見出於口。凡谷之屬皆从谷。【新释】山谷。口，山谷口。从水、口会意。
845	仌		【说文】凍也。象水凝之形。凡仌之屬皆从仌。【新释】作动词是冰冻，作名词是所结之冰。象冰形。
846	凝（冰）		【说文】水堅也。从仌，从水。，俗冰从疑。【新释】凝的本字。从仌从水，水结成冰即是凝固、凝结。
847	冬		【说文】四時盡也。从仌，从夂。夂，古文終字。，古文冬从日。【新释】冬、终为古今字。初文为夂，甲骨文写作，绳子的两个终端打上结表示其义。四时，四季，殷商时代无春夏秋冬四季说。有了冬季之说后，夂加注形符仌为冬，冬季为一年的末端，天气寒冷而有冰。为了冬字专用以表示冬季之义，古人加旁而造始终的终。
848	雨		【说文】水从雲下也。一象天，冂象雲，水霝其間也。凡雨之屬皆从雨。【新释】下雨、雨水。甲骨文作，上边或有横画，或无横画，横画是天的界画，点画象雨点下落之状。

序号	字头	小篆	《说文解字》解释与新释
849	電		【说文】陰陽激燿也。从雨，从申。，古文電。【新释】闪电。甲骨文作，象闪电。闪电之后或闪电之时往往下雨，故金文加雨作。“从申”之“申”是電的本字，后来借作别用，方有“電”字。
850	屚		【说文】屋穿水下也。从雨在尸下。尸者，屋也。【新释】古漏字。从屋省形，会雨从屋下之意。
851	雲		【说文】山川气也。从雨，云象雲回轉形。凡雲之屬皆从雲。，古文省雨。，亦古文雲。【新释】云气。山川之水气上蒸至天空变成云。甲骨文作，象卷起的云层。云借来表示说的意思之后加注雨旁成雲以表本义。
852	魚		【说文】水蟲也。象形。魚尾與燕尾相似。凡魚之屬皆从魚。【新释】鱼。象鱼头身尾之形。
853	燕		【说文】玄鸟也。籋口，布翄，枝尾。象形。凡燕之屬皆从燕。【新释】燕子。象形字。籋口，嘴巴像钳子；布翄，飞行时翅膀张开着；枝尾，尾巴像枝丫一样分开。
854	龍		【说文】鱗蟲之長。能幽能明，能細能巨，能短能長。春分而登天，秋分而潛淵。从肉飛之形，童省聲。凡龍之屬皆从龍。【新释】传说中的神异动物，水族之长，有鳞爪，能兴云降雨。独体象形字。甲骨文写作，象龙有头、身、尾之形。非从童省声，而是象龙头上的肉冠。
855	飛		【说文】鳥翥也。象形。凡飛之屬皆从飛。【新释】飞翔。鸟展翅奋飞之象。
856	非		【说文】違也。从飛下翄，取其相背。凡非之屬皆从非。【新释】违背。鸟飞，翅膀相背，即取飛字下面的左右翅膀两部分稍变其形表示违背之义。
857	卂		【说文】疾飛也。从飛而羽不見。凡卂之屬皆从卂。【新释】迅疾地飞，是迅的初文。鸟疾飞时，头顶上的翁毛和翅膀皆看不真切，故省去飛的小篆的翁毛、翅膀以会其意。
858	乞		【说文】玄鳥也。齊魯謂之乞。取其鳴自呼。象形。凡乞之屬皆从乞。，乞或从鳥。【新释】本义不明，按《说文》所释为燕子。
859	孔		【说文】通也。从乞，从子。乞，請子之候鳥也。乞至而得子，嘉美之也。古人名嘉，字子孔。【新释】金文作，都是在小孩头顶上有个记号，故郭沫若认为：“此乃指事字，与本末同例，乃指小儿头角上有孔也。故孔之本义当为囟，囟者象形文，孔则指事字。”

序号	字头	小篆	《说文解字》解释与新释
860	乳		【说文】人及鳥生子曰乳，獸曰產。从孚，从乙。乙者，玄鳥也。《明堂月令》:“乙鳥至之日，祠于高禖，以請子。故乳从乙。請子必以乙至之日者，乙春分來，秋分去，開生之候鳥，帝少昊司分之官也。【新释】哺乳。甲骨文作，象女人搂子以乳之形。篆文中的当即之讹省。
861	不		【说文】鳥飛上翔，不下來也。从一，一猶天也。象形。凡不之屬皆从不。【新释】花萼。因假借为否定副词，借义成为基本义，后世造区别字柎以表示本义。不，甲骨文写作。郭沫若认为上象花萼、子房，下象花蕊之雄雌。一说为草木之根。
862	否		【说文】不也。从口，从不，不亦聲。【新释】表示不赞同。古本先借用不字，后又加注口旁而造区别字否，表示否定意见需要动口。
863	至		【说文】鳥飛从高下至地也。从一，一猶地也。象形。不上去而至下，來也。凡至之屬皆从至。，古文至。【新释】到。甲骨文写作。罗振玉说，上象矢之倒文，一象地，象矢远来降至地之形。
864	臺		【说文】觀，四方而高者。从至，从之，从高省。與室屋同意。【新释】台观。台观高，故从高省。从至，与屋从至同意。至，止，人所止息。之，到。谓人至高处可得止息。
865	西		【说文】鳥在巢上。象形。日在西方而鳥棲，故因以爲東西之西。凡西之屬皆从西。，西或从木、妻。，古文西。，籀文西。【新释】甲骨文作，金文作，唐兰认为即囟字，即甾字，皆借来表示东西之西字。小篆作者，当属讹变。许慎据小篆作出“鸟在巢上”的诠释，亦不失为一种当代形义关系，或谓理据重构。
866	鹵		【说文】西方鹹地也。从西省，象鹽形。安定有鹵縣。東方謂之㡿，西方謂之鹵。凡鹵之屬皆从鹵。【新释】盐碱地，所含盐与海盐相对，亦可泛指盐。金文作，中点象盐粒。象盐池，其形与同时之“西”作同，但与“西”无关，亦非“从西省”。
867	鹽		【说文】鹹也。从鹵，監聲。古者宿沙初作煑海鹽。凡鹽之屬皆从鹽。【新释】《段注》“天生曰鹵，人生曰盐”，卤盐实一物，故鹽从卤。
868	户		【说文】護也。半門曰户。象形。凡户之屬皆从户。，古文戸从木。【新释】单扇的门。甲骨文作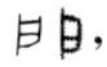，大曰门，小曰户，故户从半门。护与户同音，为声训，释其功能，户是保护室内安全的门户。

序号	字头	小篆	《说文解字》解释与新释
869	扇		【说文】扉也。从户，从翄聲。【新释】門扉。当释为“从户，从羽”，谓门如两翼。
870	門		【说文】聞也。从二户。象形。凡門之屬皆从門。【新释】大门。甲骨文作，金文作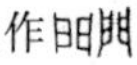，由两户组成。门与闻双声叠韵，是为声训，门内门外，可以通过门而闻听。
871	開		【说文】張也。从門，从开。，古文。【新释】开门。古文会双手拿掉门闩开门之意，篆文将门闩断开。
872	閒		【说文】隟也。从門，从月。徐鍇曰：夫門，夜閉。閉而見月光。是有閒隟也。，古文閒。【新释】门缝，引申为缝隙。，月光从门缝透进来会意门有缝隙。隟，隙之误。
873	閑		【说文】闌也。从門中有木。【新释】门拦，引申为防闲。门里有木，防闲家畜任意出入。闌，古栏字，其功用在于阻拦。
874	閉		【说文】闔門也。从門。才，所以歫門也。【新释】关门、关闭。丰，不是字，象键闭之形，即今木锁。
875	閃		【说文】闚頭門中也。从人在門中。【新释】从门中偷看。头入门中而会偷看之义。
876	闖		【说文】馬出門皃。从馬在門中。讀若郴。【新释】出头貌。从马在门中会出头之义。
877	耳		【说文】主聽也。象形。凡耳之屬皆从耳。【新释】耳朵。耳朵是主管听觉的器官，《说文》是释其功能。象形字，象耳朵的大致轮廓。甲骨文写作，象形性更强。
878	聯		【说文】連也。从耳，耳連於頰也。从絲，絲連不絶也。【新释】连接。小篆从耳、丝会意，盖古人军战断耳，以绳连属以计战功。或以为“联”战国作，从耳，从，象两丝相连，音义与“联”相同相近，故“联”的结构应是从耳从，亦声。
879	聖		【说文】通也。从耳呈聲。【新释】双耳通顺。无所不通，超越凡人，是圣人。甲骨文聖字写作，突出人的耳和口，人需凭借耳、口通晓世事。小篆人变成了壬，成为声符，耳独立出来，与口皆为形符。
880	聶		【说文】附耳私小語也。从三耳。【新释】窃窃私语，俗言说悄悄话。三耳相附以会意。

序号	字头	小篆	《说文解字》解释与新释
881	頤(𦣞)		【说文】顄也。象形凡𦣞之屬皆从𦣞。，篆文。，籀文从首。【新释】古颐字，脸颊，象形字，《说文解字注》："此字当横视之。横视之则口上、口下、口中之形俱见矣。"小篆、籀文加注意符页、首。
882	手		【说文】拳也。象形。凡手之屬皆从手。，古文手。【新释】腕以下的指掌部分。象形字。徐灏《段注笺》："象指掌之形。小篆中画微曲，书势取茂美也。"
883	拜(𢷎)		【说文】首至地也。从手、𠦪。𠦪，音忽。，楊雄說，拜从两手、下。，古文拜。【新释】拜揖。段玉裁认为当释为"首至手"，是。𠦪是进趣之疾之义，拜揖当审时度势，不可延误，故从之。
884	摯		【说文】握持也。从手、从執。【新释】執，拘持罪人，泛指执持。甲骨文作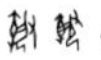，象罪人被执以手抑之之形。
885	承		【说文】奉也、受也。从手、从卩、从奴。【新释】承奉、承受。甲骨文写作，双手捧一人以会意，小篆又加手字。卩，人字之变形。
886	投		【说文】擿也。从手，从殳。【新释】投掷。殳，古代兵器，属于兵杖类属。手，动作之所出；殳，动作之所受。
887	女		【说文】婦人也。象形。王育說。凡女之屬皆从女。【新释】女性。甲骨文女字写作，敛手端坐之女性形象。
888	妻		【说文】婦與夫齊者也。从女，从中，从又。又，持事，妻職也。，古文妻，从肖、女。肖，古文貴字。【新释】妻子。甲骨文写作，上象妇女长发形，中为又，手也，下为女。从又，是古代掠夺婚姻的反映。小篆从中，长发之变形。用齐字释妻，是声训。相对于妾而言，妻与夫齐。
889	婦		【说文】服也。从女持帚，灑埽也。【新释】妇女，已嫁者。女主内，持帚洒扫室内，为古代女子分内之事。
890	母		【说文】牧也。从女，象褱子形。一曰象乳子也。【新释】母亲。甲骨文作，在女字基础上加两点，象乳房，小篆将两点线条化。
891	奴		【说文】奴婢，皆古之辠人也。《周禮》曰："其奴，男子入于辠隸，女子入于舂藁。"从女，从又。，古文奴从人。【新释】奴隶。金文作，小篆与金文从女，古文从人。又，手，手以劳作。会用力操持劳务的奴隶。
892	好		【说文】美也。从女、子。【新释】美好。美好是抽象的，女子形美，故以女子会美好之义。一说女有子为美。一说女、子（男）相爱为美。

序号	字头	小篆	《说文解字》解释与新释
893	嫋		【说文】姌也。从女从弱。【新释】柔弱修长貌。女子体形一般显得柔弱，故从女、弱会意。
894	委		【说文】委隨也。从女，从禾。【新释】顺从、柔顺。甲骨文作，以禾谷垂穗委曲之貌与女子嫋嫋曼妙之姿会意。
895	如		【说文】从隨也。从女，从口。【新释】随从，随顺。甲骨文作。女子，从人者。古代强调女子之德在于顺从，在家从父，出嫁从夫，口必唯唯。
896	嬰		【说文】頸飾也。从女，賏。賏，其連也。【新释】脖子上的装饰品。古人连贝为饰，置于颈，如今之项链。
897	媛		【说文】美女也，人所援也。从女，从爰，爰引也。《詩》曰："邦之媛兮。"【新释】美女，美女为人所攀缘。会意兼形声字。爰为援的古字。
898	奸		【说文】犯婬也。从女，从干，干亦聲。【新释】干犯。"婬"字衍文。从女者，干女为犯，但义在干不在婬。
899	姦		【说文】私也。从三女。，古文姦，从心，旱聲。【新释】私通，引申为奸邪。兼有奸淫与奸邪二义。奸姦典籍常通用。今合并为奸。
900	毋		【说文】止之也。从女，有奸之者。凡毋之屬皆从毋。【新释】不要，表示禁止之辞。甲骨文作，毋与母同字，后借为禁止之辞，借义字形加以变化以一横示区别于母。
901	民		【说文】衆萌也。从古文之象。凡民之屬皆从民。，古文民。【新释】甲骨文民字写作，古时将战争中的俘虏作为奴隶，盲其一目以为标记。故民是最底层的。
902	也		【说文】女陰也。象形。，秦刻石也字。【新释】一说为女阴；一说为匜的初文，古代盥洗时用以盛水的器具；一说甲骨文中与"它"同字，作，金文作，秦刻石便有了的写法。最后一说最能得形体演变的支持。三说皆为象形。
903	戈		【说文】平頭戟也。从弋，一横之。象形。凡戈之屬皆从戈。【新释】干戈之戈。甲骨文作，金文作。象形。
904	戎（戒）		【说文】兵也。从戈，从甲。【新释】兵器。金文作，后二形的是的线条化，象盾形，后来写作毌。古代戈和盾是进攻和防卫的主要器械，兵戎的戎字即由二者组成。甲则因古甲字写作，与中同形所致。

序号	字头	小篆	《说文解字》解释与新释
905	戍		【说文】守邊也。从人持戈。【新释】戍边。人持戈以防卫。
906	或		【说文】邦也。从口，从戈，以守一。一，地也。【新释】邦国，国的初文。甲骨文作[illegible]，金文作[illegible]，甲骨文口表城池，戈守卫之，金文加上两条或一条标志界限的横线，小篆亦同。后分化孳乳为或、国、域三字。
907	武		【说文】楚莊王曰："夫武，定功戢兵，故止戈爲武。"【新释】征伐。甲骨文作[illegible]，金文作[illegible]，由止、戈会意。止，趾的初文，有趾必有人，人背着戈出征。
908	戉		【说文】斧也。从戈，[illegible]聲。司馬法曰："夏執玄戉，殷執白戚，周左杖黄戉，右秉白髦。"凡戉之屬皆从戉。【新释】斧钺，钺的初文。甲骨文写作[illegible]，象戉之形。
909	我		【说文】施身自謂也。或說：我，頃頓也。从戈，从[illegible]。[illegible]，或說古垂字。一曰：古殺字。凡我之屬皆从我。[illegible]，古文我。【新释】甲骨文作[illegible]，象兵器，与戈相似。自己称自己，即"施身自谓"是假借。
910	義		【说文】己之威儀也。从我、羊。[illegible]，墨翟書義从弗。魏郡有羛陽鄉，讀若錡。今屬鄴，本内黄北二十里。【新释】人的外表、仪表。由我、羊组合以会意：从我，段注："威仪出于己。"从羊，犹善之从羊，羊是祥和的动物。
911	琴（珡）		【说文】禁也。神農所作。洞越。練朱五弦，周加二弦。象形。凡珡之屬皆从珡。[illegible]，古文珡从金。【新释】琴，弦乐器的一种。小篆为象形字，上部中间一竖象琴柱，弧笔为琴体。上四横象弦轴，下二横深入琴体为弦轸，上部左右直下象弦。后字形楷化变方正匀称，省去琴柱、琴体，加注声符今，而造形声字琴。
912	㇄		【说文】匿也。象迟曲隱蔽形。凡㇄之屬皆从㇄。讀若隱。【新释】按《说文》解释是隐蔽之义。其字形曲折蜿蜒，象隐蔽之形。但其字未见于文献，当是许慎在分析小篆系统时为直和亡离析提取的一个部首。
913	直		【说文】正見也。从㇄，从十，从目。【新释】成直线形状，与曲相对。甲骨文写作[illegible]，从目上一竖，表示目光直视一处，指视线之直。
914	亡（亾）		【说文】逃也。从入，从㇄。凡亡之屬皆从亡。【新释】甲骨文作[illegible]，锋芒之芒的本字，从刀，一点表示锋芒所在，与刃造意同。"无有""逃亡"义为假借。
915	乍		【说文】止也。一曰：亾也。从亾，从一。【新释】甲骨文作[illegible]，曾宪通认为其字主体[illegible]取象耒形，上之[illegible]疑是以耒起土随庇（庇指耒下前曲接耜者）而起的土块，故以耒起土是其本义，引申为耕作之"作"。

序号	字头	小篆	《说文解字》解释与新释
916	匃（匄）		【说文】气也。逯安説：亾人爲匃。【新释】乞求。亡人，即逃亡的人。逃亡的人常以乞食为生。今作丐。
917	匸		【说文】衺徯有所侠藏也。从乚，上有一覆之。凡匸之屬皆从匸。讀與傒同。【新释】斜向立着，能藏人或物的处所或器皿。
918	區		【说文】踦區，藏匿也。从品在匸中。品，衆也。【新释】隐藏。品，物品。匸，所以藏也。物品在匸中，会收藏隐匿之义。
919	医		【说文】盛弓弩矢器也。从匸，从矢。《國語》曰："兵不解医。"【新释】盛弓弩箭的器具。由矢在匸中，会收藏弓箭类武器的器具之义。
920	匚		【说文】受物之器。象形。凡匚之屬皆从匚。讀若方。𠤬，籀文匚。【新释】盛物的器具，正方形状。当横视之，缺口本应向上，为避免与去鱼切之凵，口犯切之凵相混，侧立以示有别。
921	匠		【说文】木工也。从匚，从斤。斤，所以作器也。【新释】工匠。匚，器具。斤，犹斧，工具。斤在匚中，即工具在工具箱中，会匠人之意。
922	曲		【说文】象器曲受物之形。或説：曲，蠶薄也。凡曲之屬皆从曲。𠙺，古文曲。【新释】象器物圆其中而盛受物体的样子。引申为委曲之称。
923	瓦		【说文】土器已燒之總名。象形。凡瓦之屬皆从瓦。【新释】用陶土烧成的器物的通称。未烧谓坯，已烧谓瓦。土器之已烧者品类至繁，举屋瓦以概之。屋瓦如∽，象屋瓦一仰一伏。
924	弓		【说文】以近窮遠。象形。古者揮作弓。《周禮》六弓："王弓、弧弓以射甲革甚質；夾弓、庾弓以射干矦鳥獸；唐弓、大弓以授學射者。"凡弓之屬皆从弓。【新释】弓。甲骨文作⿰⿰，金文作⿰⿰，象形。
925	引		【说文】開弓也。从弓、丨。【新释】拉开弓。甲骨文作⿰⿰，弓后延出的短画表向后拉弓之意，小篆变为丨。
926	弢		【说文】弓衣也。从弓，从叏。叏，垂飾，與鼓同意。【新释】盛弓的袋子，故从弓；袋子上有垂饰，故从叏。
927	弦		【说文】弓弦也。从弓，象絲軫之形。凡弦之屬皆从弦。【新释】弓弦。从弓和古文丝（⿰）会意。弓弦以丝为之。
928	系		【说文】繫也。从糸，丿聲。凡系之屬皆从系。⿰，系或从毄、處。⿰，籀文系从爪、絲。【新释】系联，用丝绳把东西联结在一起。小篆为形声字，丿，音曳。甲骨文写作⿰⿰，象手持丝形，为会意字。

序号	字头	小篆	《说文解字》解释与新释
929	孫		【说文】子之子曰孫。从子，从系。系，續也。【新释】孙子。子与孙相连续，故由子、系组合表示子之子的字义。
930	緜		【说文】聯微也。从系，从帛。【新释】缠联的丝绵。系，连续。帛为微小的丝连缀而成。
931	糸		【说文】細絲也。象束絲之形。凡糸之屬皆从糸。讀若硯。，古文糸。【新释】细丝。象丝聚集在一起之形。
932	繼		【说文】續也。从糸、㡭。一曰反𢇍爲繼。【新释】继续。㡭是继的古文。加注糸旁为繼。
933	綏		【说文】車中把也。从糸，从妥。【新释】登车时所扶的缰绳。妥，安。绥，丝为之，故从糸。登车执绥则安。
934	彝		【说文】宗廟常器也。从糸。糸，綦也。廾持米，器中寶也。彑聲。此與爵相似。《周禮》六彝：雞彝、鳥彝、黄彝、虎彝、蟲彝、斝彝，以待祼將之禮。【新释】詹鄞鑫认为本义是屠杀俘虏作为牺牲献祭祖宗，即杀祭，引申为祭名，再引申为宗庙祭器之总名。甲骨文作，金文作、、乃反缚双手的人形，上部象有勾刃的刑具，点画是溅出的鲜血，下为两手，象双手进献被砍掉头颅反缚两手的俘馘之形。
935	素		【说文】白緻繒也。从糸、𠂹。取其澤也。凡素之屬皆从素。【新释】白色的丝织品，未染即用，引申为朴素。金文作，上象缯纹之形，非从𠂹。緻，细密。缯，古代丝织的总称。
936	絲		【说文】蠶所吐也。从二糸。凡絲之屬皆从絲。【新释】蚕吐的丝。同文会意。糸，细丝。絲从二糸会意，犹艸从二屮会意，屮亦艸也。
937	轡		【说文】馬轡也。从絲，从叀。與連同意。《詩》曰："六轡如絲。"【新释】驾驭牲口的缰绳。糸可为缰绳。叀，碍不行也，阻止不行，是缰绳之功效，故从之。
938	率		【说文】捕鳥畢也。象絲罔，上下其竿柄也。凡率之屬皆从率。【新释】许慎认为"率"的本义是捕鸟的网。或以为是"[illegible]""[illegible]"的初文，即大索，麻枲为之则为"[illegible]"，丝帛为之则为"[illegible]"，又可作"繂"。索可牵引，故可引申为表率、率从等义。
939	虫		【说文】一名蝮，博三寸，首大如擘指。象其臥形。物之微細，或行，或毛，或蠃，或介，或鱗，以虫爲象，凡虫之屬皆从虫。【新释】蝮蛇。博，广，言其身长。象卧而屈尾形。

序号	字头	小篆	《说文解字》解释与新释
940	蜀		【说文】葵中蠶也。从虫，上目象蜀頭形，中象其身蜎蜎。《詩》曰："蜎蜎者蜀。"【新释】桑虫似蚕者，野蚕。上象蜀头的形状，中象虫屈曲蠕动的样子。
941	䖵		【说文】蟲之總名也。从二虫。凡䖵之屬皆从䖵。讀若昆。【新释】昆虫，后借用"昆"字。
942	蟲		【说文】有足謂之蟲，無足謂之豸。从三虫。凡蟲之屬皆从蟲。【新释】昆蟲的通称。当作"无足谓之蟲，有足谓之豸"。从三虫。
943	蠱		【说文】腹中蟲也。《春秋傳》曰："皿蟲爲蠱。淫溺之所生也。"梟桀死之鬼，亦爲蠱。从蟲，从皿。皿，物之用也。【新释】腹内中蟲食之毒。皿中之食物有蟲毒，故从蟲从皿。
944	風		【说文】八風也。東方曰明庶風，東南曰清明風，南方曰景風，西南曰涼風，西方曰閶闔風，西北曰不周風，北方曰廣莫風，東北曰融風。風動蟲生，故蟲八日而化。从虫，凡聲。凡風之屬皆从風。，古文風。【新释】八方之风。甲骨文作，借风凰的凤表示，后加凡作声符成，小篆则变为从虫凡声的形声字。
945	它		【说文】虫也。从虫而長，象宛曲垂尾形。上古艸居患它，故相問無它乎？凡它之屬皆从它。，它或从虫。【新释】蛇的初文。甲骨文作，金文作，象蛇形。
946	龜		【说文】舊也。外骨内肉者也。从它，龟頭與它頭同。天地之性，廣肩無雄。龟鼈之類，以它爲雄。象足甲尾之形。凡龟之屬皆从龟。【新释】乌龟。甲骨文作，金文作，通体象形。
947	黽		【说文】鼃黽也。从它，象形。黽頭與它頭同。凡黽之屬皆从黽。，籀文黽。【新释】癞蛤蟆。甲骨文作，象形字。小篆里黾、龟、它等字的上部同，皆象这些动物的头。
948	蠅		【说文】營營青蠅。蟲之大腹者。从黽，从虫。【新释】苍蝇。苍，青也。从黽，虫会意，虫，其类属昆虫；从黾，苍蝇与蛙黾形似，皆腹大。
949	卵		【说文】凡物無乳者，卵生。象形。凡卵之屬皆从卵。【新释】卵子。象鱼卵形，以指称卵生的卵。
950	二	二	【说文】地之數也。从偶一。凡二之屬皆从二。，古文。【新释】数字二。甲骨文作＝，用两横画表示二。

序号	字头	小篆	《说文解字》解释与新释
951	亟	亟	【说文】敏疾也。从人，从口，从又，从二。二，天地也。【新释】敏捷。迅疾需要口快手快，故从口从手，还需承天之時，因地之利，故以上下二横象征天地。于省吾认为亟，古極字，其字本作 [illegible]（甲骨文），中从人而上下有两短横，上極于顶，下極于踵。以人之至高表顶点之义。
952	恒	恒	【说文】常也。从心，从舟在二之間，上下一心，以舟施恆也。[illegible]，古文恒，从月。詩曰："如月之恒。"【新释】在部首"二"下，此字不当是恒，而当是亙（同恆），甲骨文作 [illegible]，从二，从月，小篆从舟是从月之讹。甲骨文又或加弓作 [illegible]，是月亙之亙的本字，义为月上弦之弦，月弦如弓，故加弓以象之。后加心为恆以表"恒常"，恆行亙废，月弦之亙也用恆表示了，今则作恒。
953	亘	亘	【说文】求亘也。从二，从回。回，古文回，象回形。【新释】回旋。甲骨文有 [illegible] 等字，或与回为一字，后上加一横画以别于回，复于下加一横画以求其对称而成亘。杨树达则认为是洄（漩）的初文，象泉水回转之形。
954	凡	凡	【说文】最括也。从二，二，偶也；从𠃉。𠃉，古文及。【新释】甲骨文写作 [illegible]，本义不明，表总括之辞一般认为是假借。郭沫若、董莲池认为是槃（盘）之初文。
955	土	土	【说文】地之吐生萬物者也。二，象地之下、地之中；丨，物出形也。凡土之屬皆从土。【新释】土地。甲骨文写作 [illegible]，一象地，上象土块。
956	塊（凷）	凷	【说文】墣也。从土，一屈象形。塊，凷或从鬼。【新释】土块。从土，从凵（所谓一屈，即将一曲折即为凵），表盛土之器。凷则土在器之中，以表土块之义。
957	埽	埽	【说文】棄也。从土，从帚。【新释】打扫。扫帚扫除尘土，故字从土、帚会意。帚，扫帚，洒扫的工具。土，尘土，洒扫的对象。
958	坐	坐	【说文】止也。从土，从畱省。土，所止也。此與畱同意。[illegible]，古文坐。【新释】坐为止息，故《说文》以止释坐。从留（省田）与土会意。
959	封	封	【说文】爵諸侯之土也。从之，从土，从寸守其制度也。公侯百里，伯七十里，子男五十里。𡉚，古文封省。𡋢，籒文，从丰。【新释】甲骨文写作 [illegible]，上为树，下为土，象树木在土之中。古时植树木以为分界。金文加手作 [illegible]，或加人作 [illegible]，其义皆为壅土植树为封。小篆手变为寸，寸，有"法度"之义；右上的树苗变为之，之，代词。于是释为"按照法度将这片土地分封给某人"，则以"分封"为其本义。

序号	字头	小篆	《说文解字》解释与新释
960	塞		【说文】隔也。从土，从䆅。【新释】堵塞。䆅，填塞，塞之初文。填塞用土，故从土。
961	圣		【说文】汝潁之間謂致力於地曰圣。从土，从又。讀若兔窟。【新释】掘。用手耕耘土地，又，手也。
962	圭		【说文】瑞玉也。上圜，下方。公執桓圭，九寸。侯執信圭；伯執躬圭，皆七寸。子執穀璧，男執蒲璧，皆五寸。以封諸侯。从重土。楚爵有執圭。珪，古文圭，从玉。【新释】本义当指测日影之圭，上圆下方，垒土而成，故从二土，后玉器中有效其形制者，亦谓之圭。
963	垚		【说文】土高也。从三土。凡垚之屬皆从垚。【新释】土高，土累积则高，故从三土会意。
964	堯		【说文】高也。从垚在兀上，高遠也。，古文堯。【新释】高。构意不明。甲骨文作，从二土，从兀，与《说文》古文同。金文作，上土下兀。兀，高。垒土特出，故有高义。垚是堯的古字。
965	堇		【说文】黏土也。从土，从黄省。凡堇之屬皆从堇。、，皆古文堇。【新释】黏土。字从黄（省形）、土会意，黄土多黏。徐中舒认为甲骨文作，象两臂交缚之人形，为献祭之人牲。则象焚以祭，是熯之初文。
966	里		【说文】居也。从田，从土。凡里之屬皆从里。【新释】居住之地，乡村宅院，多田土，故由田、土组合见义，后泛指村落。
967	田		【说文】陳也。樹穀曰田。象四囗，十，阡陌之制也。凡田之屬皆从田。【新释】种粮食的田土。甲骨文作，象其形。
968	疇		【说文】耕治之田也。从田，象耕屈之形。𠷎，疇或省。【新释】田畴，已耕作的田地。𠷎，象形字，象耕田沟渠诘屈之形。后加注田旁而为形声字。
969	甸		【说文】天子五百里地。从田，包省。【新释】王田。为甸服者重重包之。勹本包之初文。字从勹、田会意。甸服，畿内之地，离王城五百里。
970	畜		【说文】田畜也。《淮南子》曰：玄田爲畜。，《魯郊禮》畜，从田，从兹。兹，益也。【新释】蓄养。甲骨文作，字义皆为蓄养。即幺，即丝，从幺者，“拘禽以为畜”之意。下为蓄养牲畜之处所。
971	畕		【说文】比田也。从二田。凡畕之屬皆从畕。【新释】比邻的田地。甲骨文作，田相比邻而分疆界。畕当是畺的古字。

序号	字头	小篆	《说文解字》解释与新释
972	疆（畺）		【说文】界也。从畕，三其界畫也。，畺或从彊土。【新释】疆界。三横表示田之分界。弓以丈量，后加注弓旁成（彊）；田有土，后加注土旁成疆，变成形声字。
973	黄		【说文】地之色也。从田，从炗，炗亦聲。炗，古文光。凡黄之屬皆从黄。，古文黄。【新释】甲骨文作，唐兰认为是“尪”字，“突胸仰向疾”之人。郭沫若认为本义为佩玉，则黄为璜的古字。
974	男		【说文】丈夫也。从田，从力，言男用力於田也。凡男之屬皆从男。【新释】成年男子。古男主外，女主内，成年男子劳作于田中，故字从力、田组合见意。
975	力		【说文】筋也。象人筋之形。治功曰力，能圉大災。凡力之屬皆从力。【新释】筋骨有力，故象筋骨以表示力量。甲骨文写作，金文作，耕作须用力，故字象耒形。
976	劣		【说文】弱也。从力，少聲。【新释】弱小。力少则弱小，是会意字，声字是衍文。
977	勞		【说文】劇也。从力，熒省。熒，火燒冂，用力者勞。，古文勞从悉。【新释】辛劳。许慎认为，劳字从荧省，解释牵强。劳字应是从营省（孔广居说），营作用力劳，以会其意。
978	加		【说文】語相增加也。从力，从口。【新释】言语有过实情谓加。字从力、口会意，力，强也。
979	劫		【说文】人欲去，以力脅止曰劫。或曰以力止去曰劫。【新释】威逼，劫夺。人想离开，用力威逼使其留止。故字从力、去会意。
980	劦		【说文】同力也。从三力。《山海經》曰：“惟號之山其風若劦。”凡劦之屬皆从劦。【新释】协的古字。同心协力，字从三力同文会意。甲骨文写作，从三耒并，协力耕作（李孝定）。
981	協		【说文】同心之和。从劦，从心。【新释】和谐。协力需同心，此字与一般会意字不同，劦是古字，是加形符心而造的今字。古文作，从十，众也。字从曰，言语由口出，从曰（口），会意众口和谐。
982	金		【说文】五色金也。黄爲之長，久薶不生衣，百鍊不輕，从革不違。西方之行。生於土。从土，左右注，象金在土中形，今聲。凡金之屬皆从金。，古文金。【新释】黄金，泛指金属，是黄白青赤黑五色金属（金银铜铅铁）的总名。金文作，指土中之金，可供提炼金属的矿物；即土；指覆盖。金文不从今。

序号	字头	小篆	《说文解字》解释与新释
983	銜		【说文】馬勒口中。从金，从行。銜行馬者。【新释】马嚼子。横在马口里驾驭马的金属小棒，以控制马的行走，故从金，从行。
984	幵		【说文】平也。象二干對構，上平也。凡幵之屬皆从幵。【新释】笄的初文。董莲池推演，认为是簪形繁化为，如中繁化为艸一样，然后将两点连接成直线，就成了幵。
985	勺		【说文】挹取也。象形，中有實，與包同意。凡勺之屬皆从勺。【新释】勺子，许君释其功用，勺，所以舀取也。外为勺子状，勺中一横，象有所舀。
986	与		【说文】賜予也。一勺爲与。此与與同。【新释】当为“牙”字之误。本作，后来分化出，再变为小篆，表给予。
987	几		【说文】踞几也。象形。《周禮》：“五几：玉几、雕几、彤几、纂几、素几。”凡几之屬皆从几。【新释】古人用以放置物件或席地而坐时供倚靠的器具。字象几形。
988	凭		【说文】依几也。从几，从任。《周書》：“凭玉几。”讀若馮。【新释】凭依。几，人所凭依；任，负载。由任几会凭依之义，谓几可负载人之凭依。
989	凥		【说文】處也。从尸，得几而止。《孝經》曰：“仲尼凥。”凥，謂閑居如此。【新释】闲居，居住。尸，象人卧之形，人凭几以休息。
990	処		【说文】止也。得几而止。从几，从夂。【新释】止息。加注声符虍则为處。夂（）之言止也，谓止于几而得息。
991	且		【说文】薦也。从几，足有二横。一，其下地也。凡且之屬皆从且。【新释】祖的初文。郭沫若认为象男性生殖器之形，甲骨文写作、，古人生殖崇拜，故表祖义。
992	俎		【说文】禮俎也。从半肉在且上。【新释】古代祭祀或宴会时盛放牲体的礼器。金文中的即俎字，侧视之即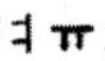之形，“俎”中的即中的（俎之足）之讹变，为俎面。俎与（宜）非一字。
993	斤		【说文】斫木也。象形。凡斤之屬皆从斤。【新释】斧斤，斧头。甲骨文作，象曲柄斧形。
994	斲		【说文】斫也。从斤、。，斲或从畫，从丮。【新释】砍斫。斲，会意字，以（墨斗）之汁画线，以斤斫之。，从画，用墨汁画线；丮，手持之。

序号	字头	小篆	《说文解字》解释与新释
995	斷	斷	【说文】截也。从斤，从㡭。㡭，古文绝。[illegible]，古文斷，从皀。皀，古文叀字。《周書》曰："㡭㡭猗無他技。"[illegible]，亦古文。【新释】截断。由斤和古绝字会意。㡭，断绝。以斤断绝。
996	斗	斗	【说文】十升也。象形。有柄。凡斗之屬皆从斗。【新释】容量器具，十升。金文作[illegible]。上象斗形，下象其柄。
997	斝	斝	【说文】玉爵也。夏曰琖，殷曰斝，周曰爵。从吅，从斗、冂。象形。與爵同意。或說：斝受六升。【新释】青铜器储酒器。甲骨文写作[illegible]。上象柱，下象足，似爵而腹大。篆书吅是[illegible]之讹。斗则是[illegible]之讹。
998	料	料	【说文】量也。从斗，米在其中。讀若遼。【新释】量度。以斗量米之多少，会意字。
999	升	升	【说文】十龠也。从斗，亦象形。【新释】比斗小的量具。龠亦量器。"十龠"当为二十龠，或"龠"当为"合"。《广雅·释器》："龠二为合，合十为升。"升在斗的基础上加一笔以示区别，故许慎说"亦象形"。金文作[illegible]，在[illegible]（斗）上加一点以示区别。
1000	矛	矛	【说文】酋矛也。建於兵車，長二丈。象形。凡矛之屬皆从矛。[illegible]，古文矛从戈。【新释】长矛。金文作[illegible]，金文小篆皆为象形。
1001	車	車	【说文】輿輪之總名。夏后時奚仲所造。象形。凡車之屬皆从車。[illegible]，籀文車。【新释】甲骨文作[illegible]，金文作[illegible]。本义为车子，甲骨文像车厢、车轮、辕轭俱全的一驾车形，金文简化，只留下车厢和两轮的俯视形。
1002	軍	軍	【说文】圜圍也。四千人爲軍。从車，从包省。軍，兵車也。【新释】金文作[illegible]。"军"字从车从勹会意，表示军队驻扎时用战车围起来形成营垒，以防敌人袭击。本义当是军营或驻扎。
1003	輦	輦	【说文】輓車也。从車，从㚘在車前引之。【新释】金文作[illegible]。象二人挽车之形，本义指人拉的车。秦汉以后仅指皇帝的车子。
1004	斬	斬	【说文】𢧵也。从車，从斤。斬法車裂也。【新释】"斩"字从车从斤会意，本义为斩杀。"车裂"为古代处决人犯的一种酷刑，"斤"古代一种横刃斧头，又作兵器，可以用来砍杀。
1005	轟	轟	【说文】羣車聲也。从三車。【新释】"轰"由三个"车"字会群车之意。群车过处，轰然作响。本义为群车经过时所发出的巨大声响。
1006	𠂤	𠂤	【说文】小𠂤也。象形。凡𠂤之屬皆从𠂤。【新释】甲骨文作[illegible]，金文作[illegible]。甲骨文像山的侧体，本义为小土山，即古"堆"字。

序号	字头	小篆	《说文解字》解释与新释
1007	官		【说文】吏，事君也。从宀，从𠂤。𠂤，犹衆也，此與師同意。【新释】甲骨文作，金文作。从宀从𠂤会意，从宀的字大都与屋室有关，𠂤像相连的房屋，本义为房舍。
1008	阜（𨸏）		【说文】大陸，山無石者。象形。凡𨸏之屬皆从𨸏。，古文。【新释】甲骨文作，象层层重累的土山。本义为土山。
1009	陟		【说文】登也，从𨸏，从步。，古文陟。【新释】甲骨文作，金文作。从𨸏从步会意，“𨸏”是高而平的土山，可拾级而上，“步”表示双脚一前一后向上行走。本义为登、升。
1010	降		【说文】下也，从𨸏，夅聲。【新释】甲骨文作，金文作。甲骨文象双脚从山上向下走，本义为下降。
1011	厽		【说文】絫坺土爲牆壁。象形。凡厽之屬皆从厽。【新释】篆文像三个土块累叠在一起，本义用土块砌墙。“厽”是“垒”的本字。
1012	絫		【说文】增也。从厽，从糸，絫，十黍之重也。【新释】从厽、从糸会意，会堆叠积聚之意，本义为积累，是“累”的古字。
1013	垒		【说文】絫墼也。从厽，从土。【新释】从厽、从土会意，本义用土块或砖砌墙。
1014	四		【说文】陰數也。象四分之形。凡四之屬皆从四。，古文四。亖，籒文四。【新释】数字四。甲骨文作亖，亖，以积画为之，表数字。春秋始易为，构意不明。
1015	宁		【说文】辨積物也。象形。凡宁之屬皆从宁。【新释】分类储物。甲骨文作，金文作，小篆承其形，象很多格的储物之器，可以分类储存。
1016	叕		【说文】綴聯也。象形。凡叕之屬皆从叕。【新释】篆文象几段短绳或线互相交络连结之形，表示联缀之义，本义为相互连缀。
1017	綴		【说文】合箸也。从叕，从糸。【新释】从叕、从糸会意，用丝线连合使相互附着在一起，本义为缝合。
1018	亞		【说文】醜也。象人局背之形。凡亞之屬皆从亞。【新释】徐中舒谓像古代聚族而居之大型建筑平面图形，其建筑多曲隅，其字与阿音同，故通用。聚族而居，同辈可排位次，未婚之男女亦可分类而居。故有类义（醜非醜恶之醜，而是醜类之醜）、位次之义。或以为如《说文》是丑陋之义，“恶”的初文。

序号	字头	小篆	《说文解字》解释与新释
1019	五	五	【说文】五行也。从二，陰陽在天地間交午也。凡五之屬皆从五。㐅，古文五省。【新释】数字五。甲骨文作☰、ㄨ，于省吾认为ㄨ是五的初文。先民造五字之时，盖先以积画，后改为交叉笔画ㄨ，再于上下各加一横成五。或以为是交午之午的本字。
1020	六	六	【说文】《易》之數。陰變於六，正於八。从入，从八。凡六之屬皆从六。【新释】数字六。甲骨文作∧∩，在合文中有作∧的，如[illegible]（六牛）中的∧，疑∧是初文，为避免与八混而作∧。或以为是从“入”字分化而来。
1021	七	七	【说文】陽之正也。从一，微陰从中衺出也。凡七之屬皆从七。【新释】数字七。甲骨文作十丨，后为与由丨而十而十的表数之终的十相区别而将竖画弯曲。或以为是“切”的初文。
1022	九	九	【说文】陽之變也。象其屈曲究盡之形。凡九之屬皆从九。【新释】数字九。甲骨文作[illegible]，或以为是肘的象形，于省吾认为九为错画之指事字，与ㄨ∧十八相同，并非象形。
1023	馗	馗	【说文】九達道也。似龜背，故謂之馗。馗，高也。从九，从首。逵，馗或从辵，从坴。【新释】九达之道，犹言四通八达之道。字当从九，从道省。
1024	禸	禸	【说文】獸足蹂地也。象形，九聲。《尔疋》曰：“狐貍貛貉醜，其足蹞，其迹厹。”凡厹之屬皆从厹。蹂，篆文从足，柔聲。【新释】此部首是由禽、离、萬、禹等象形文字的局部形体逐渐演变而成，并非蹂字古文。
1025	离	离	【说文】山神，獸也。从禽頭，从厹，从屮。歐陽喬說：离，猛獸也。【新释】离字之头与禽字之头似，都作[illegible]，当是从[illegible]的[illegible]变化而来。禽和离的[illegible]部分都是从[illegible]变化而来，董莲池推演其变化轨迹是由[illegible]而[illegible]而[illegible]，而[illegible]是覆鸟兽的网状工具，故离的本义可能是鸟被网获。山神之义当为假借义。
1026	萬	萬	【说文】蟲也。从厹，象形。【新释】甲骨文作[illegible]，金文作[illegible]。甲骨文、金文均象蝎子，本义为蝎子。
1027	禹	禹	【说文】蟲也。从厹，象形。[illegible]，古文禹。【新释】金文作[illegible]。金文象虫有头、足、尾之形，本义为虫名。
1028	嘼	嘼	【说文】㹌也，象耳、頭、足厹地之形。古文嘼，下从厹。凡嘼之屬皆从嘼。【新释】即后来的“畜”，牲畜。甲骨文作[illegible]，金文作[illegible]，上为[illegible]，一种捕兽的工具，下面的○义不明，疑为牲圈，野兽用单捕获之后即放在○中豢养，养之曰嘼，用之曰牲。

序号	字头	小篆	《说文解字》解释与新释
1029	獸		【说文】守備者。从嘼，从犬。【新释】甲骨文作，金文作，均从单从犬，单为捕嘼之工具，犬逐兽入单。从嘼从犬会意，犬逐兽，本义为打猎。
1030	甲		【说文】位東方之孟，陽气萌動，从木戴孚甲之象。一曰：人頭宜爲甲，甲象人頭。凡甲之屬皆从甲。，古文甲，始於十、見於千、成於木之象。【新释】甲骨文作⊞十，金文作⊕十。二者为不同的两个字。甲骨文中商王称甲者六人，唯上甲用⊞，可知⊞为首甲之“甲”的初文。其字本作⊕，从○（象古护首之甲形），十声。而十则用于干支和其余称甲的先王名。至小篆讹作。
1031	乙		【说文】象春艸木冤曲而出，陰气尚彊，其出乙乙也。與丨同意。乙承甲，象人頸。凡乙之屬皆从乙。【新释】甲骨文作，金文作。本义不明，造意不明。《说文》以为象植物破土而出萌芽之形，本义为萌芽。从亂之从乙看，则乙或指草木之芽冤屈破土而出，或指物乱冤屈理之而头绪始出，总之都有抽绎而伸张之义。
1032	亂		【说文】治也。从乙，乙，治之也。从𤔔。【新释】金文作，即𤔔，为上下各一只手；为幺，即丝；为互，是一种可以绕丝的工具，将缠绕在上，丝就不会乱了，故𤔔有用手把乱丝理顺之意。而乙有抽绎而伸张之义，故从乙从𤔔会意。本义为治理。
1033	丙		【说文】位南方，萬物成，炳然。陰气初起，陽气將虧。从一入冂。一者，陽也。丙承乙，象人肩。凡丙之屬皆从丙。【新释】甲骨文作，金文作，皆无“一入冂”之象，构意不明。后于上加横成，继而讹变成。
1034	丁		【说文】夏時萬物皆丁實。象形。丁承丙，象人心。凡丁之屬皆从丁。【新释】甲骨文作，金文作，取象钉帽形，为“钉”之初文，假为天干字。其形体演变轨迹：———（或——）。
1035	戊		【说文】中宫也。象六甲五龍相拘絞也。戊承丁，象人脅。凡戊之屬皆从戊。【新释】甲骨文作，金文作，象斧形，本义指一种兵器。
1036	己		【说文】中宫也。象萬物辟藏詘形也。己承戊，象人腹。凡己之屬皆从己。，古文己。【新释】甲骨文作，金文作。象绳索诘诎之形，是“纪”的初文，本为束丝之绳。

序号	字头	小篆	《说文解字》解释与新释
1037	巴	巴	【说文】蟲也。或曰：食象蛇。象形。凡巴之屬皆从巴。【新释】甲骨文作，象一条张着大口的蛇，本义为大蛇。
1038	辛	辛	【说文】秋時萬物成而孰，金剛，味辛，辛痛即泣出。从一从䇂。䇂，辠也。辛承庚，象人股。凡辛之屬皆从辛。【新释】甲骨文作，金文作，象古代用的一种兵器、刑具，两边有刃可以割耳鼻，尖端锋锐可以刺面额。本义为古代一种兵器、刑具。
1039	辠	辠	【说文】犯法也。从辛，从自，言辠人蹙鼻苦辛之憂。秦以辠似皇字，改爲罪。【新释】同“罪”。辛，刑具；自，鼻子。会割鼻之酷刑，或会施人以刑而人不耐其刑之状。
1040	辭	辭	【说文】訟也。从𤔔、辛，𤔔辛猶理辜也。𤔔，理也。，籀文辭从司。（从段注）【新释】金文作，从𤔔从司。𤔔，理丝、治理的意思，司，表掌管，用辨理刑狱会讼辞之意，本义为讼辞。小篆从𤔔辛，犹理辜，惩处有罪的人。
1041	辡	辡	【说文】辠人相與訟也。从二辛。凡辡之屬皆从辡。【新释】由两辛会意，两个受刑的罪人相互讼辩，是“辩”的本字，本义当为争辩。
1042	辯	辯	【说文】治也。从言在辡之閒。【新释】从言从辡会意，两个受刑的罪人相互讼辩，本义为争辩。
1043	癸	癸	【说文】冬時。水土平，可揆度也。象水從四方流入地中之形。癸承壬，象人足。凡癸之屬皆从癸。，籀文，从癶，从矢。【新释】甲骨文作，金文作，具象交错的两副后世丈量土地用的一种木制器具，上有柄，略如弓形，两足间相距为一步，谓之步弓，引申为测量，为估摸、揣度。
1044	子	子	【说文】十一月，陽气動，萬物滋，人以爲偁。象形。凡子之屬皆从子。，古文子，从巛，象髮也。，籀文子，囟有髪，臂脛在几上也。【新释】甲骨文作，金文作。子象婴儿之形，本义为婴儿。
1045	孕	孕	【说文】裹子也。从子从几。【新释】甲骨文作，象人腹中有子，本义为怀孕。
1046	㝃	㝃	【说文】生子免身也。从子，从免。【新释】分娩。子，小孩。免，子生而腹空，如有所脱免。
1047	字	字	【说文】乳也。从子在宀下，子亦聲。【新释】甲骨文作，金文作。“宀”象房屋形，“子”象婴儿之形，本义为生育。

序号	字头	小篆	《说文解字》解释与新释
1048	季		【说文】少偁也。从子，从稚省，稚亦聲。【新释】幼禾。穉的古文。甲骨文作，金文作，与小篆无大别。子者，幼也。
1049	𠫓		【说文】不順忽出也。从到子。《易》曰："突如其來如。"不孝子突出，不容於内也。凡𠫓之屬皆从𠫓。，或从到古文子，即《易》突字。【新释】当为育之义，子之初出母胎。"不顺"谓子出生时头始出，与直立之人头朝上形异，故言倒子。头始出则易生，故谓"忽出"。"不孝子突出，不容於内也"则文不相属，疑为衍文。
1050	育		【说文】養子使作善也。从𠫓，肉聲。《虞書》曰："教育子。"，育或从每。【新释】生育。甲骨文作等形，金文作，象女人产子之形。上为"女"或"母"，下为倒子，即。（毓）亦当从母，非从每。
1051	丑		【说文】紐也。十二月，萬物動，用事。象手之形。時加丑，亦舉手時也。凡丑之屬皆从丑。【新释】甲骨文作，金文作，象手指勾曲用力揪物形，当为"扭"的初文。
1052	羞		【说文】進獻也。从羊，羊，所進也；从丑，丑亦聲。【新释】甲骨文作，金文作。从手持羊，会进献美味之意。
1053	巳		【说文】巳也。四月。陽气巳出，陰气巳藏，萬物見，成文章，故巳爲蛇。象形。凡巳之屬皆从巳。【新释】子。甲骨文作，金文作，子之异构，象子未成形。借以表祭祀之祀，典籍中借以表地支之巳。
1054	午		【说文】啎也。五月，陰气午逆陽，冒地而出。此與矢同意。凡午之屬皆从午。【新释】甲骨文作，金文作。甲骨文象舂米的木杵之形，古代断木为杵，是"杵"的初文，金文稍讹。
1055	未		【说文】味也。六月，滋味也。五行，木老於未。象木重枝葉也。凡未之屬皆从未。【新释】甲骨文作，金文作。甲骨文、金文均象树木枝叶重叠繁茂之形，是"蔚"的初文，本义为繁茂。
1056	申		【说文】神也。七月，陰气成，體自申束。从臼，自持也。吏臣餔時聽事，申旦政也。凡申之屬皆从申。，古文申。，籀文申。【新释】甲骨文作，金文作。甲骨文、金文都象闪电之形，当为"电"之初文，本义为闪电，借为干支之名。
1057	酉		【说文】就也。八月，黍成，可爲酎酒。象古文酉之形。凡酉之屬皆从酉。，古文酉。从卯，卯爲春門，萬物已出。酉爲秋門，萬物已入，一，閉門象也。【新释】甲骨文作，金文作。甲骨文、金文象酒坛之形，盛酒用的器皿。本义为酒坛，也可指酒。

序号	字头	小篆	《说文解字》解释与新释
1058	酒		【说文】就也。所以就人性之善惡。从水，从酉，酉亦聲。一曰：造也，吉凶所造也。古者儀狄作酒醪，禹嘗之而美，遂疏儀狄。杜康作秫酒。【新释】用粮食或水果等发酵制成的含乙醇的饮料。酉，此处指酒坛，从水从酉，是说酉中装的是似水一类的液体。
1059	配		【说文】酒色也。从酉，己聲。【新释】甲骨文作，金文作，象一人跪于酒尊前，本义当为配享，此义数见于甲骨。
1060	醉		【说文】卒也。卒其度量，不至於亂也。一曰：潰也。从酉，从卒。【新释】从酉从卒会意，“酉”指酒，“卒”表终止，会饮酒度量而止。本义为饮酒尽兴而不过量。
1061	醫		【说文】治病工也。殹，惡姿也，醫之性然。得酒而使，从酉。王育说。一曰：殹，病聲。酒所以治病也。《周禮》有醫酒。古者巫彭初作醫。【新释】从殹从酉会意，会用酒治病之意，古人认为酒是百药之长，常用来治病。本义为治病的人。
1062	酋		【说文】繹酒也。从酉，水半見於上。《禮》有“大酋”，掌酒官也。凡酋之屬皆从酋。【新释】酋与酉本一字，金文中的尊可从酉作，亦可从酋作，可证，后来才分化为二字。
1063	尊		【说文】酒器也。从酋，廾以奉之。《周禮》六尊：犧尊、象尊、著尊、壺尊、太尊、山尊，以待祭祀賓客之禮。，尊或从寸。【新释】甲骨文作，金文作。甲骨文、金文从酉从廾，会以手持酒器，本义为酒器。
1064	戌		【说文】滅也。九月，陽气微，萬物畢成，陽下入地也。五行，土生於戊，盛於戌。从戊含一。凡戌之屬皆从戌。【新释】甲骨文作，金文作。甲骨文、金文都象斧钺之形，本为古代兵器，借为干支之名。
1065	亥		【说文】荄也。十月，微陽起，接盛陰。从二，二，古文上字。一人男，一人女也。从乙，象裹子咳咳之形。《春秋傳》曰：“亥有二首六身。”凡亥之屬皆从亥。，古文亥，爲豕，與豕同。亥而生子，復從一起。【新释】甲骨文作，金文作。甲骨文、金文都象猪形，本义指猪。

四、《〈说文解字〉部首及字例选析》索引

序号	例字	拼音	序号	例字	拼音	序号	例字	拼音	序号	例字	拼音
968	疇	chóu	D			329	豆	dòu	667	方	fāng
1051	丑	chǒu	787	大	dà/dài	151	鬥	dòu	257	放	fàng
435	出	chū	808	亣	dà	535	耑	duān	855	飛	fēi
281	初	chū	586	帶	dài	995	斷	duàn	856	非	fēi
990	処	chǔ	181	隶	dài	1006	𠂤	duī	277	肥	féi
81	亍	chù	346	丹	dān	125	對	duì	37	分	fēn
745	豖	chù	485	旦	dàn	209	盾	dùn/shǔn	223	奮	fèn
1028	嘼	chù	279	刀	dāo	502	多	duō	243	糞(𦇗)	fèn
559	穿	chuān	683	盜	dào	222	奪	duó	944	風	fēng
833	川	chuān	79	得	dé	415	朵(朶)	duǒ	959	封	fēng
398	舛	chuǎn	679	㝵	dé	E			442	丰	fēng
782	囱	chuāng	820	德(悳)	dé	266	歺	è	331	豐	fēng
50	吹	chuī	65	登	dēng	670	兒	ér	370	缶	fǒu
444	𠂹	chuí	5	帝	dì	742	而	ér	861	不	fǒu/bù
384	𦎫	chún	401	弟	dì	877	耳	ěr	862	否	fǒu
760	㲋	chuò	297	典	diǎn	286	刵	èr	810	夫	fū
72	辵	chuò	298	奠	diàn	950	二	èr	612	伏	fú
705	詞	cí	969	甸	diàn	F			724	甶	fú
1040	辭	cí	849	電	diàn	70	乏	fá	147	孚	fú
68	此	cǐ	614	弔	diào	285	罰	fá	588	巿	fú
509	朿	cì	653	耋	dié	613	伐	fá	164	𠬝	fú
626	从	cóng	1034	丁	dīng	756	灋	fǎ	387	畐	fú
758	麤	cū	513	鼎	dǐng	954	凡	fán	395	复(𡕒)	fù
142	爨	cuàn	425	東	dōng	41	番	fán	1008	阜(𨸏)	fù
561	竄	cuàn	847	冬	dōng	688	煩	fán	157	父	fù
656	毳	cuì	675	兜	dōu	163	反	fǎn	889	婦	fù
185	寸	cùn	996	斗	dǒu	920	匚	fāng	603	付	fù

序号	例字	拼音	序号	例字	拼音	序号	例字	拼音	序号	例字	拼音
467	負	fù	245	冓	gòu	H			868	户	hù
G			102	古	gǔ	1065	亥	hài	446	華	huā
190	改	gǎi	269	骨	gǔ	551	寒	hán	445	𠌶	huā
916	匄(匃)	gài	327	鼓	gǔ	732	厂	hǎn	180	畫	huà
97	干	gān	844	谷	gǔ	320	號	háo	618	匕	huà
129	弇	gān/yǎn	943	蠱	gǔ	892	好	hǎo	128	奐	huàn
307	甘	gān	674	兆	gǔ	319	号	hào	256	幻	huàn
898	奸	gān/jiān	537	瓜	guā	687	顥	hào	546	宦	huàn
486	倝	gàn	268	冎	guǎ	343	盇	hé	15	皇	huáng
805	亢	gāng	550	寡	guǎ	361	合	hé	973	黄	huáng
230	羔	gāo	225	乖	guāi	516	禾	hé	776	灰	huī
375	高	gāo	224	丫	guǎi/guǎ	786	赫	hè	455	回	huí
416	杲	gǎo	1007	官	guān	781	黑	hēi	939	虫	huǐ
48	告	gào	566	冠	guān	383	亯	hēng pēng xiǎng	30	卉	huì
316	哥	gē	339	盥	guàn	952	恒	héng	168	彗	huì
903	戈	gē	503	毌	guàn	1005	轟	hōng	253	惠	huì
144	革	gé	504	贯	guàn	373	矦	hóu	365	會	huì
59	各	gè	778	光	guāng	703	后	hòu	478	昏	hūn
625	艮	gèn	811	規	guī	386	厚	hòu	463	圂	hùn
39	公	gōng	946	龜	guī	385	㫗	hòu	775	火	huǒ
155	厷	gōng	962	圭	guī	78	後	hòu	J		
301	工	gōng	1043	癸	guǐ	318	乎	hū	251	幾	jī
554	宫	gōng	723	鬼	guǐ	379	隺	hú	295	箕	jī
556	躬(躳)	gōng	21	丨	gǔn	800	壺	hú	296	丌	jī
924	弓	gōng	380	郭(𩫏)	guō	332	虍	hū	448	禾	jī
126	廾	gǒng	457	國	guó	333	虎	hǔ	449	稽	jī
134	共	gòng	413	果	guǒ	538	瓠	hù	582	羈(罵)	jī

序号	例字	拼音	序号	例字	拼音	序号	例字	拼音	序号	例字	拼音
987	几	jī/jǐ	872	閒	jiān	364	今	jīn	989	凥	jū
57	吉	jí	899	姦	jiān	584	巾	jīn	991	且	jū/qiě
93	㗊	jí	984	幵	jiān	982	金	jīn	60	局	jú
149	丮	jǐ	453	柬	jiǎn	993	斤	jīn	133	具	jù
161	及	jí	83	建	jiàn	476	晉	jìn	302	巨	jù
235	集(雧)	jí	617	件	jiàn	73	進	jìn	567	冣	jù
353	即	jí	678	見	jiàn	381	京	jīng	17	玨	jué
360	亼	jí	755	薦	jiàn	493	晶	jīng	357	爵([illegible])	jué
511	棘	jí	971	畕	jiāng	349	井	jǐng	52	君	jūn
564	疾	jí	972	疆(畺)	jiāng	350	阱	jǐng	1002	軍	jūn
721	苟	jí	921	匠	jiàng	115	誩	jìng		K	
1036	己	jǐ	1010	降	jiàng	117	競	jìng	871	開	kāi
9	祭	jì	599	佼	jiāo	120	竟	jìng	205	看	kān
112	計	jì	694	県	jiāo	722	敬	jìng	340	凵	kǎn/qiǎn
354	既	jì	798	交	jiāo	376	冂	jiōng	836	侃	kǎn
684	旡	jì	290	角	jiǎo	498	囧	jiǒng	314	丂	kǎo
932	繼	jì	196	教	jiào	100	丩	jiū	521	科	kē
1048	季	jì	212	皆	jiē	101	糾	jiū	315	可	kě
540	家	jiā	406	桀	jié	405	久	jiǔ	514	克	kè
788	夾	jiā	707	卩	jié	536	韭	jiǔ	275	肯(肎)	kěn
978	加	jiā	979	劫	jié	1022	九	jiǔ	859	孔	kǒng
169	叚	jiǎ	291	解	jiě/xiè	1058	酒	jiǔ	49	口	kǒu
997	斝	jiǎ	38	介	jiè	382	就	jiù	193	寇	kòu
1030	甲	jiǎ	131	戒	jiè	527	臼	jiù	961	圣	kū
272	肩	jiān	288	丯	jiè	139	𦥑	jū	730	庫	kù
523	兼	jiān	659	屆	jiè	658	居	jū	832	巜	kuài
640	監	jiān	278	筋	jīn	716	匊	jū	956	塊(凷)	kuài

序号	例字	拼音	序号	例字	拼音	序号	例字	拼音	序号	例字	拼音
321	亏	kuī	975	力	lì	752	馬	mǎ	692	丏	miǎn
1023	馗	kuí	878	聯	lián	468	買	mǎi	1046	㝃	miǎn
402	罤	kūn	638	量	liáng	393	麥	mài	691	面	miàn
483	昆	kūn	575	网	liǎng	436	賣	mài	27	苗	miáo
941	䖵	kūn	576	兩	liǎng	843	衇	mài	227	蔑	miè
458	壼	kǔn	998	料	liào	765	尨	máng	901	民	mín
462	困	kùn	976	劣	liè	31	茻	mǎng	335	皿	mǐn
L			426	林	lín	655	毛	máo	51	名	míng
392	來	lái	641	臨	lín	1000	矛	máo	237	鳴	míng
47	牢	láo	780	粦	lín	568	冂	mǎo	497	明(朙)	míng
977	勞	láo	388	㐭	lǐn	571	冃	mào	492	冥	míng
652	老	lǎo	708	令	lìng	573	冒	mào	53	命	mìng
289	耒	lěi	1020	六	liù	673	皃	mào	166	叟	mò
737	磊	lěi	854	龍	lóng	207	眉	méi	226	苜	mò
1011	厽	lěi	850	屚	lòu	409	某	méi	412	末	mò
1012	絫	lěi	866	鹵	lǔ	414	枚	méi	829	没	mò
1013	垒	lěi	515	录	lù	231	美	měi	890	母	mǔ
689	頪	lèi	757	鹿	lù	870	門	mén	32	莫	mù
330	豊	lǐ	949	卵	luǎn	570	冡	méng	195	牧	mù
966	里	lǐ	261	𤔔	luàn	947	黽	měng	203	目	mù
145	鬲	lì	1032	亂	luàn	562	㝱	mèng	408	木	mù
280	利	lì	363	侖	lún	229	芈	mǐ	N		
506	栗	lì	578	羅	luó	526	米	mǐ	99	㕯	nà
522	秝	lì	490	旅	lǚ	565	冖	mì	313	乃	nǎi
581	詈	lì	555	吕	lǚ	931	糸	mì	743	耏	nài
767	戾	lì	664	履	lǚ	539	宀	mián	440	南	nán
812	立	lì	M			930	綿	mián	974	男	nán

序号	例字	拼音	序号	例字	拼音	序号	例字	拼音	序号	例字	拼音
563	疒	nè	937	轡	pèi	951	亟	qì/jí	764	犬	quǎn
368	内	nèi	1059	配	pèi	105	千	qiān	831	𡿨	quǎn
773	能	néng	326	彭	péng	121	䇂	qiān	220	雀	què
828	休	nì	187	皮	pí	362	僉	qiān	239	舄	què
518	年(秊)	nián	611	便	pián/biàn	63	𠦒	qián	459	囷	qūn
1003	輦	niǎn	512	片	piàn	680	欠	qiàn	R		
107	廿	niàn	830	瀕	pín/bīn	122	妾	qiè	275	肰	rán
236	鳥	niǎo	470	貧	pín	609	侵	qīn	741	冄	rǎn
893	嫋	niǎo	89	品	pǐn	520	秦	qín	594	人	rén
663	尿	niào	322	平	píng	911	琴(珡)	qín	596	仁	rén
176	𦘒	niè	988	凭	píng	965	堇	qín	668	儿	rén
418	臬	niè	437	朩	pō	348	青	qīng	287	刃	rèn
801	幸	niè	188	攴	pū	622	頃	qīng	474	日	rì
880	聶	niè	484	普	pǔ	712	卯	qīng	904	戎(戎)	róng
846	凝(冰)	níng	481	暴(㬥)	pù/bào	713	卿	qīng	545	冗	rǒng
46	牛	niú	Q			821	慶	qìng	1024	内	róu
130	弄	nòng	451	桼	qī	519	秋	qiū	270	肉	ròu
891	奴	nú	888	妻	qī	630	丘	qiū	895	如	rú
887	女	nǚ	1021	七	qī	461	囚	qiú	860	乳	rǔ
P			508	齊	qí	651	裘(裘)	qiú	367	入	rù
827	派	pài	54	启	qǐ	1062	酋	qiú	265	叡	ruì
842	𠂢	pài	328	豈	qǐ	918	區	qū	14	闰	rùn
666	般	pán/bān	597	企	qǐ/qì	922	曲	qū	28	若	ruò
45	胖	pàn	19	气	qì	167	取	qǔ	430	叒	ruò
6	旁	páng	95	器	qì	341	去	qù	699	弱	ruò
495	朏	pěi/fěi	244	棄	qì	369	仝(全)	quán	S		
600	佩	pèi	790	契	qì	838	泉	quán	108	卅	sà

序号	例字	拼音	序号	例字	拼音	序号	例字	拼音	序号	例字	拼音
12	三	sān	309	甚	shèn	1029	獸	shòu	1014	四	sì
431	桑	sāng	441	生	shēng	88	疋	shū	1053	巳	sì
957	埽	sǎo	999	升	shēng	165	叔	shū	813	竦	sǒng
304	穽	sè	879	聖	shèng	183	殳	shū	74	送	Sòng
391	嗇	sè	434	師	shī	534	尗	shū	552	宋	sòng
711	色	sè	657	尸	shī	524	黍	shǔ	158	叟(叜)	sǒu
960	塞	sè	103	十	shí	772	鼠	shǔ	177	肅	sù
428	森	sēn	358	食	shí	940	蜀	shǔ	501	夙(殂)	sù
826	沙	shā	544	實	shí	452	束	shù	507	粟	sù
283	删	shān	605	什	shí	731	庶	shù	935	素	sù
697	彡	shān	736	石	shí	905	戍	shù	293	筭	suàn
728	山	shān	173	史	shǐ	160	刷	shuā	294	算	suàn
793	夾	shǎn	371	矢	shǐ	585	帥	shuài	221	夊	suī
875	閃	shǎn	744	豕	shǐ	938	率	shuài	394	夊	suī
116	譱	shàn	8	示	shì	233	雙	shuāng	933	綏	suī
869	扇	shàn	20	士	shì	823	水	shuǐ	67	歲	suì
4	上	shàng	71	是	shì	206	睡	shuì	517	穗(采)	suì
35	少	shǎo	109	世	shì	686	顺	shùn	929	孫	sūn
29	折	shé/zhé	174	事	shì	704	司	sī	648	衰	suō
96	舌	shé	377	市	shì	727	厶	sī	438	索	suǒ
11	社	shè	541	室	shì	816	思	sī	T		
113	設	shè	598	仕	shì	936	絲	sī	311	沓	tà
372	躲	shè	548	守	shǒu	267	死	sǐ	864	臺	tái
558	突	shēn	690	百	shǒu	186	寺	sì	806	夲	tāo
642	身	shēn	693	首	shǒu	359	飤	sì	926	弢	tāo
1056	申	shēn	882	手	shǒu	610	似(佀)	sì	114	討	tǎo
42	宷	shěn	262	受	shòu	749	兕	sì	3	天	tiān

序号	例字	拼音	序号	例字	拼音	序号	例字	拼音	序号	例字	拼音
194	畋	tián	607	㪔	wēi/wéi	1054	午	wǔ	681	㳄	xián
967	田	tián	735	危	wēi	669	兀	wù	873	閑	xián
505	卤	tiáo	148	爲	wéi	739	勿	wù	927	弦	xián
633	壬	tǐng	400	韋	wéi	1035	戊	wù	983	銜	xián
347	彤	tóng	454	囗	wéi	X			480	㬎	xiǎn/è
569	同	tóng	662	尾	wěi	43	悉	xī	531	臽	xiàn
886	投	tóu	894	委	wěi	317	兮	xī	682	羨	xiàn
560	突	tū	271	胃	wèi	421	析	xī	525	香	xiāng
677	秃	tū	602	位	wèi	482	昔	xī	204	相	xiāng
1049	𠫓	tū	725	畏	wèi	499	夕	xī	404	夅	xiáng
456	圖	tú	777	尉	wèi	818	息	xī	473	鄉	xiǎng
945	它	tuō/tā	1055	未	wèi	809	奚	xī	542	向(宀)	xiàng/xiǎng
955	土	tǔ	338	昷	wēn	865	西	xī	751	象	xiàng
761	兔	tù	700	彣	wén	216	習	xí	94	嚻	xiāo
77	退(復)	tuì	701	文	wén	306	覡	xí	424	梟	xiāo
747	豚	tún	909	我	wǒ	324	喜	xǐ	34	小	xiǎo
W			639	卧	wò	152	鬩	xì	654	孝	xiào
923	瓦	wǎ	238	烏	wū	591	𡭴	xì	685	頁	xié
500	外	wài	305	巫	wū	917	匸	xì	980	劦	xié
734	丸	wán	660	屋	wū	928	系	xì	981	協	xié
1026	萬	wàn	427	無(𣞤)	wǔ/wú	7	下	xià	817	心	xīn
799	尣	wāng	907	武	wǔ	397	夏	xià	1038	辛	xīn
13	王	wáng	795	吳	wú	583	襾	xià	111	信	xìn
914	亡(亾)	wáng	900	毋	wú	616	㐺	xiān	143	釁	xìn
577	网	wǎng	399	舞	wǔ	615	僊	xiān	815	囟	xìn
635	望	wàng	604	伍	wǔ	676	先	xiān	138	興	xīng
822	忘	wàng	1019	五	wǔ	55	咸	xián	84	行	xíng

序号	例字	拼音	序号	例字	拼音	序号	例字	拼音	序号	例字	拼音
351	刔	xíng	308	猒	yān/yàn	1	一	yī	636	㸒	yín
208	省	xǐng	110	言	yán	601	伊	yī	770	犾	yín
532	凶	xiōng	779	炎	yán	643	月	yī	82	廴	yǐn
533	兇	xiōng	867	鹽	yán	645	衣	yī	159	尹	yǐn
671	兄	xiōng	488	㫃	yǎn	1061	醫	yī	912	乚	yǐn
774	熊	xióng	729	广	yǎn	549	宜	yí	925	引	yǐn
423	休	xiū	789	奄	yǎn	791	夷	yí	274	胤	yìn
1052	羞	xiū	824	衍	yǎn	881	頤（𦣞）	yí	709	印	yìn
768	臭	xiù	783	焱	yàn	910	義	yí/yì	896	嬰	yīng
696	須	xū	853	燕	yàn	934	彝	yí	337	盈	yíng
1064	戌	xū	378	央	yāng	1031	乙	yǐ	948	蠅	yíng
970	畜	xù/chù	740	昜	yáng	135	異	yì	201	庸	yōng
953	亘	xuān	228	羊	yáng	150	埶	yì	834	邕	yōng
254	玄	xuán	623	卬	yǎng/áng	184	役	yì	841	永	yǒng
489	旋	xuán	140	要	yāo/yào	336	益	yì	200	用	yòng
695	縣	xuán	248	幺	yāo	471	邑	yì	191	攸	yōu
557	穴	xué	796	夭	yāo	710	抑（归）	yì	250	幽	yōu
342	血	xuè	202	爻	yáo	746	帟	yì	472	郵	yóu
25	熏	xūn	963	垚	yáo	750	易	yì	170	友	yǒu
718	旬	xún	964	堯	yáo	762	逸	yì	496	有	yǒu
839	驫	xún	417	杳	yǎo	792	亦	yì	1057	酉	yǒu
857	卂	xùn	530	舀	yǎo	819	意	yì	56	右	yòu
Y			902	也	yě	919	医	yì	153	又	yòu
86	牙	yá	124	業	yè	118	音	yīn	154	右	yòu
858	乚	yà	422	枼	yè	460	因	yīn	249	幼	yòu
1018	亞	yà	447	曄	yè	644	殷	yīn	136	舁	yú
240	焉	yān	477	曅	yè	631	㐺	yín	852	魚	yú

序号	例字	拼音	序号	例字	拼音	序号	例字	拼音	序号	例字	拼音
255	予	yǔ	851	雲	yún	619	真	zhēn	1009	陟	zhì
137	與	yǔ	1045	孕	yùn	698	㐱	zhěn	22	中	zhōng
217	羽	yǔ	Z			263	争	zhēng	632	眾	zhòng
803	圄	yǔ	433	帀	zā	634	徵	zhēng	637	重	zhòng
848	雨	yǔ	234	雥	zá	69	正	zhèng	58	周	zhōu
986	与	yǔ	835	灾(𡿧)	zāi	175	支	zhī	665	舟	zhōu
1027	禹	yǔ	547	宰	zǎi	219	隻	zhī	837	州	zhōu
16	玉	yù	246	再	zài	374	知	zhī	273	肘	zhǒu
80	御	yù	672	先	zān/zēn	432	之	zhī	587	帚	zhǒu
178	聿	yù	466	贊	zàn	706	卮	zhī	572	胄	zhòu
356	鬱	yù	33	葬	zàng	753	縶(馽)	zhí	411	朱	zhū
726	禺	yù	475	早	zǎo	802	執	zhí	75	逐	zhú
771	獄	yù	510	棗	zǎo	913	直	zhí	292	竹	zhú
906	或	yù	90	喿	zào/sào	62	止	zhǐ	344	丶	zhǔ
1050	育	yù	282	則	zé	98	只	zhǐ	345	主	zhǔ
763	冤	yuān	733	仄	zè	323	旨	zhǐ	10	祝	zhù
825	淵	yuān	794	夨	zè	403	夂	zhǐ	325	壴	zhù
2	元	yuán	915	乍	zhà	213	智(𥏼)	zhì	1015	宁	zhù
260	爰	yuán	199	占	zhān	284	制	zhì	252	叀	zhuān
464	員	yuán	303	㠭	zhǎn	396	致	zhì	218	隹	zhuī
840	源(厵)	yuán	1004	斬	zhǎn	580	置	zhì	1017	綴	zhuì
897	媛	yuàn	119	章	zhāng	650	製	zhì	24	屯	zhūn
310	曰	yuē	104	丈	zhàng	748	豸	zhì	123	丵	zhuó
419	樂	yuè	487	朝(倝)	zhāo	754	廌	zhì	624	卓	zhuō
494	月	yuè	146	爪	zhǎo	784	炙	zhì	985	勺	zhuó
908	戉	yuè	443	乇	zhé	863	至	zhì	994	斲	zhuó
717	匀	yún	198	貞	zhēn	884	摯	zhì	1016	叕	zhuó

序号	例字	拼音	序号	例字	拼音	序号	例字	拼音	序号	例字	拼音
1044	子	zǐ	61	走	zǒu	992	俎	zǔ	171	ナ	zuǒ
210	自	zì	807	奏	zòu	574	最	zuì	299	左	zuǒ
211	白	zì	87	足	zú	1039	辠	zuì	608	作	zuò
1047	字	zì	491	族	zú	1060	醉	zuì	958	坐	zuò
553	宗	zōng	649	卒	zú	1063	尊	zūn			

五、参考文献

[1] 段玉裁. 说文解字注. 上海：上海古籍出版社，1988.

[2] 朱骏声. 说文通训定声. 北京：中华书局，1984.

[3] 桂馥. 说文解字义证. 北京：中华书局，1987.

[4] 徐灏. 说文解字注笺. 台北：广文书局，1972.

[5] 丁福保. 说文解字诂林. 北京：中华书局，1988.

[6] 丁福保. 金文诂林. 香港：香港中文大学出版社，1975.

[7] 于省吾. 甲骨文字诂林. 北京：中华书局，1996.

[8] 古文字诂林编纂委员会. 古文字诂林. 李圃，主编. 上海：上海教育出版社，1999.

[9] 张舜徽. 说文解字约注. 郑州：中州书画社，1983.

[10] 徐中舒. 甲骨文字典. 成都：四川辞书出版社，1993.

[11] 汉语大字典编辑委员会. 汉语大字典. 徐中舒，主编. 成都：四川辞书出版社，武汉：湖北辞书出版社，1993.

[12] 徐中舒. 汉语古文字字形表. 台北：文史哲出版社，1988.

[13] 何琳仪. 战国古文字字典——战国文字声系. 北京：中华书局，1998.

[14] 董莲池. 说文解字考正. 北京：作家出版社，2005.

[15] 董莲池. 说文部首形义新证. 北京：作家出版社，2007.

[16] 邹晓丽. 基础汉字形义释源——《说文解字》部首今读本义. 北京：北京出版社，1990.

[17] 崔枢华，何宗慧. 标点注音说文解字. 北京：北京师范大学出版社，2000.

[18] 汤可敬. 说文解字今释. 长沙：岳麓书社，1997.

[19] 李恩江，贾玉民. 说文解字译述. 喀什：喀什维吾尔文出版社，2002.

[20] 梁东汉. 新编说文解字. 太原：山西教育出版社，2006.

[21] 谷衍奎. 汉字源流字典. 北京：语文出版社，2008.

[22] 谢光辉. 汉语字源字典. 北京：北京大学出版社，2000.

后 记

编教材是一件费力不讨好的事情，尤其是传统学科的教材，一是经典教材赫然高悬，难以逾越；二是大众教材汗牛充栋，该说的大家都说了，难出特色，难出新意。客观情况既如彼，而我们几位普通教师又如何不自量力至如此，这有两方面的原因：一是学校从1992年开始开设汉字学这门课程，至今已经连续开设了20年，虽有裘锡圭先生的权威教材《文字学概要》，但本科使用失之深，其他有的教材又可能失之浅，深浅适中的又可能没有再版，因而我们一直使用唐生周自编的《汉字学讲义》，分为通论和《〈说文〉部首及字例分析》两部分。2006年开始将通论打印发给学生，《〈说文〉部首及字例分析》则一直用教师手写稿复印，我们深感不便。二是2007年《汉字学教程》作为学校的教材建设资助项目立项，2008年汉字学课程又立项为吉首大学校级精品课程，这两个原因促使我们几位古代汉语教师从2008年开始对《汉字学讲义》进行全面修订。老师们教学和科研任务都很重，旷日持久，断断续续，历时五年，十易其稿，才有了现在这个模样。

我们的初衷是想编一部深浅适宜的可兼顾本科生、研究生使用的汉字学教材，试图在以下几个方面有一些自己的特点：

1. 兼顾各种汉字构形学理论

各家教材大都在讲自己的体系，而于传统六书不再详细讨论。其实各家的体系不一定得到了学术界的广泛承认，也就不一定被学术界广泛采用。除了相关学者和学校使用这些理论之外，其他学校更多的还是使用传统六书，大多数学校研究生考试也仍然考传统六书。但学术在发展，很多汉字构形学理论都自有存在的学术价值，因而教材有必要兼顾各种汉字构形理论。基于这种认识，我们对传统的六书系统进行了详尽介绍，如列“汉字传统构形理论——六书说”一章，对六书的产生和发展进行了讨论；列“六书详解”两章（上、下）对六书的类别进行了详尽讨论和介绍；列“汉字新构形理论”一章，简介当今学术界影响比较大的构形学理论近十家。这样，通过详解传统的构形学理论“六书”，简介其他新起的汉字构形学理论，使学生能够全面了解构形学理论的发展和研究现状。

2. 编写了“《说文解字》部首及字例选析”

一般汉字学教材字例分析材料比较少，不利于课堂举例和学生大量练习。有鉴于此，本教材一是正文中增加举例，二是编写了附录二“《说文解字》部首及字例选析”，收1065字，包括《说文》的大部分象形、指事、会意字和部分亦声字，列出《说文》的原文，结合甲骨文、金文等古文字字形进行形义关系的诠释，便于教师讲课时随时引用和学生自学。如果学生能掌握这1065字的小篆写法、《说文》解释、形义关系，学生就能够对《说文》部首和属字的关系、《说文》的说解体例、文字的造意以及文字的发展演变有比较深刻的认识。

3. 编写了“文字学要籍选介”

教材参考了很多文字学著作，但在行文中不可能对这些著作进行系统介绍，而对这些著作的初步了解是文字学学习的重要内容，因而我们对十二种基本的文字学著作进行了简要介绍。

4. 将理论和实践、研究和应用有机结合起来

汉字学的教学目标有三：一是培养研究人才；二是培养教学人才；三是提高准确书写汉字的能力。根据这样的指导思想，也是有感于当今大学生规范使用汉字的能力每况愈下，中小学老师板书时不规范字、错别字常见，所以《教程》除了系统汉字理论的介绍之外，还列了“汉字的规范”一章，讨论了汉字规范的历史、汉字规范的意义、汉字规范的内容、现代汉字的字形结构分析、汉字规范训练等内容。这一章的学习将会使学生有非常实在的收获，这样我们就将理论和实践、研究和应用有机地结合起来，让学生感受到学习汉字学的实际意义，提高学生学习的兴趣，提高学生准确规范使用汉字的能力，尤其是对师范专业的学生讲授这个部分更有治本的作用。

教材的任务主要是将本课程领域的基本知识和相关成果介绍给学生，它不是学术著作，也不能写成学术著作，虽然同一领域的不同教材需要有自己的特点，但个性化太强是不宜做教材的。当然也不妨在目前的体系尚不太完备的地方或有所偏颇的地方提出自己的一些意见。因此本教材原则上主要在编，即力求系统准确地介绍学术界公认的观点和结论，编者的一些比较个性化的观点，一般不引入教材，教者在讲课之时可以引入课堂。但偶尔也有一些我们自己的观点引进了教材，是耶非耶，唯在大家评判。至于教材的设计是否实现了深浅适宜的初衷，也还需要检验。

这部教材能够完成，得益于几位老师的通力合作。分工如下：

绪论、第二章、第三章、第七章、第八章、第九章、第五章第2节“声符的表义

功能”、第六章第 1 节、附录二 1～600 字的分析，由唐生周老师撰写。

第一章、第六章、附录二 601～800 字的分析，由王焕林老师撰写。

第四章、第五章、附录二 801～1000 字的分析，由刘精盛老师撰写。

第十章、第十一章、附录二 1001～1065 字的分析，由瞿继勇老师撰写。

唐生周老师负责全书的构架设计，并审读所有稿件。每位老师也审读了其他老师撰写的内容。因此，这部教材是老师们精诚合作的结晶。

由于是分工合作，虽然我们力求表述风格的基本统一，但风格之异，如人面之殊，难以尽同。在一些涉及体系的问题上，我们随时交流讨论，力求前后圆通，其他老师撰写的部分，为了体系的前后一致，有些地方主编做了适当的调整和修改，但因全书篇章颇繁，细小之处亦难一之，尤其是通论举例与字例分析，或有不一致的地方。好在学术之争，百花齐放，正是自然之理，求大同，存小异，亦可安然，亦可释然。

本教材在编写过程中还有很多研究生付出了辛劳，如江山丽、李桂花、唐欣、谭良田、陈卫南、刘志军、赵惠霞、肖爱美等同学负责了“文字学要籍选介”及“《说文解字》部首及字例选析”的初稿写作，谭良田、刘学娟、刘雪洁、李玉萍承担了通论部分的部分图片制作、资料查找和核对等工作，刘雪洁还负责了“文字学要籍选介”参考文献的编写和“《说文解字》部首及字例选析”索引的编制。同学们所做的基础工作和付出的翻检之劳，不可埋没，谨此志之。

本教材的编写得到了吉首大学教务处龙先琼处长、刘晗副处长的关心；得到了文学院的支持；肖湘愚校长、黎奇升副校长亦曾垂问，不胜感荷！

本教材的编写和出版得到了下列项目经费的支持：

吉首大学 2007 年教材建设项目《汉字学教程》

吉首大学汉字学精品课程

湖南省教育厅《说文解字注》研究（06A059）

湖南省古代汉语精品课程

湖南省训诂学（研究生）精品课程

湖南省“汉语言文字学系列课程教学团队”

唐生周

2012 年中秋于吉首大学梅园